❙국제정치의 이해❙

┃국제정치의 이해┃

편 저_이무성 외

발 행_2012년 8월 27일
교 정_높이깊이
편집디자인_편집부
표지디자인_편집부

발행처_높이깊이
발행인_김덕중

출판등록_제4-183호

주소 서울 성동구 성수1가동 22-6 우편번호 133-819
전화 02)463-2023(代) 팩스 02)2285-6244

E-mail_djysdj@naver.com

정가 **25,000**원

ISBN 978-89-7588-220-3

| 머리말 |

● ● ● ● ●

　국제정치는 국내정치와 달리 강제력을 지닌 중앙 권위체가 없다. 따라서 지난 세기에는 국제정치의 세계를 무정부상태라고 부르는 실증적 논의가 지배적이었다. 무정부 상태라는 말은 혼란과 무질서를 연상시키지만, 반드시 그런 뜻이 아니라 글자 그대로 정부가 없는 상태를 일컫는다. 하지만 중앙 권위체인 정부가 없다 보니 국제사회가 혼란과 무질서에 빠지는 것도 사실이다. 무질서 상태를 해소하고 질서와 평화를 이루기 위해 많은 학자와 정치가들이 고민해왔다.
　국제정치는 최근까지 국가들 사이에 일어나는 정치로 간주되어 왔다. 이런 논의는 현실주의와 같은 실증주의자들의 주장이다. 그러나 지금까지 다루었듯이 국제정치가 국가들 사이의 관계만으로 이루어지는 것은 아니다. 국가 외에도 다양한 비국가 행위자들의 국제정치에 참여도 중요하다. 대표적으로 국제기구, 비정부기구들 그리고 다국적 기업을 들 수 있다. 국제 사회에서 환경오염방지, 인권보호, 여성학대금지, 빈곤구제 등 다양한 분야에 걸쳐서 활동하는 비정부기구들이 시간이 지날수록 점점 더 큰 역할을 하고 있다.
　이런 변화를 감안하면 이제 더 이상 국제정치를 국가들 사이에서만 벌어지는 현상이라고 간주하기 힘들게 되었다. 국제정치의 쟁점 영역들이 과거에 비해 훨씬 더 광범위해졌고, 이들 영역에서 활동하는 행위자들도 더 다양해진 것이다. 행위자의 다양성 증가는 국제정치 영역의 다양성 증가와 맞물린다. 이전에는 국제정치의 주요 관심사가 안보와 군사문제와 같은 상위정치에 국한되었다면 이제는 한 발 더 나아가 경제, 문화, 환경, 인권 등 다양한 영역의 하위정치로까지 확대되었다. 실제로 초강대국들 사이에서 일어날 수 있는 핵전쟁의 두려움이 한풀 꺾인 요즘에는 후자의 문제들이 전자의 문제들 못지않게 국제정치의 중요한 현안으로 간주되고 있다. 뿐만 아니라, 실증주의적 논의의 한계를 극복하려는 규범주의적 그리고 구성주의적 논의도 관심의 대상이 되고 있다.

이런 정황 속에서, 본고의 집필진은 국제정치의 현실을 이해하고, 분석하며, 평가하는데 새로운 패러다임적 접근이 필요하다고 공감하였다. 특히 21세기 들어 새로운 양상을 띄는 국제정치를 새롭게 분석하고자 본고는 국제정치의 새로운 패러다임 연구에 존재론적, 인식론적 그리고 방법론적 분석을 그 목표로 하고 있다.

본 저서는 국제정치의 신패러다임(이무성 외, 높이깊이, 2008)에서 다루어졌던 내용을 기초로 증보 발간된 저서이다. 본 저서의 상당부분은 국제정치의 신패러다임에서 소개된 논의에 기초로 하고 있다. 그러나 기존의 논의에서 다루어졌던 맑시즘에 대한 논의나 지역통합, 국제정치경제, 국제안보에 대한 장을 새로운 전문가에 의해 새로운 시각으로 집필되었다. 또한, 국제정치의 신패러다임에서 다루어지지 않았던 테러리즘과 국제정치라는 제목의 장과 디지털시대와 국제정치란 새로운 장도 추가 증보되었다. 또한, 보다 넓은 독자층이 쉽게 색인할 수 있도록 초판에서 사용했던 국제정치의 신패러다임을 보다 보편성을 띤 국제정치의 이해라는 새로운 제목 속에 증보 발간되었음을 밝힌다.

2010년 8월
저자 대표 이 무 성

| 목 차 |

• • • • •

01 서 론 ・이무성・ 11

02 외교사 ・박채복・ 15
  Ⅰ. 전쟁과 평화의 역사 ··· 15
  Ⅱ. 웨스트팔리아 체제 이후부터 제2차 세계대전까지 ··················· 18
    1. 유럽협조체제와 세력균형정책 ·· 18
    2. 비스마르크체제와 동맹협상체제 ·· 23
    3. 베르사이유체제와 집단안전보장 ·· 31
  Ⅲ. 제2차 세계대전 이후부터 현재까지의 시기 ······························ 43
    1. 냉전체제와 동서 이데올로기 대립 ···································· 43
    2. 동서 데탕트와 협력적 질서 ··· 47
    3. 탈냉전과 통합적 질서 ·· 52

03 현실주의 ・박상현・ 63
  1. 이상주의와 현실주의 ·· 63
  2. 전통적 현실주의 ··· 65
  3. 신현실주의 ·· 67
  4. 현실주의의 기본 가정과 비판 ··· 70
  5. 현실주의자들의 합리성 가정에 대한 비판 ····························· 73
  6. 결 론 ·· 79

04 자유주의 · 이종서 · 83

1. 현실주의에 대한 비판 : 이상주의(Idealism)의 등장 ········· 86
2. 자유주의 기본 가정 및 특징 ········· 89
3. 신자유제도주의 : (신)기능주의와 상호의존론 ········· 93
4. (신)기능주의 ········· 96
5. 상호의존론 ········· 100

05 맑시즘 · 하상섭 · 107

1. 맑시즘 ········· 107
2. 네오맑시즘 ········· 111
3. 제국주의론 ········· 113
4. 종속이론 ········· 120
5. 세계체제론 ········· 123
6. 새로운 맑시즘 논쟁 ········· 126

06 대안적 시각 · 이무성 · 135

1. 구성주의 ········· 136
2. 비판이론 ········· 141
3. 페미니즘 ········· 143
4. 탈근대주의(PostModernism) ········· 145

07 국제기구론 · 이무성 · 149

1. 서 론 ········· 149
2. 이론적 접근 ········· 151
3. 국제연맹 ········· 153

    4. 국제연합(the United Nations) ··· 158
    5. 그 밖에 국제기구 ·· 164
        5-1. 국제통화기금(International Monetary Fund) ······················· 164
        5-2. 세계은행 ·· 166
        5-3. 세계무역기구 ·· 167
    6. 비정부기구 ·· 170

08 국제정치경제 •윤성욱• 175

Ⅰ. 국제정치경제학의 이해 ·· 175
    1. 국제정치경제학의 정의 ·· 175
    2. 국제정치경제학의 연구대상 ·· 177
Ⅱ. 국제정치경제학의 이론 ·· 179
    1. 자유주의 ·· 181
    2. 현실주의 ·· 183
    3. 비판주의 ·· 185
Ⅲ. 국제정치경제학의 주요 이슈들 ·· 186
    1. 국제통상의 정치경제 ·· 186
    2. 지역주의와 정치경제 ·· 191
    3. 국제통화 및 금융의 정치경제 ·· 194
    4. 새로운 이슈들의 등장 ·· 198
Ⅳ. 국제정치경제학의 미래 ·· 199

09 국제안보 •이승근• 203

    1. 안보의 개념 ·· 203
    2. 안보에 대한 이론적 접근 ·· 206
    3. 동맹과 집단안전보장 ·· 210

3-1. 동맹 ·· 210
     3-2. 집단안전보장 ·· 213
  4. 군비경쟁, 군축, 군비통제 ·· 216
     4-1. 군비경쟁 ·· 216
     4-2. 군축 ·· 218
     4-3. 군비통제 ·· 222
  5. UN의 평화유지활동과 다자안보협력 ······································ 224
     5-1. UN의 평화유지활동 ·· 224
     5-2. 다자안보협력 ·· 228

10 지역통합 · 유진숙 · 237

Ⅰ. 지역통합 현상 개괄 ·· 237
Ⅱ. 지역통합의 이론 ·· 240
Ⅲ. 지역통합 사례들 ·· 242
  1. EU(유럽연합) ·· 242
     1-1. 유럽연합의 역사 ·· 242
     1-2. 유럽연합의 구조 ·· 245
     1-3. 유럽연합 통합의 문제점들 ·· 250
  2. NAFTA(북미자유무역협상) ·· 252
     2-1. 북미자유무역협상의 역사 ·· 252
     2-2. 북미자유무역협상의 문제점 ·· 255
  3. ASEAN(동남아국가연합), ASEAN+3 ································· 256
     3-1. ASEAN과 ASEAN+3의 역사 ······································· 258
     3-2. ASEAN과 ASEAN+3의 구조 ······································· 260
     3-3. ASEAN과 ASEAN+3의 문제점 ··································· 262
Ⅳ. 결 론 ·· 264

11 인권 ・박채복・ 267

1. 서 론 ………………………………………………………… 267
2. 보편적인 가치로서의 인권 …………………………………… 268
3. 국제인권레짐의 형성 ………………………………………… 272
4. 인권에 대한 국제적 협력체제 ………………………………… 277
    4-1. 유엔인권체제 …………………………………………… 277
    4-2. 지역인권체제 …………………………………………… 279
    4-3. 국제 비정부기구의 인권보호 활동 …………………… 283
5. 탈냉전 시대의 인권과 국제정치 ……………………………… 285

12 테러리즘과 국제정치 ・이만종・ 293

Ⅰ. 서 론 ……………………………………………………… 293
Ⅱ. 테러리즘의 개념과 유형 …………………………………… 295
Ⅲ. 테러리즘의 전개과정 ……………………………………… 301
Ⅳ. 뉴테러리즘과 대테러전쟁 ………………………………… 306
Ⅴ. 결 론 : 전망과 대응 ……………………………………… 312

13 디지털 시대와 국제정치 ・김운회・ 317

Ⅰ. 디지털 시대의 도래 ………………………………………… 317
    1. 창조와 파괴 ……………………………………………… 317
    2. 디지털 사회의 도래와 그 특성 ………………………… 319
    3. 디지털 시대의 국가 ……………………………………… 321
Ⅱ. 패러다임의 위기 …………………………………………… 325
    1. 패러다임의 위기 대두 …………………………………… 325
    2. 패러다임의 역사적 전개과정 …………………………… 329

Ⅲ. 디지털 시대의 국제정치 ·· 337
   1. 디지털 정부의 출현 ·· 337
   2. 사이버 민주주의의 본질을 위한 시론(試論) ···························· 340
   3. 디지털 시대의 국제정치경제 ·· 345
      3-1. 사이버 테러리즘 ·· 345
      3-2. 사이버 정보 감시와 저작권 문제 ·································· 347
      3-3. 메타상품의 등장에 따른 경제권력의 정치권력화 문제 ······ 349
      3-4. 디지털 재화의 국제이동에 따른 문제 ···························· 352
      3-5. 사이버 망명 문제 ·· 354
      3-6. 디지털 디바이드 문제 ·· 355

색 인 ·· 361
저자약력 ·· 367

서 론
국제정치의 이해

:: 이 무 성

　힘의 관계를 정립하는 학문인 정치학은 인류 태생과 함께 생성되었다고 해도 과언이 아니다. 인류가 소멸하는 마지막 순간까지 정치 행위는 계속될 것으로 판단된다. 행위자 간의 힘의 관계는 개별적 관계에서 벗어나 씨족, 부족, 국가 및 국제 관계로 확대 발전되었다. 특히 오늘날 세계화의 담론이 그 어느 때보다 영향력 있어 보이는 시기에, 국제사회에서 힘의 관계에 대한 논의의 중요성과 복잡성은 그 어느 때와도 비교될 수 없다. 이런 정황 속에서, 향후 국제 관계가 어떻게 변할 것인가? 이로 인해 국제정치학이나 국제관계학을 수학하는 학도들의 주된 관심을 어디에 맞추어 져야 하는가? 와 같은 근본적이지만 계속되는 질문을 다루지 않을 수 없다. 특히 21세기에 들어서면서 국제사회는 다시 단일체제와 획일적으로 추구하는 정치 및 경제 패러다임의 현실에서 오늘날 우리가 접하고 분석하며 예측하는 국제정치의 기본 패러다임의 의의에 대한 성찰뿐만 아니라 그 한계점 또한 논의해 볼 필요가 있다.

국제정치의 기본 패러다임에 대한 재해석은 우선 존재론적으로 접근되어야 한다. 존재론에 대한 철학적 논의는 분분하지만, 근본적 정의를 한마디로 요약하면, 사물의 존재를 있는 그대로 보는 전체적인 추구로 볼 수 있다. 따라서 이런 존재론적 질문을 국제정치학의 틀 속에서 재해석할 때 본 연구에서 시도하는 방법은 오늘날 우리가 직면하고 있는 국제정치는 어떤 역사적 배경을 통해 형성되었는지를 고찰하는 것이 나름대로 의의가 있다. 물론 국제정치가 무엇인지 정의하는데 이견이 있을 수 있으나, 본 연구에서는 국제정치의 가장 주요 행위자로 간주되는 국가의 태생을 그 시발점으로 삼는다. 이 시발점에서 국제정치에 대한 생성, 변천 및 그 특질에 대한 이해를 통해 국제정치의 패러다임 이해의 존재론적 입장을 정리해보고자 한다. 이에 따라 본 연구는 우선 국제정치의 발생 근원 즉 존재하기 시작한 것이 언제부터였는지 그 함의는 무엇인지를 오늘날 민족국가 발생의 효시가 되었던 웨스트팔리아 평화조약 시기부터 시작한다. 이 기점을 통해 특히 국제정치를 점철했던 국가들 간의 경쟁과 통합의 역사를 통해 오늘날 우리가 이해하고 분석하는 국제정치의 특질과 향후 변천할 수 있는 경로 등도 함께 고찰해보고자 한다.

이런 존재론적 논의와 함께, 국제정치에 대한 적실성 있는 인식론적 논의도 강조할 필요가 있다. 오늘날 우리가 인식하고 있는 국제정치의 분석 및 이해에 관한 지적 논의의 적실성과 수월성에 대한 논의를 통해 향후 국제정치학의 새로운 패러다임에 대한 논의가 가능하다. 이런 연유로 인해, 두 번째 논의는 국제정치를 이해하는데 지금까지 주목의 대상이 되었던 각종 인식의 틀에 대한 고찰과 그 함의를 분석해보고자 한다. 현실주의, 자유주의, 신현실주의, 신자유주의 및 구조주의와 같은 실증주의를 통한 국제사회에서의 각종 행위자 간의 협력과 갈등의 허와 실을 분석할 뿐만 아니라 이런 실증주의의 한계를 보완해주는 구성주의 및 기타 규범적 성격의 이론들도 분석의 대상이 된다. 이런 논의를 통해 역사적 변천과 함께 국제사회를 어떻게 인식할 것인가에 대한 폭넓은 논의도 함께 펼쳐보고자 한다.

　마지막으로, 국제정치의 패러다임에 대한 올바른 진단을 위해 방법론적 개설도 강조한다. 실제 국제정치에 대한 이해에 있어 방법론적 접근을 위해 본 연구는 국제정치를 이해하는데 있어 주요하게 다루어졌던 의제들에 대한 논의에 집중한다. 이를 위해 국제기구, 국제정치경제, 국제안보, 지역통합 및 인권과 같은 전통적인 주제뿐만 아니라 테러리즘과 국제정치나 디지털시대의 국제정치와 같이 새롭게 부각되는 의제를 다룬다. 이를 통해, 실제 국제정치의 대한 분석에 있어 보일 수 있는 여러 분야를 포괄적으로 다루면서 그 논의의 적실성도 함께 논의하고자 한다. 이런 세 가지 논의를 통해 국제정치는 어떻게 발생했고 이해되며, 현재 어떤 측면을 집중해야 하는지를 주장하는 것이 본 연구의 목적이다.

외교사
국제정치의 이해

:: 박 채 복

I. 전쟁과 평화의 역사

국가간의 관계와 국제질서의 역사를 살펴보는 것은 우리의 현재와 지구촌의 미래를 가늠해보는 출발점이 될 것이다. 지난 역사의 사료와 그 해석이 중요한 역사학과는 달리, 국제관계사의 연구방법은 현실의 문제를 기반으로 과거를 되돌아봄으로써 미래를 예측하고자 하는 역사적 접근방법이라고 할 수 있다. 또한, 국제관계사가 국제관계에 대한 전체적인 틀과 조망을 목적으로 하고 있다는 측면에서는 공통적이지만, 방법론적인 면에서의 국제관계사는 다른 국제관계 연구방법과 상이하다. 왜냐하면 국제관계사의 연구방법은 역사적인 원인과 동학을 심층적으로 규명하고, 다양한 행위자들 간의 역학관계와 당시의 사회·경제적 구조 및 시대적 상황에 대한 정확한 이해를 요구하는 과정에서 역사적인 접근방법에 중점을 두고 국제관계의 변화와 형성에 초점을 두고 있기 때문이다. 또한, 국제관계사 연구에서 사회구조적 배경 및 정치, 경제, 사회, 문화 등 제 분야에서 발생하는 심층 동인(深層

動因)을 규명하는 것은 매우 중요하다. 이 과정에서 시기별로 중요한 인물이나 정치지도자에 대한 특성에 대한 연구 및 국제관계의 변화의 동학을 규명하는 과정에서 언제 그와 같은 사건이 일어났는가. 즉 연대에 대한 정확한 숙지작업은 역사의 길을 정리하는 과정에서 시간적 형상을 통한 전체적인 조망작업에 매우 중요하다고 할 수 있다.

국제관계의 역사는 전쟁의 역사에 비견할 수 있다. 서구의 경우 '팍스 로마나'(Pax Romana)와 '유럽협조체제'(Concert of Europe)를 제외하고는 전쟁이 국제관계를 이끌어 왔다. 전쟁의 역사는 반복되었지만, 같은 모습으로 반복하지는 않았다. 분열과 갈등 그리고 전쟁은 역사적으로 어느 한 국가가 군사적으로 우위에 서는 경우 그 군사력에 의해 유럽을 하나의 제국으로 통합하려는 시도로 이어지곤 했다. 하나의 예로 나폴레옹 전쟁을 통한 프랑스의 유럽지배, 히틀러의 독일제국 건설 등이 여기에 해당된다. 그러나 이와 같은 군사적인 수단을 통해 유럽을 하나로 묶으려는 시도는 모두 실패로 돌아갔고, 분열과 갈등의 역사 속에서 진정한 평화를 갈망하기 시작하였다.

이 장에서는 근대 국제체제의 성립 이후 성립된 국제체제 성격의 변화에 따라 국제관계의 전개가 어떤 맥락과 의미 속에서 변화·발전되어 왔는지 국제관계사 전반을 개관하고자 한다. 또한, 현재의 국제체제의 역학관계와 본질을 파악하기 위하여 국제관계사의 구조와 그 패러다임의 변화에 대하여 체계적으로 이해하고, 더 나아가 현재 국제체제의 역학관계와 그 본질이 무엇인가를 살펴보고자 한다. 근대 이후 현대까지의 국제체제의 역학을 이해하기 위하여 시기적으로 두 단계로 나누어서 접근하고자 한다.

우선 첫 번째 단계는 1648년 웨스트팔리아 체제 성립 이후부터 제2

차 세계대전까지 국제관계의 역사적 변천과정을 살펴보고자 한다. 유럽에서 근대 주권국가가 탄생한 이후 산업혁명을 거쳐 발전된 산업기술은 무엇보다도 군사 무기개발과 발전에 영향을 미쳤다. 유럽의 각 주권국가들은 자신의 안정과 세력 확장을 위해 발달된 무기체계를 바탕으로 군사동맹, 비밀 협약체결 등 협력과 대립을 반복하면서 국가체제의 틀을 갖추어 왔다. 이 시기에 무엇보다도 전쟁은 유럽의 질서에 있어 변혁의 계기를 만들어준 빼놓을 수 없는 요인이다. 왜냐하면 분열과 전쟁을 통해 유럽의 새로운 국제체제와 질서가 형성되었고, 전쟁으로부터 평화로의 이행 과정에서 국가간 관계의 새로운 조건들이 형성되었기 때문이다.

전쟁을 통해 유럽의 국경선은 변화하였고, 과도한 민족주의를 기반으로 하는 갈등과 분쟁의 움직임은 계속되었다. 이렇듯 전쟁으로부터 시작되고 전쟁을 종식하기 위한 평화조약 혹은 협약들을 통해 일정기간의 평화시기가 유지될 수 있었는데, 이때 제도화된 틀 혹은 규범들은 체제(system)라고 할 수 있다. 나폴레옹 전쟁 직후 형성된 유럽협조체제, 독일 통일 이후 비스마르크에 의한 그물망 같은 동맹체제, 제1차 세계대전 이후 유럽에서의 베르사이유체제, 제2차 세계대전 이후 얄타체제 등으로 대변되는 국제체제 모두가 국가간 세력균형과 패권 확보 차원에서 벌어진 전쟁이라는 질곡을 경험한 후 그 결과에서 기인한 것이었다.

두 번째 단계는 제2차 세계대전 이후부터 현재까지의 시기로, 이 시기의 국제관계의 특징을 대립, 협력, 통합이라는 키워드를 통하여 냉전, 동서데탕트, 탈냉전 속에서 어떻게 변화되고 발전되어 왔는지 살펴보고자 한다. 먼저 냉전의 기원을 살펴봄으로써 대립적 질서 즉 냉전시기에서는 먼저 유럽에서의 냉전의 기원을 살펴보고자 한다. 또한, 냉전시기 국제관계를 미국을 중심으로, 서유럽에서 정치적, 이데올로기적 동맹체로서의 북대서양조약기구(NATO : North Atlantic Treaty Organization)와 이에 대항하는 바르샤바조약기구라는 대립적 질서를 중심으로 검토해보고자 한다.

다음으로 협력적 질서에서는 1970년대 초기 동서데탕트 결과 동서의 이데올로기적 대립에도 불구하고, 전체 유럽 차원에서 신뢰구축과 협력안보의 추진에 기여를 한 독일의 동방정책과 유럽안보회의(CSCE : Conference on Security and Cooperation in Europe)에 대한 분석 역시 이루어질 것이다. 마지막으로 통합적 질서에서는 냉전체제의 종식 이후 국제관계의 특징을 살펴보고자 한다. 이 시기 국제관계의 특징은 동맹, 세력균형 등 전통적인 국제정치의 구상은 물론 힘의 우위에 기초한 억지와 봉쇄의 안보전략에서 탈피하여 다자주의에 기초한 협력적 집단안보체제 구축의 실현 가능성이 그 어느 시기에 높은 것을 특징으로 하고 있다. 이에 냉전종식 이후 국제관계에 대한 조망을 통하여 새로운 국제질서의 전개과정을 살펴보고자 한다.

II. 웨스트팔리아 체제 이후부터 제2차 세계대전까지

1. 유럽협조체제와 세력균형정책

근대 유럽은 종교개혁을 포함한 광의의 르네상스로부터 형성되었다. 종교개혁의 여파로 16세기 후반부터 17세기 전반에 걸친 신·구교의 첨예한 대립은 30년 전쟁(1618-1648년)을 통해 극단화되어 나타났다. 30년 전쟁의 결과로 중세의 보편주의의 붕괴와 봉건제적 경제·사회적 토대의 변화와 함께 군주를 중심으로 한 중앙집권적인 주권국가의 등장을 이야기할 수 있으며, 이를 통해 근대 국제관계체제가 형성되었다.

30년 전쟁의 종결처리 과정에서 나온 웨스트팔리아조약(1648년)[1]으로 유럽의 국가들은 국가주권에 기반하여 서로 대립과 경쟁 그리고 전쟁을 통해 자신들의 존립과 발전을 추구하였다. 중세의 종교적 세계관에서 자유로워진 주권국가는 절대 왕정의 국가로 발전하여 국가간의 관계는 군주들의 개인적인 관계 혹은 혈연관계 등이 국가의 정책을 실현하는 수단으로 이용되었다. 국가와 지배자는 동일시되어 주권의 신장은 국가의 발전을 의미하였다. 왕권의 강화에 대한 정당성을 확보하는 과정에서 내적으로는 국가체제를 효율적으로 정비함과 동시에 외적으로는 식민지를 획득하고 유지하는 방법을 추구하였다. 이와 같은 국왕을 정점으로 한 강력한 중앙집권국가의 등장으로 국가간의 전쟁은 불가피한 것처럼 여겨졌다.

국민국가의 성립과 영토 개념의 확대, 이에 따른 국제법의 원칙이 정립되었으며, 국가간의 세력균형을 유지하기 위한 동맹과 전쟁수단이 강구되었다. 국가들 간의 세력균형이라는 원칙은 고대부터 있어

---

[1] 웨스트팔리아조약은 하나의 유럽국제사회를 최초로 명확하게 표현한 것으로, 이후 뒤따르는 모든 국제사회 발전의 전례가 되었다. 이와 같은 웨스트팔리아 국제사회의 특징은 첫째, 국제사회를 구성하는 국가들의 정치적 독립과 법적 평등은 국제법으로 인정되었다. 둘째, 모든 구성국가는 다른 구성국가가 보기에 정당한 것이었다. 셋째, 주권국가간의 관계는 점차 직업외교관 집단에 의해 관리되었으며, 다면적으로 조직된 외교적 의사소통체계에 의해 유지되었다. 넷째, 국제사회의 종교는 기독교였지만 점차 유럽의 문화와 구분하기 어렵게 되었다. 다섯째, 국성국가간의 세력균형은 어떤 국가라도 패권을 장악하려 들지 못하도록 하는 것이었다(베일리스, 2003 : 54-55).

왔지만, 특히 근대 국가가 형성·발전되기 시작한 시기를 전후하여 강력하게 제기됨으로써 국제관계의 장에서 정치행동의 중요한 패턴으로써 세력균형의 원칙은 유럽의 근대국제체제의 기본적인 운영원리가 되었다.

다른 한편, 이 시기에 식민지 지배를 둘러싼 유럽열강들의 각축이 전개되었으며, 7년 전쟁(1701-1763년)을 계기로 근대 유럽질서의 기본 구조가 형성되었다. 영국이 프랑스를 외교적·군사적으로 견제하여 해양제국의 기초를 굳히게 되었으며, 프로이센과 러시아의 대두와 더불어 근대 유럽의 정치체제는 영국, 프랑스, 오스트리아, 프로이센, 러시아 5대 강국이 근간을 이루게 되었다.

유럽협조체제(Concert of Europe)[2]는 1815년 비인회의에서 형성된 국제체제로, 프랑스 혁명 이후 유럽의 세력균형체제의 변경을 시도한 나폴레옹 전쟁의 전후처리 과정에서 형성되었다. 나폴레옹 전쟁 이후 변화된 유럽의 국경을 재확정하고 경제적·군사적으로 압도적인 강국이었던 영국을 기축으로 프로이센, 러시아, 오스트리아 그리고 뒤이어 프랑스를 포함한 다극체제로서 유럽의 평화와 안정을 위해 협력하고 국제적 문제를 상호 협조 하에 호혜적으로 처리함으로써 근 1세기 동안 유럽에서의 전쟁이 발발하지 않도록 기여하였다.

비인체제로 대변되는 유럽협조체제는 1815년 9월 26일 러시아, 프로이센, 오스트리아 간에 체결된 신성동맹(Holy Alliance)과 1815년 11월 20일 영국, 러시아, 오스트리아, 프로이센 간 4국 동맹(Quadruple Alliance)을 근간으로 하고 있다. 이 과정에서 프랑스의 위협에 공동으

---

[2] 유럽협조체제에 대해서는 전재성(1999), 이기택(2000), 김용구(2006) 참조.

로 대응하기 위하여 4국이 협조하고자 회의외교(Congress Diplomacy)를 정례화하였는데, 엑스라샤펠회의(Congress of Aix-la-Chapelle, 1818년), 토로파우회의(Congress of Troppau, 1820년), 라이바하회의(congress of Laibach, 1821년), 베로나회의(Congress of Verona, 1822년)가 그 예이다.

회의외교라는 방식을 기반으로 유럽에서의 세력균형을 유지하기 위한 유럽협조체제는 세력균형과 정통주의라는 원칙을 기반으로 운영되었다. 먼저 세력균형원칙은 유럽의 평화를 위협하는 급격한 세력 간의 균형의 변화를 막기 위해 비인회의 이후 형성된 유럽의 질서를 유지하고, 이를 위해 강대국간 상호 이해관계를 협의하고 조정할 수 있는 협조체제를 구축하여 주요 세력 간 균형을 유지하는 것을 목적으로 하고 있다.

세력균형정책은 주로 영국에 의해 주도된 정책이었다. 영국은 전통적으로 유럽의 세력균형을 바라고 있으며, 대륙에서 영국에 대항할 세력이 등장하는 것을 막는 세력균형정책을 수행하였다. 나폴레옹 전쟁으로 유럽은 심층으로부터의 변화를 경험하고 있었으며, 유럽절대주의의 몰락을 가져왔다. 또 전통적인 국가체계에 의해 형성되었던 국경들이 파괴되거나 개편되었기 때문에 유럽질서의 재정비가 필요하였고, 그 결과 유럽협조체제가 성립되었다.

나폴레옹 전쟁으로 말미암아 해상에서의 패권을 장악할 수 있었던 영국은 대륙에서 세력균형을 재차 형성시킴으로써 어느 한 열강도 나폴레옹과 같은 절대적 패권을 잡지 못하게 하려는 의도를 가지고 있었다. 이와 같은 영국의 정책은 세력균형을 통한 유럽에서의 평화를 실현하는데 있어 영국의 적극적인 역할에 집중되어 있었다. 이 과정에서 중부 유럽을 강화시켜 프랑스와 러시아를 동시에 견제하게 한다는 것은 영국이 생각한 대륙의 세력균형체제의 원리였다.

영국은 제국주의적 식민지를 향한 해양로 즉, 수로를 확보해야 한다는 정책에서 오랫동안의 고립주의를 벗어나 나폴레옹 전쟁에 개입하였고, 파괴된 유럽대륙의 세력균형을 재건시켰다. 이와 같은 영국의 전통적인 세력균형정책과 고립주의적 입장은 유럽에서 영국의 입장을 잘 대변해주고 있다. 영국은 자국에 대한 다른 나라들의 대영국 동맹을 회피하기 위하여 대륙의 나라들과 적절한 이익의 조화정책이 필요함을 인식하였다.

유럽협조체제의 또 다른 근간은 정통주의(Principle of Legitimacy)이다. 당시 유럽에서 1792년 이전으로 돌아가 절대왕정을 복귀, 프랑스 혁명의 이념을 통해 유럽에 전파되었던 혁명사상, 자유주의, 민족주의를 잠재우는 것은 유럽협조체제의 안정을 확보하는 기본적인 틀이었다. 그러나 프랑스 혁명을 통한 자유주의 이념의 확산은 국민감정을 바탕으로 한 민족주의 독립운동의 계기로 작용하였다. 1830년 프랑스의 7월 혁명과 공화정의 수립은 전통주의에 정면으로 반하는 것이었으나, 열강의 개입은 이루어지지 않았고 벨기에, 폴란드, 이탈리아, 프로이센의 독립에 영향을 주었다. 프랑스 혁명은 다시금 유럽 각국의 자유주의 혁명운동의 확산을 가져오는 계기가 되었으나 벨기에의 독립, 이탈리아와 그리스의 독립은 1815년 비인회의에서 결정되었던 정통주의의 원칙에 위배되는 것으로, 유럽협조체제의 형성원인은 결국 붕괴의 원인으로 작용하게 된다.

다시 말해 그리스 독립으로 야기될 수 있는 오토만 제국의 약화에 대한 상이한 이해관계의 대립을 둘러싸고 러시아의 남하정책과 이를 견제하려는 영국 간의 대립은 급기야 크리미아 전쟁(Crimean War, 1854

-1956년)으로까지 비화되면서 유럽협조체제의 붕괴는 가시화되었다. 소위 동방문제(Eastern Question)를 놓고 영국과 러시아가 직접 대립한 크리미아 전쟁은 러시아가 패배하여 팽창정책은 좌절된 반면, 영국의 패권적 지위는 더욱 강화되었다. 동방문제는 19세기 유럽 외교의 핵심 의제 가운데 하나로, 오토만 제국을 둘러싸고 주요 열강의 이해관계가 첨예하게 대립되면서 당시 국제관계에 지대한 영향을 미치게 된다.

오토만 제국의 약화를 방지하고 러시아의 팽창정책을 봉쇄하기 위해 현상을 유지하려는 영국의 정책과 그리스 독립전쟁을 계기로 터키에서의 지배권을 확립하고 콘스탄티노플에서의 상업권, 보스포러스와 다다넬스 해협의 항해의 자유를 획득한 러시아의 이 지역에 대한 이해관계가 정면으로 충돌하는 것이었으며, 양자의 대립은 크리미아 전쟁으로 표면화되었다. 크리미아 전쟁은 러시아 남하정책의 좌절, 영국의 패권강화 그리고 오토만 제국의 영토보전과 독립이라는 결과와 함께 1815년 이후 역사의 전면에서 물러나 있어야만 했던 프랑스의 위신을 회복할 수 있었다는 결과를 낳았다. 반면 오토만 제국의 현상유지를 고수하면서도 전쟁에 가담하지 않음으로써 고립된 오스트리아의 영향력에서 벗어나 이탈리아와 독일이 통일을 할 수 있는 여건을 마련함으로써 유럽협조체제는 더 이상 유지될 수 없었다.

2. 비스마르크체제와 동맹협상체제

비스마르크체제는 1871년 독일 통일 이후 제1차 세계대전이 발발 이전까지 유지되었다. 비스마르크체제[3]의 가장 중요한 목표는 유럽

---

3) 비스마르크체제에 대해서는 이기택(2000)와 김용구(2006) 참조.

의 열강을 모두 아우르는 그물망 같은 동맹체제를 통하여 1871년 형성된 신생 독일제국의 안정과 평화를 위한 열강의 세력균형 상태를 유지하는 것이었다. 독일제국의 형성과정에서 수행된 전쟁정책4)은 유럽에서 세력균형의 유지를 목표로 하는 유럽협조체제의 붕괴를 수반하였다. 그러나 독일의 민족통일이 완성된 후에는 새로 형성된 독일제국의 안전을 위하여 독일은 자국의 잠재력을 확보하는 방안으로 유럽의 현상유지를 도모하는 평화정책을 수행하는 한편 안전보장정책의 일환으로 다각적인 동맹체제를 형성하게 된 것이다.

비스마르크체제의 형성과정에서 독일은 프랑스의 복수전쟁을 방지하기 위한 일환으로 프랑스의 완전한 고립정책을 수행하였다. 프랑스의 고립화와 프랑스와 연합할 가능성이 있는 국가들, 즉 영국, 러시아, 오스트리아, 이탈리아와의 이중, 삼중으로 상호 모순되는 동맹을 형성함으로써 강력하게 프랑스와의 동맹을 차단하는 정책에 주력하였다. 이와 같은 비스마르크의 동맹체제는 독일, 오스트리아, 러시아 간의 제1차, 제2차 삼제동맹, 독일과 오스트리아, 이탈리아 간의 삼국동맹(Triple Alliance) 그리고 영국, 이탈리아, 오스트리아 간의 지중해협정(1887년)을 근간으로 하는 그물망 같은 동맹체제를 의미한다.

먼저 러시아와 독일 사이에 체결된 삼제동맹(1873년)은 군사협정으로, 프랑스와의 전쟁을 유념에 둔 방어적 성격을 띤 동맹이라고 할 수 있다. 또한, 동맹협상체제를 구축하는 과정에서 독일은 프랑스와의 복수전쟁 수행 시 러시아의 중립을 획득하는 것이 매우 중요하였기

---

4) 비스마르크체제는 독일의 민족통일이 완료됨에 따라 이전의 전쟁정책, 즉 1864년 덴마크와의 전쟁, 1866년 오스트리아와의 전쟁, 1870년-1871년까지의 프랑스와의 전쟁과는 달리 동맹협상체제라는 복잡한 국제관계 속에서 새로이 형성된 독일제국의 안정을 공고하게 하고, 이를 보장하기 위한 현상유지정책이라고 할 수 있다.

때문에 러시아와의 동맹은 우선순위를 차지하는 중요한 사안이었다. 이어 러시아와 오스트리아 간의 쉔브룬 협정(1873년)이 체결되고, 이에 독일이 추가적으로 서명함으로써 삼제동맹이 완성되었다.

  1873년 최초로 형성된 삼제협상은 1881년과 1884년 갱신되었으나, 독불 간의 긴장을 야기시킨 예방전쟁(1875년)으로부터 동요되기 시작하여 러시아-터키 간 전쟁(1877년)으로까지 확대된 발칸위기를 거치면서 붕괴되었다. 삼제협상은 독일 주도하에 러시아와 오스트리아가 가담한 동맹으로, 프랑스를 잠재적인 적으로 가정한 것이기 때문에, 이해관계가 첨예하게 대립되었던 발칸에서 위기가 발생할 때는 작동하지 않는 한계를 안고 있었다. 따라서 19세기 들어 터키 지배하에 있는 발칸의 여러 민족들의 민족해방운동이 발생하여 오토만 제국을 둘러싼 러시아와 오스트리아 간의 대립이 발생하자, 발칸의 현상유지를 원하는 영국, 오스트리아, 독일은 러시아에 대항하여 범슬라브주의에 의한 대불가리아 구상은 좌절된다.

  당시 독일의 재상이었던 비스마르크는 베를린 회의(1878년)를 통해 '정직한 중재자'의 입장에서 발칸의 위기, 러시아-터키 전쟁을 거치면서 불안해진 동맹체제를 유지하기 위해 외교협상을 전개하였으나 실패하였다. 프랑스의 고립을 목적으로 형성된 삼제동맹은 결국 동방문제에 대한 열강의 이해관계 대립 속에서 오토만 제국의 붕괴는 막을 수 있었다. 그러나 러시아와 오스트리아의 대립으로 제대로 작동하지 못하게 되고 새로운 동맹체제를 모색하게 되는데 이것이 삼국동맹이다.

  비스마르크는 러시아를 배제하고 오스트리아와 비밀동맹(1879년)을 체결하고, 독-오스트리아동맹에 이탈리아를 추가하여 삼국동맹(1882년)

을 결성하게 된다. 당시 이탈리아는 1870년 로마탈환으로 교황청과 프랑스하고는 적대관계에 있는 상황이었고, 프랑스와는 지중해에서 주도권을 두고 경쟁을 하고 있는 상황이었다. 오스트리아와는 이탈리아 영토회복문제(티롤, 달마치아, 이스트리아, 트리에스트 등)로 갈등관계에 처해 있는 상황이었다. 이와 함께 비스마르크는 프랑스에 접근할 수 있는 러시아와의 삼제동맹을 다시 체결하고 오스트리아의 합의를 이끌어 낸다. 그러나 독일로서는 이탈리아를 동맹체제에 끌어들여 프랑스의 배제정책을 강화할 수 있을 뿐만 아니라 이탈리아의 러시아나 프랑스와의 동맹을 예방할 수 있었음으로 삼국동맹은 삼제협상과 함께 비스마르크 동맹협상체제의 중요한 구성요소라 할 수 있다. 삼제동맹이 1887년 종료된 것과는 달리 삼국동맹은 1891년 갱신되어 제1차 세계대전까지 존속하였다.

삼제동맹과 삼국동맹과 함께 지중해 협정은 프랑스의 고립화 및 봉쇄정책의 일환으로 추진됨으로서 비스마르크 동맹협상체제를 더욱 견고하게 하는 역할을 하였다. 지중해협정은 지중해를 둘러싸고 각축을 벌였던 영국, 오스트리아, 이탈리아가 프랑스를 대상으로 한 협상체제라고 할 수 있다. 당시 영국은 프랑스와 이집트 문제로 대립하고 있었고, 이탈리아와는 튀니지 점령문제로 대립하고 있었다. 또한, 영국과 오스트리아는 러시아의 남하정책을 견제하는데 일치된 이해관계를 가지고 있었다.

이에 영국, 오스트리아, 이탈리아가 공동으로 제1차(1887년 2월), 제2차(1887년 12월) 지중해 협정을 체결하여 서로의 이해를 조정함으로써 프랑스와 러시아에 대한 공동전선을 형성할 수 있었다. 독일로서는 영국을 동맹협상체제 속에 포함시키는데 성공함으로써 프랑스에 대한 견제를 더욱 확실하게 수행할 수 있게 되었고, 발칸에서 러시아의 남하정책에 공동으로 대응할 수 있게 됨에 따라 발칸에서의 현상유지를 더욱 공고하게 유지할 수 있게 되었다.

비스마르크체제의 위기는 프랑스의 고립과 러시아의 중립을 위한 협상체제가 더 이상 작동하지 않게 되면서 시작되었다. 독일은 러시아를 제2차 삼제동맹(1881년)을 통해 동맹체제 속에 묶어 둘 수 있었으나, 불가리아 사태와 불랑제사건을 계기로 러시아와의 관계는 악화되고 삼제협상은 더 이상 지속될 수 없었다. 독일은 러시아가 프랑스에 접근하는 것을 막기 위한 장치가 절실하게 되었고, 이에 독·러재보장조약(Reinsurance Treaty, 1887년)이 체결되었다. 재보장조약은 비스마르크 외교의 극치를 이루는 협상으로 궁극적인 목표인 프랑스의 고립과 러시아의 중립을 유지할 수 있었다. 이 과정에서 삼국동맹을 갱신하여 이탈리아를 통해 프랑스를 견제할 수 있었고, 러시아와 프랑스를 견제하기 위해 지중해협정을 통해 영국을 비스마르크체제로 끌어들이는 데 성공하였으며, 러시아와의 비밀조약을 통해 프랑스와의 동맹을 차단할 수 있었다. 그러나 독·러재무장조약은 비밀조약으로 동맹의 유효성에 문제가 제기되었고, 1890년 비스마르크의 하야와 함께 독일의 대러시아정책의 노선변경으로 폐기된다.

이렇듯 러시아와 독일의 재보장조약은 갱신되지 않고 폐기되었으나, 1891년 제3차 삼국동맹은 다시 연장되어 지속되었다. 더구나 영국과 삼국동맹의 접근이 알려지게 됨으로써 고립에서 탈피하고자 러시아는 대프랑스 접근외교에 박차를 가하였다. 1894년 러시아-프랑스 동맹이 형성되어 지금까지 독일을 중심으로 구성되어 온 비스마르크체제 아래에서의 일원적 외교망이 붕괴되고, 유럽의 국제관계는 다각적 동맹체제 대신 독일, 이탈리아, 오스트리아의 삼국동맹과 러시아, 프랑스, 영국의 삼국협상의 대결구도가 제1차 세계대전까지 유지되게 되었다. 비스마르크체제에서 프랑스의 완전한 고립에 대응하여 프랑스는 1870년 보불전쟁에서 패한 이후 대독일 복수전쟁을 대비하기 위해 러시아와의 동맹관계 형성을 바래왔다. 이에 비스마르크체제는 1890년을 전후로 삼국동맹과 삼국협상의 대립구도 전개과정에서 독일은 자신의 대외전략을 현상유지정책에서 탈피하여 세계정책(Weltpolitik)으로 전환하고 팽창정책을 추진하며 식민지 쟁탈전에 적극적으로 참여하게 되면서 갈등은 증폭되게 된다.

러불협상에 이어 1904년 영불협상이 이루어지게 된다. 영국은 케이프-카이로-캘커타를 연결하는 3C정책은 독일의 3B(베를린, 비잔티움, 바그다드)정책과 충돌하였을 뿐만 아니라 독일의 해군력 증강과 함대확장 계획은 영국의 세계정책을 위협하는데 충분하였다. 이에 영국은 러불협상이 체결되었을 때와는 달리 고립정책의 수정이 불가피하였다. 영국은 이집트문제 등 프랑스와 대립하였으나, 식민지문제와 극동에서 러시아와의 대립에 프랑스의 협력이 필요하게 되었다. 결과는 이집트에서 우월권을, 프랑스는 모로코에서의 우월권을 서로 인정함으로써 영불협상이 성립되게 된다.

또한, 1907년 영국·러시아 협상을 통해 영국은 영광스런 고립정책을 포기하고 삼국협상에 적극적으로 가담하게 된다. 영국과 러시아는 19세기 이래 발칸, 중동, 동북아시아 등에서 상호 대립하는 상태였다. 그러나 현상타파적인 독일의 세계정책에 대한 영국의 우려는 프랑스와의 동맹에 이어 러시아와의 동맹을 필요로 하였다. 이에 영국은 러시아와 유럽이외 지역에서 발생하는 이해관계를 협상을 통하여 조정하고, 페르시아, 아프가니스탄, 티벳 문제 등 지역분쟁을 해결하고 1907년 영국·러시아협상을 조인하였다.

독일, 오스트리아, 이탈리아의 3국동맹은 1882년 체결된 이후 1987년 제2차, 1891년 3차, 1902년 4차, 1912년 5차로 동맹관계를 연장하였고, 모로코사건(1905-1911년), 보스니아 위기(1908년), 이탈리아-터키전쟁(1911년), 발칸전쟁(1905-1913년)을 거치면서 유럽에 전쟁의 위협이 증대되자 동맹의 군사화를 촉진하였다. 1909년의 독일과 오스트리아의 군사협정, 1913년 오스트리아와 이탈리아의 해군협정, 1913년 독일과 이탈리아 군사협정이 그것이다. 이에 대한 반응으로 삼국협상 측도 1911년 영불군사협정, 1912년 러불군사협정 등 군사화를 서둘렀고, 군사블럭화와 군비경쟁이 치열하게 진행되어 전쟁이 터질 날만 기다리는 실정이 계속되었다.

20세기 초 세계의 강국은 식민지 분할을 완료한 상태로 제1차 세계대전 전에 영국, 러시아, 프랑스가 세계 영토의 절반 이상을 차지하였다. 여기에 독일 등의 식민지 영토 추구정책과 기존 강대국 간의 식민지 재분할에 대한 요구가 격화되어 국제정치적 위기는 고조되기 시작하였다. 특히 발칸은 제국주의의 모순이 가장 많이 쌓인 유럽의 화약고로 열강의 이해의 각축장이 되는 곳이었다. 1897년 러시아와 오스트리아 협정체결 이후 10년간 발칸의 안정은 유지되었으나, 1908년 불가리아의 독립을 계기로 범슬라브 민족주의운동은 다시 활발해지기 시작하였다. 여기에 보스니아·헤르체고비나 병합문제를 둘러싼 열강의 각축을 통한 발칸문제가 재연됨에 따라 삼국협상과 삼국동맹 간의 대립은 격화되었다. 또한, 1911년 제2차 모로코 사건(아가딜 사건)을 계기로 영불관계는 강화된 반면, 독일과의 갈등은 커져갔다. 이탈리아는 모로코 사건 와중에 터키와의 전쟁(1911년)을 통해 트리폴리를 병합하였다.

이와 함께 발칸과 중부유럽에서는 민족주의가 성장하고 있었다. 이 지역의 민족주의 운동은 오토만제국과 오스트리아-헝가리제국의 쇠퇴에 따라 국가 수립을 주장하게 되었는데, 서로 경쟁하는 여러 민족 집단들이 유럽열강의 지원 하에 일련의 전쟁을 통해 충돌하게 된다(베일리스, 2003 : 65). 이 과정에서 세르비아, 불가리아, 몬테네그로, 그리스가 러시아의 지도하에 터키에 대항하는 발칸동맹을 결성, 터키에 대항하여 제1차 발칸전쟁이 발발하였다. 발칸동맹에 터키가 패하자 오토만제국의 붕괴가 가시화되었고, 붕괴 후 재분할을 노리는 유럽열강의 대립은 격화됨에 따라 동방문제가 다시금 재현되었다.

제1차 발칸전쟁 후 세르비아는 아드리아해로 확장을 추구하였고, 그리스는 불가리아로부터 마케도니아의 할양을 요구하였다. 이러한 세르비아의 팽창욕구는 오스트리아를 위협하게 되고, 이탈리아의 지원을 받은 오스트리아는 알바니아의 독립을 주장하고 불가리아의 영토 확대를 저지하게 된다. 오스트리아는 세르비아를 무력으로 위협하여 오스트리아와 세르비아의 전쟁이 박두되자 영국과 독일의 중재로 세르비아의 요구를 단념시키게 된다. 이에 불가리아는 마케도니아에 있는 세르비아와 그리스 진지를 공격함으로써 제2차 발칸전쟁(1913년)이 발발하였다.

세르비아, 그리스, 몬테네그로, 루마니아(도부르), 터키(아드리아노플 재탈환요구)가 동맹하여 불가리아와 대항하였고, 불가리아의 패배에 따라 부카레스트조약이 체결되어 루마니아는 도부르자를 할양받게 되었다. 마케도니아는 세르비아와 그리스로 양분되어 제2차 발칸전쟁 후

러시아는 세르비아, 몬테네그로, 루마니아, 불가리아, 그리스를 포함하여 신발칸동맹을 기도하게 되었다. 결국 부카레스트조약이 발칸의 정세를 진정시키지 못하고, 각국의 이해대립, 새로운 열강의 긴장조성, 삼국동맹과 삼국협상의 대립과 더불어 대세르비아주의 완성을 위해 오스트리아제국 내의 슬라브 민족통일을 기도하는 세르비아와 오스트리아의 관계는 사라예보의 비극을 가져오게 된다.

3. 베르사이유체제와 집단안전보장

베르사이유체제는 제1차 세계대전의 전후 처리를 위한 베르사이유조약(1919년 6월 28일), 생제르망앙레이조약(1919년 9월 10일), 느이조약(1919년 11월 27일), 트리아농조약(1920년 6월 4일), 세브르조약(1920년 8월 11일, 이 조약은 1923년 7월 24일에 로잔조약으로 대체) 등에 의해 수립된 새로운 국제관계 체제라고 할 수 있다(김용구, 2006 : 624). 베르사이유체제 형성에 있어 독일에 대한 전후처리 문제는 매우 중요한 의제였다. 전후 독일의 국경획정문제와 독일이 군사적으로 위협하지 못하도록 하기 위한 보장정책이 주요한 내용을 이루었다. 또한, 전쟁을 방지하기 위한 방안으로 국제연맹에 의한 집단안전보장(collective security)의 도입은 전후 국제관계에 많은 영향을 미치는 변수로 작용하였다.

세계규모에 걸친 최초의 전쟁인 제1차 세계대전은 유럽열강의 이해관계가 상충된 발칸에서 시작되었다. 전쟁의 근본적 원인은 세력균형의 구조와 국내정치체제의 변화였다. 즉 독일의 국력증가와 삼국협상과 삼국동맹이라는 양극 동맹체제로의 발전, 발칸에서의 민족주의 출현, 오스트리아와 오토만 제국의 멸망, 독일의 국내정치의 변화 등을 꼽을 수 있다. 그러나 제1차 대전은 세르비아에서 페르디난드의 암살

사건을 통해 촉발되었다고 할 수 있다. 한마디로, 자본주의의 고도의 발전단계에 세계가 유럽에 의하여 단일화되는 상황에서 이러한 국제관계의 상호의존성과 이를 통한 서양세력의 팽창으로 인한 충돌로 이해할 수 있다.

전쟁의 발발은 범게르만주의 신봉자였던 오스트리아 황위계승자 페르디난드가 1914년 6월 28일 보스니아의 수도 사라예보에서 유고-슬라브 민족의 대연합의 이상을 품은 세르비아의 청년에 의해 암살되면서 시작되었다. 이에 세르비아와 오스트리아의 외교관계는 급속히 악화되었고, 독일 빌헬름2세는 러시아의 개입을 예상하면서도 세르비아와의 전쟁에 동의하게 된다. 왜냐하면 오스트리아는 동맹국이고, 전쟁으로 독일을 고립상태에 빠지게 한 러시아와 프랑스의 동맹을 분쇄하여 유럽대륙을 지배하려는 의도를 가지고 있었기 때문이다.

이에 오스트리아는 군주국의 안전을 위협하는 요인인 세르비아를 제거하고자 1914년 7월 26일 전쟁을 선포하고, 7월 30일 러시아는 총동원령을 내림으로써 제1차 세계대전의 막이 올랐다. 독일은 8월 1일 프랑스에 선전포고를 하고, 8월 4일 독일이 룩셈부르크와 벨기에를 점령하였다. 이에 8월 4일 영국은 독일에 선전포고를 하게 되며, 오스트리아-헝가리제국이 러시아에 선전포고를 하는 등 유럽 열강들은 세르비아와 오스트리아 전쟁 발발 1주일 만에 모두 전쟁에 휘말렸고, 모두 방어적 성격을 강조하는 조국전쟁을 시작하게 된 것이다.

독일은 쉴레펜계획을 통해 러시아의 적군을 묶어두기 위한 로트링켄으로부터의 공격과 벨기에와 북프랑스를 통과하는 본격적인 공세를 통한 작전계획을 통해 속전속결로 전쟁을 수행하고자 하였다. 한편 일본은 8월 7일 태평양에서 독일세력을 구축하기 위하여 영국의 동맹국으로 참전하였다. 일본은 동아시아에서의 정치적, 경제적, 군사적 정책을 강화하여 1915년 1월 중국정부로부터 '대중국 21개조'의 요구를 관철함으로써 중국에서의 우월권을 획득하게 된다. 1917년 영국, 러시아, 프랑스로부터 독일이 중국에서 갖고 있던 이권계승을 약속받고 만주에서의 특수이익 또한 인정받게 된다.

불가리아와 터키는 독일의 동맹세력으로 참가하였다. 이탈리아는 오스트리아에 삼국동맹의 대상요구가 거절되자 터키에 있어 세력획득과 아프리카에서의 식민지 확장요구 등 약속을 받고 연합국 측에 가담하게 된다. 독일의 속전속결에 대항해 영국은 우월한 영국함대를 이용하여 독일 항구를 봉쇄하고 보급로를 차단하였다. 결국 1917년 독일 총사령부에 의한 무제한 잠수함전으로 바뀌었고, 영국에 군수품을 보급하던 미국의 루시타니아호의 격침이 있었다. 이를 계기로 그동안 중립을 유지해오던 미국이 참전(1917년)을 초래하게 되면서 유럽에 국한되어 있었던 전쟁이 세계적 차원으로 확대되게 된다.

뿐만 아니라 러시아에서는 1917년 3월(러시아력으로는 2월)에 러시아 혁명이 일어났다. 러시아는 정치경제 체제의 후진성 때문에 장기간에 걸친 총력전에는 견디지 못하였다. 당시 러시아는 군수품, 식량부족, 정치의 불안 등으로 고통을 받고 있었다. 3월 혁명이 일어나 차르 정부가 쓰러지고 이어 11월(러시아력 10월) 혁명으로 소비에트정권이 성립된 후 즉각 정전을 전교전국에 제안하기에 이른다. 1917년 12월 15일 러시아는 중구동맹세력과 휴전하고 독일과 단독강화조약을 체결하였다. 러시아 혁명으로 인하여 제1차 세계대전의 전선의 일각이 무너졌다. 독일과 러시아는 1918년 3월 부레스트리토프스크에서 평화조약을 맺었다. 동부전선의 부담에서 해방된 독일은 서부전선에서 최후의 대공세를 펼쳤다. 그러나 7월 18일 미국의 참전으로 결국 윌슨의 14개조에 의거5)하는 화평개입을 받아들이게 된다. 동맹국인 불가리아, 오스트리아, 터키의 항복과 독일에서도 킬 군항에서 수병(水兵) 폭동이 일어나 독일혁명이 일어나자 제정이 붕괴되고, 임시정부는 11월 11일 연합국의 휴전조약을 조인하게 된다.

제1차 세계대전을 종결시키는 강화회의는 1919년 1월 18일부터 프랑스 파리에서 개최되었다. 독일과의 강화조약을 심의하는 이 회의를 주도한 이념은 미국 대통령 윌슨의 '14개조'의 원칙이었다. 그러나 이것은 세계의 평화에 대한 열망뿐만 아니라 세계정치에서의 헤게모니 장악을 의도한 미국 측의 입장 표명이었다. 따라서 영국, 프랑스, 미국 등 3개국이 주도한 이 강화회의는 열강 간의 정치적 흥정과 거래의 무대가 되었으며, 각국의 이해관계는 실상 상반되는 것이었다. 즉, 독일을 가능한 한 약화시키고 그 대신 스스로 패권을 확립하려는 영국과 프랑스 양 제국주의의 현실적 이해와 윌슨의 이념이 상치되는 것이었다.

6월 28일 베르사이유에서 조인된 강화조약의 내용은 독일 국민에게 가혹한 것이 되었다. 베르사이유조약 231조는 전쟁의 책임을 패전국 독일에 돌리고, 독일이 연합국에게 전쟁으로 당한 손실과 피해를 보상해야 한다고 규정하였다. 실제로 전승국이 독일에 복수하여 다시는 독일이 재기할 수 없도록 하기 위한 조건이었기 때문에 베르사이유

---

5) 윌슨의 14개조는 비밀외교의 철폐와 공개외교의 수립, 해양의 자유, 경제장벽의 철폐, 군비축소, 식민지의 공평한 조정, 러시아의 부흥에 대한 원조, 벨기에의 회복, 알사스 로렌의 반환, 이탈리아 국경선의 개정, 오스트리아·헝가리 제국내의 제 민족의 자치, 발칸국가들의 부흥, 터키 제 민족의 자치와 다다넬스해협의 국제화, 폴란드의 독립, 국제연맹의 창설 등을 내용으로 하고 있다(베일리스, 2003 : 67).

조약에 의해 형성된 베르사이유체제는 독일의 희생 위에 확립된 질서라고 할 수 있다. 이에 따라 독일은 해외식민지를 모두 잃고 알사스 로렌을 프랑스에 반환하였다. 또한, 벨기에, 폴란드 및 체코에게 각각 약간의 영토를 할양함으로써 1919년 영토 처리에 따라 영토의 13%와 약 700만 명의 인구를 잃게 되었다. 이는 독일민족의 불만을 야기하였고, 1930년대 히틀러의 팽창정책에 대한 정당성을 부여하는 결과를 낳았다. 결국 베르사이유의 전후처리과정은 독일에게 너무나 가혹한 것이었다. 사실 베르사이유가 가져온 것은 평화가 아니라 단지 20년간 유럽에서의 정전에 불과하였다(베일리스, 2003 : 68).

베르사이유조약은 세계전쟁의 비참한 경험을 되풀이하지 않기 위해 평화유지 기구로서 '국제연맹'(The League of Nations, 1920)을 창설하였다. 국제연맹을 통해 침략국가에 대항하는 집단행동을 취할 수 있게 함으로써 전쟁을 방지하고 국제평화와 안전을 유지하며, 경제적·사회적 국제협력을 증진시키고자 하였다. 그러나 제안국인 미국이 의회의 인준거부로 가맹하지 않았으며, 독일, 소련, 오스트리아, 이탈리아도 당초에 받아들여지지 않았기 때문에 국제기구로서 보편성의 문제점을 안고 있었고 평화유지의 목적을 충분히 달성할 수 없었다. 결국 베르사이유체제 그 자체가 영국과 프랑스를 중심으로 하는 제국주의적 세계체제의 재편성에 불과하였다. 따라서 제1차 세계대전의 전후처리로서는 지극히 불충분하여 새로운 국제적 대립이 발생하는 것을 방지할 수 없었던 것이다.

또한, 베르사이유체제는 일본의 만주 점령, 이탈리아의 제재에 집단안전보장체제가 제대로 작동하지 못하는 무력함을 보였다. 제1차 세계대전 후 탄생한 독일의 바이마르공화국은 경제적 어려움과 극우,

극좌의 공격 앞에서 자기 방어의 기능을 상실하게 된다. 더구나 미국 경제공황으로 독일 경제는 파국을 맞게 되었다. 사회적으로 불안과 위기 속에서 확립된 히틀러의 나치의 일당독재가 베르사이유체제에 도전하게 됨에 따라 국제연맹의 존재 자체에 의문을 던졌고 나아가 베르사이유체제의 붕괴를 재촉하였다.

베르사이유조약과 전후처리과정에 대한 각국의 입장을 좀 더 자세히 살펴보면, 프랑스는 반세기 동안 독일로부터 두 번의 침공을 당했기 때문에 독일의 재기불능을 목표로 독일로부터 최대한의 배상을 획득하여 독일을 무력화하는 것이 관건이었다. 다시 말해 프랑스의 안전과 대독일 우위를 영속적으로 확립하고자 하였다. 이에 라인강을 국경선으로 하기 위해 라인 좌안을 독일로부터 분리시켜 국제연맹 하에 두고자 하였다. 또한, 독일의 영토를 최소화하는 동시에 알사스 로렌을 회복하고, 자아르 지역 획득 등 잃어버린 프랑스의 패권을 유럽에서 재건하는데 주력하였다. 반면 영국은 독일의 지나친 약화로 프랑스의 대륙 제패가 유럽의 세력균형에 미칠 영향을 고려하여 독일의 군축과 해외식민지의 이권만을 압수하자고 주장하여 배상과 영토문제를 둘러싸고 프랑스와 대립하였다. 미국은 민족자결주의, 무배상주의에 입각하여 프랑스의 제안에 반대하였으나, 경제적 측면에서 유럽정책에 개입하기를 원했다. 배상문제와 관련하여 영국, 프랑스와 대립하였는데, 이는 고립주의로 외교적인 면에서 소극적인 미국의 입장을 잘 알 수 있는 부분이다.

베르사이유체제에서 독일의 배상금지불문제를 둘러싼 갈등은 1925년 체결된 로카르노조약의 배경이 된다. 베르사이유체제의 가장 큰 결함은 독일에 대한 보복정책으로 독일이 막대한 배상금의 지불로 인한 경제적 어려움과 인플레이션, 자국 영토의 축소 및 분할로 인해 독일인들의 반발이 극심하였다는 것이다. 이로 말미암은 독일경제의 파탄은 유럽경제에 큰 혼란을 초래하게 되었고, 독일의 배상지불 불이행에 대해 프랑스가 루르지방을 점령(1923년)함으로써 유럽에서의 위기상황은 계속되었다. 독일은 영국과 프랑스에 라인좌안에 대한 불가침과 프랑스-독일-벨기에 간의 국경유지를 보장하는 조약의 체결을 제안함으로써 두 나라의 관계는 어느 정도 정치적 안정을 이루게 되었다. 1925년 7월 독일과 프랑스 간의 국경불가침성을 보장하는 로카르노조약이 체결됨으로써 독일은 패전국의 늪에서 어느 정도 벗어날 수 있었다. 뿐만 아니라 1926년 국제연맹에 가입하고 국제적 지위를 회복하게 된다.

로카르노조약은 독일을 집단안전보장체제에 편입시켜 프랑스와 동유럽 국가들의 안보위협을 제거하고, 독일의 무장억제와 독일의 소련에의 접근을 방지할 수 있게 함으로써 유럽의 국제관계의 안정화에 긍정적인 역할을 수행하였다. 프랑스는 국제연맹이라는 집단안전보장체제보다는 영국과의 동맹관계로 대독일 안전보장체제를 구축하려 하였다. 그러나 영국은 대륙에 대한 고립정책에 근간하여 대륙의 세력균형과 안정을 유지하기 위해 독일의 약화를 통한 강한 프랑스를 원하지 않았기 때문에 독일의 제안을 받아들여 대독일 화해정책을 시도하였고, 국제연맹을 통한 안전보장정책을 추구하게 된 것이다. 독일은 로카르노조약 체결로 서부 국경의 현상유지를 통한 정치적 안정을 보장받을 수 있었고, 패전국의 법적 지위에서 벗어나 국제사회로의 복귀가 가능해졌다.

1925년 로카르노조약과 부전조약(1928년)을 정점으로 1929년까지 국제관계나 경제적 관계는 비교적 안정된 시기였다. 그러나 1929년 후반부터 국제관계 체제가 동요하기 시작하였다. 1929년 세계경제공황6)으로 말미암아 독일의 미국에 대한 전체 상환은 흐지부지되었다. 독일에서는 히틀러가 집권하였고 유럽에서는 파시즘과 나치즘이 등장하였다. 이런 와중에 독일의 대외정책의 전략적 기조가 변화되었고 이를 계기로 군비증강이 활기를 띠게 된다.

현상타파와 베르사이유체제로부터의 해방을 주장한 히틀러의 등장은 베르사이유체제에 대한 도전이었다. 히틀러는 독일의 생존공간(Lebensraum) 확보를 위하여 강력한 독일의 재건과 군사화가 추진되었다(Robertson, 1963). 새로운 생활공간을 획득하는데 있어 소련은 볼셰비즘이라는 위험적 책동이 있는 근원지이고, 독일 생활권 확대의 대상지였으며, 프랑스는 독일민족의 숙적이었다. 이에 히틀러는 군사권의 평등과 국방주권을 국제연맹을 통해서가 아니라 국제연맹에 저항하여 취득하려 하였다. 1933년 독일은 국제연맹과 군축회의로부터 탈퇴, 대규모 재무장을 결정하고 일반징병제를 실시하였다.

히틀러는 국제연맹 탈퇴 이후 폴란드와 우호조약(1934년)을 체결하였고, 급기야 1936년에는 로카르노조약을 일방적으로 파기하고 라인란트로 군대를 진주시켰다. 이탈리아는 이디오피아 침략으로 국제연맹과 서방열강으로부터 대립하였다. 국제적인 고립상태에서 1937년 독일의 반코민테른협정에 이탈리아가 가입하고 여기에 일본이 가세함으로써 로마-베를린 추축(Rome-Berlin Axis)은 근동까지 확대되었

---

6) 1920년대 들어 미국은 1914년 이전 영국이 차지했던 것과 같은 중추적 위치를 차지하게 되었다. 1929년에 이르러 미국은 세계 산업생산의 42%를 생산하였는데, 독일, 영국, 프랑스의 생산은 모두 합해서 28%였다(Hobsbawm, 1994 : 97).

고, 이 축은 1940년 삼국 군사동맹으로까지 확대되게 된다.

한편 일본은 경제 공황의 여파로 국내체제의 파쇼화와 대외팽창정책을 적극적으로 추진하는 과정에 만주를 점령하게 된다. 1868년 메이지 유신 이후 일본은 급속한 산업화와 근대화를 추진하였다. 일본은 새로운 시장과 원료를 확보하고, 아시아 공영권 건설을 위하여 중국으로의 팽창정책을 수행하였다. 워싱턴 군축회의의 성과에도 불구하고 일본의 육군과 해군은 미국과 소련을 가상적으로 한 국방계획을 세우고 국가총동원체제를 정비하게 된다. 1931년 9월 18일 류타오거우에서 만주철도 노선이 폭파되는 사건이 있었는데 이 사건을 계기로 만주사변이 발발하게 된다.

일본은 1932년 3월 1일 만주에 일본의 괴뢰국가인 이른바 만주국을 건설함에 따라, 중국정부는 만주사변을 국제연맹에 제소하였다. 그러나 미국은 일본을 9국 조약 위반으로 인정하고 만주국을 승인하지 않았다. 이에 일본은 1933년 국제연맹을 탈퇴하고, 1934년에는 워싱턴 조약의 파기를 선언하였다. 이와 같이 일본의 만주침략과 워싱턴조약의 파기는 국제연맹과 베르사이유체제에 대한 도전행위라고 할 수 있었지만 국제연맹은 일본을 저지하지 못했다. 일본은 1936년 11월 25일 독일과의 반코민테른협정을 배경으로 독일의 지지를 얻으면서 대륙침략을 감행하게 된다. 결국 1937년 7월 루거우차오에서 중국군대와의 충돌로 전면적인 전쟁에 돌입하게 된다.

일본의 만주점령 외 이탈리아의 이디오피아의 침공으로 베르사이유체제의 근간이 집단안전보장의 와해를 의미하였다. 이어 독일의 오스트리아 합병(1938년)으로 독일의 중부유럽 진출의 교두보로서 발칸과 동유럽으로의 진출의 거점을 확보하게 되어 유럽의 세력균형에 커다란 변화하게 되었다. 오스트리아의 병합에 성공한 독일은 생활공간 확보의 두 번째 침략목표인 체코슬로바키아를 침공하여 수데텐의 독일민족에 대한 독일의 할양을 요구하였다. 이때 영국은 유화정책을 근간으로 당면한 평화유지에 급급한 나머지 독일의 파시즘과의 대결을 회피하고자 하였다.

영국과 프랑스는 당시 경제공황의 여파로 국내적 상황에서 독일과의 전쟁을 피하고자 하였다. 특히 영국은 프랑스와는 달리 전통적으로 너무 강하지도 않고 그렇다고 너무 약하지 않은 독일을 원했다. 즉, 적당한 세력의 독일을 중심으로 한 중부유럽을 통해 프랑스와 러시아를 견제할 수 있기를 원하였다. 영국이 현상타파 세력인 독일에 대한 유화정책을 전개한 이유는 독일에게 일정한 양보를 제공하여 전쟁을 예방할 수 있다고 판단하였기 때문이다. 한편 베르사이유조약이 독일에게 너무나 가혹하였다는 비판적 입장이 만연하였다는 점과 독일의 라인란트 점령이 베르사이유체제의 붕괴를 가져올 것이라는 우려가 있었다. 그러나 독일이 베르사이유체제를 프랑스와 소련에 대항하는 수단으로 생각되었다는 점 등은 유화정책의 실패 근거로서 충분하였다. 그러나 가장 근본적인 이유는 볼셰비즘이 유럽으로 전파되는 것을 저지하는 세력으로 강력한 독일이 필요했다는 점에서 당시 히틀러의 평화정책에 대한 오판의 근거로 제시되고 있다.

뮌헨협정(1938년)으로 수데텐에 대한 히틀러의 요구가 인정됨에 따라 우선 전쟁은 모면한 듯 보였다. 그러나 궁극적으로는 체코의 붕괴를 막지 못하였으며, 결국 평화주의라는 명분아래 국제연맹의 무력함을 노정시키게 되는 결과를 낳았다. 폴란드는 다음 정복의 목표였다. 베르사이유조약으로 단찌히항은 자유도시가 되어 폴란드의 관세 관리 하에 놓이게 되었다. 동프로이센은 폴란드에 할양된 폭 60km의 회랑을 통과하여 독일의 본토와 연결되어 있었다. 독일은 1939년 단찌히를 복귀하고 폴란드회랑을 통과하는 치외법권의 도로와 철도 건설권을 폴란드에 요구하였다. 영국과 프랑스의 개입이 확신되는 상황이었고, 독일은 소련과 1939년 8월 23일 독소불가침조약을 체결하였다. 이어 1939년 독일은 독일-폴란드 간 우호조약을 파기했으며, 9월 1일 폴란드에 대한 공격을 시작하게 된다. 이에 제2차 세계대전이 시작된 것이다.7)

앞서 살펴본 바와 같이 유럽협조체제, 비스마르크체제, 베르사이유체제 등과 같은 국제체제들은 전쟁의 방지와 평화유지라는 목표를 위하여 세력균형과 집단안전보장이라는 원칙을 기반으로 하였다. 우선 유럽을 지배하여 왔던 전통적 질서의 틀로서 세력균형은 국제정치 전반에 걸쳐 적용되어온 매우 현실적인 행위원칙이었다. 그리고 세력균형은 유럽에서 힘의 균형 상태를 유지하는 것만이 평화를 유지하고 전쟁을 방지할 수 있는 방법이라고 받아들여졌다. 이러한 세력균형에 입각한 안전보장은 개별국가가 전쟁·군비확장·중립·동맹의 자율권을 가지고 있었고, 대부분의 주권국가들은 세력균형론에 입각하여 동맹관계를 맺거나 중립을 지켜왔다. 그러나 제1차 세계대전의 발발이라는 세계적 차원의 전쟁에 대한 사전 예방책을 마련하는 데는 충분하지 못하였다.

---

7) 제2차 세계대전의 기원에 대해서 역사적으로 많은 논쟁의 대상이 되어왔다. 히틀러와 나치독일의 전쟁이라는 점에서 전쟁의 책임은 히틀러와 나치독일에 있다는데 동의하지만, 실제적으로 히틀러가 전쟁을 어디까지 계획했는지, 또한, 그의 영토적 야욕이 어느 정도였는지 등 제2차 세계대전의 기원에 대해서는 다양한 견해가 존재한다(Taylor, 1961; Robertson, 1971).

제1차 세계대전의 전후처리과정에서 형성된 베르사이유체제는 집단안전보장이라는 새로운 방법을 통해 모든 외교 분쟁을 무력에 호소하지 않고 중재를 통해 해결하고자 했다. 따라서 군사적인 균형이나 이를 위한 동맹체제가 아닌 민족자결이라는 기초 위에 세계평화를 수립하고자 했다. 미국의 윌슨 대통령에 의해 주창된 민족자결주의 주장과 대독일 휴전협상 14개 조항은 그 당시 국제체제에서 미국의 주도권을 확인하는 결과를 낳았다. 외견상으로 베르사이유체제는 국제연맹이라는 국제기구를 통해 유럽에서의 안보와 평화를 조정하는 역할을 한다는 국제정치사적 의미를 갖고 있으며, 이는 세력균형정책에 대한 보완으로 집단안전보장체제의 시작을 알리는 것이었다.

국제연맹을 통한 집단안보체제에 주도적인 역할을 했던 미국 스스로가 국제연맹에 불참하였다는 내재적 한계가 있었음에도 불구하고, 국제연맹은 범세계적인 차원에서 합의를 본 최초의 국제기구였다고 할 수 있다. 또한, 분쟁의 평화적 해결, 군비의 제한, 침략전쟁의 방지와 제재를 위해 집단안전보장 제도를 도입하여 경제·사회·문화적인 국제협력을 증진시킨다는 정치철학과 이를 뒷받침할 제도적 장치를 마련했다는 점에 의미를 갖는다.

그러나 프랑스는 자신의 안전보장과 독일의 재기불능을 목표로 독일로부터 최대한 배상을 획득하려 하였다. 이는 프랑스의 이해관계와 독일의 지나친 약화로 프랑스의 대륙제패가 유럽의 세력균형에 미칠 영향을 고려한 영국과 입장 차이를 보였다. 따라서 이런 현상은 국제연맹이라는 집단안전보장체제를 통한 유럽에서의 평화를 이루어내는 데 걸림돌로 작용하였다. 또한, 영국과 프랑스의 유화정책의 실패는 독일의 중부유럽으로의 팽창정책을 저지하지 못했고, 일본의 만주침략이나 이탈리아의 이디오피아 침공에 대해 적절하게 대응하지 못함으로써 베르사이유체제는 붕괴되었다.

Ⅲ. 제2차 세계대전 이후부터 현재까지의 시기

1. 냉전체제와 동서 이데올로기 대립

제2차 세계대전으로 제1차 세계대전 이후 형성된 베르사이유체제가 완전히 붕괴되었다. 두 번에 걸친 세계적이며 총체적인 성격을 가진 전쟁을 통해 1815년 이후 형성된 유럽의 세력균형 체제의 근본적인 변화가 발생하였다. 제국의 소멸, 미국과 소련의 정치적·군사적 대립, 핵무기의 등장 그리고 집단안전보장의 원칙이라는 새로운 국제질서가 전개되었다. 얄타체제로 대변되는 제2차 세계대전 이후의 국제체제는 유럽협조체제로부터 베르사이유체제에 이르는 모든 특징을 복합적으로 내포한 체제(이기택, 2000 : 439)라고 볼 수 있다.

미국, 소련, 영국은 카이로회담(1943년), 테헤란회담(1943년), 얄타회담(1945년) 그리고 포츠담회담(1945년) 등을 통해 전후의 국제질서를 협의하였다. 또한, 대서양동맹(1949년)을 형성하여 미국, 영국, 소련 3대 열강의 지도체제를 구축하였다. 그러나 제2차 세계대전 이후의 형성된 국제체제는 1950년대를 지나면서 미·소 간의 이데올로기 대립을 축으로, 미국을 중심으로 한 서방진영과 소련을 중심으로 한 공산진영 사이에 서로 대립되는 냉전체제를 형성해가면서 발전하게 된다.

얄타체제는 집단안전보장체제를 구축하여 평화와 질서를 수호하려는 측이 압도적인 힘을 가짐으로써 체제 내 어느 국가도 평화와 질서를 교란시키지 못하게 함으로써 안전보장을 도모하는 체제라고 할 수 있다. 제1차 세계대전의 결과로 탄생한 국제연맹이 집단안전보장체제로서 작동하지 못하고 세계적 전쟁을 예방하지 못하게 되었다. 따라서 보다 강력한 안전보장체제를 갖춘 국제기구의 창설에 대한 필요성이 제기되었다. 이에 1945년 9월 1일 국제연합(The Unites Nations)이 설립되었다. UN헌장에 의하면 집단안보의 기본 목표는 세계평화와 안보를 유지하는 것이다. 이러한 목표를 달성하기 위한 수단은 분쟁의 평화적 해결, 평화위협이나 침략행위방지 및 제거를 위한 집단적 조치를 포함한다.

제2차 세계대전 이후 국제관계에서의 중요한 변화는 국제관계의 중심이 유럽에서 미국과 소련으로 옮겨갔다. 이로 인해 초강대국인 미국과 소련을 중심으로 한 이데올로기 대립의 시대가 대두되었다는 점이다. 냉전시대 국제관계의 질서는 미·소 간의 대결구도로부터 파생되는 소련의 위협에 대한 전략적 대응이라는 정치·군사위주의 상위 정치적 현안에 집중되었다. 동서 양 진영간 이념적 대립, 인위적인 역내 분할, 대규모의 군비경쟁 및 핵위협이라는 안보환경 속에서 미·소의 핵 우산권 및 재래식 전력지원 그리고 군사 및 경제 원조를 중심으로 양분된 구조적 특징을 가지고 있다. 따라서 동서 양 진영 중에 어느 한 진영에 속해 안보를 유지해 나아갈 것인가라는 이분법적 구조를 의미하였으므로 비교적 단순한 동시에 투명했다고 할 수 있다.

냉전과 미·소의 대립이라는 외부적 환경은 냉전적 양극체제를 구축하였다. 즉, 미국을 중심으로 한 서유럽국가들이 집단안전보장을 목적으로 북대서양조약기구(NATO, 1949년 4월)를 창설하였고, 소련 및 동유럽 국가들은 바르샤바조약기구(Warsaw Treaty Organization)를 출범시켰다. 이와 같은 두 개의 강력한 집단방위기구가 대치하며 상호 간에 격심한 불신과 대립 및 치열한 군비경쟁을 계속하면서 냉전 기간 동안 주기적으로 갈등과 협력이 반복되었다. 또한, 냉전 이후에도 국제관계의 질서와 체계를 이해하는데 변하지 않는 틀을 제공하였다.

제2차 세계대전의 종식 이후 소련의 팽창정책과 이에 대한 서유럽의 안보이익은 미국의 안보이익과 일치하였다. 효과적인 집단방위를 바탕으로 한 NATO체제는 소련의 위협에 대한 방어뿐만 아니라 독일의 잠재적 위협에 대한 서유럽국가들의 우려를 약화시켜 서유럽의 안전과 번영을 보장하기 위한 중요한 역할을 수행하였다. 미국은 서유럽에서 소련과 공산주의에 대항할 정치적, 이데올로기적 동맹체를 발견하였다. 1948년 유럽경제협력기구(OEEC)의 창립, 마샬플랜 및 NATO를 출범시킴으로써 서유럽에서 정치·경제·군사적으로 개입할 수 있는 제도적 틀을 확보하였다(Fröhlich, 1997).

미국은 서유럽을 경제적·군사적으로 가능한 한 자유진영에 결속시키는 일에 집중하였다. 이는 소련과 동유럽의 공산주의 세력의 확장을 막는 냉전적 사고를 대변하는 것이었다. 그 결과 미·소 양극체제의 공고화되는 과정에서 유럽질서의 안정을 위해 유럽과 미국은 지속적인 범대서양 안보체제의 유지가 필요하였다. 유럽은 미국의 세계적 헤게모니를 인정한다는 대전제 하에 유럽 안보상황의 해결에 있어 미국의 직접적 개입이 필수적이라는데 인식을 같이 하였다(이상균, 1995 : 363). 따라서 NATO는 유럽문제에 대한 미국의 영향력을 보장함으로써 미국의 유럽에 대한 정치·경제·군사적 유대의 기초가 되어 냉전이 종식될 때까지 미국과 유럽 국가들의 협력을 보장하는 다기능 동맹으로서의 역할을 수행하였다.

또한, 독일의 분할과 이에 따른 유럽대륙의 분단은 냉전의 고착화 과정에서 냉전질서에 중요한 변수로 작용하였다. 1948년에 있었던 체코의 공산 쿠데타와 베를린 위기에 이어 1949년 소련의 원자폭탄 실험의 성공과 중국의 공산화는 NATO 영역 내에서 서독의 유럽안보를 위한 군사적 기여와 재무장 문제를 진지하게 고려하기 시작하였다. 냉전은 유럽에서 기원되었지만, 1950년 한국전쟁 발발은 동아시아지역으로의 냉전구조에 지대한 영향을 미쳤다. 또한, 아시아에서의 냉전체제는 중소우호조약(1950년)과 미일안보조약(1951년)을 시발로 형성되었다.

베를린 위기와 한국전쟁을 거치면서 소련의 팽창주의에 대해 공포심을 갖게 되었고, 유럽의 미국에 대한 의존은 깊어갔다. 이와 함께 서유럽 방위를 위해 서독의 재무장 필요성이 제기되었다. 그 결과 1954년 파리국제회의에서 서독의 NATO 가입과 재무장이 결정되었다. 이는 서독에 대한 연합군의 점령통치의 종식을 의미했고, 전범국으로서 서독의 지위 변화와 부분적인 주권회복을 의미하였다. 서독의 주권회복은 미국이 주도하는 안보체제에 의해 가능한 것이었다. 또한, 서독의 재무장은 NATO의 안보구조 속에서 서독을 편입시킴으로써, NATO의 편입이 서독의 안보를 위한 중요한 수단으로 여겨졌다(Thraenhardt, 1996 : 81-82).

제2차 세계대전 이후 영국은 전쟁의 승전국이라는 배경을 바탕으로 미국의 대유럽정책의 창구 역할을 충실히 수행하였다. 또한, 대서양을 중심으로 한 미·영 관계를 중심축에 놓고 영국만의 독특한 대서양주의적 유럽정책을 표방하였다. 반면 미국은 독일이나 소련과 같은 특정 강대국 출현으로 인한 패권체제를 부인하고 유럽에서의 세력균형정책 표방하고 있었다. 미국이 양차 세계대전에서 모두 뒤늦게 참전한 점을 고려해 본다면, 제2차 세계대전 이후 유럽에서 자신의 영향력을 지속적으로 유지하려는 현상유지에 중점을 둔 정책에 입각한 것이다. 미국은 독일, 영국, 프랑스와 같이 서유럽 지역 강대국들 간 일정수준의 갈등과 경쟁관계를 유지시키는 한편 자발적인 협조 속에 NATO를 통한 유럽안보체제 구축을 시도하였다. 이는 유럽협조체제를 통해 유럽에서의 평화와 안정을 보장하려 했던 시도와 비교할 수 있을 것이다.

또한, 미국은 국제주의와 고립주의라는 외교적 틀을 중심으로 일관된 대서양주의 정책을 표방하고 있다. 미국은 유럽과의 역사적 관계와 교역관계, NATO를 통한 안보적 연결, 공통의 문화에 기초한 유사한 정치 및 경제체제 등을 고려하여 긴밀한 협력관계를 중시하였다. 따라서 냉전체제의 수립은 미국의 고립주의와는 달리 유럽안보에 적극적으로 개입하는 계기가 되었다.

2. 동서 데탕트와 협력적 질서

냉전체제의 대립적인 질서와는 달리 1960년대 말부터 무르익은 동서 데탕트의 결과 협력적인 유럽의 질서가 창출되기 시작되었다. 동서 블럭의 약화와 냉전체제의 재편성과정은 서방측에서는 프랑스의 골리즘의 등장과 북대서양조약기구의 균열을 통하여 시작되었다. 한편 사회주의권에서는 소련과 중국의 중소분쟁이 이념분쟁에서 시작하여 군사 분쟁으로까지 확대되면서 진행되었다. 특히 아시아에서는 닉슨독트린(1969)을 통하여 미국의 대아시아정책의 변화를 가져왔다. 미국과 중국 간에 화해를 전제로 아시아의 전반적인 국제정치 질서가 재정립되었다(이기택, 2000 : 485). 이 시기에 세계적인 열강 간의 세력 재편성이 이루어졌고, 미소데탕트, 독일의 동방정책 그리고 유럽안보협력회의를 중심으로 동서데탕트와 협력적 질서가 구축되었다.

1968년 미국과 소련은 핵무기 확산금지조약(Non Proliferation Treaty : NPT)을 체결하였다. 1972년은 SALT I 조인 및 탄도탄제약조약과 공격용 미사일 수량조절 잠정협정 등 미·소 간의 여러 군축협정이 이루어졌으며, NATO와 WTO 사이의 상호균형군축(Mutual Balanced Force Reduction : MBFR) 등 해빙무드가 조성되었다. 이와 함께 1970년대 중반부터 안보환경이 개선된 결과 유럽에서는 군사력이 안보의 유일한 요소가 되지 못한다는데 포괄적인 공감대가 형성되고 있었다. 특히 핵전력에 의존하는 안보체제는 상호군비경쟁을 계속함으로써 더이상 안보, 나가서 지속적인 평화를 수립할 수 없다는 한계를 인정하게 되었다.

이렇듯 1970년대 초반에 이루어진 미국과 소련의 군사기술의 상대적 균형에 따라 군사적 데탕트와 국제정치경제의 역동성에 따른 상호의존의 증대는 국가의 자율성보다는 국가들 간의 관계성을 강조하는 협력의 중요성을 부각시켰다(이수형, 2003 : 119). 따라서 이 시기 국제관계는 동서 간의 경제 및 정치교류의 활성화를 통한 신뢰구축과 유럽 내에 다양한 상호침투 및 작용의 채널을 설치 등 새로운 협력을 위한 외교와 전략이 강구되었고, 이를 통한 변화의 움직임은 가속되었다. 특히 전후 유럽의 최대 과제였던 독일문제를 NATO와 EC라는 서유럽체제 속에서 평화적인 해결책을 모색하였다. 또한, 주변국의 신뢰를 획득한 서독정부는 동방정책을 수행하기에 이른다. 유럽통합의 진행과정에서 유럽적인 가치와 결속력의 증대는 점진적인 상호 협력적 통제를 가능하게 됨에 따라 외교안보분야에서의 협력을 추진하는 방안으로 유럽정치협력(European Political Cooperation)의 결성이 모색되었다. 헬싱키 최종의정서에 의한 유럽안보협력회의의 출범 등 다자간 안보체제의 창설노력 등이 가시화되었다.

1969년 빌리 브란트(Willy Brant)는 독일문제를 급격하게 해결하기 어렵기 때문에 대결보다는 점진적인 변화와 작은 것부터 하나씩 해결해야 한다는 취지에서 '접근에 의한 변화'(Wandel durch Annährung)와 '작은 걸음 정책'(Die Politik der kleinen Schritte)을 내세운 동방정책을 표방하였다(Brant, 1989 : 64; Krell, 1989). 이는 서독의 안보정책의 기조를 서유럽과의 결속과 NATO를 토대로 한 안보정책을 지속시킴과 동시에 동독 및 동유럽 국가들과의 관계개선에도 큰 비중을 두고자 한 것이다. 동방정책은 정치적 분쟁은 무력을 사용하지 않고 평화적 수단에 의하여 해결하는 무력포기와 현재의 국경을 인정함으로써 오더-나쎄(Oder-Nasse) 동쪽의 과거 독일 영토를 포기하는 것이었다. 뿐만 아니라, 핵무기비확산조약 서명문제의 적극추진과 동독을 서독과 같이 국가로 인정하는 것을 내용으로 하고 있다(Griffith, 1981 : 234-235). 동방정책은 NATO에 의한 서독의 서유럽과의 결속과 통합을 추진함과 동시에 유럽대륙에서 세력균형 원리에 기반한 적극적인 평화정책을 추구함으로써 결국 동서 간 긴장완화를 도모하고자 하였다. 또한, 동서독 간의 상호 접촉을 강화함으로써 장기적으로 유럽대륙의 평화정착을 통한 유럽의 분단이 극복될 때 독일의 통일도 달성될 수 있다고 보았다(Brant, 1978 : 484). 이에 소련 및 동유럽 공산권과의 관계 개선이 중요한 과제로 부상하였다. 또한, 유럽에서의 평화정착을 위해 소련과 양국 간 무력사용 포기와 유럽 영토의 현상유지 및 국경선 불가침을 내용으로 하는 상호불가침 협정(1970년)을 체결하였다. 이어 폴란드(1970년), 체코(1973년)와의 관계정상화도 시도되었다. 이와 같은 동서 양 진영

간의 상호접근 분위기에 힘입어 1972년 동서독은 기본조약을 체결하였고, 1973년 UN 동시가입이 이루어졌다.

서독은 동방정책을 통해 동서독의 긴장완화와 평화정착은 유럽안보와 직결된 것이라는 기조 하에 소련 및 동유럽 국가들과 협력기반을 다지면서 유럽의 안정, 안보 그리고 신뢰라는 공동이해의 기반을 넓히는 것이었다. 이와 동시에, 기존 유럽질서의 틀 속에서 분단의 고통을 완화시키기 위해 동서독의 교류와 협력을 이끌어내어 독일 통일에 기여했다는 점에서 의의가 있다(Weidenfeld & Korte, 1996; Fischer, 1992). 독일은 주변국의 우려를 불식시키기 위해 프랑스와의 긴밀한 협력을 기반으로 적극적인 유럽통합을 주도하였고, 유럽공동체의 통합과정에서 유럽의 독자적인 안보공동체를 형성하고자 하였다. 서독의 동방정책은 독일문제의 완전한 해결은 아니었지만 동서독의 현상유지를 통해 동서 간 신뢰와 협력을 구축하고자 했다. 따라서 동방정책은 유럽안보질서의 역학관계에 영향을 미쳐 군사적 대결구도에서 평화적 공존을 기반으로 한 유럽안보협력회의의 추진에 있어 하나의 걸림돌을 제거하였다.

유럽안보협력회의(Conference on Security and Cooperation in Europe)는 1970년대 초 동·서 화해분위기가 조성되는 가운데 전쟁의 위험을 감소시키고, 국가간의 신뢰 회복과 협력을 바탕으로 하여 유럽의 안전과 평화를 구축하고자 설립되었다. 따라서 이 회의는 알바니아를 제외한 전 유럽국가와 미국·캐나다 등이 참가하는 범유럽차원의 다자안보협력의 모델로 제시되었다(Bredow, 1992; Lutz, 2000). 유럽안보협력회의의 구상은 1954년 소련의 몰로도프 외상이 최초로 동서 군사 블럭을 전 유럽 안전보장기구로 대치할 것을 제안한데서부터 비롯된다. 그러나 서독은 1954년 10월 23일 NATO에 정식 가입하게 되고, 소련은 이에 대응하여 1955년 NATO에 대항하는 바르샤바조약기구를 결성함으로써 이와 같은 시도는 수포로 돌아갔다. 1966년 7월 6일 소련은 부카레스트에서 열린 바르샤바조약기구 수뇌회의에서 전 유럽 안보회의 개최를 재차 제안하게 되었다. 1971년 9월 23일 베를린 협정 체결과 1972년 닉슨의 모스크바 방문을 계기로 중부유럽에 있어 상호균형 군축(Mutual Balanced Force Reduction : MBFR)에 소련이 응하는 조건으로 서유럽국가들은 유럽안보협력회의에 참여하기로 합의하였다.

유럽안보협력회의의 구체화 작업은 크게 3단계로 진행되었다. 제1단계로 유럽안보협력회의는 1972년 9월 헬싱키에서 시작되어 9개월의 어려운 협상 끝에 '헬싱키 협상의 최종권고안'을 만들었다. 이 안은 1973년 7월 23일 유럽안보협력회의 외상회의에서 받아들여졌다. 다음으로 제2단계는 유럽안보협력회의가 1973년 9월 11일부터 1975년 7월 21일까지 제네바에서 2년여 동안 헬싱키 회의에서 조인될 최종안을 만드는 단계이다. 그리고 1975년 7월 30일 제3단계 헬싱키 회의에서는 이 최종안이 당시 35개국 유럽안보협력회의 정상회의에서 공식적으로 승인되었다.[8] 이 최종합의서는 국제법적으로 구속력 있는 조약은 아니지만 적어도 정치적 도덕적인 설득력을 가지고 있는 문서로 정치·경제·사회·안보 등 모든 분야에서 국가간 협력문제를 망라하고 있으며 3개의 바스켓으로 구성되어 있다.

헬싱키 최종의정서의 채택을 통한 유럽안보협력회의의 태동이 있었

---

[8] 헬싱키에서 합의된 최종의정서의 이행에 있어 후속회의는 1977-78년 벨그라드, 1980-83년 마드리드, 1984-86년 스톡홀름, 1986-89년 비엔나, 1990-92년 파리선언, 1992년 헬싱키 그리고 1994년 부다페스트에서 개최되었다(Schlotter, 1994).

다. 서유럽 측은 전후 국경의 현상유지를 정당화하려는 소련 측의 이해관계와 대화를 통하여 바르샤바조약기구 동유럽의 정치적 변화를 이끌어내어 신뢰 및 안보협력을 구축하고자 하였다. 이에 헬싱키 최종의정서의 채택은 소련 측과 서방의 이해관계가 타협되는 좋은 기회로 인식되었다. 또한, 유럽문제에 대한 미·소 초강대국의 영향력을 줄이며 범유럽화를 위한 움직임이 진행되었다. 1966년 NATO 탈퇴 이후 유럽안보문제에 있어 발언권이 약화된 프랑스는 유럽안보협력회의의 창설을 자신의 영향력 회복을 위한 좋은 기회로 인식하였다. 이에 1978년 '유럽군축회의'를 포함한 광범위한 계획 등을 제시하였다. 이는 유럽안보협력회의를 NATO로 대체할 범유럽안보기구의 창설을 위한 소련과 프랑스의 음모로 파악하여 반대의 입장을 표명한 미국의 소극적인 입장과 대비되는 것이었다(이상균, 1995 : 368). 그러나 유럽안보의 정치적·인권적 측면을 우선시 한다는 정치우위의 원칙에 입각하여 유럽안보의 군사적 측면과 재래식 군비통제를 유럽안보협력회의로부터 분리시키는 결과를 초래하여 군비통제를 위한 조치의 미비라는 모순을 가지고 있다는 지적이 있었다. 그럼에도 불구하고, 유럽안보협력회의는 동·서 양 진영의 상호인정과 평화공존, 개방과 교류 그리고 협력을 통해 분쟁의 원인을 제거하고 상호신뢰를 구축하고자하는 의도에서 유럽의 긴장완화에 크게 기여하였다고 할 수 있다.

3. 탈냉전과 통합적 질서

1989년 11월 베를린 장벽의 붕괴와 동유럽에서의 공산주의 붕괴로 촉발되어진 냉전체제의 종식은 기존 양극체제의 종말이었다. 이에 따라 국제정치의 구조, 민족국가의 역할과 기능 그리고 국제기구의 역할과 기능 등 커다란 변화를 가져왔다(Hogan, 1992; Forndran & Pohlman, 1993). 또한, 냉전체제와 얄타체제의 붕괴로 이를 대신할 새로운 세계질서(New World Order)의 확립을 향한 과정이 전개되었다(이기택, 2000 : 542).

냉전에서 탈냉전으로의 평화적인 전환은 고르바초프의 페레스트로이카(perestroika)와 글라스노스트(Glasnost)의 등장으로 미·소관계의 변화와 소비에트연방과 동유럽의 붕괴 그리고 독일의 통일을 거치면서 진행되었다. 특히 독일의 통일은 유럽의 분단을 해소하고 서유럽에 한정되었던 유럽의 영향력을 확대시켰다. 이는 동시에 중부유럽의 강화를 수반하였다. 독일은 강력한 경제력뿐만 아니라, 동·서유럽의 가교 역할을 통해 지정학적으로도 동유럽에 대한 영향력을 증대시킬 수 있게 되었다. 통일독일의 역내 경제적·군사적 헤게모니 추구에 대한 의구심과 독일의 역사적 특수성에 대한 우려의 목소리에 대해 독일 측의 대응은 독일의 유럽화를 통한 유럽통합의 심화였다(Rode, 1992 : 203-228).

이 과정에서 다자주의적인 상호 신뢰에 기반한 새로운 양상의 집단안보체제에 대한 희구와 함께 유럽인들에게 유럽에서의 전쟁 방지와 평화와 안정을 구축해온 유럽통합에 정당성을 부여하게 되었다. 더 나아가 유럽통합의 완성을 위한 정치와 경제의 균형적 통합의 시도를 가속화하는 계기를 마련하였다. 유럽 내·외부에서 발생한 새로운 불안정과 불확실성에 적절하게 대처하는 문제가 냉전이 종식된 유럽에게 일차적인 안보문제가 되었다. 냉전의 상황과는 다른 외부적 환경의 전개는 냉전 체제와는 또 다른 유럽 중심의 안보질서 재편에 대한 관심 역시 고조된다. NATO의 유지를 통해 유럽에서 자국의 이익을 유지하기 위해 유럽안보 변화에 따른 NATO의 역할 강화에 주력했던 미국과는 달리 프랑스는 서유럽국가들의 안보협력을 위하여 '유럽인에 의한 유럽건설', '유럽안보의 유럽화'를 추진하였다(이승근, 1999 : 94).

냉전의 종식에 따른 구소련의 붕괴 및 중·동유럽 국가들의 유럽으로의 회귀는 1975년 헬싱키 선언으로 창설되었다. 이로써 유럽안보에서 매우 중요한 역할을 담당해온 유럽안보협력회의를 유럽집단안보기구로 전환하게 하는 계기를 마련하였다(Czempiel, 1991 : 45; Senghaas, 2000). 특히 역내에서 발생하는 민족분규, 소수민족 인권보호 등 유럽 내에 새로이 대두된 안보현안에 발맞춰 유럽안보협력회의의 역할과 대처능력을 역내 전쟁위험 조기경고, 갈등방지, 위기관리를 위한 기능까지 확대시킴으로써 유럽 내 분쟁발생을 사전에 방지하고 분쟁 발생 시 신속하게 대응하는 기구로 탈바꿈시키고자 하였다(이승근, 1998 : 251-252). 결국 1994년 12월 헝가리 부다페스트 정상회담에서 유럽안보협력기구(Organization on Security and Cooperation in Europe)로 변경되어 유럽의 모든 국가와 미국, 캐나다 등 55개국을 포함하는 유럽 내 최대의 다자간 안보협력기구로서 탈바꿈하게 되었다.

이와 함께 냉전 종식 이후 집단 방위체제로서의 중요한 역할을 왔던 NATO는 새로운 상황에 대처하면서 '협력안보' 기구로의 구조와 전략의 개혁을 도모하게 되었다(Mutz, 1991 : 129-139). 유럽의 안보문제는 이제 더 이상 대립적 안보개념에 근거한 것이 아니라 중·동유럽의 안정과 밀접한 관계에 놓여 있기 때문이다. 따라서 NATO는 중·동유럽의 불안정한 지역에서 예상되는 새로운 위험 요소에 대한 분석을 통해 동맹의 목적을 재정의하고자 하였으며, 자신의 역할과 군사전략을 수정하고자 하였다.

1991년 11월 7-8일 로마 NATO 정상회담은 냉전 상황이 종식된 후 집단방위동맹으로서의 NATO의 존립근거가 크게 약화되었음을 간파하였다. 따라서 냉전 종식에 따른 변화하는 안보상황에 대처하기 위해 지금까지의 군사적 기술 및 전략을 수정하는 '전략개념'(Strategic Concept)을 채택하였다. NATO의 역할을 집단방어 외에 대화와 협력에 기초한 범 유럽안보기구로 규정하고, 이를 위해 NATO의 전략에 있어 핵무기에 의존을 감소시키고 위기관리 역할 강화, 역외분쟁과 대량살상무기 및 테러 대응 능력제고 등을 확대시켰다(Woyke, 1993 : 120-121). NATO는 냉전 종식 이후에도 유럽 내 안보상황에 효율적으로 대처하고 전체 유럽에서의 평화정착과 안보유지를 위해 NATO의 필요성을 다시 한 번 확인하였다. 서유럽뿐만 아니라 중·동유럽으로 NATO의 확대를 추진함으로써 범유럽 안보구축을 위한 유일한 기구로써 전환을 시도하였다.

1999년 워싱턴 NATO 정상회의에서는 코소보 사태 이후 유럽 국가들의 독자적인 안보형성 시도가 있었다. 이와 관련하여 미국은 NATO의 역할과 기능의 재정립하고자 '워싱턴 정상회의 선언'과 1991년 합의한 전략개념을 강화한 신전략개념을 채택하였다. 이를 통해 효과적인 분쟁예방 및 적극적인 위기관리를 수행과 국제평화와 안전을 위협하는 모든 상황에 NATO가 개입할 수 있는 근거가 마련되었으며, 폴란드, 헝가리, 체코를 신규회원국으로 받아들이기로 결정함으로써 NATO의 확대를 추진하였다.[9]

탈냉전 후 유고, 코소보 사태를 겪으며, 미국에 의존한 안보방위정책의 한계를 직시하고 미국 역할의 축소에 대비해 NATO와 구별되는 유럽의 방위주체성을 확립해야 한다는 주장이 새로이 제기되었다. 이

---

[9] 나토의 확대에 대해서는 Sloan(2002), Asmus(2002), Cotty & Averre(2002) 등을 참조.

에 따라 유럽안보의 항구화를 위해 유럽중심의 안보체제 강화가 요구되었다. 유럽 역내 국가 간의 안보문제에 있어 상호 협력의 확대뿐만 아니라 유럽연합 확대에 따른 역내 안보환경의 변화는 새로운 안보환경에 대한 유럽연합 차원에서의 대응이 필요했다. 따라서 미국중심의 안보체제에서 유럽의 독자적 안보체제 강화라는 유럽안보의 전환을 의미한다.

이는 유럽 국가들로 하여금 전체 유럽을 포괄하는 새로운 안보질서의 모색을 강요하는 중요한 계기가 있었다. 이라크 전쟁 이후 테러와의 전쟁 확산과정에서 목도되었던 유럽의 분열을 들 수 있다. 그동안 유럽연합의 출범과 '유럽안보의 유럽화' 논의의 전개는 공동안보와 역내 방위정책을 포함한 정치통합의 움직임을 가속화하였다. 그러나 이와 같은 독자적인 유럽안보체제 움직임은 확대된 유럽연합이 유럽 전체의 안보를 책임질 수 있는 능력과 권능을 가질 수 있는가 하는 논쟁을 불러일으켰다. 뿐만 아니라, 안보 및 방위분야에서 보다 높은 차원의 협력을 가능하게 하는 제도적 보완의 필요성이 제기되었다.

이와 같은 '유럽안보의 유럽화'는 경제적인 통합 외에 정치적 안보적 측면에서 유럽통합의 심화와 확대 움직임은 전통적인 미국과 유럽 간의 관계에 새로운 시사점을 남겼다. 즉 긴밀한 우호관계의 틀은 유지하되, 미국과의 새로운 관계정립을 통해 미국을 동반자로서 협력해야 함을 새로운 유럽전략으로 세우게 되었다. 독일의 지지를 받고 있는 프랑스는 유럽공동체가 유럽의 안보와 방위문제에 대한 주체적인 역할을 행사할 수 있어야 한다는 입장을 전개하였다(Meier-Walser, 1992, 341-342). 이에 따라 유럽연합은 1999년 쾰른 및 헬싱키 정상회담에서 유럽안보방위정책(European Security and Defence Policy)에 관한 합의를 이루어냈다. 또한, 중·동유럽 국가들이 유럽연합으로의 성공적인 가입 이후, 공동의 외교안보정책 확대를 적극적으로 추진하고 있다.

탈냉전기의 정치적 격변을 거치면서 국제관계는 미국과 소련이라는 초강대국 간의 갈등과 대립의 완화와 보다 평화로운 시대가 올 것이라고 기대하였다. 냉전의 종식은 마치 1818년과 1945년의 세계가 그러하였듯이 보다 평화롭고 안정적인 지구촌 건설을 희망하게 하였다. 이념적·지정학적 패권경쟁과 군사대결이 종식됨에 따라 기존의 전통적인 안보개념이 테러세력으로부터의 비대칭적 위협, 대량살상무기 확산 등 새로운 안보위협의 등장에 따라 새로운 안보패러다임으로 변화를 모색하게 되었다(Haftendorn, 1991, 3-17). 작금의 상황은 안보문제를 다자주의적 입장에서 다루는 경향이 증가하고 있다. 다자주의적인 상호 신뢰에 기반한 새로운 양상의 집단안보체제에 대한 가능성을 모색하게 되었고, 상호 대립적인 가치관에 기반한 전통적 안보개념의 유용성에 대한 심각한 의문이 제기되었다.

한편 인류의 보편적 가치인 평화, 민주주의, 인도주의의 구현을 위해 국제법과 국제기구의 존중 및 다자간 합의를 통한 해결을 중시하는 다자주의적 국제협력체제가 새롭게 부각되었다. 특히 국제평화와 안전 유지, 민주주의와 시장경제의 확산을 위해서는 국가들 간의 협력이 불가피하며, 세계화, 인간안보의 대두, 인도적 개입과 국가주권의 충돌, 테러와의 전쟁, 생태계의 상호의존 등과 연관된 새로운 글로벌 차원의 이슈의 등장은 국가적 차원을 넘어 국제적, 지구적 차원의 안보개념으로 해결해야 한다는 인식이 힘을 얻게 되었다(Buzan, 1991; Brethorton & Ponton, 1996).

냉전종식 이후 최근까지의 국제질서는 미국을 중심으로 혹은 미국의 주도하에 유지되고 있음을 부인하기 어렵다. 1991년 2월 걸프전쟁을 거치면서 새로운 국제질서의 특징들이 나타나기 시작하였고, 9·11 테러와 2003년 이라크 전쟁 이후 시작된 새로운 국제정치 환경 하에서 미국은 세계 유일의 패권국가로 자신의 역할을 규정할 수 있게 되었다. 미국중심의 국제체제가 유일한 대안인 상황에서 이 체제가 얼마나 더 유지될 수 있을 것인가에 대한 논쟁은 계속되고 있다. 그럼에도 불구하고 대테러전쟁, 대량살상무기 확산금지정책, 민주주의와 인권존중, 개방된 국제무역질서의 유지 등 9·11 테러 이후 대테러전의 수행과정에서 미국 안보전략의 일대전환은 국제관계의 근본적인 변화를 초래하는데 충분하다고 보여진다.

여전히 남아 있는 문제점은 1989년 냉전의 종식으로 시작된 탈냉전기 국제관계의 변화가 이른바 근본적인 변화를 수반한 새로운 체제와 질서를 형성하고 있는가에 대해 아직 이견이 존재한다는 사실이다. 냉전 종식과 그 이후의 사건들로 인해 국제체제가 극적인 변화를 겪었고, 이는 냉전시기와는 차원이 다른 커다란 변화임에는 분명하지만, 탈냉전기의 이데올로기와 구조는 기본적으로 변하지 않고 있다는 주장이다(베일리스, 2003 : 123). 이데올로기의 대립이 없어지고 분쟁과 갈등이 완화되어지며, 전쟁무기에 투자되어지던 재화가 인류의 복지 증진에 활용될 수 있으리라는 낙관적인 기대감에도 불구하고, 오늘날 우리가 접하는 세계는 과거의 냉전 체제 하에서보다 훨씬 더 복잡해졌다. 세계전쟁의 위협은 현저히 감소하였지만, 국지적인 분야에서의 안보상황은 악화되었다. 뿐만 아니라 글로벌한 경제체제의 위기 상황에서 잘 드러나듯이 이른바 '새로운 세계질서'라는 것은 전혀 안정적이지 않다. 이러한 점에서 탈냉전기 국제체제는 냉전체제 질서의 연속성이 존재하고 있으며, 새로운 중요한 문제들 역시 냉전의 종식 및 그 결과와 밀접하게 관련되어 있다는 특징을 가지고 있다. 냉전에서 탈냉전으로의 전환과정이 전쟁 없이 평화적으로 이행되었다는 점에서 보자면, 탈냉전기 국제관계는 전쟁과 평화의 역사 속에서 형성된 이전의 국제체제와는 다르다고 할 수 있다.

참고문헌

- 김용구 (2006). 『세계외교사』, 서울 : 서울대학교 출판부.
- 이기택 (2000). 『국제정치사』, 서울 : 일신사.
- 이상균 (1995). "유럽통합의 안보적 고찰 : 독자안보체제 구축노력을 중심으로." 『국제정치논총』, 35집 2호.
- 이수형 (2003). "국제안보체제의 변화에 관한 역사적 고찰." 『국제정치논총』, 43집 3호.
- 이승근 (1998). "유럽안보환경의 변화와 NATO의 확대." 『국제정치논총』, 38집 2호.
- 이승근 (1999). "팬유럽안보체제의 구축과 미·불 전략." 『국제정치논총』, 39집 2호.
- 전재성 (1999). "19세기 유럽협조체제에 대한 국제 제도론적 분석 : 현실주의와 구성주의 제도론의 시각에서." 『한국과 국제정치』, 15권 2호.
- 존 베일리스·스티브 스미스 편저. 하영선 옮김 (2003). 『세계정치론』, 서울; 을유문화사.
- Brant, Willy (1978). *Begegnungen und Einsichten* (Muenchen : Knaur).
- Brant, Willy (1989). *Erinnerungen* (Frankfurt am Main : Propylaeen).
- Bredow, Wilfred v. (1992). Der KSZE-Prozess. *Von der Zähmung zur Auflösung des Ost-West Konflikts* (Darmstadt : Wiss. Buchges).
- Brethorton, Charlotte & Geoffrey Ponton (1996). *Global Politics : An Introduction* (Oxford : Blaxkwell).
- Buzan, Berry (1991). *People, States and Fear* (Boulder, Co : Lynne Rienner).
- Cotty, Andrew & Averre, Derek (2002). *New Security Challenged in Postcommunist Europe : Securing Europe's East* (Manchester : Manchester Univ).
- Czempiel, Ernst-Otto (1991). *Weltpolitik im Umbruch : Das Internationale System nach dem Ende des Ost-West Konflikts* (München : Beck).
- Fischer, Per (1992). "Die Bedeutung der KSZE fuer die Einheit Deutschland." Eifer, Gänter, & Saame, Otto (eds.). *Gegenwart und Vergangenheit deutscher Einheit* (Wien : Passagen).
- Forndran, Erhard & Pohlman, Hartmut (1993). *Europaeische Sicherheit nach dem Ende des Warschauer Paktes* (Baden-Baden : Nomos).

- Fröhlich, Stefan (1997). *Zwischen selektiver Verteidigung und globaler Eindämung : geostrategisches Denken in der amerikanischen Außen-und Sicherheitspolitik wärend des Kalten Krieges* (Baden-Baden : Nomos).
- Griffith, William E. (1981). *Die Ostpolitik der Bundesrepublik Deutschland*, (Stuttgart : Klett-Cotta).
- Haftendorn, Helga (1991) "The Security Puzzle : Theory-Building and Discipline-Building in International Security." *International studies quarterly*, Vol. 35. No. 1, pp.3-17.
- Hobsbawm, E (1994). *Age of Extremes : The Short Twentieth Century* (London : Michael Joseph).
- Hogan, Michael J. (1992). *The End of the Cold War : Its Meaning and Implications* (Cambridge : Cambridge Univ. Press).
- Krell, Gert (1989). *Die Ostpolitik der Bundesrepublik Deutschland und die deutsche Frage : Historische Entwicklunge* (Frankfurt am Main : Hessische Stiftung Friedens- und Konfliktforschung).
- Lutz, Dieter S. (2000). *Perspektiven und Defizite der OSZE* (Baden-Baden : Nomos).
- Meier-Walser, Reinhard (1992), "Germany, France and Britain on the Threshold to a New Europe." *Aussenpolitik*, Jg'. 42. Heft. 4.
- Mutz, Reinhard (1991). "Die NATO auf der Suche nach ihrer neuen Rolle." Schwertfeger, Johannes, Bahr, Egon, and Krell, Gert (eds.). Friedensgutachten 1991 (Münster/Hamburg : Institut für Sicherheit-spolitik und Friedensforschung).
- Peter, Schlotter, Ropers, Nobert, and Meyer, Berthald (1994). *Die neue KSZE : Zukunftsperspektiven einer regionlaen Friedensstrategie* (Opladen : Leske+Budrich).
- Robertson, Esmonde M. (1963). *Hitler's Pre-War Policy and military Plans* 1933-1939 (London : Longmans Green and Co.).
- Robertson, Esmonde M. (1971). *The Origins of the Second World War : Historical Interpretations* (London : Macmillan).
- Rode, Reinhard (1992). "Deutschland : Weltwirtschaftsmacht oder über-forderter Euro Hegemony." Schoch, Bruno (ed.). *Deutschlands Einheit*

und Europas Zukunft (Frankfurt am Main : Suhrkamp).
- Roland, Asmus (2002). *Opening NATO's Doors* (New York : Columbia University Press.
- Senghaas, Dieter (1990). *Europa 2000 : Ein Friedensplan* (Frankfurt am Main : Suhrkamp).
- Stanley, Sloan (2002). *NATO, The European Union, and the Atlantic Community : Transatlantic Bargain Reconsidered* (Boulder, Colorado : Rowman & Littlefied).
- Taylor, Alan J. P. (1961). *The Origins of the Second World War* (Harmondsworth : Penguin).
- Thraenhardt, Dietrich (1996). *Geschichte der Bundesrepublik Deutschland* 1949-1990 (Frankfurt am Main : Suhrkamp).
- Weidenfeld, Werner & Korte, Karl-Rudolf (1996). *Handbuch zur deutschen Einheit* (Frankfurt am Main : Campus).
- Woyke, Wichard (1993). "Die NATO vor der neuen Herausforderungen." *Aussenpolitik*. Jg. 44. Heft. 2.

현실주의
국제정치의 이해

:: 박 상 현

1. 이상주의와 현실주의

현대 국제정치에서 현실주의는 카(E.H. Carr), 모겐소(Hans J. Morgenthau), 왈츠(Kenneth N. Waltz) 등에 의해 정립되었다. 그러나 현실주의의 뿌리는 중국의 손자, 그리스의 역사가 투키디데스, 마키아벨리, 홉스 등에서도 찾을 수 있다. 그리스 도시 국가인 아테네와 스파르타 간의 펠로폰네소스 전쟁을 연구한 투키디데스는 이 전쟁의 원인을 아테네와 스파르타의 국력신장을 위한 경쟁이라고 밝혔다. 마키아벨리는 국가안보와 국가생존을 위해서는 수단과 방법을 가리지 않아야 하고, 비도덕적인 행위까지도 국가안보를 위해서는 정당화될 수 있다는 점을 주장하였다. 홉스는 사회가 형성되기 이전의 상태를 "만인에 의한 만인의 투쟁" 상태로 보았고 절대적 군주에 의한 패권국가나 국가들 간의 계약이 없는 국가간의 상태도 투쟁의 상태로 간주하였다. 이와 같이 현실주의는 깊은 역사적 뿌리를 가지고 있고 다양한 분야의 연구를 진행했지만 현실주의자들의 공통적인 점은 국제정치를 "이상"

이 아닌, 있는 그대로의 "현실"로 분석해야 한다는 것이다.

현실주의는 이상주의(idealism)의 반동으로 등장한 국제정치학의 사조다. 이상주의자들은 후대에 현실주의자들에 의해 "몽상가들"이라는 비웃음의 대상이 되고 있지만, 이러한 이상주의의 등장은 국제정치의 초기 발전단계에서는 어쩌면 당연한 현상이었다. 당시 정치학은 법학에서 분화되어 걸음마를 시작한 학문이었다. 전통적으로 법학은 가장 바람직한 사회를 미리 상정하고 이러한 이상적인 사회로 발전하기 위해서 법과 제도를 통해 인간의 행위를 규제하려는 학문이라고 할 수 있다. 당시 법학의 영향을 크게 받고 있던 국제정치도 "가장 이상적인 형태의 국제사회"를 상정하고 법과 제도를 통해 이상적인 사회로 발전하기 위해 노력하였다. 이 때문에 후대에는 조소의 대상인 되어버린 "이상주의자"라는 단어를 그들은 자랑스럽게 생각했다.

이상주의자들은 국가간의 이해관계가 조정가능하며 국가간의 이해관계를 국제법과 제도를 통해 조율함으로써 세계 평화를 유지할 수 있다고 가정하고 있다. 그러나 국제정치의 냉혹한 현실은 이상주의자들의 이상을 몽상으로 만들고 말았다. 제1차 대전 이후 대표적인 이상주의자인 미국의 월슨 대통령이 주창한 국제연맹(The League of Nations)은 창설되지도 못했다. 또한, 이후 유럽에서 독일 나찌와 같은 독재국가들이 등장하면서 제2차 세계대전이라는 인류의 비극을 초래하였다.

제2차 세계대전의 종결과 함께, 타넨바움(Frank Tannenbaum)으로 대표되는 이상주의자와 모겐소로 대표되는 현실주의자들 사이에 미국 외교정책을 두고 치열한 논쟁이 일어났다. 이상주의는 인간의 본성과 국가간의 관계를 낙관적으로 사고하였지만, 현실주의는 인간의 본성과 국가간의 관계의 현실은 투쟁의 연속이라고 주장하였다. 이상주의는 "현실"보다는 "당위" 그리고 "실행 가능한 것"보다는 "바람직한 것"에 집착하는 경향이 있다. 즉 이상주의자들은 좋은(good) 외교정책과 나쁜(bad) 외교정책이 있다고 사고한다. 그러나 현실주의자들은 도덕적 판단을 배제한 채 국가이익의 관점에서 옳은(right) 정책과 틀린(wrong) 정책만이 존재한다고 주장한다. 국가이익에 합당한 정책은 옳은 정책이고 국가이익에 부합하지 않는 정책은 잘못된 정책이라는 것이다. 이 논쟁에서 현실주의가 승자로 부상하면서 현실주의는 국제정치의 지배적 패러다임이 되었다. 이는 냉혹한 국제정치의 현실에서 도덕적 판단보다는 국가이익의 측면이 우선된다는 현실주의의 판단기준을 보여주는 것이다.

2. 전통적 현실주의

이상주의와의 논쟁에서 승리한 현실주의는 이후 더욱 정교한 이론을 발전시켜 나간다. 초기의 현실주의는 후기에 발전한 신현실주의와 구분하기 위해서 전통적 현실주의라고 불린다. 전통적 현실주의의 대표인 한스 모겐소이다. 그는 이상주의가 주장하는 법적, 제도적 해결책으로 국제평화를 가져올 수 없다고 주장하였다. 모겐소가 주장하는 국제정치를 이해하는 핵심지표는 "권력"이다. 모겐소는 인간의 본성이 매우 이기적이고 타인과의 협력보다는 자기의 이익을 추구하며, 남을 지배하고자 하는 욕망이라고 규정하고 이러한 인간의 속성이 권력을 추구하는 것이라고 정의하였다. 따라서 정치는 권력 투쟁이라고 주장한다. 모겐소에 따르면 본질적으로 권력을 추구하는 인간의 집합체인 국가도 국제정치에서 권력 즉 국력을 추구한다. 국력의 추구는 모겐소 주장의 핵심적 사안으로 국가이익도 권력에 의해 정의되며, 국가간의 이해관계도 각 국가의 위정자들의 권력에 의해 설정된다고 믿었다. 따라서 무한의 권력을 추구하는 국가들이 모인 국제정치에서 국가들 사이에 이익의 조화는 불가능한 것이다. 이익의 조화가 불가능한 현실에서 각국은 국력 추구에 합당하게 자국의 능력을 극대화할 수 있는 형태로 자국의 모든 요소들을 조직하여야 한다. 즉 모겐소에게 국제정치는 "국력증대를 위한 투쟁"에 불구하다(Morgenthau, 1993 : chapter 1).

전통적 현실주의에서 국제평화를 유지하는 유일한 방법은 세력균형이다. 현실주의는 국제정치에서는 권력을 추구하는 본능에 의한 국가나 국가들의 동맹이 다른 국가나 동맹에 비해 압도적인 힘을 갖게 되면 다른 나라를 전쟁이나 폭력을 활용하여 합병하거나 자신들의 이익을 강요할 수 있게 된다고 주장한다. 이러한 폭력적인 사태가 나타나지 않기 위해서는 한 국가나 특정 동맹이 압도적인 힘의 우위를 가지지 못하게 하는 것이 국제평화를 유지하는 방법이 된다. 이때 갈등하는 세력 간의 균형을 이루어 누구도 압도적인 힘을 갖지 못하게 균형을 맞추어 주는 행위자가 "균형자(balancer)"이다. 세력균형정책의 수단이 동맹의 체결이다. 균형자의 대표적인 예가 19세기 영국이다. 당시 영국은 독일세력이 강해지면 프랑스와 동맹을 맺어 균형을 맞추고, 프랑스가 강해지면 프러시아와 오스트리아와 동맹을 맺음으로써 유럽에서 절대강자가 등장하지 못하게 방지하는 균형자 역할을 하였다(Morgenthau, 1993 : chapter 11 ; Waltz, 1979 : 119-128).

1940년대와 1960년대 사이에 국제환경은 전통적 현실주의의 입장을 강하게 지지하는 형국이었다. 냉전의 시작과 확대, 핵무기의 개발과 비축 경쟁, 세계적 전쟁의 재발 가능성 등으로 인해 갈등은 필연적인 것으로 보였고, 갈등을 해결하기 위한 국제협력은 요원하게만 보였다. 이러한 상황에서 이기적으로 국력을 추구해야 한다는 현실주의의 주장은 많은 지지를 받게 되었다.

3. 신현실주의

1980년대에 들어 왈츠(Waltz)에 의해 현실주의는 새로운 모습으로 발전하게 된다. 왈츠 이후에 등장하는 현실주의를 전통적 현실주의와 구분하기 위해 신현실주의(Neo-Realism)라고 지칭한다.

신현실주의의 등장배경은 1970년대 닉스 쇼크 이후의 미국 국력의 상대적 쇠퇴와 미·소 데탕트의 등장, 제3세계 국가들과 비국가 행위자들의 등장을 들 수 있다(이삼성, 1997). 왈츠는 국제정치 현상에서 같은 결과(전쟁)가 반복적으로 나타남으로서 동일한 결과의 반복에 영향을 미치는 변수가 존재한다는 가정에서 출발하였다. 그는 그 원인으로 국제정치의 무정부성에서 찾았다. 왈츠의 신현실주의 국제정치이론이 전통적 현실주의와 구분되는 특징은 국제정치의 특징을 무정부상태(anarchy)로 규정한다는 것이다(Waltz, 1979). 무정부상태는 무질서 혹은 혼란 상태를 가르치는 것은 아니다. 무정부상태는 국제정치에는 국내정치와 달리 행위자들 간의 갈등을 해결할 권위체(authority)가 없다는 것을 의미한다. 국내정치의 경우 이익집단 간의 갈등과 또 개인들 간의 갈등은 국가라는 권위체에 의해 해결되거나 중재된다. 국가에 의해 법과 질서가 유지되고 약자가 보호받기도 한다. 그러나 국제정치는 이러한 권위체가 없음으로 인해 갈등의 상황을 해결해줄 수 없다. 무정부한 상태로 인해 행위자들 간의 신뢰의 부재(lack of trust)에 따른 불확실성(uncertainty)이 증가한다(Milner, 1991).

국가들은 무정부한 국제질서 속에서 자조(self-help)를 통해 스스로의 국가의 안보 즉 국가의 생명을 지켜야만 한다. 무정부적인 국제질서에서 국가의 최대과제는 생존 즉 국가안보의 확립이다. 이러한 국제환경에서 국가의 행위는 안보와 국익을 위해 끊임없이 경쟁하며, 그 경쟁에서 살아남기 위해 군사력을 증강하고 모든 것에 우선하여 외교정책에 총력을 기울일 수밖에 없을 것이다. 전통적 현실주의자인 모겐소는 국력의 증가가 국가의 목표라고 주장한 반면, 신현실주의자인 왈츠는 국력의 증가는 국가의 생존을 위한 수단이라고 주장한다. 생존을 위해 국력의 증가가 필요로 하고 국력의 경쟁적 증가는 안보딜레마(security dilemma)를 야기한다.

안보딜레마는 자국의 안보를 증대시키기 위해 노력할수록 자국의 안보상황이 악화되어 더욱더 국방력 증강에 몰입하게 되는 곤란을 야기한다. 어떤 국가가 자국의 안보를 증진하기 위해 군비를 증강하거나 영토를 확장하거나 혹은 동맹을 맺게 된다면 이는 적대국에 안보위협으로 인식될 것이다. 이 경우 안보위협을 느낀 적대국도 군비증강, 영토 확장, 동맹을 통해 맞대응하게 됨에 따라서 다시 자국에게 안보위협이 증가하게 된다. 이러한 안보딜레마가 발생하는 근본적인 원인은 무정부성에 의한 신뢰의 부족이라 할 수 있다. 일국이 자국의 안보상황을 개선하려 하면 할수록, 부메랑이 되어 안보위협으로 나타나게 된다(Jervis, 1978).

안보딜레마와 밀접한 관련된 신현실주의 개념이 "상대적 이익(relative gain)"이다. 상대적 이익은 자유주의의 절대적 이익(absolute gain)과 대치되는 개념이다. 자유주의자들은 상호 이익이 존재만 한다면 협력이 가능하다고 주장한다. 즉 자유주의자들에게는 국제협력으로 발생할 상호이익의 존재 자체가 중요한 것이지, 협력으로 얻어진 이익의 분배는 중요하지 않다고 간주한다. 그러나 신현실주의자들은 이익의 존재 자체 보다 이익의 분배가 더욱 중요하다는 입장을 견지하고 있다. 왜냐하면 일국이 상대적 이익에서 더 많은 이익을 얻게 되고 이를 통해 국력을 축적하게 된다면 다른 국가에게 언젠가는 안보위협이 될 수 있기 때문이다. 상대적 이익개념을 정립한 그리코(Grieco)에 의하면 자유주의자들이 국제협력이 쉽게 일어난다고 주장하는 경제적 분야에서도 상대적 이익 문제로 인해 국제협력은 쉽게 발생하지 않는다고 주장한다. 즉 국력의 전이성(fungibility) 다시 말해서, 경제부분에서 얻어진 이익이 군사부분으로 쉽게 전이가능하기 때문에 군사적으로 민감하지 않는 경제부분의 협력도 쉽게 발생하지 않는다는 것이다(Grieco, 1988).

한편 왈츠는 국제정치 현상은 국가들 간의 국력분포(distribution of power)의 결과라고 주장한다. 왈츠에 따르면 국제 국력분포에서 냉전시대와 같은 양대 강국이 중심이 된 2개의 축을 중심으로 성립될 때 안정적이고 2개 이상의 축이 생성될 때 불안정하다고 주장한다. 또한, 왈츠는 국력자체가 목적이 아니라 수단이기 때문에 국력이 지나치게 강한 것도 안보딜레마를 초래하고, 지나치게 약한 것도 적대국가로부터 침략을 받을 위험이 있기 때문에 적당한 수준의 국력을 유지하는 것이 필요하다고 주장한다. 이러한 그의 주장은 국제체제 내의 국가는 현상유지(status quo)를 추구하는 국가라는 가정을 낳게 한다. 현상유지가 최선의 정책이라고 주장하는 왈츠와는 달리 존 미어샤이머(John Mearsheimer)는 모겐소와 같은 맥락에서 끝없는 국력투쟁이 국제정치의 본질이라고 주장한다. 미어샤이머는 강대국은 무정부적인 국제질서에서 자국의 상대적 국력을 끊임없이 극대화하려 하기 때문에 끝없는 권력투쟁을 전개하게 된다는 것이다. 끊임없이 국력을 추구하는 국가에게는 안보딜레마는 존재하지 않고, 오직 안보경쟁(security competition) 만이 존재할 뿐이다. 왈츠의 현상유지중심의 현실주의를 방어적 현실주의(defensive realism)로, 또 미어샤이머의 상대 국력의 극대화를 추구하는 현실주의를 공격적 현실주의(offensive realism)로 규정한다(Mearsheimer, 2001).

4. 현실주의의 기본 가정과 비판

현실주의는 국가와 국제체제에 대한 공통된 4가지 가정에 바탕을 두고 있다. 첫째, 단일한 행위자로서의 국가, 둘째, 통합된 행위자로서의 국가, 셋째, 합리적 행위자로서의 국가, 넷째, 무정부적인 국제체제가 그것이다.

현실주의는 국가를 국제정치의 유일한 행위자로는 간주하지 않는다. 국제정치에는 이미 비국가 행위자들의 활발한 활동이 진행되고 있다. UN과 같은 국제기구, 다국적 기업, 그린피스와 같은 INGO 등이 국제정치 무대에서 주요한 역할을 담당하고 있다. 그러나 현실주의자들은 민족국가가 국제정치의 유일한 행위자는 아니지만 가장 중요한 행위자로 간주한다. 그 외의 비국가 행위자들은 일부 국가간의 이익실현의 도구이거나 국가의 힘을 배경으로 활동하고 있다는 것이다.

단일한 행위자로서의 국가는 국제정치에 참가하는 국가를 "행위자" 그 자체로 인정할 뿐 국가간의 내적, 질적 차이는 사장한다. 즉 신현실주의자들은 주권국가인 국가는 국가 내부에 무엇이 행해지고 있는지, 어떤 종류의 정권인지, 어떤 이데올로기가 지배적인지, 어떠한 리더십에 의해 지도되는지에 대해서 중요성을 부여하지 않는다. 국제정치에 참여하는 국가는 주권국가로서 단지 모두가 같은 국가로 인정할 뿐이다. 국가의 질적 차이를 무시하는 신현실주의의 관점은 국제정치가 국가의 내적 차이보다는 국제정치의 구조 즉 세력분포에 의해 결정된다는 기본 가정을 뒷받침 하는 것이기도 하다.

현실주의는 국가가 통합된 단일체로 규정하고 있다. 국가는 인간과 같이 생명체를 가진 것으로 이를 목적으로 주장하고 있다. 그러나 우리가 국가의 이익이라고 할 때 어떠한 이익을 지칭하는지 명확하지 않다. 전략적 사고를 주장하고 있는 부에노 데 메스키타(Bueno de Mesquita)의 경우 단일한 국가에 의한 단일한 국가이익이 아니라 국가 최고정책결정자의 이익이라는 측면에서 접근하고 있다. 한국의 국가이익이라고 말할 때 한국이라는 국가의 이익을 대변하는 것이 아니라 한국의 최고정책결정자, 즉 대통령의 이익을 대변한다는 것이다. 부에노 데 메스키타는 만약 국가 전체의 공공의 이익과 최고 정책결정자의 개인 이익이 충돌할 때, 전자의 이익이 무시되고 후자의 이익이 관철되는 경향이 있다고 주장한다(Bueno de Mesquita, 2003).

한편, 국가가 단일한 행위자가 아니라는 주장은 "제2 이미지 역전(the second image reversed)"이론에서도 주장된다. 이들은 국제정치의 결과는 각국의 국내정치의 결과와 연관되어 있다는 주장이다. 즉 각국은 국내에서 이익집단 간의 갈등으로 인해 복잡한 양상을 나타내고 이러한 복잡한 국내정치가 국제적으로 확대되어 나타나는 것이 국제관계라는 것이다. 또한, 지배연합이론에서는 한 국가의 정치는 지배연합과 피지배연합의 갈등의 결과이고 각국의 지배연합 간의 관계가 국제관계 현상이라고 주장하기도 한다. 이와 같이 현실주의자들의 통합된 국가라는 가정은 많은 비판의 대상이 되고 있다(Gourevitch, 1978).

현실주의자들은 국가의 국력 성장이 동맹이나 전쟁으로 인해 급속히 증가한다고 주장한다. 즉 동맹국의 힘을 빌리는 만큼 국력이 성장하고, 전쟁에서 승리하여 타국을 복속하면 그 만큼 국력이 성장한다는 것이다. 현실주의자들은 국력의 성장이 급속히 점프(jump)하는 것으로 인식되고 있다. 그러나 패권안정론(hegemony stability theory)과 세력전이론(power transition theory)은 국력의 성장이 동맹과 전쟁을 통해 어느 날 갑자기 성장하는 것이 아니라 경제성장과 같이 점진적으로 증가한다고 주장한다. 제2차 세계대전 이전에는 국가의 국력이 현실주의자들이 주장하는 것과 비슷한 양상으로 어느 날 갑자기 증가하기도 했다. 그러나 제2차 세계대전 이후 국력은 경제성장과 더불어 점진적으로 진행된다고 하는 것이 올바를 것이다. 이러한 점에서 현실주의 이론은 근대와 근대 이전의 현상에 대해서는 강한 설명력을 가지는 반면 현대와 같은 시대에는 적합하지 않다는 비판을 받게 된다(Gilpin, 1987).

현실주의자들은 국제정치의 무정부 상태를 주장하고 국가간의 관계는 수평적이라고 주장한다. 국제정치에 참여하는 국가들은 모두가 주권을 가진 독립적인 존재이며 이들의 질적 차이는 존재하지 않는다는 것이다. 그러나 패권안정론과 세력전이론에서는 국제정치가 수평적인 관계가 아니라 강대국과 중강국 그리고 약소국으로 구성되어 있는 위계적인 질서를 가진 체제라고 주장한다. 이들은 현실주의자들이 국가간의 질적인 차이를 무시함으로 인해서 국제정치의 본질을 간과하게 되었다고 주장한다. 또한, 이들은 위계적인 국제질서에서 패권국이나 강대국은 다른 국가들과는 다른 역할을 통해 국제질서를 유지하는데 이들의 역할이 국내정치에서처럼 권위체로 인정할 수 있다고 주장한다. 실제로 미국의 패권시대가 시작되었던 제2차 대전 이후, 미국은 국제 공공재인 국제안보와 국제정치경제의 주요한 공공재를 공급한 사례가 있었다. 이러한 사례로 볼 때 현실주의자들의 수평적 국제관계론은 현실적이지 않다고 주장한다(Kugler and Lemke, 1996).

5. 현실주의자들의 합리성 가정에 대한 비판

현실주의자들의 가정 중에 가장 큰 논란이 되는 것은 합리적 행위자로서의 국가를 가정하고 있다는 것이다. 논의를 위해 먼저 2종류의 합리성에 대해 살펴보자. 합리성은 넓은 의미의 합리성과 좁은 의미의 합리성으로 나눌 수 있다. 광의의 합리성은 "목적지향적인 행위" 모두를 합리적이라고 표현한다. 예를 들어 서울에서 부산까지 가는 다양한 방법 중에서 부산으로 간다는 목적에만 부합한다면 합리적이라고 주장하는 것이다. 버스를 타는 것도, 혹은 도보로 가는 행위도 광의의 합리성의 개념에서는 모두가 합리적인 선택이다.

좁은 의미의 합리성은 도구적 합리성을 이야기 한다. 목적을 이루기 위한 다양한 수단, 즉 도구 중에서 가장 목적에 부합하는 것을 선택하는 것을 합리적인 행위로 규정하는 것이다. 이를 국제정치에 적용하면 현실주의자들은 국가이익의 극대화를 국가의 목표로 설정한다. 이를 이룰 수 있는 다양한 수단들 중에서 손실과 이익을 계산하여 이 중에서 최소의 비용으로 최대의 효과를 얻을 수 있는 것을 합리적이라고 주장하는 것이다. 즉 효용의 극대화(maximization)를 합리성이라고 정의하고 있다.

이러한 합리성의 개념을 수학적으로 계산한 것이 기대효용이론이다. 500원 짜리 동전을 던져 숫자가 적힌 면이 나오면 500원을 갖고, 그림이 있는 면이 나오면 100원을 내놓아야 하는 상황의 기대효용을 계산하면 다음과 같다. 먼저 동전을 던져 숫자가 나오는 확률은 1/2,

즉 0.5이다. 이때 기대할 수 있는 이익은 500원이 된다. 한편 동전을 던져 그림이 나오는 경우도 1/2이고 이때 기대할 수 있는 이익은 -100원이다. 기대효용은 기대이익과 기대손실의 차이를 말한다. 따라서 이 때의 기대이익의 값은 (0.5×500원) 즉, 250원이 된다. 한편 기대손실의 값은 (0.5×100)으로 50원이 된다. 따라서 이 게임의 기대효용은 (250원-50원)으로 200원이 될 것이다.

합리성을 구체적으로 살피기 위해 다음의 3가지 선택이 있다고 가정하고, 이를 바탕으로 기대효용이론을 산술적인 방식으로 간단히 나타내면 다음과 같다

선택1의 기대효용 : $EU1 = (Pw1 \times Gain1) - (Pl1 \times Loss1)$
선택2의 기대효용 : $EU2 = (Pw2 \times Gain2) - (Pl2 \times Loss2)$
선택3의 기대효용 : $EU3 = (Pw3 \times Gain3) - (Pl3 \times Loss3)$

EU : 기대효용, Pw : 성공할 확률, Pl : 실패할 확률, Gain : 긍정적 효용, Loss : 부정적 효용. Pl=(1-Pw)이다.

위의 수식에서 사상의 값을 대입하여 각 선택의 기대효용을 가상으로 설정해보자.

선택1의 기대효용 : $EU1 = (0.7 \times 100원) - (0.3 \times 50원) = 55원$
선택2의 기대효용 : $EU2 = (0.5 \times 100원) - (0.5 \times 50원) = 25원$
선택3의 기대효용 : $EU3 = (0.3 \times 100원) - (0.7 \times 50원) = -5원$

Pw1 = 0.7, Pw2 = 0.5, Pw3 = 0.3, Gain 1, 2, 3 = 100원, Loss 1, 2, 3 = 50원으로 가상 대입했을 때

위와 같은 상황에서 합리적인 행위자라면 55원의 이익을 가져다주는 선택1을 가장 선호하고 다음으로 25원의 기대이익을 가져다주는 선택2, 마지막으로 5원의 손해를 야기할 선택3을 선호할 것이다. 이를 수리적 모형으로 나타내면 다음과 같다. "선택1 > 선택2 > 선택3"의 선호도를 가지고 있고 이러한 상황에서 합리적인 행위자라면 선택1을 택하게 되는데 그 이유는 선택1이 최고의 이익을 가져다주는, 즉 이익을 극대화할 수 있는 선택이기 때문이다.

현실주의자들의 합리성 가정은 상기의 3가지 선택에서 효용을 극대화할 수 있는 것을 국가가 선택한다는 것이다. 이렇게 논의를 전개하면 현실주의의 합리성 가정이 일견 보편적인 진리인 듯이 느껴진다. 그러나 논리학의 근거를 따라 이를 좀 더 구체적으로 살펴보면 우리는 현실주의자들의 합리성 가정이 현실적이지 않다는 것을 알게 된다.

극대화할 수 있는 선택을 택한다는 "극대화" 가정의 핵심적인 내용은 5가지로 요약할 수 있다. 첫째, 선택결정자는 선호도의 우선순위(order of preference)를 가지고 있다. 즉 "선택1 > 선택2 > 선택3"의 선호도를 갖는다는 것이다. 둘째, 선호도의 우선순위 간에는 이행성(transitivity)이 있다. 즉 선택1을 선택2보다 선호하고, 선택2를 선택3보다 선호한다면 이행성에 따라 선택1은 선택3보다 선호된다는 것이다. 셋째, 행위자는 각 선택의 효용(Utility)을 인지하고 있어야 한다. 이를 위해서는 이익을 얻을 크기와 손실의 값의 크기도 알고 있어야 한다는 것이다. 넷째, 행위자는 각 선택이 원하는 결과를 낳을 가능성, 즉 확률(probability)을 알고 있다. 마지막으로 행위자는 가장 높은 기대효용을 창출하는 대안을 선택한다(Bueno de Mesquita 1989 : 144).

이러한 합리성이 도입된 이래 많은 비판이 있었다. 대부분의 비판들은 합리성의 비현실적이라고 주장한다. 합리적이기 위해서 정책결정자들은 각 선택의 효용과 확률을 정확히 계산할 수 있는 초인적인 능력이 있어야 하다(Steinbruner, 1974 : chapter 2). 그러나 인간의 판단능력은 제한적일 수밖에 없어서 고도의 훈련된 전문가라 할지라도 비합리적으로 선택할 때가 많이 있다.

인간의 인지능력의 한계를 바탕으로 인식론자(cognitive theorist)로 불리는 일군의 학자들은 합리적 선택이론의 비현실성을 비판하면서 보다 현실적인 정책결정이론을 만들려는 노력이 있었다. 초기의 심리학적 접근방법을 도입한 연구들은 일시적인 감정상태나 상황(스트레스), 혹은 개성이 정책결정에 심대한 영향을 미쳐 인간은 합리적 선택에는 많은 장애가 있다는 것을 보여주었다. 또한, 다양한 휴리스틱(Heuritic)에 대한 연구는 합리적 선택이론의 핵심인 이행성을 부정함으로써 인간행위가 효용극대화 행위가 아님을 보여주었다. 또한, 노벨 경제학상을 수상한 사이먼(Herbert A. Simon)은 인간의 제한된 능력과 제한된 정보로 인해 인간은 효용을 극대화하는 것이 아니라 "그 정도면 됐다(good enough)"는 '만족할 만한 것'을 선택한다는 '제한된 합리성(bounded rationality)'을 주장하였다(Herbert A. Simon, 1976 ; 1978).

초기 인식론자들의 비판에 대해 합리적 선택론자들의 자기방어 노력은 성공적이었다고 할 수 있다. 인간의 합리적 사고를 제한하는 상황은 일시적이거나, 혹은 쉽게 변화되지 않는 상존하는 변수(개인의 개성)임으로, 합리적 선택이론을 부정하는 이론들이 아니라 합리성의 관점에서 설명하기 위한 보충적 변수를 제공한다고 주장하였다. 또한, 사이먼의 제한적 합리성도 정확한 정보를 모으는 시간과 비용을 손실(cost)로 상정한다면 '만족할 만한 것'이 나타났을 때 더 이상의 선택들을 고려하지 않고 선택해 버리는 행위도 합리적이라고 주장하였다.

사이먼과 초기 인식론자들의 합리성 비판이 제한적이었다면 전망이론(Prospect Theory)은 이행성과 이익의 극대화라는 합리성의 핵심가정이 체계적(systematic)이고 영속적으로 위반되는 것을 실험을 통해 보여줌으로써 합리성의 대안적 모델로 등장하게 되었다. 전망이론은 국가의 선택이 이익을 극대화한다는 것 자체를 부정한다. 즉 국가의 선택은 이익 중에서 선택하는 이익영역에서는 안전한 것을, 손실 중에서 선택하는 손실영역에서는 위험한 것을 선택한다는 것이다. 다음의 실험은 현실주의자들이 주장하는 극대화 가정과는 매우 다른 현상을 보여준다.

전망이론을 이해하기 위해 다음의 간단한 실험 두 개를 살펴보자.

실험. 1

선택1 : 80만원을 얻을 선택
선택2 : 100만을 85%의 확률로 얻을 수 있지만 15%의 확률로 아무 것도 가지지 못할 수도 있는 경우

기대효용이론에 따르면 실험1에서는 선택1의 기대효용은 80만원(80만원×100% = 80만원)이고 선택2의 기대효용은 85만원(100만원×85%+0원×15% = 85만원)이다. 기대효용이론은 대부분의 사람들은 기대효용이 높은 선택2를 선택할 것으로 예상하겠지만, 경험적으로 밝혀진 실험결과는 대부분의 사람들이 선택 2보다는 낮은 기대효용을 가진 선택1을 선호하였다. 다음의 두 번째 실험은 보다 흥미로운 결과를 보여주고 있다.

실험. 2
선택3 : 80만원의 손실 선택4 : 85%의 확률로 100만원을 손해 보거나 혹은 15%의 확률로 아무런 손실이 발생하지 않는 경우

　두 번째 실험에서 선택3의 기대효용은 -80만원(-80만원×100% = -80만원)이고, 선택4의 기대효용은 -85만원(-100만원×85%+0원×15% = -85만원)이다. 이 경우에도 기대효용이론에 따르면 손실이 작은 선택3이 선호되어야 할 것이다. 그러나 대부분의 실험에 참가한 사람들은 기대효용에서 열등한 선택4를 선호하였다.
　이 두 실험은 국가의 선택이 효용을 극대화하는 것이 아니라 손실 중에서 선택하는가? 혹은 이익 중에서 선택하는가?에 따라 달라 열등한 선택을 할 수 있다는 것을 보여준다. 즉 이익 중에서 선택할 때에는 손실을 보지 않으려는 안전한 것을 선택하고, 손실 중에서 선택하는 상황에서는 손실을 만회할 수 있는 도박에 가까운 모험적인 선택을 하는 경향이 있다는 것이다(Tversky and Kahneman, 1974).
　현실주의는 합리성의 가정에 집착한 나머지 국제정치의 많은 현상을 예외적인 현상으로 치부하거나 비합리적인 행위로서 연구의 가치가 없는 것으로 치부해버리는 경향이 있다. 예를 들어, 국력의 차이가 많이 나는 강대국과 약소국 간의 전쟁의 상황을 가정해보자. 이때 강대국이 전쟁을 위협하거나 강압정책을 편다면 약소국은 강대국의 의지에 따르는 것이 합리적일 수 있다. 즉 강대국과 이길 수 없는 전쟁을 하는 것보다는 굴욕적인 평화라도 이룸으로써 생존을 보존하는 것이 합리적일 것이다. 그러나 포클랜드 전쟁, 일본의 하와이 폭격, 사담 후세인의 1, 2차 걸프전쟁을 보면 약소국은 강대국과 이길 수 없는 전쟁을 수행한 것을 알 수 있다.

6. 결 론

현실주의는 이상주의에 반대하면서 국제정치를 있는 그대로의 현실로 연구하자고 주장하였다. 모겐소에 의해 전통적 현실주의가 정형화된 이후, 왈츠의 신현실주의를 거쳐 국제정치의 무정부성을 밝히고, 무정부적인 국제정치에서 국가는 생존을 위해 최선을 다한다는 강한 설명력 있는 명제를 도출하기도 하였다. 그러나 현실주의의 기본가정은 비현실적인 것들이 너무나 많다. 단일행위자로서 국가와 통합된 행위자로서의 국가는 자유주의의 후예인 자유주의적 제도주의자들의 공격 대상이 되었고, 국가가 합리적 행위자라는 가정은 인지심리학자들에 의해 심각한 공격을 받았다. 국가는 단일하지도, 통합되지도 않았으며, 모든 정보를 인지하고 선택할 만큼 출중한 능력을 가지지도 않았다는 것이 비판되었던 것이다. 또한, 국가는 효용을 극대화하는 선택을 할 것이라는 주장도 실험결과 사실이 아님이 밝혀짐에 따라 현실주의자들의 설명력이 약화되는 현상에 직면해 있다. 그러나 현실주의는 여전히 국제정치학의 지배적인 패러다임으로 자리잡고 있고, 국가간의 행위를 가장 단순한 형태로 설명할 수 있다는 장점을 가지고 있다.

참고문헌

- 김영호. 1997. "현실주의의 비판적 고찰"『국제정치논총』, 제37집 2호.
- 이삼성. 1997. "전후 국제정치이론의 전개와 국제환경 : 현실주의-자유주의 균형의 맥락적 민감성"『국제정치논총』, 제36권 3호.
- 정진영. 2000. "국제정치이론의 논쟁의 현황과 전망 : 새로운 이론적 통합의 방향"『국제정치논총』, 제40권 3호.

- Baldwin, David A. 1993. *Neorealism and Neoliberalism : The Contemporary Debate* (New York:Columbia University Press).
- Bruce Bueno de Mesquita. 2003. *Principles of International Politics : People's Power, Preferences, and Perceptions* (Washington, DC : CQ Press).
- Gilpin, Robert. 1987. *The Political Economy of International Relations* (Princeton : Princeton University Press).
- Gourevitch, Peter. 1978. "The Second Image Reversed : International Sources of Domestic Politics" *International Organization* vol.32 no.4.
- Grieco, Joseph M. 1988. "Anarchy and the Limits of Cooperation : A Realist Critique of the Newest Liberal Institutionalism" *International Organization* vol. 42, no. 3.
- Helen Milner. 1991. "The Assumption of Anarchy in International Relations Theory : *A Critique*" Review of International Studies vol.17, no.1.
- Jervis, Robert. 1978. "Cooperation under the Security Dilemma" *World Politics* vol. 30, no. 2
- Kugler, Jacek and Douglas Lemke. 1996. "The Evolution of the Power Transition Perspective" *in Parity and War editd by Jacek Kugler and Douglas Lemke* (Ann Arbor : University of Michigan Press).
- Mearsheimer, John. 2001. *The Tragedy of Great Power Politics* (New York : W.W. Norton).
- Morgenthau, Hans J. 1993. *Politics Among Nations : The Struggle for Power and Preace*, revised by Kenneth W. Thompson, Susanna Mor-

genthau and Matthew Morgenthau (Boston, Massachusetts : McGraw-Hill Companies, Inc.).
- Simon, Herbert A. 1976. "From Substantive to Procedural Rationality" in Method and Appraisal in Economics edited by Spiro J. Latsis. (Cambridge : Cambridge University Press).
- Simon, Herbert A. 1978. "Bounded Rationality, Ambiguity, and the Engineering of Choice" *The Bell Journal of Economics* vol. 9
- Steinbruner, J. D. 1974. *The Cybernetic Theory of Decision* (Princeton : Princeton University Press).
- Tversky, Amos and Daniel Kahneman. 1974. "Judgment Under Uncertainty : Heuristics and Biases" *Science* vol. 185.
- Waltz, Kenneth N. 1959. *Man, the State and War* (New York : Columbia University Press).
- Waltz, Kenneth N. 1979. *Theory of International Politics* (New York : McGraw-Hill, Inc.).

자유주의
국제정치의 이해

:: 이 종 서

　국제정치 연구의 대표적인 이론이라면 현실주의(Realism)와 자유주의(Liberalism)를 들 수 있다. 현실주의 국제정치 이론의 핵심은 무정부(anarchy) 상태, 안보위협, 자력구제, 권력정치 등으로 요약할 수 있다. 현실주의자들은 무정부 상태가 특징인 국제사회에서 국가들은 항상 생존의 위협에 노출되어 있기 때문에 개별 국가들은 자신을 지킬 수 있는 힘을 가져야 한다고 주장한다. 현실주의는 국제정치를 "권력으로 정의된 국가이익"을 추구하는 권력정치로 본다. 이것이 현실주의 국제정치이론의 핵심이라 할 수 있다.

　한편 자유주의 국제정치이론은 몇 가지 단어로 간략하게 설명할 수 없는 복잡성을 내포하고 있다. 그럼에도 현실주의와 자유주의를 구분하는 기준을 제시하자면 무정부 상태에서의 국제협력과 평화의 가능성이라고 할 수 있다. 자유주의는 국제사회가 무정부 상태임을 인정하면서도 국제적 평화의 실현이 가능하다고 주장한다. 자유주의적 관점에서 바라본 평화는 현실주의자들이 주장하는 소극적 평화가 아니라 공통의 이익과 개별적 이익을 서로 협력해서 달성하는 적극적 평화를 지칭한다. 따라서 자유주의자들이 바라보는 국제정치의 장은 살기 위해 권력만을 추구하는 '정글'(jungle)이 아니며 이기적 협력을 통해 평화라는 과실을 나눠 갖는 '정원'(garden)인 것이다.

국제적 협력과 평화실현 가능성을 주장하는 자유주의적 관점의 핵심은 다음과 같다. 첫째, 국가만이 국제체제에서 가장 중요한 행위자는 아니라는 것이다. 현실주의에서는 국가를 가장 중요한 행위자로 가정한다. 한편 자유주의는 국가 이외의 다른 행위자에 주목한다. 국제정치를 분석하는데 현실주의가 국가와 국가간의 경쟁과 협력에 주목하는 반면, 자유주의는 국가를 포함한 초국적 기구 및 비국가적 기구에 관심을 갖는다. 가령, 현실주의는 국제연합과 같은 국제기구를 단순히 국가간의 협의에 의해 설립된 기구로서 강대국들의 입김에 의해 좌우된다고 가정하는 반면, 자유주의는 국제기구를 제한적이기는 하지만 자율성을 갖고 행동하는 행위자로 본다.

둘째, 이타심이 아닌 이기심에 의해 국가간 협력이 가능하다고 본다. 국가들이 무정부 상태에 놓여 있는 것은 맞지만 이것이 바로 전쟁으로 발전함을 의미하는 것은 아니다. 현실주의에서 국제적 무정부 상태는 전쟁상태이며 평화는 힘의 균형을 통해 전쟁이 억지될 때에만 가능하다고 본다. 그러나 자유주의자들은 무정부 상태를 이해하는 관점이 현실주의자들과는 다르다. 즉 자유주의자들이 생각하는 무정부 상태는 전쟁상태일 수도 있고 평화상태일 수도 있다. 국가들의 협력여하에 따라 무정부 상태에서도 평화상태의 유지는 가능하며, 서로 간의 공통이익과 개별적 이익을 달성하기 위해서는 국제협력이 필요하다는 것이다. 국제협력이 가능한 이유를 자유주의자들은 국가들이 이익을 추구하는 합리적 행위자이기 때문으로 설명한다. 시대가 변함에 따라 국가 권력의 유지는 단지 안보목표만을 추구해서는 가능하지 않다. 국가는 국가안보뿐만 아니라 다양한 대내외적 목표들을 추구하는 행위자가 되었다. 즉 국민의 욕구를 충족시키기 위해서는 국제적 평화와 협력이 반드시 필요하게 된 것이다. 자유주의자들은 바로 이러한 국가적 이기심으로부터 협력과 평화가 가능하다고 주장한다.

셋째, 하위정치(law politics)의 자율성에 대한 강조이다. 자유주의적 관점은 각자의 이익을 추구하는 집단들에 의해 형성되는 국제정치를 강조한다. 국가 기구 내에는 다양한 집단들이 서로 영향을 주고받고 있고 국가 이외에도 다양한 국제적 행위자들이 중요한 역할을 한다고 본다. 반면, 현실주의의 국가중심적 접근에 따르면 국가는 당구공과 같이 침투할 수 없고 외부의 압력에 따라 서로가 반응한다는 것이다. 즉 버튼(John Burton)의 주장처럼 국제적 무정부성 속에서 상호작용하는 국가들은 당구대 내에서 운동하면서 충돌하는 당구공들처럼 움직인다고 본다. 말하자면 다국적 기업과 비정부 국제기구와 같은 초국적 행위자들의 영향력은 미미하다는 것이다. 그러나 자유주의자들은 안보문제만이 국제정치의 핵심이었던 상황에서 하위정치인 사회·경제 문제를 비롯한 환경, 빈곤, 인권과 같은 보편적 가치를 추구하는 시대로 변화하고 있다는 것이다. 그러나 현실주의는 이러한 전 지구적 문제들과 국가들의 상호의존성을 설명하지 못한다고 주장한다. 결국 자유주의는 권력추구에 따라 발생할 경쟁으로 인한 국제사회의 공멸을 막아보자는 것으로 국가간의 관계를 넘어 초국적 기구를 포함한 국제관계(International relations)와 국제정치 과정(International political process)에 주목한다고 할 수 있다.

1. 현실주의에 대한 비판 : 이상주의(Idealism)의 등장

제1차 세계대전의 종식과 함께 세계정치의 주역으로 등장한 미국은 자신들의 이상주의적 신념을 현실세계에 적용시킬 수 있는 기회를 잡은 것으로 여겼다. 참혹한 전쟁은 평화를 자연발생적인 조건이 아니라 만들어가야 한다는 것으로 인식의 전환을 가져왔다. 16세기 이래 흄(David Hume), 루소(Jean Jacques Rousseau), 칸트(Immanuel Kant) 등과 같은 자유주의적 관점에 영향 받은 정치학자 출신인 우드로 윌슨(Woodrow Wilson) 미국 대통령은 1918년 미국 의회 연설에서 "다가오는 평화를 보존하기 위해서 국가들의 일반적 결사체가 형성되어야 한다."고 주장하였다. 이 결사체는 다름 아닌 집단안보를 핵심으로 하는 국제연맹을 의미하는 것이었다.

사실 이상주의는 자유주의로부터 탄생한 것으로서 카(E. H. Carr)와 같은 현실주의자들이 후에 붙인 이름이다. 이상주의 철학의 핵심은 인간이 수단으로서가 아니라 목적으로서 취급되어져야 한다는 것이다. 권력의 추구보다는 도덕적 원칙이 우선시되어야 하며 무정부상태인 국제정치에서 국가들 간의 권력을 제어하기 위해서는 제도가 필요하다는 점을 강조했다. 윌슨을 비롯한 이상주의자들은 국가들 간의 권력을 추구하기 위한 무한한 노력을 화합을 이루기 위한 노력으로 대치해야 한다고 보았다. 또한, 이들은 국제기구를 통해 경쟁적 국제관계의 갈등을 해소할 수 있다는 신념이 있었다.

이와 같이 이상주의는 국가간의 이해관계는 조화가 가능하며 따라서 평화가 가능하다는 입장으로 요약할 수 있다. 그 이유로 첫째, 이상주의자들은 인간은 근본적으로 선하므로 상호협력이 가능하다고 본다. 그리고 전쟁과 같은 행동은 인간의 본성에서 비롯되는 것이 아니라 인간을 이기적으로 만드는 제도나 구조적 장치 때문으로 파악한다. 따라서 전쟁은 불가피한 것이 아니라 그것을 일으키는 제도들을 제거 또는 수정함으로써 막을 수 있다는 것이다. 둘째, 전쟁이란 한 국가의 문제도 되지만 국제적 문제이므로 국가들의 집단적 협력을 통한 억제가 가능하다고 본다. 즉 국가들의 동의하에 국가의 행동을 규제할 수 있는 세계정부를 만듦으로써 국제사회의 문제가 해결될 수 있다는 것이다.

이상주의는 전쟁의 재발 방지라는 인류의 공통된 목적이 등장하면서 힘을 얻는다. 윌슨은 세력 균형은 전쟁을 방지하기보다는 전쟁을 초래할 확률이 높으며, 비밀외교는 전쟁의 결정을 국민한테 묻지 않는 비민주적인 외교관행으로 보았다. 윌슨은 인류 평화를 위해서 집단안보체제를 구성할 것을 제안했다. 그 결과 국제연맹이 창설되었다. 국제연맹이 효과적으로 작동하기 위해서는 국제연맹이 침략행위를 억지할 군사력을 보유하고 필요에 따라서 군사력을 행사해야만 한다. 이것이 국제연맹의 집단안보체제(collective security system) 구상이었다. 국제연맹의 제16조는 전쟁이 발생했을 때 체제의 모든 구성 국가들은 전쟁도발국과의 평상적 관계를 중지하고 제재를 가할 의무에 대해 기술하고 있다.

상술하면 이상주의자들은 국가간 평화가 국제기구나 국제법 그리고 세계정부와 같은 제도들을 통해서 이루어질 수 있다고 보았다. 따라서 이상주의자들은 국제연맹이라는 국제기구를 통해 집단안보체제가 평화의 형태로 발현된 것으로 본다. 다자안보란 체제 내에 속한 회원국이 협력하여 집단안보체제를 구축하는 것이다. 집단안보체제란 체제 내의 한 국가에 대한 공격을 체제 내 모든 국가에 대한 침략으로 간주하고 공동으로 대항하는 것으로서 잠재적 침략자에게 전쟁 승리에 대한 기대를 낮춤으로써 전쟁을 방지하게 된다는 개념이다.

그러나 국제연맹이라는 집단안보체제에 속한 국가들은 자기이익의 틀 안에 갇혀 있었다. 국제연맹의 창설을 주도한 미국이 자국의 이익 때문에 참여하지 않기로 결정한 것이 좋은 예이다. 그러나 이러한 한계로 인해 이상주의는 다양한 측면에서 현실주의의 비판 대상이 되었다. 카와 같은 현실주의자들은 제1차 세계대전 이후 이상주의를 주창하던 미국과 영국의 진정성에 의심을 품었다. 그들에 따르면 첫째, 이상주의는 결국 승전국의 현상유지정책을 뒷받침하는 이론적 배경에 지나지 않는다는 것이다. 둘째, 이상주의는 인간 본성의 선한 측면에 대해 지나치게 의존하므로 비현실적 이론이라는 것이다. 셋째, 이상주의는 세계정부와 국제법의 효용성에 대해서도 비판을 받는다. 말하자면 국제사회는 국내정치와 달리 규칙을 지키지 않는 행위자를 처벌할 수 있는 권한을 보유한 권위체가 부재하다는 데 문제점이 있다. 강대국의 규칙위반 시 처벌이 불가능한 제도는 의미가 없기 때문에 이상주의가 주장하는 세계정부는 국가들 간의 분쟁을 방지할 수 없다는 것이다.

현실주의는 이상주의가 주장하는 집단안보에 대해서도 이상주의를 비판한다. 침략자를 처벌하는 문제와 더불어 침략자를 어떻게 규정할 것인가가 비판의 대상이다. 집단안보체제에 속한 국가들은 침략자 처벌에 찬성하기란 실로 어렵다. 또한, 국가들은 자국의 이익에 근거하여 침략자 처벌에 참여하기도 하고 불참하기도 한다. 국제기구와 같은 비국가행위자의 중요성에 대해서도 상당수의 학자들은 결국 주권국가들이 국제기구의 구성원이므로 국제기구를 통한 국가간의 협력은 애초부터 불가능하다고 본다.

지금까지의 논의를 요약하면 이상주의는 인간의 자유의사와 창조성이 사회와 정치 등 인간 역사발전의 결정요인이라는 자유의지론(free will)적 입장이고, 현실주의는 인간은 다른 객관적 조건에 의해서 결정된 발전과정을 따를 수밖에 없다는 객관적 결정론의 입장이다. 그래서 이상주의자들은 이상과 목적에 치중하여 객관적인 조건과 물리적 법칙이 작용하는 현실을 외면함으로써 정치현실 자체를 이해 못하는 비판을 받고 있다.

2. 자유주의 기본 가정 및 특징

이상주의에 대한 현실주의의 다양한 비판에도 불구하고 자유주의는 인간과 사회 그리고 경제 활동의 성격에 대해 일관성 있는 가정을 공유함으로써 끊임없이 진보해왔다. 자유주의는 평등에 우선을 두는 것, 사회적 평등을 달성하기 위해 국가가 개입하는 방식, 사회적 평등을 희생하여 자유와 비간섭주의(Non-interventionism)를 강조하는 것 등 여러 가지 형태로 진보해왔다. 여기에 경제적 자유주의는 모든 형태의 국내 및 국제경제 관계를 조직하는 가장 효율적인 수단으로서 시장과 가격구조를 기본 축으로 하고 있다. 사실상 자유주의는 최대한의 효율성과 경제성장 그리고 개인이 복지를 달성하기 위해서 시장경제를 조직하고 관리하기 위한 체계로 정의할 수 있다.

자유주의의 첫 번째 가정인 상업적 자유주의(Commercial liberalism)는 시장은 선을 지키거나 선을 행하기 위해 존재하는 것이 아니라 인간의 이익을 위해 자연발생적으로 생겨난다는 것이다. 애덤 스미스의 주장대로라면 인간은 거래하고, 교역하고, 교환하는 속성을 지니고 태어났고 교환을 용이하게 하기 위해 시장과 화폐, 경제제도를 창조한다.

시장체제의 원리는 그것이 경제적 효율성을 증대시키고, 경제성장을 극대화함으로써 인간의 복지를 향상시킨다는 것이다. 이러한 상업적 자유주의의 신념을 국제관계에 대입하면 국가간의 상호의존의 심화는 전쟁의 가능성을 감소시킨다는 것이다. 초국적 기업들은 세계무역의 1/3 이상을 책임지고 있다. 그런데 그들의 영향력은 단지 그들의 규모에서 비롯된 것만은 아니다. 이들은 자본동원 등 경제활동의 핵심적인 분야에서 상당한 영향력을 행사한다. 21세기 개별국가들의 국제경쟁력과 국부는 초국적기업들의 투자정도에 따라 상당히 민감하다.

본질적으로 무역과 경제교류는 국가들 간의 평화적인 관계의 원천들이라고 자유주의자들은 믿고 있다. 왜냐하면 국가경제들 사이에서 무역과 확대된 상호의존이라는 상호이득은 협조적인 관계를 증진시킬 것이라고 보기 때문이다. 정치가 사람들을 분리시키는 경향이 있는 반면 경제는 사람들을 통합시키는 경향이 있다는 것이다. 즉 무역이 전쟁을 막지는 못할지라도 적어도 국가가 그들의 시각을 변화시킬 수 있다고 본다. 나아가 전쟁에 대한 선호도가 낮은 사회적 구조로 변환시키는 역할을 할 수 있다는 것이다. 그러나 문제는 모든 사람이 자유교환 하에서의 절대적 이득과 상대적 이득은 다르다는 점이다.

자유주의의 두 번째 가정은 제도적 자유주의(Institutional liberalism)로 국제정치에서 국가만이 단일하고 합리적인 행위자가 아니라는 것이다. 이러한 믿음은 자유로운 공화국들 간의 연방이 영구평화를 보장할 수 있을 것으로 본 칸트와 자유주의 정부들을 구속할 국제법의 발전을 평화의 조건으로 제시한 로크의 사상에 기반을 두고 있다. 국가보다 하위 단위인 비국가 행위자도 국제관계에서 중요한 역할을 한다는 것이다. 개인, 이익집단, 국제기구 등도 국제문제에 직·간접적으로 중요한 영향을 미칠 수 있다고 본다. 즉 국제관계에서 국가들의 행동을 규제할 수 있는 국제적 규칙과 기구의 발전을 통해서 국제협력과 평화가 달성될 수 있다는 주장이다. 이와 같이 국가를 가장 중요한 행위자로 보는 현실주의 가정과는 다르게 자유주의자들은 국제기구를 통한 국가간의 협력과 그를 통한 평화의 달성이 가능하다고 본다(정진영, 2006 : 398).

국제기구와 국제법의 효용성에 관해서는 현실주의자들로부터의 상당한 비판이 있어왔다. 국제사회에서 국가와는 달리 규칙위반을 처벌할 권위체가 없다는 것이다. 따라서 강제할 수 없는 규칙은 의미가 없으며 국제기구는 강대국과 약소국 간의 분쟁을 방지할 능력이 없다는 것이다. 또한, 국제기구와 같은 비국가행위자의 중요성에 대해서도 현실주의적 힘의 논리가 지배하고 있으므로 국제기구를 통한 국가간의 협력은 지나치게 이상적이라는 것이다. 그러나 자유주의는 이에 대해 비국가 행위자들도 국가의 대외정책과 국내문제에 직·간접적인 영향을 미칠 수 있으므로 중요한 행위자라고 대응한다. 그리고 자유주의는 앞서 설명한 경제적 자유주의와 결합하고 현실주의의 핵심 전제들을 받아들이면서 국가간 협력과 국제정치에서 국제제도의 중요성을 강조하는 신자유주의로 재탄생하게 된다.

자유주의의 세 번째 가정은 공화적 자유주의(Republican liberalism)이다. 이는 국가의 속성 중 민주주의라는 요인에 주목한 것이다. 민주주의 국가에서는 삼권이 분리되고 국민의 의견이 정책결정에 반영되기 때문에 독재나 권위주의 국가보다 참전 결정이 훨씬 어렵다는 것이다. 따라서 지도자의 독단적, 감정적 결정에 의한 전쟁의 발발이 민주주의 국가에서는 상당히 줄어들 수 있다는 것이다. 즉 개인의 자유와 평등,

법의 지배를 원칙으로 한 국가의 정치체제가 민주적일 경우 국가간의 관계가 평화로울 수 있다는 생각이다. 민주주의는 국민의 의사가 반영될 수 있으며 지도자가 자의적으로 전쟁을 일으키기 어렵기 때문에 국가간 갈등이 평화적으로 해결될 수 있다는 생각이다. 즉 전쟁을 하기 위해서는 국민의 동의를 필요로 하는데 국민의 동의를 얻는다는 자체가 전쟁억지의 효과가 있다는 것이다. 최근의 민주평화론(democratic peace)이 바로 이 전통에 기초하고 있다.

민주평화론이란 민주주의 국가들 간에는 서로 전쟁을 하지 않는다는 말로 요약이 가능하다. 민주평화론은 국내체제의 유형에 따라서 국가간 전쟁을 설명한다는 점에서 현실주의 국제정치학과는 대조적이다. 현실주의 국제정치학은 기본적으로 국가를 동질적인 행위자로 간주하고 이들 국가들 간의 세력균형, 세력전이, 군비경쟁 등의 측면에서 전쟁의 발발이나 전쟁의 빈도를 설명한다. 그러나 민주평화론은 국가의 체제가 민주주의 체제인가 아니면 비민주주의 체제인가에 따라서 전쟁의 가능성을 설명한다는 점에서 자유주의적 측면이 강하다.

민주평화론의 첫 번째 가정은 앞서 설명한 바와 같이 민주주의 국가간에 전쟁을 하지 않는다는 주장이다. 민주주의 국가들 간의 전쟁 빈도를 분석한 결과 민주주의 국가들 간의 전쟁은 거의 발견되지 않는다. 민주주의 국가들 간에 전쟁이 발생하지 않은 원인에 대해 현실주의자들은 민주주의 국가들 간의 지리적, 요인, 무역의존도, 미국에 의한 패권적 관리 등 외부적 요인에 기인하는 것이라는 비판이 존재한다 (이호철, 2006 : 378). 이러한 비판에도 불구하고 민주주의 국가들은 규범적인 측면이나 제도적인 측면에서 전쟁을 억제하는 요인이 존재하고 있다는 사실이 분석을 통해 밝혀졌다.

자유주의의 네 번째 가정은 사회학적 자유주의(Sociological liberalism)로 공동체에 대한 의존과 상호의존과정을 국제관계의 중요한 요소로 간주한다. 초국가적 활동의 증가는 소통의 원활함을 가져왔다. 그 결과 국가간의 갈등뿐만 아니라 협력이 증가하였다. 사회학적 자유주의가 제시한 가정은 대부분 세계화 논의에 포함되어 있다. 상호의존이란 세계의 한쪽에서 발생한 일이 다른 한쪽에 영향을 주는 현상을 의미한다. 즉 생산기술, 교통수단의 발달로 소통의 불편함이 해소되었고, 자유무역체제로 인한 상품, 서비스, 자본, 노동 등 생산요소의 국경이동이 용이해짐에 따라 복잡한 상호의존의 네트워크가 탄생했다. 그 결과 국가간의 접근이 용이해졌고 그 결과 상호의존이 심화된다는 것이다 (Grieco, 1988 : 488).

이를 종합하면 자유주의자들은 첫째, 자유무역을 통해 서로의 이익을 추구함으로써 평화를 보장할 수 있다고 믿는다. 둘째, 국제사회의 제도 및 법을 강화시킴으로써 국제질서의 안정을 유지할 수 있다고 믿는다. 셋째, 국가의 국내정치제도가 민주주의로 발전함으로써 전쟁을 방지할 수 있으며 나아가 국제평화에도 기여할 수 있다고 본다. 넷째, 생산기술, 교통수단의 발달로 상호의존이 심화됨에 따라 전쟁이 위험이 줄어들었다는 것이다.

3. 신자유제도주의(Neo-liberal institutionalism) : (신)기능주의와 상호의존론

현 시대의 특징인 신자유주의는 과거부터 있어왔던 고전적 자유주의가 20세기 후반에 다시 등장한 것이다. 자유주의는 봉건제 사회가 무너지고 자본주의 사회가 만들어지던 시기에 탄생하여 현재까지 끊임없이 변화를 지속해 왔다. 자유주의 사상과는 공존하기 힘든 사회주의 이념에 맞서 변화하기도 하였고, 각 나라에 적용되는 가운데 그 나라의 고유한 민족주의와 결합하기도 하였다. 특히 경쟁을 미덕으로 하는 자유주의는 민주주의와 결합하며 많은 다른 이념들과의 경쟁에서 살아남았다.

자본주의가 점차 독점 자본주의적 성격을 띠기 시작한 신자유주의는 어느 하나의 학파나 하나의 이론을 지칭하는 용어가 아니다. 신자유주의는 70년대 이후 경제위기를 극복하는 과정에서 보수 우익 세력들이 채택한 일련의 정치적·경제적·이데올로기적 조류를 통칭한다. 자유로운 개인들이 시장에서 공정하게 경쟁하는 체제를 희망하였던 자유주의가 독점자본주의로 변질되자 자유주의는 변신을 하게 되고 국가가 어떤 일을 해야 하는가를 중심으로 발전하게 된다. 이러한 배경 하에 신자유주의는 국가중심적 가정과 국제사회의 무정부성을 강조한 현실주의 이론에 도전하면서 인간 사이의 거래에 주목함으로써 각종 통합이론의 탄생을 주도하였다.

프리드만(Milton Friedman)이나 하이예크(Friedrich von Hayek) 같은 신자유주의 학자들은 70년대 후반 케인즈 이론의 한계가 나타나기 시작하자 두각을 나타낸다. 이러한 현상이 국제정치에서 제도와 결합하면서 우리가 일반적으로 국제정치에서 자유주의라고 할 때는 신자유제도주의를 일컫게 된다. 신자유제도주의는 국제사회의 평화와 질서가 세력균형을 통해 유지되는 것이 아니라고 본다. 국제평화와 질서는 국내사회와 같이 일반적으로 수용된 가치, 행위의 규범, 국가사회 간의 상호의존에 대한 인식, 제도 등을 통해 유지된다고 본다(McGrew, 1992 : 20).

신자유제도주의의 토대가 마련된 계기는 1950년대 초 기능주의(Functionalism)와 1960년대의 신기능주의(Neo-functionalism) 이론이 등장하면서부터라 할 수 있다. 기능주의와 신기능주의이론은 공통적으로 국가간 자원의 공유를 인정하고 이를 위한 주권의 일부를 초국적 제도에 양도하는 것을 핵심으로 하고 있다. 그 결과 제도에 포함된 국가는 제도를 통한 지역적 문제해결과 함께 국정 안정을 확보할 수 있다는 것이다. 이들 이론은 국가간의 상호작용과 국제적인 규범이 국가이익의 정의를 다르게 해석할 수 있음을 강조한다. 이와 같은 신자유제도주의는 기능주의 이론과 신기능주의 이론을 통해 제2차 세계대전 이후 자유주의 이론의 약점인 이상주의적 성격을 벗어날 수 있었다.

　국가간 상호의존적 관계 및 경제적 상호의존이 증가함에 따라 이를 관리하기 위한 국제제도는 급속히 발전하게 된다. 그 결과 자유로운 질서를 방해하는 국가부문은 축소되고 국가의 자율성이 모든 영역에서 약화되는 현상이 나타나게 된다. 한편, 긴축정책, 민영화, 작은 정부가 특징이라 할 수 있는 신자유주의는 국내적으로 강력한 정부의 등장을 가져왔다. 또한, WTO 규범에서 알 수 있듯이 국제규범의 명확성이나 구체적인 의무 부과 그리고 실질적인 법적 제제와 같은 구속력은 현저하게 강화된다. 즉 국제제도의 증가와 함께 국가가 다루지 못한 영역으로의 확대가 이루어진다.

　신자유제도주의자라 할 수 있는 코헤인(Robert O. Keohane)은 국제제도를 "역할을 규정하고 행동을 구속하며 기대를 구체화시키는 지속적이고 상호 연관된 공식적 그리고 비공식적 규칙의 집합"으로 정의하였다. 제도가 불확실성과 거래비용을 줄이고 이슈들을 서로 연계시키는 역할을 하는 것으로 파악하였다. 또한, 국제제도는 제도 없이는 불가능한 협력을 가능하게 하고 제도 참여국 간의 협력을 증대시키는 것으로 보았다.

코헤인을 포함한 신자유제도주의자들은 국가, 무정부상태, 권력 추구와 같은 신현실주의의 가정을 수용함과 동시에 국가는 거래비용 증가를 우려할 수밖에 없으므로 제도를 통한 협력이 가능한 이유를 설명한다. 신자유제도주의는 거래비용의 삭감과 시장실패를 극복하기 위한 도구로서 제도의 필요성을 역설한다. 한편 신현실주의는 패권국가가 패권 유지의 필요성 때문에 제도를 만든다고 보며 패권국가의 쇠퇴와 함께 제도도 쇠퇴한다고 보았다. 그러나 신자유제도주의는 제도란 관성을 갖고 있으므로 일단 탄생하기만 하면 쉽게 폐기하기가 어렵다는 점을 강조함으로써 제도의 유용성을 강조한다. 같은 맥락에서 신자유제도주의는 현실주의 이론인 게임이론의 통해서 일회성 게임이 아닌 반복성 게임은 배신의 유인을 줄일 수 있으며 국가간 협력이 가능함을 주장한다. 그러나 신자유제도주의는 제도의 필요성과 함께 최고의 행위자는 역시 국가임을 인정함으로써 현실주의의 주장을 일정 부분 수용하는 면을 보인다.

4. (신)기능주의

제2차 세계대전 이후 냉전은 카와 모겐소의 현실주의 이론이 국제정치에서 지배적인 위치를 차지할 수밖에 없는 환경을 만들었다. 냉전 시기였음에도 불구하고 국가간 협력에 비관적인 현실주의에 대응한 자유주의 이론들이 탄생하게 되었는데 그 중 대표적인 이론이 기능주의이다. 기능주의 이론의 핵심은 국가 하위정치 문제에서의 협력이 고위정치로의 협력을 이끌 수 있다는 것이다.

이러한 신사고는 유럽철강공동체(ECSC : European Coal and Steel Community)를 시작으로 1950년대 초부터 유럽의 지역통합론으로 모습을 갖추며 소위 이상주의가 자유주의의 이름으로 세련화되어 재등장한다. 이들 자유주의를 대표하는 인물로는 하스(Ernst Hass), 칼도이치(Karl W. Deutsch), 슈미터(Joseph Schmitter), 나이(Joseph Nye Jr.)를 꼽을 수 있으나 기능주의를 설파한 미트라니(David Mitrany)의 영향을 간과할 수 없다.

미트라니는 다뉴브 강 수상교통 통제를 관리하기 위한 다뉴브 위원회의 성공에 착안하였다. 그는 세계와 유럽의 평화를 위협하는 요소 중 하나로 민족주의를 지적하면서 국가들은 지역적 세계적 긴장을 완화하기 위해 국제관계를 재구축해야 한다고 주장했다. 예민한 정치·군사 부문이 아닌 비정치·기술 부문에서 먼저 국제교류 네트워크를 만들 것을 제안하였다. 말하자면 국가주권이라는 민감한 문제를 건드리지 않고 국제기구의 설립을 통해 기능적이고 비정치적인 분야부터 협력함으로써 점차적으로 정치적 통합에 이르는 방식이 기능주의인 것이다.

미트라니의 기능주의는 국제기구를 매개로 하여 국가간의 갈등으로부터 비교적 자유로운 기술적 영역에서 교류가 확대됨에 따라 상호의존이 증가될 것임을 예상한다. 상호의존이 증가함에 따라 국제기구의 숫자가 늘어나게 되고, 국제기구에 대한 의존은 국가간 협력의 유인을 강화시킨다는 것이다. 이러한 협력을 통해 국가들이 이익을 얻게 되면 협력의 습관이 평화를 유지시킬 수도 있다는 것이다. 이러한 미트라니의 기능주의는 구조적 변화가 태도나 행태의 변화를 가져오고 협력은 학습되는 것이라는 생각을 기본으로 한다.

활발한 통합운동을 배경으로 미트라니의 기능주의를 실증적으로 이론화하고 통합의 정치적 측면을 지적, 보완한 인물은 미국의 하스였다. 그는 기능주의의 착안에 의미를 부여하면서도 몇 가지 수정을 제시했다. 첫째, 파급효과(spillover effect)와 이익(interests)이라는 개념의 중요성을 부각시키고자 했다. 하스에 따르면 집단이나 행위자들은 목표 극대화를 지향하며 그들의 이익을 제고하는 것으로 판단되면 국가주권의 일부도 양도할 수 있다는 것이다. 이와 같이 이익을 추구하는 과정에서 일정한 주권양도는 또 다른 부분으로의 파급효과를 발생시킨다는 것이다. 둘째, 기능주의 이론이 강조한 기술자와 전문가의 역할 못지않게 정부의 역할을 강조했다. 즉 비정부적 행위자와 초국가적 행위자의 역할도 중요하지만 의사결정을 내릴 수 있는 권한은 여전히 국가가 보유하고 있다는 것이다. 셋째, 정치와 경제를 분리시킬 수 없음을 강조했다. 즉 정치적 문제를 비정치적인 방법을 통해 해결할 수 있다는 것은 현실성이 떨어진다는 것이다. 같은 맥락에서 정치지도자의 영향력이라는 변수를 반드시 포함시켜야만 한다는 것이다(Hass, 1975).

하스는 미트라니와 유사한 결과를 상정하고 있었지만 통합의 유인이 세계평화를 위한 선의라기보다는 사적 이익의 경제적 동기에서 비롯된다고 주장했다는 점에서 차이를 보인다. 나아가 하스는 미트라니와 달리 정치권력과 기능적·기술적 업무를 분리하기 어렵다는 점을 강조한다. 통합의 효과적 전개를 위해서는 각국 엘리트의 의식적인 통합 노력이 중요하며, 그 일환으로서 통합추진 기구의 구축 등의 전제조건을 제시했다. 이와 함께 엘리트의 의식적 통합노력을 강조함으로써 평화를 위한 도구로서 비정부적 행위자의 역할을 강조한 기능주의와는 차이를 보인다. 즉 기능주의가 파급효과를 무의식적이고 자동적인 것으로 보는 데 반해, 신기능주의는 파급을 학습에 의한 자동적 현상이 아닌 정치적 의지를 필요로 한다고 본다(McLaren, 1985).

하스에 따르면 통합은 공식적인 권위를 지닌 정치 지도자와 정부 관료들의 정치적 책임과 권력에서 비롯되고, 이들이 여러 국내조치를 통해 초국가기구로 권력을 이관하는 것이다. 하스는 이러한 사고를 산업단위의 기능적 조직체를 넘어 정치통합으로의 가능성을 제공한 유럽석탄철강공동체의 경험에서 착안하였다. 하스의 이론은 어느 한 분야에서 협력이 이루어지면 다른 분야로 협력이 발전한다는 파급효과(spill-over)와 경제적 협력이 정치라는 질적으로 상이한 차원의 협력으로 확산된다는 자동적 정치화(automatic politicalization)라는 두 가지의 개념에 근거한다. 여기서 파급효과나 자동적 정치화가 이루어지려면 사회적 차원의 광범위한 합의가 요구된다. 또한, 이러한 사회적 요구를 수용할 초국적 조직이 필요한데, 1960년대 중반까지 서유럽에서는 유럽경제공동체를 통해 이러한 조건들이 충족되었다.

신기능주의는 1950년대와 1960년대 유럽통합과정이 순항하고 있던 시기 지역통합에 대한 이론으로서 전성기를 누렸다. 하지만 1965년 프랑스 드골 대통령 재임 당시 공석의 위기로 표현된 국가주의적 도전이 제기되어 초국가적 통합이 난관에 봉착한다. 이후 1970년대 전 세계를 휩쓴 경제위기로 인해서 유럽통합이 침체기에 빠져들게 되자, 신기능주의 논리 속에 내재된 낙관적이고 목적론적인 오류가 지적되면서 심각한 도전에 직면하게 된다.

프랑스의 드골은 얄타 포츠담 협정에 기초해 미·소 양 세력권으로 분할된 세계구도를 타파하기 위해 위대한 프랑스를 기치로 내걸고 NATO에서 탈퇴하는 등 미국이 주도하는 유럽 정치와 경제통합에서 이탈했다. 이후 미국의 베트남 참전, 서독과 일본의 경제적 부상, 1, 2차 오일쇼크로 세계의 모습은 점차 통합과 거리가 멀어졌다. 결국 하스는 1975년 지역통합이론의 쇠퇴라는 저서에서 자신의 신기능주의 통합론이 현실과 부합되지 않음을 시인하기에 이른다. 그러나 유럽공동체는 1988년 유럽단일의정서(SEA : Single European Act)의 체결과 1993년 마스트리히트조약(Maastricht Treaty)의 체결로 유럽통합이 급진전을 이루자 이러한 현상을 단지 회원국 정부들 간의 협상에 의한 것으로만 설명하는 데 한계를 느끼게 되었다. 이러한 현상을 적절하게 설명하기 위해 신기능주의 이론에 대한 관심이 다시금 고조되고 있다.

한편, 신기능주의자들은 특정 기능영역의 확장과 심화를 통해 정치공동체의 통합을 예견했지만, 동시대의 도이취는 통합의 동인으로 사람들 간의 관계적 요인인 거래의 증가와 국경을 넘는 커뮤니케이션에 주목했다. 거래와 커뮤니케이션이 각국간 무역, 이민, 여행, 교육의 교환 등으로 좀 더 용이해지면 사람들에게 자신이 서로에게 속한 일원이라는 집합적 정체성을 고양시키고 공동체 의식을 북돋게 될 것이라 생각했던 것이다. 도이취의 이론은 이런 맥락에서 기능주의 이론의 한 흐름으로도 볼 수 있는데 국가간 양적 거래의 증가는 질적 변화인 통합의식을 자극하여 결국 지역통합을 이룬다고 주장한 것이다.

5. 상호의존론

1960년대 말부터 세계는 데탕트와 경제 불안정을 동시에 경험하게 되면서 소위 하위정치의 의제를 국제관계의 중심부로 등장시켰다. 그간 군비 경쟁에 피로를 느끼고 있었던 미국과 소련은 72년 5월 SALT I, ABM 협정 등을 통해 긴장완화를 도모하기 시작했고, 다른 한편 베트남전 등으로 쌍둥이 적자를 겪고 있던 미국은 브레턴우즈 체제를 붕괴시켰다. 그 후 석유수출국들이 초유의 담합 결정으로 석유위기가 두 차례에 걸쳐 발생하면서 특히 석유를 이들에 의존하던 국가들은 국가비상사태에 준하는 위기에 직면하고 있었다. 이외에도 경기침체기에 이윤극대화의 새로운 출구로서 다국적 기업화의 확산 그리고 제3세계 성장과 그들의 1973년 신국제경제질서 선언은 그동안 안보문제에 가려져 하위정치로 간주되었던 경제 문제의 중요성을 크게 부각시켰다.

이런 현실 하에서 일련의 국제관계 학자들은 국가들이 국제교류를 통해 상호의존적으로 얽혀 있기 때문에 어느 국가도 서로 상대방을 무시하고 대외정책은 물론 국내정책조차 수행하기 어려운 상황에 주목하여 상호의존론(Interdependence Theory)의 개념이 형성되었다. 특히, 코헤인과 나이는 권력과 상호의존에서 '복합적 상호의존'이라는 이상형을 제시하면서 그들의 상호의존론을 체계화하였다. 상호의존이라는 개념과는 달리 복합적 상호의존은 하나의 관점으로 제시된 것이었다. 코헤인과 나이는 현실주의가 그리는 단순한 패권정치적 관점이 이미 현실과 크게 유리되어 가고 있으며, 세계정치경제 과정은 이전에 비해 훨씬 복합적인 성격을 띠게 되었음을 강조한다.

상호의존론은 1970년대와 1980년대를 거치면서 국경을 넘나드는 무역 거래량의 증가, 환경오염, 인구증가, 자원의 고갈 등에 영향을 받아 탄생한 이론이다. 상호의존론은 국가의 행동과 국가간의 관계를 설명하는데 무정부 상태의 영향을 강조하지 않았을 뿐만 아니라 상호의존을 협력을 위한 힘으로 인식하는 이론이다. 상호의존이란 두 개 또는 그 이상의 단위체가 서로 의존되어 있는 상태를 말한다. 그러나 여기에서 의존이란 항상 대칭적인 의존상태만을 의미하는 것은 아니다. 의존이란 두 국가 사이에 의존으로 인한 취약성이 비대칭적일 때의 관계도 포함한다.

군사, 산업, 통신기술의 발달과 함께 21세기 국제사회는 주권국가 스스로 해결할 수 없는 다양한 문제에 직면하게 되었다. 이러한 국가의 범위를 초월하는 다양한 문제들이 발생함에 따라서 국제기구를 비롯한 새로운 행위자가 탄생하였다. 상호의존론은 (신)기능주의와 마찬가지로 현실주의자들이 중요시하지 않거나 수단으로 생각하는 국제기구의 역할을 강조한다. 나아가 국제기구 및 초국가적 행위자들이 국가정책의 중요한 수단이 될 수 있다고 본다.

국가들 간의 상호의존은 특히 세 분야에서 두드러진다. 첫째, 국가 간 무역, 투자와 같은 경제적 분야에서의 상호의존이다. 국제무역량의 증가로 인해 초국적기업의 정책결정과정 참여와 같이 비국가적 행위자의 역할이 눈에 띄게 증대하였다. 둘째, 국가차원, 초국가차원, 지역차원에서의 협력과 같은 정치적 영역에서의 상호의존이다. 이는 특히 유럽연합의 통치과정(governance process)에서 잘 나타난다. 셋째, 군사적 영역에서의 상호의존이다. 9·11 테러사태로 인해 테러 행위는 한 국가의 노력에 의해 달성할 수 없다는 인식을 공유하게 되었다.

상호의존은 민감성(sensibility)과 취약성(vulnerability)의 관점에서 파악될 수 있다. 상호의존은 세계의 한쪽에서 발생한 일이 다른 쪽에 있는 누군가 또는 모두에게 영향을 미칠 수 있는 상황을 만듦으로써 모든 나라들이 다른 나라의 행동에 영향을 받는 현상을 말한다. 생산기술, 교통수단의 발달과 자유무역체제로 인한 상품, 서비스, 자본, 노동 등 생산요소의 국경이동이 용이해짐에 따라 복잡한 상호의존의 네트워크가 생기고, 그 결과 국가는 수출시장의 접근과 주요 수입품의 수급확보에 점차 상호의존하게 된다.

현실주의는 상호의존을 일국의 타국에 대한 취약성으로 보고 국가는 상호의존을 최소화하는 방향으로 나아가야 한다고 주장한다. 또한, 현실주의는 상호의존이 심화될수록 정치공동체 내부 혹은 정치공동체 간의 알력을 심화시키고 오히려 마약 거래의 증가, 국경을 초월한 연대 조직범죄의 연대 현상 등이 나타나고 있다고 본다. 그러나 자유주의적 관점은 상호의존을 국가간 혹은 다른 행위자간의 상호작용으로 보며 상호의존으로 인한 비용은 발생하지만 비용을 능가한 이득이 양쪽 모두에게 발생한다고 본다. 따라서 상호의존론은 비대칭적인 상호의존이 가져올 구조적 취약성을 인정하면서도 상호의존으로 인한 부의 증대를 주장한다.

코헤인과 나이가 주장한 복합적 상호의존을 좀 더 살펴보면 다음과 같다. 국가간의 관계는 상호의존상태를 더욱 평등한 상태로 발전시켜야만 상호의존이 가능하다는 것이다. 이는 강대국간 상호의존과 강대국과 약소국 간의 상호의존은 다르다는 것이다. 강대국과 약소국 간의 상호의존의 경우 의존도 측면에서 약소국이 훨씬 민감하다는 것이다. 그럼에도 불구하고 약소국들이 국제기구를 통해 상호 연계하여 의제를 설정하고 제휴하여 국제기구 내에서 다수 국가의 표를 확보함으로써 강대국들의 횡포를 막을 수 있다고 본다. 이와 같이 상호의존론은 현실주의와는 달리 국제기구에서 강대국의 이익이 약소국의 이익을 침해하는 것이 아니라 오히려 약소국이 이익을 얻을 수 있다고 본다 (Keohane and Nye, 1977).

코헤인과 나이는 복합적 상호의존이 더욱 확대·심화될 것으로 보며 상호의존의 심화는 국가간의 위계적 질서를 퇴조시킴으로 국가들 간의 동등성이 강화될 것으로 전망한다. 그들은 이러한 복합적 상호의존이 이루어지기 위한 필요충분조건으로 제시한 사항은 다음과 같다. 첫째, 국가간의 공식적 협상통로 이외의 비공식적 통로, 비정부적 통로, 초국적 기업을 통한 민간 통로 등 다양한 대화채널은 국가간 갈등을 완화시킬 수 있는 수단이 될 수 있다. 둘째, 안보 이외에 환경, 복지, 빈곤 문제해결과 같은 하위정치 이슈의 중요성을 강조한 국제환경의 조성이 필요하다. 그러나 복합적 상호의존은 국내의 정치적 변화에 따라서 언제든지 하위정치에 대한 관심이 사라질 가능성을 염두에 두지 않는 단점이 있다.

참고문헌

- 우철구·박건영 (2006). 『현대국제관계이론과 한국』, 서울 : 사회평론.
- 정진영 (1997). "자본의 국제적 이동성, 국가의 정책자율성, 국제협력 : 세계금융의 정치경제 관한 한시론." 『국제정치논총』, 제36집 3호.
- 정진영 (1997). "상호주의와 국제협력." 『국제전략』, 제3권 2호.

- Axelrod, R., and R. Keohane (1986). "Achieving Cooperation under Anarchy : Strategies and Institution." K. Oye(ed.). *Cooperation under Anarchy*. Princeton University Press.
- Boldwin, D. (1993). *Neorealism and Neoliberalism*. New York : Columbia University Press.
- Cohen, B. (1993). "the Triad and the Unholy Trinity : Lessons for the Pacific Region." R. Higgot, et al.(ed.). Pacific Economic Relations in the 1990's : Cooperation or Conflict? Boulder : Lynne Rienner.
- Gilpin, R. (1987). *The Political Economy of International Relations*. Princeton University Press.
- Gilpin, R. (2001). *Global Political Economy : Understanding the International Economic Order*. Princeton University Press.
- Grieco, Joseph M. (1988). "Anarchy and the Limits of Cooperation : A Realist Critique of the Newest Liberal Institution." *International Organization*, Vol. 42, No. 3.
- Hass, Ernst. (1975). *The Obsolescence of Regional Integration Theory. Research Series*. No. 25. Berkeley : Institute of International Studies.
- Keohane, Robert and Nye, Joseph. (1977). *Power and Interdependence : World Politics in Transition*. Boston : Little Brown.
- Keohane, Robert. (1990). "International Liberalism Reconsidered." in J. Dunn (ed.). *The Economic Limits to Modern Politics*. Cambridge : Cambridge University Press.
- Keohane, Robert. (1998). "International Institutions : Can Interdependence Work? *Foreign Policy*, No. 110.
- Mitrany, David. (1966). *A Working Peace System*. Chicago : Quad-

rangle Books.
- McGrew, Anthony. G. (1992). Conceptualizing Global Politics. in Anthony G. McGrew, Paul G. Lewis et al., (eds.). *Global Politics : Globalization and the Nation State.* Cambridge, MA : Polity Press.
- McLaren, R. I. (1985). "Mitranian Functionalism : Possible or Impossible?" *Review of International Studies.* Vol. 11, No. 2.
- Moravcsik, A. (1997). "Taking Preferences Seriously : A Liberal Theory of International Politics." *International Organization,* Vol. 51, No. 4.
- Wyatt-Walter, A. (1996). "Adam Smith and the Liberal Tradition in International Relations." *Review of International Studies,* Vol. 22, No. 1.

맑시즘
국제정치의 이해

:: 하 상 섭

1. 맑시즘

전통적으로 맑시즘(Marxism)은 자유주의적 시장원리에 입각한 자본주의(Capitalism)체제를 부정하면서 19세기 중엽에 나타난 사상이다.[10] 오늘날 이를 계승하는 모든 인식론적 가치들(values)과 이론들(theories) 그리고 실천적 논쟁들(debates)을 모두 포함한다.[11] 맑시즘은 본질적으로 경제가 정치를 지배한다는 물질주의(materialism)에 근거한 역사

---

[10] 자유주의적 시장원리에 입각한 자본주의 사상은 애덤 스미스의 고전경제학(보이지 않는 손) 그리고 신고전경제학(공공재) 그리고 20세기 초·중반의 케인즈언 복지국가 모델로까지 발전하면서 시장에 대한 국가의 개입이 점점 확대되는 방향으로 발전해 왔다.

[11] 맑스와 맑시즘을 어떻게 해석할 것인가 하는 문제는 맑스 이후 오늘날에도 늘 쟁점이 되고 있다. 맑스 자신의 다양한 저작들이 이론·방법론적으로 통일적이지 않았을 뿐만 아니라, 해석자들의 시대적·지적 논쟁들, 이론적·실천적 입장들 또한 다양하기 때문에 맑스와 맑시즘 해석을 둘러싼 논쟁은 지속되어 왔고 또 앞으로도 지속될 수밖에 없을 것이다. 맑스 해석에서 전통적인 방법론적 쟁점들 중 하나는 맑스의 이론을 구조론적으로 해석할 것인가 아니면 행위론적으로 해석할 것인가였다. 이 쟁점은 1960년대를 전후하여 알뛰세(L. Althusser)의 저작들을 중심으로 이루어진 '구조적 맑스주의 논쟁'과 1980년대에 엘스터(J. Elster)의 저작들을 중심으로 이루어진 '분석 맑스주의 논쟁'을 통해 뚜렷이 제시되었다.

유물론적 철학 인식을 바탕으로 하고 있다. 역사 유물론이란 인간사회의 모든 이해는 인간이 일상생활(everyday life)을 통해 먹고 사는 물질적 재화의 생산에 있다고 인식하는 사관이다. 다시 말해서 한 사회가 유지되고 존속되는 것은 인간이 살아가는데 필요한 생활수단을 다양한 노동과정(labour process)을 통해 생산해 냄으로써 이루어지고 가능하다. 그러므로 인간사회의 역사를 가장 근본적이고 총체적으로 이해한다는 것은 이런 모든 인간 삶의 영위를 위한 물질적 재화의 생산과 생산과정을 이해하는 것과 다름없다. 이를 보다 현실적이고 실제적인 역사 인식의 기본으로 인식한 맑스(K. Marx)와 엥겔스(F. Angels)의 역사 유물론을 살펴보면, 모든 인간사회의 전제는, 즉 역사를 이루기 위한 인간은 존재해야만 하고 이 존재를 이루기 위해서는 무엇보다도 음식, 주거, 의복 기타 여러 가지가 필요하다. 따라서 인간 존재에 대한 최초의 역사적 행위는 이들 욕구를 만족시키는 수단의 생산, 즉 물질적인 생활 자체의 생산이다. 이는 하나의 역사적 행위이자 모든 역사의 기본조건이다('독일 이데올로기 I', 1846 : 56).

하지만 맑스와 맑스주의자들의 사회 인식논리에 의하면 이런 물질적 재화의 생산과 생산과정에 자본주의적 생산 및 축적 양식이 도입되면 심각한 문제들이 발생하게 된다. 경제적으로 자본주의와 이의 발달과정에서 재화의 생산과 생산과정에서 가장 중요한 역할을 담당하는 두 계급인 자본과 노동 사이에 재산과 분배를 둘러싼 갈등이 발생하게 되는 것이다. 이런 갈등은 초기의 경제적 갈등에서 계급의식(class consciousness)에 기초한 노동무산계급인 프롤레타리아(proletariat; 노동자여 단결하라!)의 집단적 저항으로 바뀌어 점점 정치적 갈등으로 증폭될 수밖에 없다고 보았다. 왜냐하면 자본주의 축적체제는 그 자체로 자본과 노동 사이에 '잉여착취'의 내재적 갈등을 가지고 발전하기 때문이다. 다시 말해서 자본주의 시장체제가 본질적으로 취하고 있는 자본과 노동으로 나누어진 계급 사회적 특징 혹은 계급 간의 갈등구조(conflict structure)가 잉여와 부의 분배를 둘러싸고 대립적으로 조재하고 있기 때문이다. 이 대립관계가 해결되지 않는다면 두 계급 간의 정치적 갈등과 투쟁은 자본주의가 발전하면 할수록 더욱 심해질 수밖에 없다고 주장한다.

이렇듯 맑스 개인 및 맑스주의자들의 관심은 시장 자유주의 및 고전 경제학자들이 주장하는 개별적인 상품의 수요-공급(demand-supply) 원리에 의한 시장메커니즘에 기반을 둔 자유로운 자본주의 발전 인식과는 대조적이다. 맑시스트들은 자본주의 경제 발전의 거시적 경향들에 더 주목하면서 자유시장주의자들이 주장하는 개인적 노동, 개인적 가치, 개별적 이윤에 대한 관심보다는 사회적 노동, 사회적 가치, 사회적 평균 이윤에 대한 관심에 집중한다. 이들은 이런 관심에서 한 발 더 나아가 총자본의 시각에서 자본주의의 거시적 메커니즘의 문제점을 밝히고자 노력하였다. 대체적으로 이들 논점의 핵심은 자본주의가 태생적으로 가지고 있는 자본축적 양식의 위기들 - 예를 들어, 이윤율의 경향적 저하, 과잉자본 및 과잉생산과 유효수요 부족에 따른 가치 실현의 위기 - 에서 자본주의의 주기적인 경제 불황의 문제점에 있음에 주목한다. 이런 인식의 틀 속에서 한 사회 전체적으로 자본의 위기와 불황은 위기를 직접적으로 발생시킨 자본가 계급뿐만 아니라 노동자 계급에게도 더욱 심각한 문제를 일으켜 사회갈등을 유발시키고 계급 간의 집단 저항을 불러와 자본주의는 자연스럽게 붕괴될 수밖에 없다고 예견한다.

위처럼 자본주의 축적체제의 내재적 모순과 더불어 맑시즘 형성의 가장 지적 기반이 되는 '노동가치론'은 맑스주의자들 간의 논쟁과 재해석 과정에서 부분적인 인식의 차이는 존재하지만 여전히 자본주의의 전체적, 거시적 메커니즘을 설명할 수 있는 중요한 이론적 기반을 제공하고 있다. 왜냐하면 노동가치론은 사회적 생산, 사회적 가치, 사회적 평균이윤율, 가치의 사회적 실현에 주목함으로써 가치의 생산, 교환, 분배를 둘러싼 거시적인 사회적 관계의 메커니즘을 분석하는데 유용한 역할을 하고 있기 때문이다. 따라서 노동가치론은 엄밀히 말해 '사회적 노동력가치' 이론이라고 할 수 있다. 이 이론은 자본주의의 착취 메커니즘을 분석할 수 있도록 함으로써 자본과 노동 사이에 발생하는 자본주의적 소유관계 및 착취관계에 대한 근본적인 비판을 가능하게 하고 있다.

맑스의 '노동가치론' 그리고 이를 기반으로 한 '착취이론'은 '규범적 의미'와 '과학적, 설명적 의미'라는 이중적 의미를 지니고 있다고 할 수 있다. 1867년 맑스는 〈자본론〉에서 노동가치론과 착취이론을 기반으로 자본주의의 거시적 메커니즘을 과학적으로 분석하여 설명하고 있다. 맑스는 노동력의 산물이나 그 가치는 그것을 생산한 노동자에게 되돌려져야 한다고 주장한다. 노동자가 생산한 잉여가치를 자본가가 지나치게 착취하는 것은 부당하다는 것이며 더 나아가 착취관계를 재생산하는 자본의 사적 소유(private ownership)가 철폐되어야 한다는 생각들을 보여주고 있다. 이런 점에서 맑스 및 맑시즘은 사회정의에 입각한 도덕적 규범성도 띠고 있다고 할 수 있다.

맑스주의자들의 노동 가치론에 입각한 일반 세계관과 더불어 이들이 세계를 고찰하는 인식 방법론으로는 지식과 사회에 대한 변증법적 관점을 취하고 있다. 이는 자유주의자들이 주장하는 자본과 노동 간의 계급 이익의 조화 및 사회관계의 균형론과는 달리 이를 근본적으로 부정하는 자본과 노동의 제로섬(zero sum) 게임의 입장을 취하고 있다. 결국 맑시즘 이해의 결론적 함의는, '자본주의 및 자본주의 축적 양식과 발전은 그 내부적 모순에 의해서 발생하며 이는 과잉 생산을 통한 축적의 위기, 자본 및 부의 집중, 수익체감 혹은 이윤율 저하의 위기를 맞게 될 것'이라는 논리에 있다. 또한, 유물사관에 따라 역사 발전의 동인(motive)이 되는 생산요소와 경제 활동은 계급투쟁으로 점철되어 결국은 스스로 멸망하는 길을 재촉한다고 인식한다. 맑스는 결국 자본주의가 프롤레타리아(proletariat) 계급의 혁명적 저항에 의해서 사회주의로 대체될 것으로 인식하였다.

2. 네오맑시즘

전통 맑시즘의 계급 논리에 대한 비판에서 출발하는 네오 맑시스트(Neo-marxist) 중의 그람시(A. Gramsci)가 지적하듯이, 자본주의 사회는 생산 관계에서 지배 계급인 부르주아지의 물적 토대와 이들의 지배 도구인 국가 혹은 국가 자본주의의 개입 그리고 가장 중요한 피지배 대중의 동의에 기초를 둔 지배 방식이 더 이론적으로 타당하다고 주장한다. 다시 말해서 자본주의 사회는 부르주아 헤게모니가 형성되어 있어 맑스 및 전통적인 맑스주의자들이 주장하는 자본 축적의 위기, 수익 체감의 위기, 이로 인한 빈번한 거시 경제 위기가 온다고 해서 자본주의 체제는 붕괴되지 않고 지속성을 갖고 있다고 주장한다.[12]

---

[12] 그람시는 자본주의 붕괴가 불가능한 이유를 이런 부르주아 헤게모니(hegemony)의 지속성에서 찾는다. 따라서 프롤레타리아 혁명이 성공하기 위해서는 단순하게 자본주의의 경제 위기를 기다리는 것이 아니라 부르주아지와의 헤게모니 투쟁에서 승리해야

이처럼 맑스의 사회 구조 분석에서 이분법적인 자본-노동관계를 벗어난 그람시의 '시민사회론'에 따르면 (시민)사회는 국가와 시장 사이에 위치한 일종의 사회문화적 공간으로 교회, 학교, 언론, 각종 단체들, 노조 등 다양한 형태의 정체성이 존재하고 있다.13) 서구 자본주의 체제가 맑스의 계급 논리에 의한 프롤레타리아 계급 혁명에 의해 붕괴되지 않고 지속성을 유지하는 이유는 경제와 정치 혹은 정치경제 영역을 벗어나 다양한 사회제도들과 관습 등에서 발견되는 시민사회 내부에서 형성된 지배계급의 지적, 도덕적 지도력의 행사와 이에 대한 피지배계급들의 자발적인 동의와 지지라는 또 다른 제 3의 정체성(혹은 공간)이 존재하기 때문이다. 따라서 그람시는 맑스의 이분법적 사회구조 분석방식에서 벗어나 국가-시장-시민사회라는 3분 구도의 원형을 제시하면서 시민사회를 강제적 영역인 상부구조로서 국가와 경제적 토대가 되는 시장 사이에 위치시켜 사적인 모든 유기체의 총합으로서 '시민사회'를 위치시킨다. 이 시민사회의 이론적 정체성은 생산력 발전에 의해 규정되는 하부구조에 조응하면서도 나름의 상대적 자율성을 갖는 특징을 갖는다고 그람시는 정의한다.

    자본주의 체제의 조기 붕괴가 발생하지 않는 이유에 대해 다른 각도의 해석에서 레닌(V. Lenin)은 국제적인 혹은 일국을 벗어나 국가간에 발생하는 '제국주의'(imperialism) 이론을 통해 그 원인을 살펴보고자 하였다. 레닌에 의하면 자본주의 체제가 수많은 내부적 모순들을 가지고 있음에도 불구하고 이를 은폐하고 체제 붕괴의 위기를 넘겨 생명을

한다고 주장한다.
13) 비판 이론(critical theory)에서 하버마스의 '공공 영역'(public sphere)과 시민사회 연계 중요성 참조.

연장하는 것을 국가간에 발생하는 제국주의에 있다고 주장한다. 일국 차원에서 볼 때 자본주의에서 사회주의로의 전환 국면에 결정적 역할을 담당할 맑스의 프롤레타리아 계급과는 달리, A국과 B국이라는 국제사회 차원에서 레닌은 17세기 이후에 국가간 서로 경합하는 중상주의(mercantilism)의 등장에 주목하게 된다. 민족국가들이 자국의 경제 이득을 위해 군사력을 동반해 경제적으로 각축을 벌이는 가운데 빚어지는 국가간 갈등과 대결이 국제정치 및 국제경제의 불안을 가져오고 궁극적으로 대전쟁의 소용돌이로 - 예를 들어, 영국과 프랑스 그리고 독일과 일본 사이의 전쟁 - 들어가 자본주의가 붕괴할 수 있는 가능성이 있다고 전망한다(Lenin, 1939). 다시 말해서, 레닌에 이르러 분석 단위가 일국 차원에서 국제적으로 확대되었고 A국(선진국)이 가지고 있는 자본주의의 내재적 모순을 제3세계인 B국에 전가시키는 방식을 취하게 되면서 A국과 B국 사이의 관계는 국가간 (식민)지배와 종속 그리고 국제적 착취가 가능한 관계로 발전하게 된다는 논리이다. 이런 제국주의 논리를 배경으로 결국 2차 세계대전 이후 중남미를 비롯한 제3세계를 축으로 국제정치 및 국제경제 시각에서 종속이론(dependency)과 세계체제론(world system theory)이 등장하는 계기가 되었다.

3. 제국주의론

국제정치 혹은 국제경제에서 전통 구조주의적 맑시즘과 네오 맑시즘은 이론적 발전을 거듭하게 된다. 급진주의(radicalism)는 공통적으로 전통 맑시즘의 계보를 이으며 오늘날 국제경제 관점에서 더 많은 분석 경향을 나타내는 국제정치경제학(IPE)의 중요한 이론적 패러다임(paradigms)인 중상주의(mercanilism), 자유주의(libealism)와 더불어 한 파트를 구성하고 있다. 국제정치학(international politics)적 수준에서도 전통적인 세 패러다임인 (신)현실주의(realism), (신)자유 제도주의(liberalism)와 더불어 구조주의(structuralism)의 중요한 계보를 잇고 있다. 이를 좀 더 통합적인 차원에서 보면 (신)현실주의, (신)자유주의 그리고 구조주의적 맑시즘이라는 커다란 패러다임으로 요약정리가 가능하다(표. 1 참조).

〈표. 1〉 국제관계 이론의 세 가지 대표적 시각

	자유주의/신자유주의 제도주의	현실주의/ 신현실주의	구조주의적 맑시즘/ 급진좌파 시각
국제정치의 핵심 행위자	국가, 비국가 조직, 국제기구	국제체제, 국가	사회계급, 초국가 엘리트집단, 다국적기업
개인에 대한 시각	성선설, 본래 협조적	성악설, 권력추구, 이기적, 본래 적대적	인간 행위는 계급 이익의 함수
국가에 대한 시각	국가는 비자율적 조직, 다양한 국가이익	국가는 단일행위자(unitary actor), 국가도 권력추구, 단일 국가이익	국제자본주의체제의 하수인, 부르주아 계급 이익 추구 수단
국제체제에 대한 시각	국가간 상호의존, 국제사회 존재, 무정부적	무정부적, 세력균형체제에 의한 안정	국제체제는 위계적, 국제자본주의가 지배
변화 가능성	변화는 가능하고 바람직한 과정	변화 가능성 적음, 구조적 변화 늦음	급변/혁명 추구

제국주의 역시 분석 방법상 근본적으로 전통 맑시즘에 기반을 둔 구조적 접근 방식을 취하면서 발전한다. 상기한 것처럼 맑스의 자본-노동계급 관계를 국제적으로 확장시켜 국제적 자본주의 구조가 혹은 국제경제관계의 국가간 이익 분배가 비(非)균등적이라고 주장한다. 보다 역사적인 관점에서 제국주의 발생 원인을 고찰해보면 원래 제국(empire)이란 용어는 로마 황제가 지배하는 황제국가(imperium)에서부

터 발생했으며 제국주의(imperialism)라는 용어는 로마제국의 재현을 시도한 나폴레옹 1세에서 비롯되었다가, 1870년경에 이르러 자본주의 체제의 국제적 확대에 따른 경제적 관점의 제국주의로 근대적 의미와 내용을 가지고 사용되기 시작했다.14)

국제경제관계에서 제국주의의 실현은 한때 자본주의의 국제경제로의 확산에서 자유무역정책을 보호정책으로 전환해 전 세계적 식민지 건설과 이의 지배 및 통제를 강조한 '대영제국'의 19세기 식민정책이 대표적이다. 이후 제국주의 팽창 경향은 영국뿐 아니라 오히려 해외진출을 필수불가결한 요건으로 인식한 후발 자본주의국가(독일, 일본)에 현저하였다. 이러한 강대국들의 정책이 세계의 분할, 국제대립의 격화, 군비의 확장을 통해 전쟁을 추진하였던 것이다. 이런 관점에서 부하린에 의하면, 국민국가들(national states) 사이의 전쟁은 - 이것은 각 국가의 부르주아계급 사이의 투쟁에 불과하다 - 공중에 떠 있는 것이 아니다. 이러한 거대한 갈등은 진공 속에 있어서 두 물체 간의 갈등으로 묘사될 수 없다. 오히려 바로 이러한 갈등은 국민경제체계(national economic organisms)가 존속하고 성장하는 구체적 환경에 의해서 조건

---

14) 제국주의의 수단으로는 군사적, 경제적, 문화적으로 나뉘어져 설명된다. 1) 군사적 제국주의는 군사적 정복에 의하여 우월한 지위를 획득하려는 것으로 가장 오랜 역사를 가지고, 가장 노골적인 형태이지만 가장 세련되지 못한 수단으로 여겨진다(전쟁). 예를 들어, 나폴레옹, 히틀러, 일본의 군국주의의 정복욕. 2) 경제적 제국주의는 중상주의와 자본주의의 팽창기에 생긴 정책으로 '달러 제국주의'라고도 한다. 직접 영토를 지배하는 방법이 아니라 경제적 수단에 의해 간접적으로 타국의 경제를 지배함으로써 특정한 시점에 형성되어 있는 국제적 권력관계를 자국에게 유리하게 근본적으로 변혁하려는 정책으로 예를 들어, 중남미 제국의 경제는 거의 대미수출에 의존, 온건하고 간접적인 방법이지만 상당히 효과적인 방법이면서 직접적인 지배에서 오는 반항을 회피 또는 완화할 수 있다는 특징을 갖는다. 3) 문화적 제국주의는 상대국의 영토나 경제생활을 지배하는 것이 아니라 그 국민의 정신을 지배하려는 것으로 인간마음의 정복과 지배로써 양국 간의 권력관계를 자국에게 유리하게 이끌려고 한다.

지워진다. 그러나 국민경제는 이미 고립된 경제가 아니다. 오히려 국민경제는 훨씬 큰 영역, 즉 세계경제의 부분에 불과하다. 모든 개별 기업들이 국민경제의 일부이듯이, 모든 국민경제의 각각은 세계경제체제 속에 포함된다. 이러한 사실이 바로 근대 국민경제들 간의 투쟁이 세계경제의 다양한 경쟁부분들 간의 투쟁으로서 간주되어야 하는 이유이다. 이것은 마치 우리가 개별기업들의 투쟁을 사회경제적 생활의 현상들 중의 하나로서 생각하는 것과 마찬가지이다(N. Bukharin, 1929).

역사적으로 경제 제국주의를 대표해 온 대영제국의 사례는 식민제국 혹은 근대적 제국의 표본으로 인식되고 있으며, 주로 경제적인 의미에서 식민지의 획득과 착취는 오늘날 자본주의의 세계적 팽창을 통한 또 다른 '제국'의 건설과 동의어로 사용되고 있다. 하지만 근·현대를 거치면서 제국주의는 다양한 형태의 제국주의론으로 발전했다. 예를 들어, '마르크스주의적 제국주의론', '자유주의적 제국주의론' 등은 대표적이다.

전통 맑시즘에 고무된 마르크스주의적 제국주의론자들은 - 예를 들어 다소 온건적인 입장의 카우츠키(Kautsky), 힐퍼딩(Hilferding)과 같은 - 제국주의의 국제정치경제 현상은 제국주의가 유래했던 자본주의 경제체제의 산물로 주변적인 현상이 아니라, 자유무역의 단계를 넘어선 것으로 자본의 국제화와 더불어 필연적인 결과로서 발생한다고 본다. 일국의 자본주의 사회는 그 자체 내에서 과잉 생산된 생산품을 처리할 충분한 시장을 구할 수 없을 뿐만 아니라 (금융)자본을 투자할 곳도 없기 때문에 그들은 자기들의 잉여생산물에 대한 새로운 시장이 필요하게 된다. 동시에 잉여자본을 투자할 수 있는 대상지를 만들기 위해 더 많은 비자본주의지역을 장악하려 하고 결국에는 다른 자본주의 지역까지도 노예화하려는 경향을 가지고 있다고 본다. 여기에서 (금융)자본은 자유가 아니라 지배를 추구하며 따라서 (금융)자본은 팽창주의정책을 추진하고 이런 팽창주의를 견고하게 지탱해줄 충분히 강력한 국가를 필요로 한다. 결국 이들 온건파들의 논리는 제국주의가 많은 자본주의 팽창정책의 하나이며, 따라서 제국주의정책은 자본주의가 상황에 따라 택하기 쉬운 하나의 선택 문제라고 인식한다. 이에 반해서 레닌이나 부하린 같은 강경론자들은 제국주의를 자본주의와 동일시하면서 제국주의란 그 발전의 최후단계, 즉 독점적 단계에 이른 자본주의로 가정한다. 전통 맑시즘의 자본주의에서 사회주의로의 전환이라는 역사발전 단계처럼 레닌의 제국주의로의 5단계 발전론을 보면 〈표. 2〉와 같다.

〈표. 2〉 레닌의 제국주의 5단계 발전론

단 계	단계별 특징
생산 및 자본의 집중	경제생활에 대하여 결정적인 역할을 하는 독점을 형성할 수 있을 정도로 고도한 발전 단계에 도달한 생산 및 자본의 집중
금융자본과 금융 과두지배	은행자본과 산업자본이 결합된 금융자본이 형성되고 이 자본을 기초로 하는 금융과두지배의 발생
상품보다 자본수출 우위	상품수출과는 달리 자본수출이 특히 중요한 의의를 가지고 있음
국제 독점체 형성	국제적인 독점적자본가단체가 발생하여 세계를 분할 (거대한 국제적 기업합동)
세계 분할의 완료	자본주의 열강이 지구상의 모든 정치경제 완전 분할

한편 이와 달리 다소 덜 급진적인 시각의 자유주의적 제국주의론을 살펴보면 - 예를 들어, 홉슨(Hobson)과 같은 학자들의 논의에 의하면 - 제국주의 발생 원인을 자본주의 경제체제의 결함, 즉 자본주의 사회에

서의 불균등한 분배에서 찾는다. 자본주의 발전에 따른 한 사회 내의 부의 집중 현상은 두 가지 결과를 초래하는데, 첫째로 빈곤한 비자본주의 계급은 구매력이 없어 소비 부족현상이 일어나 잉여상품이 생기게 된다. 둘째, 이와 동시의 부의 편중으로 자본주의 계급에서도 잉여자본이 생기게 된다는 것이다. 결국 이러한 잉여상품과 잉여자본을 처리하기 위하여 외국시장으로 출구를 모색하게 된다는 것이다. 하지만 이러한 제국주의정책에 의해 이익을 보는 계급은 국민 전체가 아니고 대부분이 산업자본과 금융자본이며, 따라서 자본주의국가가 제국주의정책을 취하는 것은 자본주의 경제체제 자체가 제국주의적 속성을 가지고 있거나, 혹은 국제경제에서 불가피하게 필요로 하기 때문이 아니라고 주장한다. 다만 자본주의 체제가 내부적으로 가지고 있는 부의 불균등 분배 때문이라는 논리이다. 이런 제국주의적 요소를 제거하기 위해서는 사회복지정책을 실시하여 구매력을 증대시키고 자본가의 과잉축적을 감소시킴으로써 국내시장을 육성해야 한다고 주장한다.

위와 같은 전통 맑시즘에 기초를 둔 경제 제국주의론들에 대한 비판으로 슘페터(Schumpeter)는 제국주의란 현재가 아니라 과거의 생활조건에서 유래하는 요소로서 무한한 무력적 팽창 그 자체를 목적으로 하는 국가의 맹목적인 충동에 지나지 않는다고 주장한다. 한 국가가 취하는 경제정책으로서 보호무역주의나 자본주의가 추구하는 자유경쟁의 의미를 과도하게 해석하여 국가간 전쟁으로까지 영향을 미친다는 것은 지나친 해석의 오류이다. 따라서 제국주의를 자본주의의 필연적 정책으로 본다는 것은 근본적인 잘못이라고 비판한다. 모겐소(Morgenthau) 또한, 이런 경제 제국주의, 혹은 제국주의에 대한 경제 이론적 설명들과 가정들은 역사적 사실과도 부합하지 않고 있다고 비판한다. 그에 따르면, 역사적으로 경제적 목적을 위해 일어난 국가간 전쟁들도 - 예를 들어, 금광에 대한 영국의 이해관계로 발생한 보어전쟁(1899-1902)이라든지, 중남미에서 볼리비아와 파라과이 간 유전 지배권을 둘러싼 차코전쟁(1932-1935) 등 - 있었지만 그 외에 수많은 국제 전쟁들은 - 예를 들어, 보불전쟁, 크림전쟁, 러일전쟁, 발칸전쟁, 양차대전 등 - 경제적인 목적과 더불어 부차적인 동기들에서 발생했으며 그 목적은 전쟁을 통한 정치적 패권(hegemony)나 권력(power)을 획득하기 위한 것들이었다고 비판한다. 결국 경제적인 요소 하나만으로 제국주의 혹은 제국주의 정책을 발생시키는 원인이 될 수 없다는 것이다.

앞의 〈표. 1〉에서 보듯이 국제정치학의 주류 전통패러다임의 논쟁 속에서 현실주의와 자유주의가 1970년대를 거치면서 또 다른 신현실주의와 신자유주의 등의 체계이론으로 발전했듯이 마르크스적 제국주의 이론도 다양한 형태의 제국주의론으로 분화 발전했으며 동시에 다양한 형태의 비판논쟁의 중심에 있었다. 하지만 국제정치경제론에서 제국주의론 이후 제3세계를 축으로 '종속이론' 그리고 월러스타인(I. Wallerstein)에 의해 '세계체제론'(world system theory) 등이 등장하면서 위의 비판들을 극복하고 보다 정교한 분석과 인식의 틀에서 스스로의 한계를 극복하고자 노력했다. 이런 노력들은 종속 이론가들에게 중심국-주변국 간의 착취구조가 '중심국의 발전을 주변국의 저발전을' 가져온다는 주장을 정립하게 했고, 세계체제론자들에서는 자본주의의 세계경제화 그리고 세계체제의 구조와 과정을 하나의 이론적 틀 속에서 통합해내려는 시도로 연결되었다.

4. 종속이론

종속이론은 근대화론(modernization theory)이 주장하는 정치경제 발전론이 서구유럽 중심적 시각에서 제3세계의 정치경제 발전을 지나치게 낙관적으로 보는 것을 비판하면서 그 대안으로 등장하였다. 종속이론은 특히 로스토우(W. Rostow)의 단계론적 일직선적 발전관을 부인하고, 제3세계의 저발전 요인은 국내 전통적 부문에 있는 것이 아니라, '중심-주변'의 전 세계적 잉여수탈구조에 있다고 보아 '탈종속'을 주장한다.15) 또한, 종속이론은 맑시즘의 도구주의 국가관과 제국주의를 그대로 수용하여 주변부의 국가를 중심부의 이윤수탈을 매개하는 보조 장치에 불과한 것으로 보았다. 특히 대표적인 종속이론가인 프랭크(A. Frank)는 근대화 이론가인 로스토우의 단계 이론(stage theory)을 강하게 비판하면서 결국 제3세계에는 그들의 위성국(satellite state)으로 인해 발전이 제한되어 있다고 주장한다. 따라서 제3세계의 발전은 중심국과의 밀접한 관계를 가지면 가질수록 불리하며 오히려 관계가 적을수록 좋다. 이런 관점에서 보면 오늘날 가장 저발전한 곳은 과거 중심국과 가장 밀접한 관계를 가졌던 지역이라고 하였다. 결론적으로 종속 이론가들의 공통된 주장은 후진국의 저발전은 자본주의발전의 역사적 과정의 산물이며 따라서 제3세계의 발전을 위해서는 중심국과의 관계를 단절해야 한다고 주장한다. 하지만 네오 맑시스트들은 국제정치경제 차원과 1930년대 이후 서구 유럽에서 국가의 역할이 커지는 배경, 자유주의 국가 역할을 중립적 일반이익의 대표자로 보는 국가론

---

15) 로스토우의 경제성장 5단계는 '전통사회 → 도약을 위한 선행조건 확보 → 도약 → 성숙을 위한 추진 → 고도의 대중 소비사회'에 기초하여 제3세계의 근대화를 촉진시킬 수 있다고 가정한다(Alvin Y. So, 1990; 김웅진, 1992 : 60 재인용).

을 비판하고 동시에 맑스주의적 국가 역할인 지배계급의 도구주의를 비판하면서 국가는 '그 이상의 역할'(more than that)을 수행하는 존재로 파악하고 전통 맑시즘의 국가론의 공백을 메우기 시작했다.

 종속이론에 대한 네오 맑시스트들의 비판은 이런 국가의 역할과 계급형성 과정에서 차이를 나타내고 있다. 위에서 언급했다시피, 종속이론은 전통 맑시즘과 제국주의의 도구주의 국가론을 수용하여 국가를 국제자본가 계급의 착취 대행자로 보는 반면, 네오 맑시스트들에게 국가는 자유주의 입장인 '자유방임'(Laissez-faire) 국가론과 상대적 자율성을 지닌 존재로 인식된다. 이런 차이를 기반으로 종속이론은 자본주의의 생산양식만을 강조하여 주변부 사회 역시 자본주의이므로 혁명의 주체는 프롤레타리아로 인식하고 있는 반면, 네오 맑시스트들은 다양한 생산양식의 존재를 강조한다. 예를 들어 농민을 빈농, 소농, 중농으로 나누고 주변부 사회의 노동자는 농민의 희생 위에 귀족화될 가능성이 존재하므로 진정한 혁명의 주체는 농민과 덜 귀족화된 노동자라고 보면서 혁명 주체들의 다양한 포진을 주장한다. 이런 관점에서 유럽 코뮨이즘의 이론적 바탕을 제공한 그람시는 국가는 자본가 계급의 수동적 도구 이상의 것이라고 주장하면서, 자본주의 국가의 지배수단인 국가폭력 사용과 문화적 헤게모니(hegemony)를 무력화시키면 자본주의는 자연히 붕괴한다고 주장한다.

 결국 위처럼 네오 맑시스트들의 비판과 더불어 종속이론은 제3세계 저발전의 원인을 지나친 중심-주변간의 구조와 종속관계의 외적 요인들을 결정론적으로 인식함으로써 제3세계 사회 내부로부터 발생하는 내적 요인들을 간과했다는 비판에 직면한다. 동시에 정치권력에 대한 지나친 도구주의적 해석으로 국가의 능동적 역할을 경시했다는 비판에 직면해야만 했다.16) 이런 비판들에 대한 실증적 사례로 국가의 능동적인 역할이 두드러진 동아시아 국가 자본주의(신흥산업국들 : NICs)의 발전모델은 이런 비판들을 무력화시키는 중요한 역할을 하였다(Box. 1 참조). 세계경제사에서 이들 신흥공업국들의 등장은 이후 세계체제론 분석에 있어 중요한 역할을 하게 되었고 종속이론의 중심-주변의 이분법적 인식의 고리를 끊는 역할을 하게 되었다.

> **[Box. 1] NICs의 국가 자본주의(state capitalism) 네 가지 발전요인**
>
> 가. **경제적 요인** : 아르헨티나, 브라질 등 남아메리카 국가들은 1930-1980년대 사이에 수입대체산업(Import Substitution Industrialization; 일명 ISI 모델), 외채도입, 민중주의(Populism) 등의 발전전략을 택한 반면, 한국, 대만 등 동아시아 NICs는 수출지향산업화로 종속과 저발전에서 탈피.
> 나. **사회적 요인** : 한국, 대만 등은 근대화 저해요소인 사회 제휴(social coalition)와 봉건적 잔재를 청산하면서 사회적 극복을 통해서 발전.
> 다. **국제적 요인** : NICs 지역은 미국에 있어 안보 및 경제적 논리가 중요하게 작동하는 지역으로 부상하면서 미국의 원조와 자국시장개방에 의해 발전.
> 라. **국내적 요인** : 국가의 강력한 주도로 근대화에 충실한 지도자 존재와 최량의 엘리트 충원, 정부가 경제발전에 적절히 개입, 권위주의적 노동정책, 정치 안정으로 발전 가속화.
>
> 위와 같이 국가자본주의론은 국가 계획(명령) 경제와 시장메커니즘의 연속선상에 위치한 정치영역에서 절대주의와, 경제영역에서 자본주의가 결합하여 NICs의 발전을 가능하게 했다고 본다.

---

16) 특히 국가의 능동적 역할로 성공적인 경제 달성을 이룩한 국가 자본주의(state capitalism)에 의해 그 이론적 타당성은 많이 비판받아왔고 실질적으로 1970년대 이후 한국, 대만 등 신흥산업국들(NICs)의 발전을 설명하는데 일정한 한계를 가지게 되었다.

종속이론은 서구 중심적 근대화론을 강력하게 비판하고 제3세계만의 주체적이고 독립적 인식을 축으로 시도되었다. 동시에 일국적 차원을 벗어나 전 세계적 차원에서 제3세계의 '저발전의 발전'을 설명했음에도 불구하고 다양한 비판에 직면하면서 이론적 유효성의 한계를 드러내야 했다. 네오 맑시즘 또한 국가론에 대한 새로운 관심을 불러일으키고 국가의 능동적 역할을 강조한 공헌을 하였지만, '국가 개념의 불투명성(국가 도구주의와 상대적 자율성 논쟁)'은 여전히 극복하지 못한 한계를 남겼다. 결국 두 이론 모두 국가의 강력한 주도로 성공적인 경제성장을 달성한 신흥공업국을 설명하는데 일정한 한계를 가지게 되었다. 이런 이론적 한계를 극복하기 위해 등장한 새로운 이론이 '세계체제론'이다.

5. 세계체제론

세계체제론의 대표 학자인 월러스타인(I. Wallerstein)은 종속 이론가들이 주로 자본주의 생산양식만 언급한 데 반해 사회주의 생산양식과 봉건적 생산양식의 병존을 주장한다. 이를 기반으로 세계경제는 단순한 세계경제의 합이 아니라 처음부터 지구 자본주의 성격을 지닌 것으로 생산과 분배가 국경을 초월하여 이루어지고 있다고 전제한다. 전 세계적 차원에서 자본-노동의 착취관계가 법적으로 보장되며 국가간 교환은 중심국에 유리하고 주변부에 불리하며 중심과 주변부 사이에 '반주변부'(semi-periphery)가 존재한다고 주장한다.[17] 세계 역사의 발

---

[17] 월러스타인은 자본주의 세계경제의 역사적 진화를 1450년 이후의 유럽, 불황의 도래와 영국의 패권 확립, 유럽경제가 전 세계로 확대, 2차 대전과 미국의 패권 확립 순으로 설명하였다.

전과 더불어 이 시스템을 고찰해보면 자본주의 세계경제는 16세기 유럽에서 기원하여 19세기 이후 지배적인 세계체제로 확산되었다. 이 과정에서 세계자본주의 체제는 단일한 분업 하에 상이한 필수품의 생산에 입각한 불평등한 교역관계로 서로 연관되어 있는 중심부, 반주변부, 주변부의 세 가지 국가군(群)으로 구성되어 있다. 이 세 가지 국가군은 물론 서로 간에 국가기구의 강도(强度)와 노동통제의 방식이 다르다. 강력한 국가기구를 가지고 자유임금과 노동에 기초하여 제조품 생산에 주력하는 중심부는 허약한 국가기구를 가지고 강제노동에 기초하여 농산물 경작에 주력하는 주변부에 대하여 국제교역과정에서의 잉여를 수탈하는 것으로 파악하였다. 반주변부는 중심부에 의해 수취당하며 동시에 주변부를 수취하는 제3의 구조적 위치를 점유하고 있는 국가군이다. 그러므로 세계자본주의 체제는 기능면에서 단일한 자본주의적 생산양식에 입각하여 불균등한 교환관계를 통하여 잉여가 주변부에서 중심부로 이전되는 상호간의 제로섬(zero sum) 게임 관계로 간주된다.[18]

세계체제론은 현재의 세계자본주의 체제 내에서도 주변부가 반주변부 나아가서는 중심부로의 그 지위 승격이 가능한 형태로 존재한다. 따라서 제3세계 국가들의 국제 계층구조 내의 약간의 이동가능성을 시사해준다. 여타의 종속이론에서는 이런 세계체제론의 시각을 한 국가

---

[18] 그러나 월러스타인은 세계자본주의 체제와 자본주의적 생산양식의 차이를 혼동하고 있다는 비판을 받고 있다. 즉, 그는 세계자본주의 체제를 유통구조로 파악함으로써 생산관계에 입각한 주변부 생산양식의 다중성을 무시하고 있다는 것이다. 또한, 16세기 이래 세계자본주의 체제의 전개과정을 유통구조를 통한 중심부와 주변부의 교환관계로 파악함으로써 국제정치체제 내의 정치적·군사적 제휴와 갈등이 국가발전에 미치는 중요한 의미를 포착하지 못하고 있다는 비판도 있었다.

의 발전이나 저발전을 분석하기 위한 전제로서 수용하지만, 세계체제론은 그 자체로 세계체제의 수준 자체에 관심을 가지고 있다. 다시 말해서 한 국가의 상황을 분석하는 경우에도 세계체제의 수준으로부터 출발하는 것이 특징이다. 좀 더 부연 설명하자면 무엇보다도 세계체제는 하나의 세계적 노동 분화와 다수의 정치적, 문화적 단위들로 구성되어 있다고 전제한다. 정치적 단위들이 하나로 통합된다면 더 이상 자본주의 세계경제는 존재하지 않게 된다. 그 대신 세계제국이나 사회주의가 등장할 것이다. 다수의 국가들과 국가간 체계는 자본주의 세계경제의 필수적인 요소들로서 자본주의 발전과 함께 태어났기 때문이다.

국가들과 국가간 체계는 자본주의 세계경제의 작동을 위해 필수적인 역할을 수행하게 되는데 이는 곧 세계적 규모의 자본축적을 용이하게 해주는 일이다. 중심부, 반주변부, 주변부의 위계질서는 잉여의 착취구조이고 이런 위계질서는 국내에도 존재한다. 이런 위계질서의 형성과 작동을 위해서는 정치적 상부구조가 필요한데 이것이 곧 국가와 국가간의 체계이다. 착취의 위계질서와 마찬가지로 국가간 체계에도 위계의 구조가 존재한다. 패권국의 존재가 바로 대표적인 예이다. 국가간의 체계는 바로 패권국의 존재에 의해 질서가 유지되고 안정적인 착취구조의 작동이 보장된다. 그러나 이런 패권국의 존재는 세계경제의 흥망성쇠와 이의 순환 주기에 따라 변화한다. 패권국의 순환 역시 자본축적의 기제 작동에 기여한다는 것이다. 월러스타인의 지적처럼 '근대 세계체제의 국가간 정치에 상당한 정도의 균형을 제공하고 그럼으로써 자본축적의 과정이 심각한 방해 없이 계속될 수 있도록 해준 것은 주기적인 패권국의 등장과 쇠퇴였다'(2005 : 102).

결론적으로 세계체제론은 국가간 체계의 자율성을 부인하고 국가와 국가간 체계를 자본주의 세계경제의 작동에 기능적으로 기여하는 요소로 인식하고 있다는 중요한 특징을 갖는다. 물론 이런 인식은 기존의 다양한 이론들로부터 비판을 받고 있는 것도 사실이다. 예를 들어, 실증주의자들로부터 이론적 검증의 문제나 정통 맑시스트들로부터 지나친 유통구조를 통한 교환관계에 관심을 집중시켜 생산주의적인 기반을 무시한다는 비판 혹은 국가의 자율성을 강조하는 경제주의로부터의 비판 등으로부터 자유로울 수 없었다. 이런 다양한 이론적 비판들과 더불어 세계체제론은 기존의 (신)현실주의, (신)자유주의 등의 전통 주류 국제정치학의 패러다임 논쟁 속에서 그리 많은 주목을 받지 못해 왔다. 하지만 오늘날에 와서는 세계화(globalization)와 더불어 점점 경제적 거래가 중요해지고 세계시장의 작동이 점차 국가와 국가관계의 중요한 환경을 형성해 감에 따라 세계경제(국제경제)와 국제관계에 대한 새로운 조명이 요청되기 시작하면서 세계체제론에 대한 이론적 관심이 증가하고 있다.[19]

6. 새로운 맑시즘 논쟁

세계체제론에 대한 관심의 증폭과 더불어 이에 대한 비판도 오늘날 상당히 증가하고 있다. 정통 맑시즘과 비정통 맑시즘 양쪽 모두 이 체제론에 대해 강한 비판을 하고 있다. 물론 앞에서 언급한 계급의식과 프롤레타리아 계급의 연대를 집중적으로 언급한 고전적 형태의 맑시즘; 자본가 vs. 프롤레타리아 대립구조인 이분법적 계급갈등 관계를 극복하고 보다 다양한 시민사회를 통한 '헤게모니'(hegemony) 장악과 '역사

---

[19] '원래 사회주의 체제는 없었다'라고 할 만큼 사회주의 체제를 자본주의 체제의 일부로 보았던 세계체제론은 소련 붕괴 이후 다시 세계의 관심을 모았다.

적 블록'(historical bloc) 형성을 강조한 그람시주의; 해방(emancipatory) 프로젝트를 위한 급진적 민주주의(radical democracy)론 제시와 공공영역의 커뮤니케이션, 정치공동체의 도덕적 영역의 확장과 같은 새로운 방법론적 고찰을 한 비판이론(Critical Theory; 예를 들어, R. Cox, J. Habermas, A. Linklater) 모두 사상적 이론적 원천은 정통 맑시즘과 깊은 연관 관계를 맺고 발전해 왔다. 하지만 세계체제론의 경우 정통 맑시즘의 모순과 문제점을 극복하기 위해 상기한 논쟁들 및 이론들과는 달리, 지나치게 세계경제시스템을 중심과 – 반주변 – 주변이라는 도식적 구조주의 일면으로만 분석 설명함으로서 자본주의 발전과 더불어 내부적 복잡한 다른 관련 요소들을 상당히 간과했다는 비판을 받고 있다. 이러한 비판과 더불어 오늘날 새로운 맑시즘 논쟁이 진행되고 있다. 특히 새로운 맑스주의자들은 고전적 형태의 맑스주의 사상에 대한 근본적인 재평가를 통해서 그동안 자본주의 발전과정에서 소홀히 다루거나 혹은 잘못 해석한 부분들에 대한 비판과 통찰을 하고 있다.

정통 맑시즘 이론 비판과 새로운 맑시즘 논쟁

특히 새로운 맑시즘 세대들은 기존 정통 맑시즘과 뿌리를 공유한 거대 담론이었던 '종속이론'과 세계체제론에 대한 비판에서 출발한다. 이에 더하여 몇몇 이론가들은 비판 현실적 접근 방식을 통해 오늘날 국제정치이론에서 핵심적인 자리를 차지하고 있는 '현실주의'에 대한 맑시즘 관점의 비판과 이에 대한 대안 논쟁도 가속화 시키고 있다.

이전까지 정통 맑스주의에 대한 비판이론가들은 맑스 자신이 분석한 '자본주의' 해석을 지독히 단순한 그리고 일면적인 방식이라는 해석과 강한 어조의 계급갈등과 대립이 존재하는 자본주의사회의 비인간성에 대한 해석이 지나치다고 비난해 왔다. 하지만 맑스 자신도 그의 여러 저작물(특히 1848년 '공산당 선언')에서도 밝혔듯이 그는 자본주의를 인간발전을 위한 '필요한 조건과 단계'라고 규정하고 있다. 자본주의를 통한 사회의 생산능력 발전을 통해서 보다 점차적인 해방된 사회건설을 위한 경제적 기초가 마련되고, 이는 맑스의 논리대로 다음 단계로의 전환을 위한 치열한 계급갈등의 촉매 역할을 하기 때문이다. 결과적으로 이러한 논쟁은 식민 지배와 경영에 의한 자본주의 도입은 긍정적인 발전의 한 형태가 될 수 있음을 시사하고 있다. 마치 자본주의 발전이 수세기 동안 팽배했던 유럽의 봉건제도의 어리석음에 종지부를 찍었듯이, 이는 한편으로 보면 봉건시대의 낙후된 생산방식을 전복시킨 진보적인 성격마저 가지고 있다. 물론 이러한 전환과정은 수많은 고통과 값비싼 비용을 지불해야 하는 과정이었다.

무수히 많은 산업 가장들과 덜 공격적인 사회 조직들이 탈(脫)조직화되거나 개별 단위로 분산되었으며 모든 사회구성원들을 비통의 바다에 빠졌다. 그리고 동시에 이들 개인 멤버들은 그들의 오래된 문명을 상실해야만 했다(S. Hobden and R.W. Jones 2001 : 217에서 인용).

고통을 수반한 전환의 비용을 받아들이는 것은 역사적인 필요성과 더불어 피할 수 없는 일이었다. 자본주의는 세계 역사 발전의 한 국면으로 만약에 맑스가 분석한 최종 단계로서 사회주의 질서가 도래하기 위해서는 이러한 고통은 감내해야 했기 때문이다.

20세기의 시작과 함께 자본주의 발전의 특징을 논쟁한 레닌의 제국주의론은 사실 많은 부분 정통 맑시즘을 부정하지 않았다. 제국주의론에 의하면 자본주의는 식민지배 및 경영에 있어서 그리 진보적인 역할을 하지 못했다. 이는 오히려 퇴보적인 역할을 하였다. 생산력에서 여전히 제3세계라고 불리는 주변부 국가들은 저발전의 상태에 있었고, 식민지로부터 약탈한 경제적 이익은 자본가들로 하여금 중심부의 발전된 국가 내에서 준동할 수 있는 노동계급의 잠재적인 혁명을 억누르고 있었기 때문이다. 따라서 레닌의 제국주의 입장은 이러한 형태의 자본주의 발전은 궁극적으로 진보적인 기능과 역할을 하지 못하면서 자본주의 팽창이 최고조에 달한 국면으로 그리고 역사발전의 마지막 단계로 여겨진다. 이러한 관점은 20세기 동안 정통 맑시즘과 네오맑시즘의 근간이 되었음은 두말할 여지가 없다. 하지만 제국주의론에 비판적인 몇몇 학자들은 그들의 비판적 시각을 통해 이를 거부한다. 레닌이 실증적으로 그리고 이론적으로 잘못 생각하고 있었다고 주장한다. 오히려 기존의 정통 맑시즘이 이런 관계를 설명하는데 더욱 유용하다는 논쟁을 제기한다. 오히려 자본주의는 주변부의 생산 수단을 급속하게 발전시켜 사회주의로 미래 전환을 앞당기는 역할을 하는 일조의 역사적 책임을 완수해 주변부 도시들에서 노동계급의 등장을 더욱 용이하게 한다고 주장한다. 따라서 제국주의는 레닌의 주장처럼 자본주의가 최고로 팽창한 단계가 아니라 자본주의의 개척자로 여겨야한다고 반론한다. 더 나아가 새로운 맑시즘은 전 세계를 통해 식민주의는 상당할 정도의 물질적 복지를 주변부에 제공했는데, 특히 건강복지증진, 좀 더 낳은 교육 그리고 상당할 정도의 소비재 상품에 대한 접근을 허용했다고 주장한다. 자본주의 팽창에 의한 이러한 복지의 제공은 주변부의 생산력을 장기간에 걸쳐 발전시킬 수 있는 중요한 토대가 되었다. 식민지배는 수명 연장과 영아 사망률의 급감, 인구의 팽창 등을 가져왔다. 발전과 동등하게 교육의 발전도 증진되었다. 제3세계에서 초·중등 교육에 대한 등록률은 1970년대 20% 이상 증가했으며 식민시대 동안에 소비재 상품에 대한 접근과 소비증가로 인해 엄청난 규모의 국내생산에 자극을 주었다. 게다가 후기 식민주의에 들어 제3세계 주변부 국가들은 그들의 생산 능력과 부는 엄청나게 증가했다. 물론 이러한 과정들에서 승리자와 패배자가 존재하는 불평등한 구조가 발견되는데 하지만 이와 같은 부정적인 경우는 자본주의 발전 자체에 내재한 모순이다. 특히, 제3세계 주변부에서 제2차 세계대전 이후 증가한 경제성장률을 유럽의 18-19세기와 비교하면 거의 동등한 규모로 산업발전을 이룬 것으로 평가된다(B. Warren, 1980).

종속 이론가들에 의해 분석된 남북문제와 세계체제론의 중심국과 주변부관계 논쟁도 불완전하다고 비판한다. 물론 전 세계를 통해 자본주의를 도입 및 팽창하는 과정에서 불평등과 막대한 비용이 수반되지만 '저발전의 발전'을 유도하지는 않았다고 비판한다. 이러한 과정에서 부정적인 결과를 수반하는 맑스 방식의 논리대로 계급대립과 갈등차원의 논쟁도 가능하지만 생산력 수준의 증가와 물질적 향상을 가져오는 자본주의를 받아들여야 하며, 결국 이러한 허용은 사회주의로의 체제 전환에 중요한 선구자적 역할을 하는 자본주의 그 자체의 역사적 임무의 한 부분으로 인식해야 한다고 주장한다. 따라서 레닌이 주장하는 제국주의에서 자본주의는 최후의 단계가 아니라, 이는 자본주의 생산방식이 전 세계로 팽창해 오늘날처럼 글로벌 자본주의를 형성해내는 선구자적 역할을 하고 있다는 것이다.

맑시즘과 세계화 논쟁

오늘날 세계화는 국가와 국경을 넘어 점증적으로 발생하는 모든 형태의 사회적 거래의 증가와 관련이 있다. 이러한 결과는 세계가 하나의 국경이 없는 사회적 공간으로 재구성되는 것을 의미하는 것이다. 이러한 경향은 다양한 현상을 가져오는데, 예를 들어 점증하는 국가경제들의 통합, 환경생태학적 상호의존에 대한 인식 증가, 세계적 규모의 기업 및 시민사회(사회운동) 활동의 급증, 정부간 기구들의 활동 증가, 그리고 글로벌 의식의 발전과 이에 대한 매스커뮤니케이션 혁명 등을 유발한다. 새로운 맑스주의자들도 이러한 경향과 결과 및 중요성에 대해서는 다소 비판이 있을 수 있지만 전면적인 부인은 하지 않는다. 하지만 이론적 입장에서는 다소 차별적으로 이러한 세계화 현상을 여전히 '지속적인 자본주의의 팽창과 확대'로 규정한다. 고전적으로 맑스와 엥겔스(Marx and Engels)의 계급갈등 논쟁에서 부르주아의 자본과 산업팽창을 통한 세계시장 진출 및 이의 확대라는 분석도 이러한 현상을 이미 예견하고 있었던 것으로 보인다. 다시 말해서 맑스주의자들은 이러한 세계화 현상을 오랜 시기들 통해 유일하게 통합된 경제와 정치적 실체가 하나의 '글로벌 자본주의 시스템'으로 수렴되는, 혹은 이 시스템에 의해 모든 인류가 지배되어가는 과정에 지나지 않는다고 보고 있다. 이러한 시스템 하에서 모든 정치경제적 요소들은 서로 상호 관련성을 맺게 되고 좀 더 상호의존적으로 발전하게 된다. 이러한 발전과정 속에서 개별적 국가경제는 자연적으로 얼마나 자본주의 세계경제에 좀 더 의존적인가라는 그 정도에 따라 위치가 정해진다. 이런 유형의 국가발전에서 중요한 것은 자본주의 세계경제와의 연결고리와 연계를 얼마나 더 많이 할 것인가를 의식하는 것이다. 이와 비슷하게 생태 환경의 문제는, 비록 최근에 와서야 국제사회에서 기후변화와 환경파괴에 대한 논란이 이제 세계시민들이 가장 많이 인식하고 있는 글로벌 의제이긴 하지만, 그동안 국경을 벗어나 논의되지 못했다. 새로운 맑스주의자들에게 다국적기업들(MNCs)에 대한 논쟁도 현대 자본주의 시스템의 구조적 변화가 없이는 그리 큰 이슈가 되지 못하고 있다. 오히려 다국적기업들이 보다 장기적인 관점에서 자본주의가 세계경제 통합으로 가는 경향을 보장해주고 있다는데 동의하거나 침묵할 뿐이다. 이와 더불어 현재 자본주의적 정치경제질서에 반대하는 국제운동이나 국제연대는 침묵 속에 있다. 물론 새로운 맑스주의자들 사이에는 현재의 글로벌 자본주의 시스템에 커다란 대전환이 필요하다는 논리와 더불어 이를 지지하는 몇몇 사회주의자, 민족주의자 혹은 환경 생태주의자들 사이에 동의는 존재한다. 수많은 영감과 아이디어들이 혁명적인 정보통신 및 매스커뮤니케이션의 발전에 힘입어 다양한 저항논리와 국제적 헌장들을 만들어 내고 있기도 하다. 하지만 이들의 논쟁이 차지하는 공간들과 시간들에 대중들은 그들의 입을 굳게 다물고 있다.

세계 자본주의 발전과 더불어 수많은 인구·자본·상품들이 국경을 자유롭게 통과하고 있고 그리고 이를 '세계화의 시대'라고 명명하고는 있지만, 이 자체가 본질적으로 그리고 필연적으로 세계정치의 근본적인 변화에까지는 미치지 못하고 있다. 새로운 맑스주의자들은 이러한 현상을 극복하기 위해 '동시대의 자본주의 발전이 실질적으로 좀 더 깊은 구조적 과정들 속에서 과연 얼마나 잘 작용하고 있는지를 찾아내고 발견해 내는 것이 가장 중요하며 유일한 방법'이라고 동의하며, 만일 몇몇 중요한 발견이 이루어진다면 중요하게 변화 가능한 징후를 발견할 수 있을 것이라고 주장한다. 오늘날 새로운 맑스주의자들에게 남겨진 과제는 점증하는 세계화의 증거로서 여겨지는 다양한 세계화 현상들에 대한 본질적 이해와 세계자본주의 그 자체에 대한 윤곽을 제대로 파악하는데 있다. 그 본질 파악을 무시한 상태에서 실질적으로 어떤 변화 가능성을 논한다는 것은 역시 쉽지 않기 때문이다.

세계화 현상에 대한 반역사적이고 무비판적인 태도를 보임으로서 오는 또 다른 위험은 세계화 현상을 자칫 지배 엘리트들의 이데올로기 차원의 도구의 한 부분쯤으로 여기며 우리 자신의 눈과 입을 닫는 것이라고 맑스주의자들은 논쟁한다. 맑스주의자들에게 세계화는 노동자들의 권리를 축소시키고 기업 및 비즈니스 그룹들의 활동제약을 줄여주는 것으로 여겨진다. 하지만 개별 국가 차원의 많은 정치인들과 기업들은 제약이나 규제가 없는 그리고 점점 글로벌화해 가는 국제경제에서 생존하기 위한 가장 중요한 요인은 국제 경쟁력 확보라고 말하는데 주저하지 않는다. 이와 같은 경쟁논리 및 이의 정책적 우선순위 고려에 대한 기업 및 비즈니스 그룹들의 이데올로기적 자기 정당화가 우선적으로 배려되는 자본주의 사회에서, 각 개별 국가들의 정치적인 것들과 경제적인 것들 사이의 상호보완 구조 및 균형 관계는 오늘날 많이 균열이 가 있다고 맑스주의자들은 주장한다. 정치적인 것과 경제적인 균형을 종종 무시하는 개별 주권국가들의 정당성 문제는 여기에서 종종 맑스주의자들의 비판 대상이 된다.

위에서 살펴보았듯이 오늘날 맑스주의자들의 세계화에 대한 인식은 지극히 회의적이다. 여전히 세계화는 자본주의의 장기적인 발전 과정에서 나타나는 하나의 시대적 흐름이며, 또한, '세계화'라는 용어는 점차적으로 노동자들의 권리와 복지를 축소하고 이를 정당화하기 위한 하나의 이데올로기적 도구에 불과하다고 주장하고 있다.

참고문헌

- 김수행(역). 1989, 『자본론 I』, 비봉출판사.
- 김수행(역). 1990, 『자본론 III』, 비봉출판사.
- 김웅진(외). 1992, 『비교정치론 강의2: 제3세계의 정치변동과 정치경제』, 한울아카데미.
- 마르크스·엥겔스. 1846, 『독일 이데올로기 I』, 박재희 옮김, 1988, 청년사.
- 이매뉴얼 월러스타인. 2005, 『월러스틴의 세계체제 분석』, 당대.
- 이수훈. 1999, 『세계체제론』, 나남출판.
- 조정환. 2002, 『지구제국』, 갈무리.
- 정성진. 1999, "세계체제론: 맑스주의 비판", 『진보평론』 2호.

- Althusser, L. 1997, *For Marx*, London: New Left Books.
- Bukharin, N. 1929, *Imperialism and World Economy*, New York: International Publishers.
- Elster, J. 1989, "Marxism and Individualism", in M. Dascal and O. Gruengaard(eds), *Knowledge and Politics*, Boulder: Westview Press.
- Hobden, S & Jones, R.W. 2001, "Marxist Theories of International Relations", in J. Baylis and S. Smith, *The Globalization of World Politics*, Oxford: Oxford University Press.
- Lenin, V. 1939, *Imperialism: the Highest Stage of Capitalism*, New York: International Publishers.
- Rosenberg, J. 1994, *The Empire of Civil Society: A Critique of the Realist Theory of International Relations*, London: Verso.
- Warren, B. 1980, *Imperialism: Pioneer of Capitalism*, London: New Left Books.

[중요 웹사이트]
- www.monthlyreview.org
- www.newleftreview.com

대안적 시각
국제정치의 이해

:: 이 무 성

20세기 동안 지배적 위치를 누렸던 실증주의 논의는 국제정치가 단순히 물질적 이해관계를 바탕으로 한 합리적 계산의 결과로 간주했다. 국제정치가 전쟁과 같은 갈등과 반목의 관계로 점철되었을 때는 이들 논의가 상당히 설득력 있어 보였다. 그러나 오늘날 새롭게 발생하는 복잡 다양한 국제정치를 이해하고 분석하는데 한계성이 있다는 논의가 대두되기 시작했다. 이에 객관적이고 실증적인 논의만으로 국제사회의 반목과 갈등을 해결할 수 없다고 주장하며, 규범주의적 논의가 대두되었다. 규범주의자들은 행위자의 행위를 객관적으로 분석하는 그 자체가 모순이며, 이런 분석에 앞서 행위자들의 저변에 깔려 있는 규범에 대한 보다 심도 있는 재발견이 있어야 한다고 보았다. 그러나 이들 논의 간의 괴리감은 쉽게 좁혀지지 않고 오히려 융합될 수 없는 평행선을 그리면서 발전하였다. 그러나 1980년대 이후 실증주의와 규범주의의 상반된 주장을 연계하고자 하는 노력이 있었는데 그것이 바로 구성주의였다. 이처럼 20세기 후반 탈냉전이라는 새로운 국제체제 속에서 각광받으며 대두되었던 구성주의는 국제정치를 새롭게 이해하는데 있어 주요한 패러다임으로 그 자리를 구축하였다.

1. 구성주의

구성주의에 대한 본격적 논의는 웬트(Wend)나 카젠스타인(Kazenstein) 등 여러 학자들에 의해 동시 다발적으로 시작되었으나, 니콜라스 오느프(Onuf, 1989)가 구성주의란 용어를 처음으로 사용하였다. 구성주의란 용어가 대두된 이후 구성주의란 큰 틀 속도 다양한 형태의 분파적 논의가 전개되었다. 우선 행위자를 우선시하느냐 아니면 구조를 우선시 하느냐에 따라 그 분파가 세분화되었다. 그리고 개별 구성주의자들이 펼치는 논의의 초점이 국제정치학에 있느냐 또는 초국가주의에 있는가에 따라 또 다시 세분화될 수 있다. 그러나 오느프의 구성주의란 용어 창안이나 구성주의의 다양한 계파보다 더 주요한 점은 1990년대에 접어들어 구성주의 논의가 시대적 요구에 의해 부상했다는 점이다. 베네트(Bernett, 2006)는 구성주의가 부상한 시대적 요구를 다음과 같이 보았다.

첫째, 1989년 20세기를 이해하는데 가장 주요한 변수 중 하나였던 냉전이 종식되었다. 그러나 냉전 종식을 설명함에 있어 기존 실증주의적 논의는 한계점을 보였다. 따라서 실증주의적 논의에 대한 대안적이면서 또한 보완적인 시각을 제시했던 구성주의자들의 논의가 관심의 대상이 되었다. 예상치도 못하게 냉전체제가 갑자기 붕괴하면서 자유주의나 현실주의와 같은 실증주의 이론가들은 국제 사회가 향후 어떻게 발전할지에 대한 통찰력을 제공하지 못했다. 그러나 구성주의자들은 관념적 요소(ideational factors)들의 함의를 강조하며 빠르게 변화하는 국제체제를 이해하고자 했다. 둘째, 실증주의자들은 탈냉전 시대의 도래와 함께 국제 질서를 결정하는데 민족정체성이 중요한 변수로 부상했다. 그러나 이들 변수들이 국제체제에 가지는 함의를 충분히 설명하지도 못했다. 구성주의자들은 이들 정체성의 형성과정과 이 정체성이 어떻게 민족국가의 행위에 영향을 미치는지에 대한 과정을 설명함으로 인해 그 진가를 인정받았다. 셋째, 냉전 동안 현실주의가 비교우위를 가지고 있는 전통적인 안보문제의 중요성이 쇠퇴하였다. 이에 따라 탈냉전이라는 신국제체제 속에서 부상하는 민족정체성이 가지는 함의와 신안보 의제로 부상한 초국가주의나 인권 등과 같은 새로운 사안에 대한 적실성 있는 이해가 필요했다. 이런 요구에 잘 부응한 논의가 구성주의라고 볼 수 있다. 이처럼 시대적 요구에 부응하여 생성 발전된 구성주의는 다음과 같은 공통점을 기반으로 그들의 이론적 실험을 시작했다.

구성주의는 관념론(idealism)에 형식적 근거를 두고 있고 전체론(holism) 또는 구조주의의 일부 형식도 수용한다는 점에서 그 공통점을 찾을 수 있으나, 본 이론에는 보다 세분화된 기본 전제들이 존재한다. 첫째, 구성주의자들은 국제정치 현실이 기존에 일방적으로 주어졌거나 이 주어진 현실이 항구불변의 영속적인 것이 아니라고 보았다. 국제정치 현실은 이 현실에 참여하는 행위자들 간의 간주관인 이해를 바탕으로(inter-subjective understanding) (재)구성될 수 있다고 주장했다. 따라서 국제정치 주체로 분류되는 (민족)국가의 특성인 주권이나 국제체제 구조의 특성으로 인식되는 무정부(anarchy) – 주권 국가를 상위하는 초국가적 권위체가 부재한 상태 – 상태는 외부로부터 주어진(exogenously given) 고정된 것이 아니라 내부로부터 도래하는(endogenously derived) 것으로 보았다. 예를 들어, 주권이란 기본적으로 근대 국제관계의 사회적 구성물(social construct)이고, 또한, 국가의 행위에 영향을 주는 국제체제의 무정부성은 하나의 일관된 환경이 아니라 상대방을 어떻게 인식하고 이해하며 이런 과정에서 학습 고찰될 수 있는 상태인 것이다.[20] 따라서 국제정치에 참여하는 행위자들 간의 상호작용을 통해 국가 행위자의 배타적인 권위나, 정체성, 이익 및 선호도의 정의가 바뀌게 되고 이런 과정을 통해 궁극적으로 권력정치의 구조적 전환이 일어날 수 있는 가능성을 상정하고 있다(Wendt, 1992). 이처럼 구성주의자들은 국제정치 현실에 어떻게 사회구성적 측면이 있는지를 강조하였다.

둘째, 기존의 실증주의 이론들은 국제정치를 이해하는데 있어 국토의 면적, 인구, 경제력 등이 국방력과 경제력과 같은 물질적(material)인 요인의 크기를 결정하는 주요한 변수로 보고 분석하고자 했다. 또한, 무정부 상태라는 국제체제가 구조로서 국가와 같은 행위자에게 자조적 생존 보존의 행위나 안보딜레마와 같은 현상을 초래함에 있어 가지는 함의를 분석하고자 하였다. 그러나 구성주의자들은 문화, 관습, 아이디어, 사상과 같은 관념적인(ideational) 요소들과 개별 행위자가 행사하는 주체성에 상대적인 비중을 두고 있다. 이런 가정 속에서 보면, 미국이 가지고 있는 수 십 개의 핵무기보다 북한이 가지고 있다고 주장하는 한 개의 핵무기가 더욱 위협적이라는 의도성과 관련된 논의가 가능하다. 따라서 국가도 일정한 행위를 통해 그들이 존재하는 체제를 구성하고 변화시키는 의도적인 주체이며, 국제체제도 이러한 개별 국가와 같은 단위 행위자 차원의 상호작용에 구조적인 영향을 미치

---

[20] 상대방을 적의 이미지로 보는 홉스적인 상태, 경쟁자의 이미지로 보는 로크적인 상태, 친구로 보는 칸트적인 상태 등으로 다시 구분될 수 있다.

는 사회적 관계로 이루어져 있다는 것을 강조한다.

셋째, 구성주의자들이 강조하는 관념적 요소와 실증주의자들이 중요하게 간주하는 행위자의 이익과 같은 물질적 요소의 상관관계를 재조명하고자 했다. 국제 사회에서 국가와 같은 주요 행위자들이 자신의 이익을 추구하기 위해 어떤 수단을 사용할 것인가라는 질문은 단순히 자신이 처해있는 물질적 변수에 기인한 합리적, 선택적 접근만이 유일한 답이 될 수는 없다. 이에 구성주의자들은 합리성에 기초한 논의가 국제정치의 다양한 면을 설명할 수 없다고 비판하며 대안적 시작을 제시했다. 즉, 보다 근본적인 부분을 재조명해 볼 경우 상당부분 관념적 요소에 기인한 고려가 중요하다는 주장이다. 예를 들어, 2005년에 있었던 유럽연합의 동유럽권 확산을 설명함에 있어 정치·경제적 실익을 바탕으로 한 논의는 그 설득력이 낮다. 오히려 유럽연합이 지향하는 시장경제 확산, 민주주의 정착이나 인권 보호라는 관념적 요소의 확산이라는 적합성의 논의로 보완되었을 때보다 설득력을 가진다(이무성, 박채복 2007). 이처럼 구성주의자들은 국제정치의 통합적 속성을 강조하기 위해 사회적 변화의 물질적, 제도적 그리고 문화적인 측면을 통합해 보아야 국제정치 체제의 복잡성을 제대로 이해할 수 있다고 주장했다.

넷째, 국가와 같은 행위자의 정체성과 이익은 행위자들 간의 있을 상호작용 이전에 외부로부터 주어진 것이 아니라, 타인과의 상호작용을 통해 자신의 정체성, 이해관계 그리고 그에 준한 행동양식이 내재적으로 구성된다는 점이다. 예를 들어, 실증주의자 중 구조의 역할을 강조하는 신현실주의자들은 무정부 상태란 구조가 국가와 같은 행위자들에게 자신의 생존을 자조적으로 담보해야 한다는 논리를 펼친다.

그러나 구성주의자들은 집단적 의미가 구조를 정의하며, 이 구조는 행위자의 행동을 조직하고, 행위자는 이러한 집단적 의미에 참여함으로써 이익과 정체성을 얻게 된다고 말한다. 정체성과 이익은 관계 속에서 발생하며, 이는 행위자가 어떻게 상황을 인식하고 정의하는가에 따라 결정된다.

마지막으로, 구성주의자들은 제도를 정체성과 이익의 조합으로 인식하여, 국제사회에서 발생하는 자조도 그런 제도 중의 하나라고 간주했다. 따라서 무정부 상태의 국제사회에서 국가들이 생존하기 위해 경쟁하다보면 나타나는 안보딜레마가 자동적인 것이라고 보지 않았다. 오히려 자조는 오직 국가들 사이의 상호작용을 통해서만 등장한다고 보았다. 국가들의 자신의 안전을 확보하기 위한 자조적 노력을 하는 상황은 국가들의 관행이 상황을 그런 식으로 만들었기 때문이며, 관행은 간주관적인 이해에 따라 변화되며, 이런 간주관적인 이해는 자기영속적(self-perpetuating)이 될 수도 있다. 이렇게 간주간적으로 형성된 정체성과 이해관계를 바탕으로 구성된 제도와 조직의 확산은 손익계산에 따른 결과론적 논리를 바탕으로 확산되는 것이 아니다. 오히려 상호작용에 참여하는 행위자들이 간주간적으로 이해하고 공유하는 가치체제의 수렴과 확산이라는 적합성의 논리에 따라 발생하였다. 또한, 이런 확산의 중심이 되는 것이 바로 인식사회(epistemic community)이다.

기존의 실증주의적 논의에 새로운 인식론적 그리고 존재론적 입장을 제공한 구성주의자들의 논의도 완전무결한 것은 아니다. 구성주의의 반향이 큰 만큼 그에 대한 비판적 시각도 무시할 수 없다(Moravicsik, 2001). 첫째, 행위자의 행동 분석에 있어 관념적 요소에 대한 지나친 집중은 물질적 변수의 중요성을 간과할 수 있다. 사실 국제정치에서

한 국가의 외교정책이나 그 외 행위에 있어서 결정 변수를 분석해 보면, 여전히 물질적인 이해관계를 바탕으로 한 이성적 판단이라는 논의가 대세이다. 둘째, 행위자의 정체성이 간주관적 관계에서 내재적으로 구성된다고 하나, 여성이라는 생물학적 정체성은 간주관적 관계 이전에 외생적으로 고정되어 있다. 행위자의 정체성과 이에 따라 발생하는 이해관계가 항상 유동적이라는 논의는 과장된 논의라는 비판을 무시할 수 없다. 셋째, 국제정치에서 주요행위자로서 국가의 중요성을 강조하는 구성주의는 기존의 실증주의 대표 이론인 현실주의의 또 다른 분파라는 주장도 간과할 수 없다. 따라서 구성주의자들이 주창하듯, 자신들의 논의가 실증주의와 규범주의의 간격을 좁히는데 기여한다는 논의에도 의문점을 던지게 된다.

2. 비판이론

프랑크푸르트대학에서 시작된 비판이론은 사회구조와 정치·경제 체계의 근본적인 개혁을 의도한다. 프랑크푸르트학파(Frankfurt School)의 기원은 1920년대의 독일적인 정치사회 상황과 밀접한 관련을 가진다. 호르크하이머와 아도르노에 의해 시작된 비판이론은 헤겔의 철학사상과 관련된 마르크시즘을 출발점으로 하여 독일의 곤궁한 상황을 구제할 수 있다고 보았다. 특히 비판이론은 당시 자본주의체제 모순이 야기한 현대사회의 비합리성을 비판하였다. 비판이론가들은 오히려 현대에 와서 도구화된 합리성이 파시즘의 정치체제를 공고히 한다고 보았다. 따라서 비판이론가들은 기존 체제에 대한 부정적 논의를 전적으로 펼쳤다.

비판이론은 1960년대 종속이론 등을 통해 국제정치학계에 소개되었다. 당시 다수의 학자들은 비판이론이 국제 관계를 이해하는데 제한적이라고 비판했다. 그러나 비판이론은 1960년대 말 서구와 미국에서 일어난 학생운동을 통해 빠르게 전파되었고, 이때 보급된 비판이론은 맑시즘의 르네상스를 가져왔다. 1980년대 프랑크푸르트학파[21]와 그람시 논의의[22] 출현을 계기로 국제관계 일반에 대한 이해를 증진시켰을 뿐만 아니라 국제 안보 분야에 있어 그 설명력을 인정받기 시작했다.

비판이론은 문화, 관료제, 권위주의의 사회적 기반과 본질, 기존 구조 등과 관련된 질문을 다루었다. 또한, 이성과 지식의 합리성 이론들과 같은 개념의 탐구에도 집중했다. 특히 프랑크푸르트학파는 미디어의 역할과 그들이 문화산업이라고 명명한 것에 대한 분석에 있어 맑시즘의 논의에 준거하여 발전했으며, 이런 과정 속에서 상부구조에 대한 연구를 집중적으로 다루었다(Wyne Jones, 1999).

또한, 자본주의 사회가 발전함에 따라 기존 마르크스주의에 대한 시각의 설명력이 떨어지자, 전통적 맑스주의자들이 주장하는 프롤레타리아의 혁명과 같은 전통적 논의에서 이탈하기 시작했다. 비판이론에 의하면 노동자계급은 이론의 주체와 수취인의 자격을 상실하고 자본주의적 지배관계에 완전히 통합되었다. 따라서 대중문화의 등장과

---

[21] 프랑크푸르트학파는 전통적인 맑시즘의 교조주의에 반대하였지만, 어떤 점에서는 맑시즘의 동기를 계승한 학이다. 따라서 프랑크푸르트학파는 이런 전통에 프리이트의 정신분석하과 미국 사회학의 방법을 결합시켜 현대의 경험을 바탕으로 한 비판이론을 전개시켰다.
[22] 맑시즘의 결정론적 해석과 크로체의 관념철학에 반대하여 변증법적 유물론과 사적 유물론의 통일을 주장한 그람시는 맑시즘의 철학의 약점이었던 상부구조의 이론을 발전시키고 자본주의가 발달한 시민사회에서 사회혁명이 일어나는 조건이 프롤레타리아트의 지도성 즉, 헤게모니의 논리와 그 실천적 기구인 당에 대한 참신한 이론을 발전시킨 이탈리아 출신의 학자이다.

사회생활의 모든 요소가 상품화되면서 노동자 계급은 체제에 흡수되며, 더 이상 체제를 위협하는 대표자로 인식되지 못한다고 주장했다.

비판이론은 기본적으로 인간의 해방(emancipation)을 추구했다. 인간 해방을 성취하기 위해서는 특정 정치 질서에 숨겨져 있는 수혜자를 노출시키는 과정이 필요하다고 주장했다. 이와 더불어, 비판이론가들은 기존 정치 질서 속에 숨겨져 있는 이념적 구조를 조명해야 한다고 주장했다. 비판이론은 압제나 불의에 맞서 개인이나 집단의 자결권을 향상시킬 실제적 해방의 결과를 생산하는 것을 목적으로 했다. 따라서 비판이론가들은 기존의 구조나 관행이 어떻게 압제를 유지시키는지에 대한 일관된 논증을 펼치면서, 압제 당하고 있는 이들에게 자신들이 처해 있는 입장을 일깨우고자 했다. 또한, 이런 과정 속에서 압제당하는 이들의 권익에 부합하는 방식에 대한 논의를 펼쳤을 뿐만 아니라, 이런 논의가 실제로 어떻게 이행되어야 할지에 대한 대안적 시각도 제공했다(Leonard, 1990).

3. 페미니즘

페미니즘(feminism)은 여성의 사회적, 정치적 그리고 법률적 모든 권리의 확장을 주장하는 이론이다. 18세기 영국의 M. 울스턴크래프트가 쓴 『여성권리의 옹호』(1792)에서 초기의 페미니즘이 소개되었다. 그러나 페미니즘에는 명확한 이론체계가 있는 것이 아니다. 시대와 나라에 따라 여러 가지 형태로 나타났다. 특히 1960년대 이후 미국을 중심으로 맑시즘 및 기호학과 접촉하면서 이론상으로 발전하였다. 이러한 이론적 발전에는 사회를 구성하는 것이 남성이나 여성이 아닌, 다만 인간이라는 의식 전환이 내재되어 있다. 이에 따라 페미니즘은 여성에 의한 인간해방주의로 규정되기도 한다.

페미니즘을 주창하는 자들 간에도 여성에 대한 인식은 다양하다. 생물학적으로 결정되는 성(sex)과 그 함의를 주장하는 이들과, 환경적으로 생성 발전되는 젠더(gender)의 중요성을 강조하는 자가 있다. 실증주의자들이 자연스러운 남성과 여성이란 이분법을 통해 이해하는 성이라는 개념과는 대조적으로 젠더는 사회적으로 구성된 것으로 주어진 것이 아니라 학습되는 것으로 주장하였다(Peterson, 2003). 또한, 기존 페미니즘을 주장하는 자들이 논의에 대상으로 삼는 여성은 서구의 백인 중산층에 속하는 여성만을 대변하기 때문에 실제로 소외 받고 있는 개도국의 유색 여성에 대한 논의가 없다는 주장도 있다.

다양한 의미의 여성에 대한 논의에도 불구하고, 페미니즘은 지금까지 남성중심 시각으로 해석되었다. 이는 국제정치 인식에 주요한 논쟁을 불러일으켰다. 현실주의적 시각에 기반을 둔 국제정치에 대한 논의는 전쟁과 같은 상위 정치에 초점을 두고 전개되었다. 이런 논의의 주된 이유가 바로 남성의 경험을 통해서 국제정치를 이해 분석하였기 때문이다. 현실주의자들은 그들의 이론이 객관적이고 보편타당하다고 주장하지만 국제체제에서 국가의 행위를 분석하고 설명할 때 사용되는 가설들이 상당히 서구 남성 중심적으로 왜곡되었다는 것이다. 따라서 페미니즘은 현실주의와 같은 실증주의 이론에 기반을 둔 강대국 활동과 같은 국제정치에 대한 이해에 관심을 두기보다는 여성의 다양한 경험에 대한 새로운 인식론적 접근을 시도하였다. 페미니즘은 국가의 행위와 개별적인 행위 간의 구별에 대한 필요성을 강조했다. 또한, 국제체제에서 주변부에 존재하는 국가의 행위와 개인의 필요성에 대한 새로운 식견도 제공하고자 했다. 이런 논의를 통해 갈등과 폭력이 만연한 것처럼 보이는 국제관계를 여성의 시각으로 재접근하고자 하였다. 즉, 여성성의 견지에서 국제관계를 재해석할 경우 국제체제에 새로운 평화 체제가 가능하다고 주장했다(Enloe, 1989).

페미니스트들은 국제 체제의 안보 분야를 분석, 이해하는데 많은 적실성을 보였다. 페미니즘은 국제사회에서 안보 제공자로서 미화되고 이상화된 남성다움과 국제관계 사이의 지배적 역할을 하는 남성성과 분리된 대안적 관점의 가능성을 보여주었다. 국가안보, 국제정치경제 및 생태학에 대해 전혀 다른 가설을 주장하는 페미니스트들은 안보를 개념화하고 현실화시킬 대안적 방법이 존재한다고 보았다. 또한, 엘리트 의사결정자의 관점이 아니라, 권력의 밖에 있는 사람들의 관점에서 세상을 검토하려고 했다. 이렇게 함으로서, 현실에 대한 바람직한 설명을 평등하게 제시하였다. 폭력적이고 이질적인 남성성의 결과로 발생하는 국제 사회에서의 안보 불안정을 여성의 특질인 포용과 사랑 그리고 돌봄과 같은 요소가 반영될 경우 현재까지의 국제 안보에 대한 새로운 시각을 제안할 수 있다고 보았다.

4. 탈근대주의(PostModernism)

포스트모더니즘 또는 탈근대주의로 명명되는 본 이론은 모더니즘을 부정하는 것에서 그 이론적 논의를 시작했다. 모더니즘 또는 근대화로 명명되는 이 현상은 인류가 보편적으로 추구해야 할 지향점으로 간주되었는데 이에 대한 한계를 인식하면서 탈근대화에 대한 논의가 시작되었다. 서양에서 발전된 근대성은 다음과 같은 특징을 지니고 있다.

첫째, 이성에 대한 절대적 신뢰를 들 수 있다. 따라서 인간은 중세의 신중심주의로부터 탈출하여 인간 중심주의로 전환하여야 한다고 주장했다. 이런 전통 속에서 시작된 합리주의는 인간의 삶과 행위의 규정 근거가 인간의 선험적 인식 능력으로서의 이성에 있다고 주장했다. 이런 논리에 따라, 모든 인간이 인간으로서의 선천적인 권리와 자율성을 가지고 있다고 볼 수 있다. 또한, 시민 사회 속에서 개인의 자존권도 보장되어야 한다고 주장했다. 둘째, 주객의 분리로 인해 자기 동일적인 이성적 자아가 확보되었다. 이성적 자아는 개인주의의 토대가 되며, 보편적 인간 해방의 토대가 된다. 그러나 이런 논의는 자본주의의 발달과 더불어 정치·경제적 이기주의를 야기시킨다고 보았다. 셋째, 인간과 대립되는 자연은 이성의 힘(자연법칙을 아는 방법)에 의해 지배받는 객관적인 대상으로 드러났다. 이에 따라 자연 과학도 발전했다고 보았다. 그러나 산업 혁명과 과학 지상주의의 원동력이 되었던 기계적인 자연관은 오늘날 생태계 위기의 정신적인 뿌리로 지적되고 있다. 넷째, 이성의 계몽, 혹은 자연 과학의 발달과 더불어 나오는 물질적인 생산력의 발전을 가져왔다. 이런 시각에 따라 역사가 목적론적으로 발전한다는 역사 낙관주의적 시각을 낳았다.

포스트모더니즘은 이러한 근대성의 기획이 하나의 허구이며, 단지 한 시대를 풍미했던 신화 또는 거대한 담론(meta-narrative)에 불과하다고 비판했다. 이성 중심주의의 허구성을 지적하며, 철학(형이상학)의 종언, 주체의 죽음, 역사의 종언을 선언한다. 이렇게 시작된 탈근대주의는 그 담론이 현대 사회를 이해하는데 아주 유용하고 매력적인 논의인 것은 틀림없지만, 한마디로 구체적으로 정의하기는 쉽지 않다. 그럼에도 불구하고, 탈근대주의는 거대담론에 대한 의구심이라고 정의될 수 있다(Lyotard, 1984). 다시 말해, 지식을 주장하는데 있어 명확한 근거와 기반이 있다고 단언적으로 주장하는 이론들에 대한 회의를 표명한다. 또한, 탈근대주의는 기본적으로 해체(deconstruction)를 주장하며, 인간이 주장하는 '진리'에 대한 담론들을 불신한다.

푸코(Foucault)는 권력과 지식 관계에 대한 연구에 지대한 영향을 미쳤다. 그에 의하면 지식은 권력에 의해 창출되며, 따라서 권력과 무관한 진리는 존재하지 않는다고 보았다(Foucault, 1977). 이에 탈근대주의자들은 권력과 지식과의 관계를 고려하여 인간의 역사를 계보학(genealogy)을 통해 접근하고자 했다. 탈근대주의자들이 주장하는 계보학은 역사를 통해 발전된 권력과 진리 간의 상호 관계에 대한 고찰을 하고자 했으며, 이런 과정을 통해 내릴 수 있는 결론은 결국 인간에게는 다양한 종류의 진리 체제만이 존재한다는 것이다. 이와 더불어, 탈근대주의자들은 정체성이 외부로부터 주어진 것으로 보지 않고 수행적 측면에서 분석하고자 했다. 데리다(Derrida, 1976)와 같은 탈근대주의자들은 세계를 텍스트(text)와 같이 구성되었고 주장했다. 이에 따라 세계에 대한 이해를 찾기보다는 텍스트를 해석하는 것처럼 이해되어야 한다고 주장한다. 세계에 대한 해석은 언어의 개념과 구조를 반영한 텍스트적 상호작용이 발견되어야 한다. 이런 상호작용에 대한 발견을 위해 필요한 것이 바로 해체(deconstruction)와 이중적 독해(double reading)[23]라고 간주했다.

---

[23] 해체는 기존의 이론 및 담론이 객관적이고도 자연스럽게 보이는 대조적 언어의 사용에 의해 만들어진 인공적인 안정성에 기반하고 있는지를 밝히는 작업이며, 이중적 독해는 텍스트를 두 가지 독해의 대상으로 삼음으로 이러한 안정성의 작동방식을 밝히는 방법이다.

참고문헌

- 이무성, 박채복 (2007) 루마니아와 불가리아 : EU가입 및 그 함의 『국제지역연구』, vol. 11, no. 3.

- Alexandre Went (1992) "Anarch is What States Make of it : The Social Construction of Power Politics" *International Organization*, 46 (2)
- Andrew Moravcsik (2001) "Social Constructivism and European Studies", in Thomas Christiansen, Knud Erik Jørgensen and Antje Wiener (eds.) *The Social Constructivism of Europe* (London : SAGA Publications)
- Onuf, Nicholas (1989) *A World of our Making : Rules and Rule in Social Theory and International Relations* (Columbia, SC : University of South Carolina Press).
- Barnett, Michael (2006), "Social Constructivism", in John Baylis and Steve Smith (eds.) *The Globalization of World Politics*, 3rd ed. (Oxford : Oxford University Press).
- Jean-François Lyotard (1984) *The Post-modern Condition : A Report on Knowledge* (Manchester : Manchester University Press).
- Micheal Foucault (1977) *Discipline and Punish : The Birth of the Prison* (New York : Vintage Book)
- Jacques Derrida (1976) *Of Grammatology* (Baltimore : Johns Hopkins University Press)
- Richard Wyn Jones (1999) *Security, Strategy and Critical Theory* (Boulder, Co. : Lynne Rienner).
- Stephen Leonard (1990) *Critical Theory in Political Practice* (Princeton : Princeton University Press).
- V. Spike Peterson (2003) *A Critical Rewriting of Global Political Economy : Reproductive, Productive and Virtual Economies* (London and New York : Routledge).
- Cynthia Enloe (1989) *Bananas, Beaches and Bases : Making Feminist Sense of International Politics* (London : Pandora Books)

국제기구론
국제정치의 이해

:: 이 무 성

1. 서 론

　국제사회의 주요 행위자 중 하나인 국제기구들의 역할과 그 함의에 대한 논의는 그 어느 때보다 뜨겁다. 국제기구는 다양한 형태로 형성 발전되었으나 20세기에 들어서 그 진위를 본격적으로 발휘했다. 국제 연맹의 실패를 교훈 삼아 새롭게 창설된 국제 연합은 명실상부한 국제사회에서 주요 행위자로 변모하였다. 이 이외에도 다양한 모습의 국제기구가 탄생하였고 이들은 다양한 목표를 추구하며 발전하였다. 이러한 배경 속에서, 본 장에서는 국제기구에 대한 이해를 위해 다음과 같은 주요 질문을 다루고자 한다. 첫째, 누가 국제기구를 창설하였고 그 이유는 무엇인가? 둘째, 이들 국제기구는 누구의 이익을 대변하는가? 마지막으로, 이들 국제기구의 활동이 어떤 여파를 미치는가? 이다.
　국제기구의 목적, 운행, 기능 및 그 문제점에 대한 이해를 위해 국제기구가 실제 존재하는 국제사회가 어떤 환경으로 인식되는지를 이해할 필요가 있다. 국제기구를 사전적으로 정의하자면 어떤 기구의 회원자격이 국지적 범위에서 벗어나 그 범위와 실제 현존하는 회원국들이 국제적으로 널리 퍼져있는 것을 칭할 수 있다. 오늘날 명명되는 국제기구라 하면 정부간 기구(Intergovernmental Organizations)인 유럽연합, 유엔, 국제무역기구와 같이 주권국가나 다른 국제기구들이 회원국이 되는 단체가 있는가 하면, 비영리적 목적이나 다국적 기업과 같은 비정부기구(Non-Governmental Organizations)로 나뉘어 분류될 수 있다. 또한, 국제기구는 그 성격에 따라 공공의 이익을 위해 설립되거나, 때론 특정 목표를 위해 존재한다. 다시 말해, 다양한 형태의 국제기구가 존재하지만, 공통적으로 국제기구는 국제관계를 증진시키고, 교육, 의료, 경제발전, 환경보호, 인권을 증진시킬 뿐만 아니라 지역별 분쟁해결을 그 목적으로 한다(Archer 1992).

그럼 오늘날 국제기구의 대표적 기구로 간주가 되는 정부간 기구부터 알아보자. 정부간 기구(Intergovernmental Organization)는 적어도 세 개 이상의 국가들이 공식적인 국제협정을 체결하는 방식으로 참여하는 여러 국가 내에서 활동하는 조직이다. 최초의 정부간 기구는 19세기에 설립되었으며, 20세기 들어서면서 그 숫자가 늘어났다. 특히 1차와 2차 세계대전 후 경제발전, 기술혁신 그리고 50년대 60년대 탈식민지화에 따른 국가체계의 성장은 많은 정부간 기구 설립을 촉진시켰다. 대표적으로 유엔(the United Nations), 세계무역기구(the World Trade Organization), 국제통화기금(the International Monetary Fund) 등이 있다.

한편 정부간 기구와는 그 성격이 다른 또 다른 중요한 국제기구들이 있는데 그것이 바로 비정부 기구이다. 이 기구들은 공동목표를 달성하기 위해 개인이나 조직을 구성으로 하는 사적이고 자발적인 기구로서, 인권, 평화, 환경보호와 같은 특정 동기를 실현하기 위해 설립되거나,

재난구조, 인도적 원조, 개발지원과 같은 서비스 목적으로 설립된다. 옥스팜(Oxfarm), 국경없는 의사회(Doctors without Frontiers) 등이 있다.

마지막으로, 국제 사회에서 주요한 행위자로 간주되는 다국적 기업도 또한 넓은 의미에서 비정부국제기구로 포함시킬 수 있다. 다국적 기업은 3개 또는 그 이상 국가의 국경을 넘어서 기업활동을 하는 영리 목적으로 조직된 비정부 행위자의 특별한 형태이다. 다국적 기업은 정부간 기구나 비정부 기구와는 달리 자신들만을 구별하는 공통점이 있다. 다국적 기업의 본사는 어느 한 국가에 있으면서 방계 또는 자회사가 다른 국가에서 활동한다. 이처럼 국제 사회에 주요 행위자로 인식되는 다국적 기업은 특히 1970년대 이래 국가들이 소유한 것보다 더 많은 자원을 관리하는 중요한 국제 행위자로 인식되고 있다.

2. 이론적 접근

국제기구를 이해하는데 다양한 이론적 논의가 있으나, 자유주의는 국제기구 발생의 이론적 근간을 제공하였다는 점에서 그 첫 번째 논의의 대상이 될 수 있다. 자유주의는 국제관계를 협력과 분쟁의 조합(a mixture)으로 간주하는 이론으로서, 국제기구를 국제사회의 안정과 글로벌 복리에 긍정적, 건설적 역할을 한다고 보았다. 무정부 상태에서 국가간 협력을 관장하고 조율하는데 발생하는 한계는 국제기구란 능동적이고 적극적 행위자에 의해 극복될 수 있을 뿐 아니라, 종국에는 국제 사회에의 평화와 안녕에 크게 이바지한다고 간주되었다.

자유주의자들의 낙관론에 반해 현실주의자의 시각에서 본 국제기구의 역할은 상당히 부정적이고 소극적이다. 현실주의자들은 국제기구가 국가 행위에 독립적 영향을 끼치지도 않고 국제체제 자체 변화도 초래하지도 않는다고 주장했다. 뿐만 아니라, 미어샤이머(Mearsheimer 1995)가 International Security란 저널에 발표한 '국제기구의 가짜 약속'(The False Promise of International Institutions)이란 논문에 따르면, 국제체제에서 강대국들은 국제기구 창설과 발전을 주도하고 이에 따라 이들 국가들은 국제기구 속에서 자신의 몫을 유지하거나 증진시키고자 한다고 주장했다. 따라서 국제기구는 회원국인 국가들 간의 이해관계를 조율하는데 필요한 장을 제공하는 정부간 기구로서 수동적인 역할만을 수행한다고 보았다.

구성주의자들은 국제기구를 분석함에 있어 행동에 영향을 끼치고 이익을 형성하는 지배규범인 국제기구의 사회적 내용을 발전시키려고 노력했다. 또한, 이러한 이익이 다시 어떻게 국가들 행동에 영향을 미치는가를 알아보려고도 연구했다. 이런 논의를 실증하는 좋은 예가 바로 국가는 새로운 규범과 가치와 이익에 대한 인식을 받아들이도록 국제기구에 의해 사회화된다는 주장이다(Haas 1992). 이로 인해, 구성주의자들은 국제기구는 사회적 이해를 변화시키기 위해 노력하는 사회구성의 대리인과 규범제안자의 역할을 담당한다고 주장했다.

기능자들의 시각에서 보면, 국제기구는 국제기구의 기본적 필요에 의해 생성된다고 간주했다(Haas 1964). 국가간 연대(transnational ties)의 증가에 따라 국가가 상호의존과 통합이 초래되는데, 이는 많은 사회들에게 공동의 문제에 대한 공유의 인식을 가져온다. 그런데 이런 공유의 문제는 국제적 공조에 의해서 효율적으로 대처될 수 있으며, 이에 따라 세계보건기구, 식량농업기구, 국제노동기구 등과 같은 기술전문가로 형성된 특성화된 국제기구의 생성이 불가피한다고 보았다. 특히 기능주의자들은 주권국가가 국제기구 속에서 활동하면서 자연스럽게 자신의 주권을 국제기구 내의 초국가적 권위체에 위임하게 된다고 주장했다.

마지막으로, 제도주의자들에 의하면, 국제기구는 국제 사회에서 주요 가이드라인을 제공하는 주요한 제도로서 이해할 뿐만 아니라, 이 제도로 대변되는 국제기구의 생성에는 패권국(hegemonic power)의 역할이 필요하다고 보았다(Ruggie 1982). 이에 따라, 제도라 대변되는 국제기구는 국가간 이해관계를 규정하는 규범이나 규칙을 제공하는 능동적 역할을 할 뿐만 아니라, 오늘날 국제 사회에 특정 체제를 체화하는 데 그 틀을 제공하며 이는 시간이 지남에 따라 경로 의존성을 보인다고 주장했다. 따라서 제도주의자들의 의해 규정되는 국제기구는 국제 사회에 주요한 제도적 틀을 제공하는 능동적이고 독립적 행위자이다.

3. 국제연맹

20세기 시작과 함께 국가간의 전쟁으로 국제 사회는 공멸의 위기를 경험했다. 무정부상태에서 힘의 균형을 통한 일시적 평화만을 모색하기보다는 국가간 연합체인 국제기구를 통한 공존 모색에 대한 적극적인 시도가 있었다. 이런 배경 속에 이상주의자들의 논의에 기초하여 국제연맹은 1919년 파리평화회의(Paris Peace Conference) 이후 창립되었다. 국제연맹은 당시 시대적 상황을 잘 반영하듯, 제1차 세계대전에서 승리한 연합군을 주축으로 국제 평화와 안전을 유지하고 경제적·사회적 국제협력을 증진시킨다는 목적으로 1920년 설립된 국제기구이다. 구체적으로, 국제연맹의 목적을 살펴보면 다음과 같다. 첫째, 국제연맹은 무장해제, 군비철폐, 공동안보를 통한 전쟁 방지, 외교와 협상을 통한 국가간 분쟁 해결과 글로벌 복리 증진을 목표로 삼았다.

국제연맹의 창설은 미국의 우드로 윌슨(Woodro Wilson) 대통령의 영향을 받았다. 우드로 윌슨은 국제연맹의 근간이 되었던 14개 평화원칙을 1918년 1월에 공표하였다.

14개조 평화원칙은 다음과 같다.

❶ 강화조약의 공개와 비밀외교의 폐지
❷ 공해의 자유
❸ 공정한 국제 통상의 확립
❹ 군비의 축소
❺ 식민지 문제의 공평무사한 해결
❻ 프로이센으로부터의 철군과 러시아의 정치적 발달에 대한 불간섭
❼ 벨기에의 주권회복
❽ 알자스 로렌을 프랑스로 반환
❾ 이탈리아 국경의 민족문제 자결
❿ 오스트리아-헝가리제국 내의 여러 민족의 자결
⓫ 발칸제국의 민족적 독립 보장
⓬ 터키의 제국하의 여러 민족의 자치
⓭ 폴란드의 재건
⓮ 국제연맹의 창설

이런 사상적 배경 속에 국제연맹은 다음과 같은 조직을 이루며 그 활동을 영유하였다. 국제연맹의 주요 기구로는 총회(the General Assembly), 이사회(the Council)와 사무국(the Secretariat)이 있다. 총회는 1년에 한 번 만나며, 모든 회원국의 대표로 구성되며 국제연맹의 정책을 의결하고, 총회는 1국 1표제를 채택한다. 모든 회원국이 제네바에 대표부를

두지는 못하고, 총회는 9월에 한 번 개최한다. 시간이 지남에 따라 그 회원수가 변동하였으나, 이사회는 최초 영국, 프랑스, 이탈리아, 일본 4개국의 영구 회원국(permanent members)과 매 3년마다 총회에서 선출되는 4개(후에 9개국)의 다른 회원국으로 구성된다. 이처럼 국제연맹 회원국 전체와 핵심세력을 이루는 총회와 이사회의 의결과정은 주요한 함의를 가진다. 총회에서 결의된 사안을 실행에 옮기기 위해 필요한 비준 절차는 우선 이사회의 만장일치(a unanimous vote)와 총회의 과반수(a majority vote)이다. 특히 이사회 의결과정에 필요한 만장일치의 요구조건은 이사회의 행동 실행을 어렵게 만들 뿐만 아니라, 강대국들에게 특권을 주는 제도화라고 비판받았다. 비서국은 의제를 준비하고 회의 보고를 출판한다. 이 외에도 국제연맹과 유기적으로 연관된 자치기관으로서 상설국제사법재판소와 국제노동기관이 설치되었다. 보조기관으로는 경제재정위원회, 교통통과위원회, 보건위원회, 육해군문제위원회, 지적협력국제위원회, 군축준비위원회와 국제법전편찬위원회 등이 있다.

국제연맹은 이처럼 국제 사회의 새로운 질서 확립을 통한 인류 번영과 평화 진작을 위해 노력을 경주했으나, 2차 세계대전과 함께 그 운명을 같이 하였다. 그럼 왜 국제연맹이 이상주의자들이 희망했던 것처럼 번창하지 못했는지 또한, 국제사회의 만연한 전쟁과 폭력을 근절하는데 실패했는지를 살펴보자. 이런 논의를 위해 우선 국제연맹의 내부적 그리고 외부적 한계점뿐만 아니라, 국제사회에 국제기구의 위상을 드높이는데 일조하였다는 점을 감안할 경우, 그 시사점도 고찰해볼 필요가 있다.

베네트와 올리브(Bennet and Oliver, 2002 : 38-45)는 국제연맹이 가진

한계점과 시사점을 다음과 같이 정리한다. 제2차 세계대전 발생이 연맹 실패의 직접적 이유이었으나 보다 근본적인 다른 이유가 있었다. 첫째, 국제연맹은 오늘날의 국제연합처럼 자신의 군대가 없었다. 또한, 프랑스나 영국처럼 국제연맹을 창설할 때 강대국들이었던 국가들이 분쟁을 해결해주길 원했으나 이를 꺼려했다. 당시 연맹이 군사력을 제외한 사용할 수 있는 가장 중한 처벌인 경제적 제재(economic sanctions) 도 큰 실효가 없었다. 예를 들어, 이탈리아가 에티오피아 침공으로 인해 국제연맹의 경제적 제재를 받았으나 이탈리아는 미국과 같은 연맹 이외의 국가와 무역 관계를 계속해서 유지하여 경제제재의 실효성을 반감시켰다.

둘째, 연맹의 대표성에 대한 문제도 간과할 수는 없다. 모든 국가들을 연맹의 회원국으로 포용하고자 했으나, 많은 국가들이 동참하지 않았거나 실제 연맹 속에서 회원국으로 지낸 시간이 짧은 경우가 다수였다. 특히 미국의 불참은 큰 악재로 작용했다. 미국의 윌슨 대통령은 평화원칙 14개 조항을 발표하면서 연맹의 탄생에 견인차 역할을 했으나, 미국은 1920년 1월 19일 연맹에 가입하지 않을 것을 표결로 결정했다. 뿐만 아니라, 윌슨 대통령의 건강악화(뇌졸증)로 연맹가입을 계속해서 추진하지도 못했다.

셋째, 1930년대 연맹내의 강대국들의 탈퇴가 연맹의 세력을 더욱더 약화시켰다. 특히, 영구 회원국이었던 일본은 연맹이 유럽 중심(Eurocentric)이라 생각하여 1932년 탈퇴하였고, 영구 회원국이었던 이탈리아도 1937년 탈퇴하였다. 1926년 뒤늦게 가입한 독일도 1933년 히틀러의 집권 이후 1933년에 탈퇴하였다. 독일에게 적대적 감정을 가진 소련은 1934년에 연맹에 가입하였으나 1939년 핀란드 침공으로 인해 12월 14일에 추방되었다.

  넷째, 연맹의 중립(neutrality)이 연맹의 우유분단을 가중시켰다. 이사회의(처음 9개국, 나중 15개국) 만장일치제가 불가능하진 않지만 효과적인 행동을 어렵게 만들 뿐 아니라 실제 결론을 도출하기 어렵게 만들었다. 종종 어떤 결정은 총회로부터의 만장일치의 동의가 필요하기도 했다.

  마지막으로, 비록 연맹이 모든 국가들의 이익을 대변하고자 했으나, 실제 연맹 회원국들은 자신의 이익만 지키기에 급급하였다. 따라서 연맹이 추구하고자 하는 목적을 달성하기에 어려움이 많았다. 특히 연맹 회원국들의 군사력 사용에 대한 거리낌은 연맹의 입지를 약화시키는 결과를 초래하였다. 실제 2차 대전 발생의 주요 이유 중 하나가 바로 연맹의 군사력 이행 부재였다. 영국과 프랑스의 군비축소를 옹호하는 연맹의 입장과 공동안보를 주창하는 연맹의 입장이 서로 대립했다. 연맹의 권위를 지킬 유일한 방법은 군사력뿐인데 상기의 입장이 자신도 모르게 연맹의 군사력을 감소시켰다. 연맹이 국제법을 강제하고자 할 때 영국의 해군(Royal Navy)이나 프랑스의 육군(French Army)을 활용해야 하는데 연맹의 군비축소 전략은 이런 계획에 차질을 초래했고, 영국과 프랑스는 세계의 경찰로서 활동할 경제력이 부족했었다. 또한, 다른 회원국들도 연맹이 주창하는 공동안보체제 속에서 회원국의 국제 분쟁에 가담하는 것은 자신의 국익에 손해를 끼칠 것이라는 이기주의적 분위기가 팽배하였다. 결과적으로, 연맹은 강대국의 힘에 너무 의존하였을 뿐만 아니라, 이들 강대국들은 사실 연맹이 추구하고자 하는 바에 적극적이지도 않았다.

  이런 문제점으로 인해 국제연맹은 2차 대전 발발과 함께 역사의 한

페이지로 사라졌으나, 연맹의 남긴 주요 기여도 무시할 수 없다. 우선 국제연맹은 국지전에서 몇 번의 성과를 냈다. 그 대표적 사례들이 바로 불가리아-그리스 전(1925), 이라크-터키 전(1925-26), 폴란드-리투아니아전(1927)이다. 또한, 1920년대 연맹은 국제협력 면에서도 성과를 거두었다. 특히 1928년에는 국제분쟁에 대한 평화적 처리를 위한 일반의정서를 채택하였고, 부전조약(不戰條約)에 침략전쟁의 위법화 등에서 볼 수 있듯이 국제연맹의 안전보장강화를 위한 노력도 기울였다. 경성안보 분야뿐만 아니라, 연성안보 분야에서도 많은 기여를 하였다. 마약 통제, 피난민 구제와 기아대책에 있어 가시적인 성과를 거두었고, 마약과 성노예의 국제적 거래와 전쟁도 하였다. 또한, 1926년에는 터키의 피난민 문제 경감에 도움을 주었으며, 국가 없는 피난민에 대한 신분증 도입을 위한 1922년 난센패스포트(the Nansen passport)의 도입도 주도하였다. 그 외 연맹 산하의 많은 위원회와 기구(agencies and commissions)의 성과를 간과할 수 없다.

4. 국제연합(the United Nations)

유엔이라 칭해지는 국제연합은 국제연맹과는 많은 점에서 차이를 보이고 발전하였으나, 상당 부분 유사한 점이 있다. 유엔은 1941년 8월 14일 루즈벨트 미 대통령과 처칠 영국 수상이 발표한 대서양 헌장을 통해 종전 후 새로운 세계 평화정착 희망을 표명에 그 기원을 찾을 수 있다. 1942년 1년 1일에는 26개국 연합국 대표들이 워싱턴에서 연합국 선언(Declaration by United Nations)에 서명하였고, 이때 프랭클린 루즈벨트 미대통령이 고안한 유엔(United Nations)이라는 명칭이 처음 사용되었다. 이후 1943년 10월, 모스크바에서 열린 미국, 영국, 소련

3국외상회의에서 제2차 세계대전 후 평화유지기구 설립문제가 정식으로 거론되었다. 그 결과 미국, 영국, 소련, 중국 등 4개국이 국제평화와 안전의 유지를 위해 모든 평화애호국의 주권평등 원칙에 따른 세계적 국제기구의 설립이 필요하다는 취지의 모스크바공동성명을 발표하며, 유엔 설립에 대한 연합국 입장을 밝혔다. 1944년 미국의 덤버튼 오크스 제안이 나왔고 이것이 국제기구 설립에 관한 제안이었으며, 오늘날 유엔헌장의 원안이 되었다. 이후 1945년 2월, 미국, 영국, 소련 3개국 수뇌가 모인 얄타회담에서 안전보장이사회의 표결방법과 신탁통치제도 등의 미결사항에 대한 합의가 이루어졌다. 동년 4월 50개국의 대표를 모은 연합국 전체회의가 샌프란시스코에서 열려, 2개월에 걸친 심의를 거친 후 덤버튼 오크스제안을 수정·추가하여 헌장초안이 완성되었다. 이 초안은 동년 6월 26일 50개 전참가국에 의해 서명되었으며, 10월 24일 국제연합이 정식으로 발족하였고, 당시 가맹국은 51개국이었다.

유엔의 조직에는 우선 총회가 있다. 총회는 정치적 평등과 다수결의 자유민주주의 원칙에 기초로 운용되고 있다. 최초 총회 회원은 51개국이었으나, 현재는 189개국이다. 총회의 의사결정은 기본적으로 1국 1표제를 도입하고 있으며, 일반적 사안에 대해서는 다수결(a majority rule) 원칙을 채택하고 있다. 그러나 일부 사안에 대해서는 가중 다수결(a qualified majority of two-thirds) 의사제도도 사용된다. 예를 들어, 국제평화와 안보를 유지하기 위한 제안이나 안보리의 비상임 이사국 선출 건에 관한 사항은 가중 다수결을 사용한다. 총회는 구속력 있는 법률을 제정하진 않지만 의회처럼 행동한다. 또한, 총회의 의결은 일반적인 법률적인 원칙의 표명이며, 때때로 조약으로 형성되는 국제경성

법의 기초를 제공하기도 한다.

안보리라고 명명되는 안전보장이사회는 국제평화와 안전유지에 대하여 주요한 책임을 가진다. 구체적으로 살펴보면, 안보리의 주요 임무는 평화를 파괴할 우려가 있는 분쟁 또는 사태를 평화적으로 처리하며, 평화에 대한 위협, 평화의 파괴 또는 침략행위 등에 대한 중지·권고 또는 강제조치를 결정 이에 관련된 군비규제계획의 작성, 국제사법재판소의 판결사항 이행, 지방적 분쟁에 대한 지역적 처리 장려, 지역적 강제행동의 허가, 전략지구의 감독 등이다.

또한 유엔총회와 공동으로 유엔 회원국 가맹승인, 제명과 권리정지 그리고 사무총장의 임명 등을 관장한다. 한편 안보리의 결정은 구속력을 가지는데, 공식적 결정(a formal decision)만 구속력 가진다는 점에 유념할 필요가 있다.

국제사법재판소는 국제연합의 유일한 사법기관이다. 이 재판소의 규정은 국제연합헌장과 불가분의 일체를 이룬다. 재판소의 구성, 권한, 재판절차, 국제법규 및 조약에 관한 자문과 국가간의 분쟁을 처리하며, 판결은 구속력을 가진다. 대체로 국제연맹시대의 상설 국제사법재판소 규정을 거의 그대로 계승한 것으로, 국제재판소로서는 가장 완비된 것이며, 국제성과 상설성을 가진다. 사건마다 당사국간에 개별적으로 행해지는 중재재판과는 다르다. 재판관은 15명이며, 임기는 9년이다. 판사 전원의 출석으로 개정되며 정족수는 9명이다. 3년마다 총회와 안전보장이사회에서의 선거에 의하여 5명씩 갱신되며, 재선도 가능하다.

유엔경제이사회, 안전보장이사회, 신탁통치이사회와 더불어 유엔 3개 이사회의 하나이다. 주로 유엔에서 경제개발, 가회, 인권에 관한 제 문제를 다루고 인류 전반의 생활수준 향상을 목적으로 하는 기관이다. 유엔가맹국 중 총회에서 선출된 54개국으로 구성된다. 이사회의 하부기구로 ILO, FAO, UNESCO, 세계은행의 전문기관, ESCAP, ECE 등 지역경제위원회, 인구, 통계, 국제상품무역 같은 직능위원회 등이 있다.

사무국은 유엔 산하 각 기관의 운영에 관한 사무를 관장하는 부서이다. 사무총장을 비롯하여 1만여 명의 직원이 있다. 사무총장 밑에는 사무차장 및 고문, 인권처, 법무처, 행정실 등이 있으며 기능별로 분류된 행정관리국, 정치안전보장이사회국, 국제경제사회국, 정치문제・신탁통치, 비식민지국, 회의국, 홍보국이 있다. 사무국의 총장은 안전보장이사회의 권고에 의하여 총회에서 임명한다. 사무총장은 유엔의 모든 회의에 참석하며 이들 기관으로부터 위임받은 과업을 수행하고 유엔이 벌이는 사업에 대하여 총회에 보고한다. 또한, 국제평화와 안전 유지를 위협하는 사항에 대하여 안전보장이사회에 주의를 촉구할 수 있다. 사무총장은 중립국 출신이 임명되는 것이 관례이며 임기는 5년이다. 1946년 노르웨이의 T.H 리가 초대 사무총장이 된 이래 제2대 스웨덴의 D.H.A. 하마르쉴(1953~1961), 제3대 미얀마의 우 탄트(1962~1971), 제4대 오스트리아의 K. 발트하임 등 중립국 정치가들이 임명되었으나, 1982년 제5대 사무총장으로 취임한 페루의 J.P. de 케야르는 비중립국 출신으로 최초의 사무총장이었다. 제6대는 이집트의 B.B 갈리(1992~1996), 제7대는 가나의 K.A. 아난이 취임하였으며, 2001년에 재선되었다. 2007년 임기를 시작한 현재의 유엔 사무총장은 반기문 사무총장이다.

지금까지 유엔의 설립 배경과 조직을 살펴보았다. 지금부터 현재 국제 사회에서 대표적 국제기구로 간주되는 유엔이 가지는 함의와 문제점에 대한 논의를 해보자(Karns and Mingst, 2004 : 125-184). 첫째, 유엔은 발족 이후 여러 시련을 겪어왔으나 그 중에서도 동서관계의 대립과 제3세계 국가들의 대량가맹으로 인해 유엔 내의 강대국과 그 외 회원국 간의 세력관계의 변화가 초래되었다. 그 결과 유엔주요기구의 역할 변화와 여러 중요 문제 해결의 지연 그리고 제3세계의 관심사항에 초점을 맞추게 되는 변화가 일어났다. 특히 제2차 세계대전을 통해 유지되었던 동서간의 협조는, 유엔의 발족 후 얼마 안 가서 레바논, 시리아 그리고 그리스 등지에서 외국군대철수를 주장한 소련의 제1차 거부권 행사로 동요되기 시작하였다. 이에 맞서 발표된 1947년의 트루먼 독트린과 마샬 플랜의 성립으로 말미암아, 냉전체제로 바뀌었다. 이 냉전은 1953년 스탈린이 사망할 때까지 계속되었고, 동서 모두 유엔을 자기에게 유리하게 활용하려 했다. 이를 위한 전략 중 하나가 바로 거부권의 남발이었고, 이로 인해 유엔은 마비상태에 빠지기도 했다. 스탈린의 사망 후 평화공존시대로 들어갔으며, 미·소 데탕트시대가 찾아와 유엔은 미·소 공동관리라는 양상을 띠었다.

둘째, 냉전구조가 아직도 계속되던 1955년, 아시아와 아프리카의 여러 16개의 신흥국가는 반둥회의에서 반제국주의와 반식민지라는 슬로건 아래 유엔 일괄가맹에 성공했다. 그 이후에도 제3세계의 새로운 가맹이 이어져, 제3세계가 전 가맹국 수에서 차지하는 비율은 35%(1956년 말)에서 50%(1964년 초)로 증가하였고, 오늘날에는 전체 회원의 약 3분의 2를 차지하고 있다. 민족주의와 비동맹주의로 뒷받침된 아시아와 아프리카 세력의 대두는 서구체제 중심의 유엔세력관계에 변화를 가져왔다. 미·소 양국 주도 하에 있었던 유엔의 세력관계는 다극화되었으며, 유엔은 더 이상 초강대국들에 의해 좌지우지 되던 시대는 지나갔다고 볼 수 있다.

셋째, 국제사회에서 서구 선진국이 많이 포진하고 있는 남반구의 국가들은 유엔무역개발회의 등을 통해 교역조건 악화로 인한 공업국의 여분의 이익을, 1차산품수출국에 돌려주어야 한다는 구상을 추진했다. 이를 통해 유엔 내뿐만 아니라 국제 사회에서 남북문제를 해결하기 위한 협조의 기반이 마련되었다. 그러나 북측은 남측의 자조노력을 구하면서, 이에 대응할 만한 준비와 여유가 없다하여 이를 거부했기 때문에 갈등과 대립은 지속되었다.

마지막으로, 유엔의 예산은 2년마다 편성되며 비용은 각 가맹국에 일정한 비율로 배정된다. 가맹국 분담률은 3년마다 조정된다. 그러나 현재 유엔은 재원문제에 봉착하고 있다. 그 주된 이유는 유엔의 최대 기여자인 미국이 최대 채무자로 전락했기 때문이다. 사실 미국의 유엔 분담 미납금은 대략 유엔 전체 미납금의 60%를 차지하고 있다. 유엔이 직면하고 있는 재정 문제와 함께 유엔의 위상에 문제가 되는 다른 문제도 무시할 수 없다. 예를 들어, 유엔은 자신의 직원을 보호하는데 큰 어려움을 겪고 있다. 그 이유는 재원 문제와 함께 회원국의 군사적 행동에 대한 거리낌 때문이다. 따라서 유엔 직원들이 인도적 지원이나 개발 지원을 할 때 위험에 처하는 경우가 빈번하다. 또한, 유엔의 지도력 부재도 큰 도전이다. 사실 현 국제사회의 패권국인 미국은 유엔을 주요 파트너로 간주하지 않는다. 예를 들어, 미국은 교토의정서(the Kyoto Protocal)를 일방적으로 탈퇴하였고, 21세기에 들어와 이라크에 대한 선제공격을 유엔의 결의 없이 감행하였다.

5. 그 밖에 국제기구

국제연합과 국제연맹과 같은 국제 사회에 있어 가장 주요한 역할과 영향력을 끼치는 것으로 간주되는 기구들에 대해 알아보았다. 이들과 함께 오늘날 국제 사회의 주요 의제가 상위정치에서 하위정치에도 주요한 관심을 기울이면서 국제통화기금(IMF), 세계은행(World Bank) 그리고 국제무역기구(WTO)와 같은 기구들도 주요한 자리매김을 하고 있다. 이런 점을 고려하여, 이 기구들에 대한 논의를 차례대로 해보자.

5-1. 국제통화기금(International Monetary Fund)

20세기 초반 국제 사회는 대공황과 전쟁을 겪었다. 이로 인해 극도로 악화된 세계경제 회복을 위한 극단의 조치가 필요하다는 공감대가 형성되었다. 이런 공감대가 실제 행동으로 옮겨진 한 예가 바로 1944년 미국의 뉴햄프셔의 브레턴우즈에서 44개국의 정부 파견단이 개최한 회의였다. 이 회의의 목적은 1930년대의 대공황을 초래했던 경제위기의 재발 방지를 위해 경제 협력의 근간을 협의하는 것이었다. 1944년 브레턴우즈 협정에 따라 국제통화기금은 유엔 기구의 하나로서 설립되었다. IMF는 본 기금 가맹국의 출자로 설치된 국제금융결제기관인데 주로 환 및 단기자금의 융통을 목적으로 했다.

오늘날 184개국이 회원국이 가입한 국제통화기금은 설립 이후 다각적 국제수지가 불균형한 나라에 대해 외환자금을 공여함으로써 국제수지의 균형을 도모하고자 했다. 또한, 환시세의 안정과 다각적 결제에 의한 환거래의 자유를 확립 및 국제무역의 균형적 성장을 이룩해 국제금융의 협력을 꾀하려는데 그 목적을 두고 활동하였다.

IMF는 진화하는 국제경제체제 속에 회원국들의 변화하는 요구를 충족시켜야 한다. 특히 금융위기를 겪고 있는 국가에 단기 자금을 지원할 뿐만 아니라 이들 국가들의 구조조정 정책도 제시한다. 그 구체적인 구조조정 정책들을 살펴보면 다음과 같다〈표. 3〉.

〈표. 3〉 구조조정정책

	구조조정정책
경제개혁	금융과 신용의 성장 제한 통화기차의 절하 재정부문 개혁 수입 창출 조치 도입 활용세의 도입 세제 개혁 도입 보조금 철폐(농산물) 보상 고용 프로그램 도입 빈곤층을 위한 지원가능 서비스 창출
무역자유화 개방	고관세와 수입 쿼터 철폐 수출 인프라 복구 생산자 물가 재고
정부개혁	비대해진 공무원수 감축 불필요하고 비효율적인 산하 기관 철폐 공공기업 민영화 공공행정기관 개혁
민간영역 대상 정책	가격 조절능력 자유화 정부 독과점의 종결

참조 : 김계동 외 (편) 국제기구의 이해(2007; 466)

상기와 같이 국제통화기금은 국제통화체제 속에 내재되어 있는 유동성의 위험과 그로 인한 금융위기 발생에 대한 단기적 처방뿐만 아니라, 국제체제 속에서 개별 회원국의 위험도를 최소화하기 위한 체질개선 작업도 병행하고 있다. 이런 점은 자유주의적 시각을 지지하는 영·미권 입장에 보았을 때 바람직한 역할이며, 향후 더욱 고무되어야 한다는 주장도 있다.

그러나 국제통화기금의 운영에 있어 비판적인 목소리도 무시할 수 없다. 첫째, 가중투표제의 채택으로 강대국 위주의 운영과 그들의 이익을 반영한다는 비판의 목소리가 높다(Stiglitz, 2000). 미국, 독일, 일본, 프랑스, 영국이 40퍼센트 이사의 표결권을 차지하는데 국제통화기금의 운영이 이 국가들의 이익이나 신조에 부합하는 방향으로 흘러갈 개연성이 높을 뿐만 아니라, 실제로도 그렇다는 주장이 있다. 이에 따라 국제통화기금이 경제 기구임에도 불구하고 정치 기구적 성격도 보인다는 주장이 있다. 그 구체적 일례가 1997년 아시아 신흥 공업국들에 외환위기가 발생했을 때, 국제통화기금의 대처가 그리 공평하지 못했다는 주장이 있었고, 이런 주장의 이면의 논리가 바로 이 맥락에서 형성되었다. 따라서 동아시아의 국가의 특수성을 고려한 접근보다는 국제통화기금의 주요국들이 신봉하는 신자유주의적 시각에 바탕을 둔 위기관리로 인해 오히려 이 지역의 경제적 침체를 가져왔다는 주장을 간과할 수 없다(Stiglitz, 2000).

5-2. 세계은행

세계은행은 1944년 브레턴우즈 회의에서 체결된 국제기구 중 하나이다. 세계은행은 IMF와 함께 세계 경제와 재무질서를 지지하는 양대 기둥으로 개발도상국의 생산성 증가를 도모하며 경제적, 사회적 발전을 증진하는 것을 주요 목적으로 삼았다. 설립 시부터 첫 20년간은 전력과 교통시설의 보급에 원조액의 3분의 2를 제공하였다. 이런 형태의 기간시설사업은 현재에도 주요기능으로 남아있다. 그러나 최근 들어 세계은행은 활동을 다양화하여 최빈개도국의 빈민 생활에 직접적인 영향을 미칠 수 있는 투자를 강조하는 방향으로 전환 발전되고 있다.

세계은행은 세계은행그룹(World Bank Group), 국제부흥개발은행(IBRD), 국제개발협회(IDA)와 국제금융공사(IFC), 국제투자보증기구(MIGA), 국제투자분쟁해결본부(ICSID)를 모두 합쳐 부르는 용어이다. 흔히 국제부흥개발은행(IBRD)과 국제개발협회(IDA)만을 총칭해 세계은행(World Bank)이라고 부르기도 한다. 하지만 엄연히 IBRD와 IDA는 별개의 법적, 재정적 실체이다. IFC는 별개의 제휴기관이며, ICSID와 MIGA는 IBRD의 산하기관에 가깝다.

세계은행은 184개의 회원국이 주주로 참여한다. 이들 주주들은 총재단(board of governors)으로 대표되며, 총재단이 최종 의사 결정자의 역할을 수행한다. 세계은행의 총재는 회원국의 재무 장관 또는 개발장관 중에 선임된다. 세계은행 그룹과 국제통화기금이 총재단의 연례회동에서 1년에 1번 회동한다. 총재단은 1년에 1번 회동하기 때문에, 이들은 24개의 집행이사진에게 특정 임무를 부여한다. 이들 이사진은 세계은행 현지에서 근무한다. 세계은행의 최대 주주는 미국, 영국, 일본, 독일, 프랑스이고 이들은 각각 한 명씩의 집행이사를 임명한다. 다른 회원국은 그 외 19명의 집행이사에 임명된다. 세계은행도 국제통화기금과 마찬가지로 주요 재원 출연국의 출연 금액에 따라 투표수가 정해지기 때문에 민주적 결핍을 초래한 특정 국가들의 시각이나 이익이 옹호될 가능성이 높다는 지적도 경시할 수 없다.

5-3. 세계무역기구

1944년 브레턴우즈협정 체제 속에서 탄생한 관세 및 무역에 대한 일반협정(GATT)은 시간이 지남에 따라 국제 무역 자유화를 효율적으로 이행하는데 한계점을 드러냈다. 특히 1986년 우루과이의 수도 몬테비데오에서 개최된 우루과이 라운드를 마지막으로 GATT를 계승할 새로운 세계무역기구 창설이 요구되었다. 이런 요구에 부응하여 1995년 1월 WTO 출범이 공식 발표되었다.

GATT는 무역확대에 노력했으나 협정체제라는 한계에 봉착하여 보다 강력한 제재력이 있는 WTO의 발족이 불가피했다. 이렇게 탄생한 세계무역기구는 국가간 무역 규칙을 다루는 유일한 국제기구이다. WTO는 국제사회에서 무역에 참여하는 거의 모든 국가들에 의해 협상 조인되었고 조인 국가들의 의회에서 승인된 WTO 협정이 근본을 이룬다. WTO는 재화와 용역의 생산자와, 수입업자와 수출업자의 조력이 그 목적이다. 구체적으로 살펴보면, 세계무역기구는 다양한 위원회 및 이사회 그리고 각료회의의 기술적 지원 제공, 개도국에 대한 기술적 지원, 국제 무역 분석, WTO 업무에 대한 대중과 미디어에 설명, 분쟁해결에 있어 일정의 법적 지원, 회원 희망국 정부에 자문 등의 역할을 담당한다.

세계무역기구의 조직은 제네바에 위치한 사무국에 있다. 이곳에는 600명의 직원과 사무총장이 근무한다. 1년 예산은 약 1억 6천만 스위스 프랑이다. 세계무역기구의 조직적 특징 중 하나는 제네바 이외에는 지사(branch office)가 없고, 의사결정 권한도 없다.

WTO 체제의 출범의 의의는 우선 다자무역 체제(multilateral trading system)의 진보를 의미한다. 그 가장 주요한 이유가 바로 GATT가 가지고 있지 않던 분쟁 해결을 위한 제도를 갖추고 있기 때문이다. 따라서 WTO 체제 출범 후 지난 반세기 동안 GATT 체제 속에서 진행 발전되었던 무역 협상은 계속 진행되었을 뿐만 아니라, UR 라운드 이후 새로운 의제로 부각된 농업, 서비스 및 투자 등과 같은 새로운 분야에 있어서 무역 자유화도 진전시켰다. 구체적인 일례를 들면, 1997년 통신 서비스에 관한 협상 타결로 69개국이 광범위한 자유화 조치 협약을 체결하였고, 40개국 IT 상품에 관한 자유 관세 무역에 협상 타결했다. 금융 산업의 95%에 다다르는 금융서비스에 대한 자유 무역 협정에 70개국의 참여를 유도하였다. 또한, 2000년에는 농업과 서비스에 대한 새로운 협상을 시작하였고, 2001년 카타르 도하(Doha, Qatar)에서 제4차 WTO 각료 회의에서 보다 포괄적 의제로 포함되었다. 특히 도하 개발 의제(the Doha Development Agenda)에서 개방 프로그램으로 인해 곤경에 처한 개도국에 도움을 주기 위한 노력도 있었지만 그리 큰 성과는 없었다.

세계무역기구는 세계무역자유화와 같은 연성 분야의 안전망 확충과 구축에 지대한 기여를 하였다고 볼 수 있다. 그러나 향후 보다 효율적이고 민주적인 국제기구가 되기 위해서는 개선의 여지가 있는 분야도 없진 않다(김계동 외, 2007 : 486-487; Armstrong, Lloyd and Redmond, 2004 : 238-240). 우선 세계무역기구는 정책의 독단적 지시를 자제하고, 자유 무역에 대한 높은 대가만을 요구하지 말아야 한다. 그리고 개발에 우선한 상업적 이해관계, 환경에 우선한 상업적 이해관계, 건강과 안전에 우선한 상업적 이해관계 등도 재고해야 한다. 뿐만 아니라 직업 파괴 및 빈곤 가중에 대한 대처도 심사숙고해야 한다. 이와 함께 WTO 체제 속에서 소규모 국가의 불리한 위치, WTO는 강력한 로비의 도구, 약소국의 WTO 체제로 귀속 강요, WTO의 비민주적 특징 등도 개선 분야로 열거되고 있다.

6. 비정부기구

지금까지 고찰한 국제기구는 모두 정부간 기구들이다. 그러나 오늘날 국제사회의 다양성과 복잡성을 고려할 때 이들 정부간 기구의 역할 못지않게 비정부기구의 역할 또한 중요하다. 이런 점을 고려하여 지금부터 비정부기구에 대한 논의를 해보자. 비정부기구란 용어는 유엔 창설과 함께 사용되었다. 국제협정에 의해 창설되지 않은 국제기구로 정의되며, 20세기 세계화로 비정부기구의 중요성 또한 상승되었다. 특히 정부간 기구들이 자본가들의 이익에 중점을 두는 반면 비정부기구들은 인권, 개발원조 그리고 지속 가능한 발전 등에 역점을 두었다.

이처럼 오늘날 국제사회에서 주요임무를 수행하고 있는 비정부기구의 기원은 상당히 오래되었다. 최초의 비정부기구 운동은 노예제 반대 운동까지 거슬러 간다. 그러나 이런 초기의 형태를 제외하고 실질적으로 체계적 형태의 비정부기구로 간주될 수 있는 시기는 19세기라고 볼 수 있다. 당시 비정부기구의 특질을 가진 평화단체가 미국과 유럽에서 출현하였다. 또한, 초국가적 노동운동, 자유무역 촉진을 위한 비정부기구와 국제법 강화를 위한 단체도 출현했다. 이런 역사 속에 1863년에 세워진 적십자(international committee of the red cross)가 최초의 비정부 기구 중 하나라고 간주될 수 있다.

그러나 1970년대 중반 이후, 선진국과 후진국에서 비정부기구의 두드러진 성장이 있었다. 1975년에서 1980년에 비정부기구가 감행한 개발원조는 10배 증가하였고, 1992년에는 국제적 비정부기구가 개발도상국에 제공한 개발 원조는 76억불에 다다랐다. 이는 전 세계의 개발원조의 15%를 차지하는 수준이었다. 현재 개발도상국에 위치한 비정부기구는 작게는 6,000개에서 많게는 30,000개로 추정되고 있다.

비정부기구의 함의는 비정부 기구가 빈곤한 이의 이익을 조장하고 그들의 고통을 경감하며, 환경을 보호하고, 기본적인 사회 서비스를 제공하거나 또는 지역발전을 하는 행위를 하는데 있다. 정부로부터 독립된 비영리기구인 비정부기구는 자발적 구조나 자선기금을 바탕으로 한 가치중심적 행동에 초점을 맞추고 있다.

그러나 비정부기구들은 다음과 같은 한계성을 가지고 있다(Josselin and Wallace 2001). 첫째, 비정부기구는 제한적 재정능력과 관리에 있어 전문성이 부족하며, 제도의 능력도 제한적이다. 둘째, 비정부기구는 자가 지속력이 낮으며, 기구간 대화나 협조도 부족하다. 셋째, 소규모의 개입 능력으로 인해 보다 광범위한 사회적 경제적 환경에 대한 이해가 부족하다. 넷째, 대표성, 책임성 및 투명성의 한계가 있고, 누구를 대표하는가에 대한 명확한 정의가 결핍되어 있다. 다섯째, 비정부기구의 내부의 민주적 결핍이 발견되며, 운용 정보의 불공개 등도 개선의 대상이다.

한편, 비정부기구로 분류될 수 있으나, 그 성격이나 목적에 있어 엄연한 차이를 보여주는 다국적 기업이 있다. 다국적 기업이란 일반적으로 수 개국에 걸쳐 영업내지 제조거점을 가지고 있는 기업을 칭한다. 다국적 기업은 모회사가 있는 자국(home country)과 실제 자회사가 있는 지역(host country)에서 동시에 운영된다. 또한, 이들 다국적 기업은 한 국가의 국경선 또는 그 국가의 정치적 경계선에 구애받지 않는다. 특히 세계화로 인해 세계적인 범위와 규모로 영업을 하는 기업으로 시장, 기술, 경영방법의 국제적 공동화가 이루어지고 있는 기업이다.[24] 이와 같은 다국적 기업의 일반적인 경향은 국내의 기업활동과 해외활동의 구별이 없으며 중요시되는 것은 그 기업의 이익으로 이익

획득을 위한 장소와 기회가 있으면 언제 어디로든 진출하는 것이다. 이런 속성을 지닌 다국적 기업이 바로 국제관계에 지대한 영향을 끼칠 수 있다. 예를 들어, 다국적 기업은 정치인들이 자신의 선거구에서 활동함에 있어 이들 기업의 이익에 유리한 방향으로 행동하도록 영향을 미칠 수 있다. 뿐만 아니라, 공공분야나 정책 로비에 있어 이들 기업들은 막강한 자금력을 사용하여 이들 기업에 유리한 방향으로 정책이나 정치가 흘러가도록 영향을 끼친다. 이런 현상은 일부 특정 지역이나 국가에만 국한되는 것이 아니라 전 세계 전반적으로 발생하기 때문에 이들 다국적 기업이 국제 관계에서 끼치는 영향은 지대하다.

---

24) 물론 시각에 따라 다국적 기업이 세계를 상대로 활동한다는 명제를 부정하는 연구도 있다. 예를 들어, 러그만(Rugman, 2005)은 다국적 기업은 특정 지역을 바탕으로 발생, 운영되고 있다고 주장했다.

참고문헌

- 김계동 외 다수 (편역) (2007) 국제기구의 이해 : 글로벌 거버넌스의 정치와 과정 (서울 : 명인문화사)

- Alan M. Rugman (2005) "Globalization and regional international production", in John Ravenhill (ed.) *Global Political Economy* (Oxford : Oxford University Press).
- Clive Archer (1992) *International Organizations*, 2nd Ed. (London : Routledge)
- Ernst Haas (1964) *Beyond the Nation-State* (CA : Standford University Press).
- Daphne Josselin and William Wallace (2001) eds. *Non-State Actors in World Politics* (New York : Palgrave).
- David Armstrong, Lorna Lloyd and John Redmond (2004) *International Organization in World Politics*, 3rd ed. (Houndmills : Palgrave Macmillan).
- John J. Mearshimer (1995) "The False Promise of International Institutions", *International Security*, vol. 19.
- John Gerad Ruggie (1982) "International Regimes, Transactions and Change : Embedded Liberalism in the Postwar Economic Ordre", *International Organization*, vol. 36, no. 2.
- LeRoy A. Bennet and James K. Oliver (2002) *International Organizations : Principles and Issues*, 7th ed. (New Jersey : Prentice Hall).
- Margaret P. Karns and Karen A. Mingst (2004) *International Organizations : the politics and processes of global governance* (Lynne Reinner Publishers)
- Peter Haas (1992) *Knowledge, Power, and International Policy Coordination, special issue of International Organization*, vol. 46.

국제정치경제
국제정치의 이해

:: 윤성욱

I. 국제정치경제학의 이해

1. 국제정치경제학의 정의

1997년 6월 태국은 오랫동안 유지해오던 자국 통화인 바트(Baht)화의 미국 달러화에 대한 환율 고정을 포기하였다. 그 이전까지 태국은 새로운 아시아의 호랑이 중 하나로 불릴 만큼 급속한 경제 성장을 이루어오고 있었지만, 소수의 투자자 및 통화 트레이더들은 태국 경제의 지속적인 성장 및 이익에 의구심을 가지면서 자신들의 투자금을 환수하기 시작하였다. 이러한 자금의 유출은 결국 태국 중앙은행으로 하여금 자국 통화의 강제적인 가치 하락(devalue)을 유도하였고, 이로 인하여 인근 아시아 국가들 – 인도네시아, 대한민국 등 – 에 투자되었던 자금의 급속한 유출로 번졌다. 결국 이들 국가들은 국제통화기금(International Monetary Fund, IMF)에게 구제요청을 하기에 이르렀고, 이러한 상황을 우리는 1997 아시아 금융위기라고 부른다.

대부분의 국제정치경제학 교과서가 1997년 아시아 금융위기를 예시로 사용하고 있는데, 여기에는 국제정치경제학을 이해하는데 있어 중요한 단서를 제공하기 때문이다. 가장 근본적인 질문은 '1997년 아시아 금융위기의 원인은 무엇인가' 그리고 '과연 국제금융시스템은 효과적으로 작용하는가'이며, 이에 대한 해답은 아직도 다양한 이론적 논리를 토대로 논의가 진행 중이다. 아시아 금융위기의 원인은 단순히 경제적 요인 - 예를 들어, 외환 보유고 부족, 과다한 단기 부채 등 - 뿐만 아니라 비경제적 요인 - 예를 들어, 정부 정책의 실패, 급속한 자유화에 따른 부작용, 자본주의 체제에 대한 비판 등 - 에 의해서도 설명되고 있다. 결론적으로 국제정치경제학은 국제 사회에서 발생하는 다양한 정치적 또는 경제적 현상에 대해서 설명하고 있는 학문이다. 그러나 우리 주변에서 발생하는 각종 현상에 대해서 정치와 경제를 분리하여 분석하는 이분법적 사고를 지양한다. 즉 시장(markets)이라는 요소가 거대한 사회정치적 시스템(socio-political system) 속에 내재되어 있다는 전제하에 정치와 경제는 상호작용(interaction)하는 불가분의 관계를 가지고 발전되어 왔는데 이 학문이 정치경제학(political economy)이다. 이를 토대로 로버트 길핀(Robert Gilpin 2001)의 정의에 따르면 국제정치경제학은 국제관계의 정치와 경제의 상호작용(interaction)을 연구하는 학문이다. 아울러 찰스 킨들버거(Charles Kindleberger)는 경제는 시장 기능에 의해서 정치는 정치권력을 통해서 희소한 자원(scarce resources)을 배분(distribution)하고 있지만 양자 사이에는 긴밀한 상호작용이 있다고 주장한다. 이러한 관점에서 국제정치경제학이 기본적으로 탐구하는 분야는 한정된 자원의 배분과 그 배분을 둘러싼 국제관계에서 힘(power)과의 관계, 다시 말해 '누가 무엇을 언제 어떻게 갖느냐'(who gets what, when and how?)와 연관되어 있다고 할 수 있다. 국제정치경제학의 정의에 대한 논의를 도식화하면 다음 그림 1과 같다.

〈그림 1〉 국제정치경제의 영역

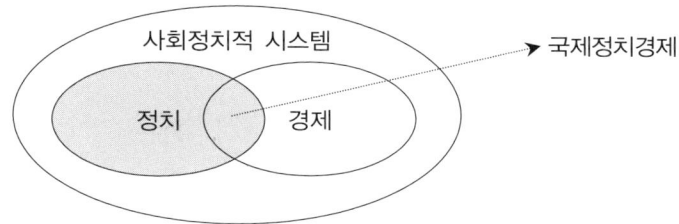

출처 : David N. Balaam and Michael Veseth, Introduction to International Political Economy (New Jersey: Prentice-Hall, Inc. 1996)

2. 국제정치경제학의 연구대상

국제사회는 과학 기술, 통신, 교통 등의 발전으로 인해 더욱 '개방사회'(open society)의 양상을 보이고 있다. 아울러 기존에 국제관계를 이해하는데 있어 핵심이 되었던 국가 중심적 사고에 한계를 나타내고 있다. 이러한 문제의 중심에는 국가 이외의 다양한 행위자, 예를 들어 개인, 기관, 이익단체, NGO, 다국적 기업 등의 역할이 국제관계를 이해하는 데 있어 중요한 역할을 담당하고 있기 때문이다. 이러한 국제관계 속에서 국제정치경제를 이해하기 위해서는 결과적으로 다양한 행위자들의 활동, 이들과 국가와의 관계, 행위자들 간의 상호작용 등을 이해할 필요가 있다. 아울러 정치와 경제를 더 이상 분리하여 생각하기 힘든 시대인 것과 마찬가지로 국내와 국제사회간의 상호작용도 서로 밀접하게 연관되어 있다. 이를 토대로 볼 때 국제정치경제가 연구하는 대상은 - 물론 다음의 대상으로 한정지을 수는 없지만 - 다음과 같이 살펴볼 수 있겠다. 본 장에서는 아래 나열한 연구 분야를 보다 심층적으로 다루도록 하겠다.

첫째, 국제정치경제학의 다양한 이론들은 국제관계학, 정치학 또는 다른 사회과학 분야의 이론들과 마찬가지로 일련의 현상들을 분석하고 이해하는데 있어서 가장 핵심적인 연구 분야이다. 여타 유사 학문 분야보다 길지 않은 역사를 가지고 있지만 국제정치경제학 이론도 다양하게 논의되어 오고 있다. 본 장에서는 중상주의 및 경제 자유주의를 시작으로 현실주의, 자유주의, 급진주의 이론을 중심으로 살펴보도록 하겠다.

둘째, 국제교역 분야는 국제정치경제학에서 가장 활발한 연구대상 중 하나이다. 특히 WTO 창설이후 국제 교역의 자유화 및 이에 대한 반발, 최근 활발히 진행되고 있는 양자간 자유무역 협정, 즉 FTA 체결, 이와 더불어 지역간 경제협력 강화 등 국가를 포함한 다양한 행위자들의 상호작용이 가장 활발하게 진행되고 있는 분야이다. 세계화(globalisation)에 따른 글로벌시장(global market)의 등장에 따라 국제 교역은 국가간의 총성 없는 정치의 격전장으로 비유될 만큼 국제정치의 영향을 많이 받고 있으며, 국제질서 확립에 국제 교역이 차지하는 비중은 점점 커지고 있다고 할 수 있다.

셋째, 국제교역과 밀접한 연관이 있는 분야는 국제 금융 및 통화체제라고 할 수 있다. 미국의 달러화의 예에서 볼 수 있듯이 국제 기축통화를 가지고 있는 국가의 힘은 국제사회의 패권국으로서의 역할을 수행하는데 가장 강력한 무기가 되고 있다. 2차 세계대전 이후 미국의 주도로 설립된 IMF의 역할은 1997년 아시아 금융위기에서 여실히 증명된 바가 있고, 과거 일본 엔화의 국제화 시도 및 유로화의 등장, 그리고 최근의 중국 위안화의 역할 증대 등은 국제 사회에서 자국 통화의 영향력이 국제 금융 질서에 막대한 영향을 끼치고 있음을 알 수 있다. 이와 더불어 금융 자유화 이후에 빈번하게 발생하고 있는 금융 위기도 국제정치경제학에서 중요한 문제로 다루어지고 있다.

넷째, 앞에서 언급한 교역 및 통화와 밀접한 연관이 있으면서 현재 세계화와 맞물려 진행되고 있는 중요한 현상은 지역주의(regionalism)라고 할 수 있다. 과거 NAFTA, EU, ASEAN 등의 예에서 볼 수 있듯이 지역화(regionalisation)는 경제통합을 중심으로 진행되고 있으며, 국제 사회에서 점차 막강한 영향력을 행사하고 있다. 현재 다양한 형태의 지역통합이 존재하고 있고, 새로운 지역통합 움직임 - 예를 들어, 동아시아 지역의 ASEAN+3 - 도 논의되고 있는 실정이다. 이러한 지역통합은 최근의 국제정치경제 질서를 이해하는 데 필수적인 현상으로 받아들여지고 있다.

그 밖에 다국적기업(Multi-National Corporations, MNCs)의 역할 및 이들의 해외직접투자(Foreign Direct Investment, FDI), 생산의 세계화, 세계화가 국가에 미치는 영향, 세계화와 경제개발, 에너지 및 환경 문제, 국제안보의 정치경제 등을 주요 연구 대상으로 꼽을 수 있다. 그러나 본 장에서는 위에서 언급한 처음 네 가지 이슈를 우선적으로 설명해 나가도록 하겠다.

II. 국제정치경제학의 이론

국제정치경제학은 국제관계학의 하위 분야(sub-field)로서 1970년대 이후 본격적으로 발전하기 시작했다. 1970년대를 기준으로 구분하는 데에는 다양한 이유들이 존재한다. 라벤힐(Ravenhill 2008)에 따르면, 2차 대전 이후 국제경제는 상대적으로 안정적인 시기를 보내오다가 1960년대 후반 이후 미국의 베트남 참전 등 재정지출 확대와 국제수직 악화로 1971년 당시 닉슨 대통령은 미국 달러화와 금의 교환 정지를 선언하였다. 이는 전 세계 경제에 충격을 주었을 뿐만 아니라 사실상 고정환율제에서 변동환율제로 넘어가는 전환점이 되었다. 또한, 중동의 석유 수출 국가들의 결집 및 이스라엘과의 전쟁으로 인한 석유가격 폭등, 일본 및 동아시아 국가들의 부상으로 인한 선진국들의 피해 증가, 경제적 이익의 관점에서 동서간 긴장완화 등이 주요한 이유라고 주장하고 있다. 즉, 기존에 경제학자들에게만 맡겼던 일련의 문제들에 대해 1970년대 이후 정치학자들의 관심이 집중되면서 정치경제학이 본격적으로 발전하기 시작했다는 것이다.

반면에 이론적인 측면에서 정치학과 경제학이 분리가 초래된 것은 18세기 아담 스미스(Adam Smith) 등의 자유주의 경제학자의 등장이었다. 그 이전에 15세기 유럽에서 민족국가의 출현 이후 유럽 국가들에게 패권전쟁에 필요한 부의 축적은 국가 유지에 필수적인 요건이 되었다. 국가의 부의 증대는 수출 증대를 통한 금, 은의 확보로 이루어졌고, 상당 부분은 식민지 무역을 통해 이루어졌다. 이렇듯 근본적으로 한 국가의 이익은 다른 국가의 손해(Other countries' gain is our country's loss)라는 제로섬(zero-sum) 원칙에 근간하여 상업을 통한 국부의 증대는 국가 안보와 밀접하게 연관되어 있다고 주장한 이론이 바로 중상주의(mercantilism)이다. 16세기 이래 만연했던 중상주의 사조는 이후 보호주의(protectionism)와 같은 신중상주의 이론으로 소개되기도 하였지만, 18세기 자유무역을 강조하는 아담 스미스와 데이빗 리카르도(David Ricardo)의 등장으로 쇠퇴기에 접어들었다.[25]

1. 자유주의

국제정치경제학에서 자유주의에 대한 논의는 앞서 언급한 아담 스미스의 경제적 자유주의로부터 시작할 수 있다. 경제적 자유주의는 중상주의의 비판에서 시작되었는데, 비교 우위 원리에 입각한 자유무역의 중요성을 강조한다. 경제적 자유주의가 사실상 정치와 경제의 분리를 초래하였다는 앞의 주장은 경제의 효율성의 측면에서 정부의 역할과 같은 정치적 요소의 개입을 부정했기 때문이다. 다양한 경제주체들은 이윤의 극대화라는 공통된 목표를 가지고 있기에 어떻게 투자(기업의 측면)하고 소비(소비자의 측면)하는 것이 가장 효율적인지를 가장 잘 알고 있다는 것이다. 즉 시장(market)에서 보이지 않는 손(invisible hand)에 의한 자유로운 경쟁은 개인의 이익을 극대화시키며 궁극적으로 사회 전체의 이익으로 귀결된다고 주장한다. 특히 국가는 가장 효율적으로 생산할 수 있는 물품을 특화하여 생산 및 수출하고 다른 국가의 특화 상품을 수입하는 것이 국제 교역에 참여한 모두에게 이익이 된다는 포지티브 섬(positive-sum) 논리에 입각한 '절대우위(absolute advantage)론'은 중상주의 주장을 정면으로 부인하면서 국제경제에 대한 인식을 바꾸는데 결정적인 기여를 하였다. 이후 데이빗 리카르도는 '비교우위'(comparative advantage)의 원리에 입각한 국가들 사이에 상대적 우위에 있는 품목의 특화로 아담 스미스의 주장을 더욱 발전시켰다.

경제적 자유주의의 전통에 입각한 자유주의 시각은 개인의 도덕적

---

25) 데이빗 흄(David Hume)은 수출의 증대가 궁극적으로 높은 인플레이션과 가격을 초래하고, 수입이 증가한 국가에서는 가격하락이 유발됨에 따라 결과적으로 두 국가 사이에 수출과 수입 구조가 바뀌는 현상이 발생하여 어느 국가도 수출 흑자를 유지할 수 없다고 주장하고 있다.

가치, 윤리적 원칙 및 규범(norm), 자유무역 및 범세계적 제도를 강조한다. 아울러 국제관계는 권력을 위한 투쟁이 아닌 합의 도출과 상호이익을 위한 투쟁으로 이해한다. 다음에 설명할 현실주의 입장과 달리 자유주의는 국가를 유일한 행위자로 보지 않고, 개인을 위시하여 다양한 형태-국가, 기업, 이익 단체 등-의 행위자를 인정하고 있다. 자유주의 관점에서는 또한 상호의 이익을 위해 국가도 개인도 상호 협력이 가능하다고 주장하면서 분쟁(conflict)이 불가피하다고 보는 현실주의의 주장에 반대한다.

현대의 세계 경제는 대체적으로 이러한 자유주의적 관점에 근간을 두고 있다. 이는 자유 무역, 자본의 자유로운 이동, 교역 분야의 협력 강화 등에서 쉽게 찾아볼 수 있다. 자유주의자들은 국제관계와 국제정치경제도 기본적으로 협력적인 상태로 본다. 이러한 관점에서 이들은 국제적인 협력이 가능하다고 주장한다. 이러한 주장은 양차 세계대전이 사실상 국가들의 경제 민족주의 정책에서 비롯되었다고 보고, 국제경제협력을 강화하기 위한 제도 및 경쟁적인 민족주의 정책을 방지하기 위한 규범들이 세계대전 이후 국가들 사이의 합의를 통해 만들어졌음을 강조하고 있다. 나아가 1945년 이후 서구 국가들 사이에서 증가하는 경제 교류, 상호 연계 및 오랜 평화 유지의 관계를 상호의존(interdependence) 이론으로 설명하고 있다. 이러한 이론은 경제적 상호교류의 경제적 정치적 이익을 강조하면서, 종국에는 상호의존이 분쟁을 예방할 수 있다고 주장한다. 이러한 자유주의 시각은 냉전 종식과 자유주의 경제 모델의 급속한 전파로 더욱 설득력을 가지게 되었다.

2. 현실주의

국제관계 및 국제정치경제에 있어 현실주의적 관점은 국가를 유일한 행위자로 보며 국가의 이익과 정부의 역할에 그 초점을 맞추고 있다. 이러한 관점에서 중상주의를 현실주의와 같은 맥락에 놓고 이해하기도 한다. 현실주의는 사실상 그 기원을 거슬러 보면 국제정치경제이론 중 가장 오랜 역사를 가지고 있다. 기원 전 400년 투키디데스의 '펠로폰네소스 전쟁사'를 시작으로 마키아벨리(Machiavelli)의 '군주론', 홉스(Hobbes)의 '만인 대 만인의 투쟁'으로 유명한 '리바이던' 등을 통해 지속적으로 발전되어 왔다.[26] 물론 앞서 설명한 '중상주의'도 '경제적 국수(보호)주의'(economic nationalism)라는 관점에서 그 명맥을 이어오고 있다. 이러한 현실주의 이론에는 다음의 기본적인 가정을 전제로 한다. 첫째, 국제 관계는 무정부(anarchical) 상태이며, 개별 국가는 자국의 이익을 보호하려는 의무를 가지고 있다. 둘째, 국내 및 국제 사회에서 행위자는 국가이며, 개인의 목표는 국가를 통해서 이루어진다고 본다. 이러한 관점에서 국가의 이익 추구는 결과적으로 개인의 목표 달성과 연관되어 있고 이를 위해 시장에 개입할 수 있다는 의미이며, 결과적으로 시장의 기능은 정치적인 힘에 의해서 형성된다고 본다. 국제 사회는 무정부 상태이고, 국가는 자국의 이익을 추구한다는 관점에서 한스 모겐소(Hans Morgenthau 1948)의 주장처럼 힘(power)과 갈등(conflict)은 국제관계의 가장 핵심적인 요소이다. 한 국가의 국민들을 통제할 수 있는 정부와 같은 국가의 상위 개념이 국제 사회에는 존재하지 않기 때문에 각 국가들은 자국의 이익을 극대화하기 위해 끊임없

---

[26] 펠로폰네소스 전쟁에 대한 이해를 위해서는 Nye(2008) 참조.

는 투쟁을 해야 하며, 자체 안보를 위해 군사력 차원들에 관심을 기울인다는 것이다.

국제정치경제학에서 현실주의자에게 국가는 합리적인 행위자로 간주된다. 이는 자유주의자들이 개인을 합리적인 행위자로 가정하는 것과 같은 맥락이다. 국제 정치에서 국가가 힘을 위해 투쟁하는 것과 같이 국제정치경제에서의 국가는 힘과 부(wealth)를 위해 투쟁한다. 즉, 국가는 자국민이 국제경제 체제하에서 자신들의 이익을 극대화시킬 수 있는 능력을 의미한다. 이러한 관점에서 세계 경제의 본질은 가장 강력한 국가의 이익을 반영한다고 주장하고 있으며(O'Brien and Williams 2004), 크라스너(Krasner)와 길핀(Gilpin) 등의 학자는 자유무역 체제의 유지 및 국가들의 분쟁을 줄이기 위해서는 강력한 힘(dominant or hegemonic power)을 가진 국가의 통제가 필요하다고 주장한다. 이렇게 힘과 부의 분배에 있어 국가들 사이에 분쟁이 일어날 수밖에 없는 상황임에 현실주의 이론에 따르면, 국가는 절대적 이익(absolute gains)보다 상대적 이익(relative gains)에 초점을 맞추고 있다고 보아야 한다. 자유주의자들이 주장하는 일련의 현상들 – 예를 들어, 국제기구 등을 통한 국가간 협력, 세계화에 따른 자유 무역 확대 등 – 에 대해서도 결국 이익의 분배는 강력한 경제 및 정치적 힘을 가진 국가에게 돌아가고 있는 것일 뿐이라며, 국가의 역할 축소 등에 대한 주장에 반박하고 있다.

국제정치경제학에서 국가들 간의 힘의 배분이 국제체제 및 개별국가의 특징 및 행태에 어떠한 영향을 미치는가를 분석한 현실주의적 접근이 '패권안정이론'(hegemonic stability theory)이다. 킨들러버거(1973) 등은 국제경제 체제가 가장 안정적이었던 시기는 다른 국가들보다 월등한 힘을 가진 국가, 즉 헤게모니(hegemony)를 가지고 있는 국가가 존재할 때 나타난다고 주장한다. 19세기 영국과 20세기 이후 미국이 이러한 패권국가로서 역할을 수행하고 있는데, 이들 패권국들은 자국의 이익을 위해 다른 국가들의 무역 및 금융시장 개방을 유인하거나 강제하였다. 물론 이에 대한 대가로 국제 체제가 안정적으로 유지될 수 있도록 패권국으로서 공공재 제공 등과 같은 역할도 일정 부분 수행하지만, 결과적으로는 국제경제 체제 내에서 자국의 이익을 구체화시키기 위해 정치적인 힘을 추구한다는 것이다.

3. 비판주의

비판이론(critical theory) 또는 급진이론(radical theory)은 현실주의 및 자유주의 이론과 더불어 국제정치경제학의 핵심 이론 중 하나이다. 이 이론의 중심에는 19세기 자유주의에 대한 반발로 등장한 맑시즘(Marxism)과 맑스의 시각을 제국주의 연구로 확대한 레닌(Lenin)이 있다. 자유주의자 이론의 중심에 '자유 경쟁 시장에서 합리적인 개인의 효율성 극대화'가 있었다면, 맑스는 자본주의 그 자체가 시장을 지배계급인 자본가와 피지배계급인 노동자 사이의 부의 양극화를 발생시키는 근본적인 요소로 보고, 자본주의 그 자체에 대해 비판하고 있다. 즉, 맑시즘의 초점은 국가의 이익이 아닌 계급(class)과 노동자들의 이익이다. 이러한 자본주의가 종국에 생산수단을 소유한 지배 계급과 노동을 팔지만 정당한 대가를 못 받는 피지배 계급 사이의 적대 관계를 등장시켰고, 이러한 자본주의에 내재되어 있는 모순은 자본축적이 진행됨에 따라 피지배 계급인 프롤레타리아들이 그 체제에 대항함으로써 자본주의는 사회주의 경제체제로 대체될 것이라고 맑스는 주장하였다. 이러한 맑스의 주장이 사실상 일국의 차원에서 가정된 것이었다면, 레닌의 제국주의 이론은 19세기 중반 이후 제국주의가 확산되어 가는 상황에서 자본주의의 모순은 계급투쟁보다는 국가간 투쟁에서 발생된다고 보았다. 자본주의의 성숙에 따른 생산 능력의 발전은 결국 식민지 획득을 통한 재고 상품 처리, 자원 확보, 잉여 자본의 해외 수출 등을 통하지 않고서는 경제침체와 같은 내부적 문제를 해결할 수 없다는 것이다. 그러나 레닌이 제기한 문제점은, 자본주의적 국제경제는 본질적으로 불균등한 성장을 초래할 수밖에 없고, 자본주의 국가들은 쇠퇴와 부상을 반복함으로써 경제적, 정치적 경쟁이 심화되고 급기야 전쟁이 발생한다고 주장한다. 이러한 비판적 이론은 종속이론(dependence theory), 세계체제론(World-System Theory) 및 페미니즘(feminism)의 발전에도 영향을 주었다.

Ⅲ. 국제정치경제학의 주요 이슈들

1. 국제통상의 정치경제

2차 세계대전 이후 세계 경제의 화두는 유럽을 중심으로 황폐된 국제경제의 재건이었다. 전후 세계 경제의 패권국으로 등장한 미국을 중심으로 미국의 동맹국들은 1944년 미국의 브레튼우즈(Bretton Woods)에서 전후 세계의 경제 질서에 대해 협의하고 IMF와 IBRD의 창설과 국제 교역을 담당할 기구의 필요성에 대해 합의하였다. 이듬해인 1945년 미국은 동맹국들을 중심으로 상품 교역에 있어서 상호간의 관세를 낮추는 다자간 협정을 체결하기 위한 협상을 시작하였고, 1948년 하바나에서 ITO(International Trade Organisation) 헌장(Charter) 협상을 종결하였다. 전후 국제 자유 교역 레짐(regime)은 기본적으로 자유 무역과 다자차원의 규범을 바탕으로 개별국의 행위를 제한하는 미국의 이익이 반영되어 있었지만, 종국에는 미국 의회에서 비준되지 못하면서 ITO의 설립은 무산되고 말았다. 이와 동시에 진행되었던 '관세 및 무역에 관한 일반 협정'(General Agreement on Tariff and Trade, GATT)은 1947년 제네바에서 합의에 이르렀고, ITO 설립이 무산됨에 따라 국제레짐의 한 형태로 존재한 GATT가 국제교역과 관련하여 사실상(de facto) 국제기구로서 역할을 수행하였다.

GATT 체제 이후 상당한 관세 인하로 인해 국제 교역은 급격하게 증가하였지만,[27] 전후 냉전시대의 안보 우선 논리에 따른 국제경제 문제에 대한 경시, 다양한 협상 이슈 개발의 실패 등으로 인하여 큰 역할을 하지는 못한 것으로 평가되고 있다.[28] 그러나 무엇보다도 중요한 GATT 체제가 가진 한계는 GATT 규범력의 한계 및 법적 결함에서 찾을 수 있다. GATT의 규제를 회피하기 위한 회색지대조치(grey area measures),[29] 분쟁해결 절차(dispute settlement mechanism) 결함 등을 그 예로 들 수 있다. 이러한 GATT 체제의 결함들을 보완하기 위해 제8차 우루과이라운드(UR)에서 회원국들은 GATT보다 더 많은 영역을 포함하고 더욱 강력한 법적 구속력을 가진 WTO를 출범하기로 합의

---

[27] GATT 이후 진행된 1-5차 협상 라운드까지 평균 30%의 관세가 인하되었고, 6차 케네디 라운드에서는 반덤핑 협정, 7차 도쿄 라운드에서는 비관세장벽 관련 논의가 진행되는 등 국제무역의 자유화에 상당부분 기여한 것으로 평가되고 있다.
[28] 예를 들어 농산물 분야는 선진국들에게조차 상당히 민감한 분야였기에 우루과이 라운드(1986-93) 때까지 보호주의 정책을 고수하였다.
[29] 회색지대조치는 GATT 규정을 회피하기 위해 주로 선진국에서 자국 산업의 보호를 위해 GATT 규정에 없는 '수출자유규제', '다자간 섬유 협정' 등을 이용하여 세이프가드(safeguard)와 동일한 목적을 달성하는 것을 의미한다.

하였다.

1995년 출범한 WTO는 상품 분야 이외에 서비스, 지적재산권, 위생 및 식물위생 조치(Sanitary and Phytosanitary Measures, SPS), 무역에 대한 기술 장벽(Technical Barriers to Trade, TBT), 투자(Trade-Related Investment Measures, TRIMs) 등을 포함하고 있으며, 강화된 분쟁해결 절차와 무역정책 검토 제도(Trade Policy Review Mechanism, TPRM) 등을 추가하였다. 그러나 여전히 선진국과 개발도상국 사이에 다양한 이슈들 - 특히 농업 및 환경 분야 등과 같은 - 에서 합의를 이루지 못하고 있으며, 2001년 새롭게 시작한 도하개발의제(Doha Development Agenda, DDA) 협상도 농업 보조금 등의 문제를 둘러싼 회원국 간의 이해 상충과 전 세계적으로 확산된 경제 위기 등으로 인해 협상이 지지부진한 상태이다.

국제정치경제학의 관점에서 WTO를 중심으로 일어나는 국제 교역과 관련한 문제는 다양하지만, 대표적으로 개발도상국 관련 이슈, 지역무역협정(Regional Trade Agreement, 이하 RTA),[30] WTO 규범의 합법성 및 국내법과의 관계, 비관세장벽(non-Tariff Barrier, 이하 NTB)과 같은 새로운 무역장벽 등을 꼽을 수 있다.

개발도상국의 이익과 관련해서는 무엇보다도 교역의 자유화가 개발도상국의 경제 발전 및 산업화를 촉진시키는지와 이들 국가에게 자국 산업을 보호할 수 있는 특혜를 부여해야 하는지 등이 주요 쟁점사항이다. 대부분의 개발도상국들이 농산품의 수출에 의존하고 있다는 점을 고려할 때, 문제는 대부분의 선진국들은 공산품의 수출을 위한

---

30) 지역주의와 관련해서는 다음 2절에서 별도로 다루도록 하겠다.

교역 자유화를 주창하면서도 자국 농산품 시장을 보호하려고 한다는 점이다. 선진국의 농업 보조금 문제도 선진국 및 개발도상국들 사이에서 끊임없는 논쟁거리로 남아있다. 한국의 경우에서 볼 수 있듯이 세계 10위권의 교역국이면서도, 쌀 수입과 관련해서는 개발도상국 지위를 부여받고 있다. 이에 따라 한국은 쌀 시장을 개방하는 대신 일정량의 쌀을 수입해야 하는 의무를 지고 있지만, 최근에 쌀 소비량 감소 등을 이유로 차라리 쌀 시장을 개방하는 편이 유리하다는 주장이 제기되고 있다. 이러한 개도국과 관련한 문제는 농업 분야뿐만 아니라, 섬유, 서비스, 지적재산권 등에서도 제기되고 있다. 가장 근본적으로는 WTO 체제하에서 기본적으로 개발도상국 우대 조항이 있다는 점에서 출발하지만, 자국의 이익을 포기하면서까지 다른 개발도상국에게 특혜를 줄 수 있는 국가들이 과연 있겠느냐가 핵심 질문이라 할 수 있다.

합법성(legitimacy) 이슈와 관련하여 WTO 상에서 이루어지는 정책 결정은 국민들의 의견이 반영되지 못하고, 정치 및 재계의 일부 힘 있는 개인 및 집단의 영향력만이 반영되고 있다는 주장은 끊임없이 제기되고 있다. 이러한 이슈는 WTO의 의사결정 과정이 과연 민주적인가로 확대 해석되고 있는데 이는 WTO의 의사 결정이 아직도 상당부분 비밀스럽게 이루어지고 있다는 주장에 기인한다(O'Brien and Williams 2004). 물론 WTO 체제 옹호자들로부터 이에 대한 반박 의견이 나오고 있지만, WTO가 정부간주의(intergovernmental) 체제를 유지하고, 그 회원국 정부들 사이에 힘의 논리가 존재하는 한 민주적 의사결정에 대한 논의는 계속될 수밖에 없을 것이다. 이러한 논의는 최근에 활발히 진행되는 각종 무역협정 체결에 있어서 자국 정부가 무역협정 체결에 따른 패자산업의 입장을 얼마나 고려하였는지, 국민들의 의견을 얼마나 반영하였는지, 강대국과의 협상 과정에 있어 힘의 논리가 작용하였는지 등과 연계되어 계속되고 있다.

앞서 중상주의와 신중상주의 사조에 대해 간단하게 설명한 바와 같이 교역의 자유화의 심화에 따른 자국 산업의 보호를 위한 새로운 형태의 무역장벽이 등장하고 있다는 점도 최근 국제 교역에 있어서 중요한 이슈로 부각되고 있다. 이러한 비관세장벽은 기술규정, 국제표준, 적합성 평가 절차 등 점차 기술적인 부분으로 확대되어 가고 있으며, WTO 상에서 일반적인 예외로 규정한 환경 및 인류의 건강 보호라는 조항에 따른 다양한 환경 규제에 대해서도 WTO 규범 위반 여부인지, 비관세장벽인지 여부를 가리는데 국가간의 입장이 상충되고 있다. 상기 언급한 다양한 분야 중 국제표준을 예로 들어보면, 최근 WTO 및 양자간 무역 협상에서 특히 선진국을 중심으로 자국의 기술 표준을 국제표준으로 제정하기 위한 다양한 논의들이 진행되고 있다. 최근에 타결된 한국과 EU의 FTA 협상에서 볼 수 있듯이 EU는 자국이 채택한 자동차 안전기준에 따라 제작된 차량의 한국 판매를 허용해줄 것을 중요 의제로 제시했고, 이는 비관세장벽분과에서 다루어졌다. 이러한 논의는 미국의 안전기준과 EU의 안전기준이 자동차 안전기준의 국제표준화 작업에서 경쟁적인 위치에 있다는 관점에서 보았을 때, 세계 제5위의 자동차 생산국인 한국이 EU의 안전기준을 인정해주었다는 점은 시사하는 바가 상당히 크다고 할 수 있다. 기술의 발전, 이에 따른 새로운 상품의 등장과 관련 기술 표준 및 제도의 도입 등을 고려할 때, 향후 국제교역에서 비관세장벽에 대한 논의는 가장 핵심적인 부분이 될 수도 있다.

2. 지역주의와 정치경제

지역주의(regionalism)의 사전적 의미는 둘 이상의 정부간에 합의되는 공식적인 협력 절차(formal collaboration process)를 의미한다. 굳이 구분하자면 지역화(regionalisation)의 경우에는 특정 지역 내에서 경제적 상호의존(interdependence)이 증가하는 것을 의미한다. 여기서 말하는 지역이란 자연적으로 주어진 지역이 아닌 국가가 필요에 따라 정의한 사회적 구성(social construction)을 의미한다. 예를 들어 EU가 인도와 경제 협력을 위한 협정을 체결하는 것은 자연적인 지역 구분(유럽과 아시아)으로 설명할 수 없다는 의미이다.31) 사실상 지역주의는 경제적 통합뿐만이 아니라 정치적인 통합도 포함될 수 있다. EU의 예에서 볼 수 있듯이 2차 대전 이후 황폐한 국가의 재건을 위해 석탄과 철광석의 공동 관리 및 사용을 위해 시작한 유럽 통합은 통화 통합을 넘어 정치 통합까지도 시도하고 있다고 볼 수 있다. 그렇다면 이러한 지역 통합이 국제정치경제학적 관점에서는 어떻게 논의되고 있을까?

최근에 가장 활발히 논의되고 있는 FTA의 예를 들어보면, 2010년 7월 31일 기준으로 WTO에 보고된 지역무역협정(Regional Trade Agreement, 이하 RTA)은 총 474개에 이르고 있다. 앞서 설명한 바와 같이 WTO를 중심으로 다자간 무역협상이 진행되고 있는 와중에 양자간 또는 지역간 별도의 무역협정의 체결 건수가 급속하게 증가하고 있다. 국가들이 다양한 형태의 RTA를 체결하는 데는 다양한 요인들이 있다. 무엇보다도 중요한 요소는 경제적 이익이라고 할 수 있다. 한국과

---

31) 지역주의, 지역화, 지역통합 등 다양한 용어들이 사용되고 있지만, 본 장에서는 이 용어들 간의 미묘한 차이는 무시하고 단지 한 국가가 다른 국가(들) 또는 지역과 경제협력을 위한 협정 체결 또는 협상을 개시한다는 의미로 사용하도록 하겠다.

미국과의 FTA를 놓고 볼 때, 한국은 미국이라는 거대한 시장에 FTA를 통한 관세철폐로 경쟁국보다 유리한 위치를 차지할 수 있다. 중장기적으로는 GDP 증가, 실업률 감소, 투자 확대 등 다양한 형태의 경제성장을 유발할 수 있다고 주장되고 있다. 그러나 단지 경제적인 이유가 미국을 FTA 협상 대상국으로 선정한 이유일까? 한국은 미국과의 FTA를 통해 한미 동맹 강화라는 정치적인 목적을 달성하려고 한다는 점은 양국 정상들이 공공연하게 밝혀온 부분이다. 미국도 한국과의 FTA 체결을 통해 동아시아 지역에서 일어나는 경제통합 움직임에 소외되지 않으려는 의도가 있다고 볼 수 있다. 경제적 요소가 FTA 체결에 절대적인 요소가 아니라는 점은 한국이 최초로 체결한 칠레와의 FTA에서도 찾아볼 수 있다. 한국과 칠레는 서로에게 중요한 교역 파트너라고 말하기 힘들었다. 물론 한국 정부의 공식 입장은 칠레와의 FTA 체결을 통한 남미 진출의 교두보 확보였지만, 칠레 이후 현재까지 남미 국가들과 체결된 FTA는 더 이상 나오고 있지 않다. 한국이 칠레와 FTA를 체결하기 전 상황을 보면, 당시 WTO 회원국 중 단 한건의 FTA도 체결하지 않은 국가는 한국과 몽고뿐이었다. 다시 말해 한국은 남미에서 가장 투명하고 개방적인 무역 정책을 펴고 있으면서 이미 다양한 국가들과 FTA를 체결한, 게다가 양국간에 민감 품목이 적어 FTA 협상이 용이하다고 판단되는 칠레를 FTA 협상 대상국으로 선정했다고 볼 수 있다.

즉, 칠레와의 FTA 체결을 통해 전 세계적인 현상이 FTA 체결에서 소외되어 있는 상황을 극복하려는 의도가 있었다고 볼 수 있다. 이 또한 경제적인 요소라기보다는 비경제적 - 정치적 또는 전략적 - 요소가 크게 작용한 FTA라고 평가할 수 있다.[32] 결론적으로 지극히 경제적 분야인 무역 협정 체결에 있어서 단순히 경제적 이익이라는 요소 이외에 다양한 비경제적인 요소가 동인으로 작용할 수 있다는 점에 주목할 필요가 있다.

아울러 FTA 체결에 따른 이익 집단 사이의 이해관계 상충도 국제정치경제학에서 중요한 문제로 다루어지고 있다. 한국의 예를 다시 들면, 한국이 체결한 FTA를 통해 보통 승자 산업은 제조업, 패자 산업은 농수산업으로 나뉜다. 대체적으로 패자 산업은 FTA를 포함한 무역 자유화에 반대를 하는 경향을 보이고 있다. 또한, 심화되어 가는 지역 통합에 따른 국가의 주권(sovereignty) 약화 문제, 지역 통합에 있어 국가의 역할 또는 파급효과(spillover effect)를 강조하는 이론 논쟁 등에 대해서도 다양한 주장이 제기되고 있다.

끝으로 다양한 형태의 지역통합이 과연 세계 무역의 자유화에 디딤돌(stepping stone) 혹은 걸림돌(stumbling bloc)인지에 대한 논쟁도 찬반 양론이 팽배하다. 그 중에서도 다양한 형태의 RTA는 RTA마다 서로 다른 규정(예: 원산지 규정 등)을 채택하고 있어 오히려 자유로운 교역에 방해가 된다는 '스파게티볼 효과'(spaghetti bowl effect)도 설득력 있는 주장으로 받아들여지고 있다. 이러한 주장과 연관하여 지역화와 세계화에 대한 관계설정도 주된 관심사 중 하나이다. 과연 지역화가 세계화에 효과적으로 대응하기 위한 방안인지, 아니면 세계화의 과정 중 하나로 이해할 수 있는지에 대한 논의가 바로 그것이다.

---

32) 이에 대한 자세한 설명은 윤성욱(2009) 참조. 아울러 Ravenhill(2008)은 이러한 소외현상을 'marginalisation syndrome'이라고 부르고 있다.

3. 국제통화 및 금융의 정치경제

최근 세계무대에서 중국의 위상은 과거 어느 때보다 높다고 할 수 있다. 현재 세계에서 유일하게 미국의 위상에 도전할 수 있는 나라로 중국을 꼽는데 주저하는 사람은 거의 없을 것이고, 이를 반영하듯 미국과 중국을 일컫는 'G2'라는 용어가 일반화되고 있다. 물론 가장 기본적으로는 급속한 중국의 경제성장이 바탕이 되고 있지만, 이를 토대로 한 중국 위안화의 세계화 전략도 큰 몫을 차지하고 있다. 브레튼우즈 체제 이후 세계의 기축통화 역할을 해오고 있는 미국 달러화의 경우 지난 2007년 미국의 서브프라임 모기지 사태로 미국을 포함한 많은 국가들이 경제위기에 봉착하면서, 미국 달러화의 위상, 미국식 자본주의에 대한 회의가 고개를 들기 시작했다. 이미 지난 수십 년간 미국 달러화의 세계 기축통화로서의 역할에 끊임없이 비판을 제기했던 프랑스를 위시하여 미국 중심으로 운영되는 국제통화체제 및 금융 제도에 대한 개혁이 요구되기도 하였고, 이러한 논의는 현재도 진행 중이다. 사실상 미국발 경제위기 상황에서 가장 강력한 도전자로 나설 수 있었던 통화는 바로 유로화라고 할 수 있다.

2002년 법적 통화로서 유로화의 사용은 사실상 국제통화체제에서 미국 달러화의 일극체제를 양극체제로 전환시킬 수도 있겠다는 주장이 기정사실처럼 받아들여졌지만, 미국의 경제위기와 맞물려 유로화 사용국 - 소위 PIGS로 불리는, 포르투갈, 아일랜드, 그리스, 스페인 - 들의 재정위기로 인하여 유로화의 환율 하락 등을 초래하는 등의 위상 약화의 결과를 초래하였다. 그러나 중국 정부는 2007년 6월 처음으로 인민폐 채권을 홍콩 시장에 판매한 이후, 2008년 광둥성, 창강 삼각주 및 홍콩과 마카오 간에, 그리고 광시와 윈난 지역을 아세안과 대외

무역시 인민폐로 결재하는 시범 지역으로 지정하였다. 이후에도 상하이 등 5개 대도시에서 대외 무역시 인민폐 결재를 허용하고, 러시아와 무역 대금을 인민폐와 루블화를 사용하는데 합의, 몽고 등 주변 8개국과의 무역거래에서는 인민폐를 시범적으로 사용하기로 하였다. 이와 더불어 한국 등 6개국과 6,500억 위안에 달하는 통화스와프를 체결하기도 하였다.33) 결과적으로 중국 정부는 인민폐의 사용 범위를 기존의 국내적 사용에 국한해 오다가 점차 대외적인 사용을 허용하는 정책적 변화를 시도하고 있다. 이러한 정책 변화는 중국이 인민폐의 국제화에 나서고 있다는 점을 의미한다.

그렇다면 과거 일본이 자국 경제의 호황기에 일본 엔화의 국제화를 시도했던 것처럼, 그리고 지금의 중국처럼, 이들 국가들이 자국 통화를 국제화시키려는 이유는 무엇일까? 우선 정치적 측면에서 통화주권(monetary sovereignty) 확대를 들 수 있다. 한 국가가 자국 통화를 발행 및 관리함으로써 자국의 경제를 관리하는 것처럼, 국제 통화를 발행하는 국가는 국제경제를 관리할 수 있다. 아울러 국제 통화를 가지고 있다는 점은 국제경제 체제에서 정치적 상징이자 권위를 의미하는 것임에 정치력의 확대를 꾀할 수도 있다. 경제적인 측면에서 보면 화폐주조차익(seigniorage)과 거시경제 운용의 편의성 등을 들 수 있다. 특히 대부분의 국가들이 과세(taxation)나 금융시장으로부터의 차입 등을 통해 국가 세입을 증대하지만, 국제통화 발행국은 화폐주조차익이라는 부가적인 수입원이 생기게 된다. 이러한 논리에 대한 입증은 미국 달러화를 통해 쉽게 알 수 있다. 미국의 경우 오랜 기간 동안 엄청난 무역

---

33) 중국 인민폐의 국제화에 대한 보다 자세한 내용은 주장환, 윤성욱(2009) 참조.

및 재정적자에 직면해 있지만 어느 누구도 미국이 그리고 미국 달러화의 역할이 끝날 것이라고 쉽게 예상하지 못한다. 세계의 기축통화인 달러화의 역할은 석유를 비롯한 각종 천연 자원 및 곡물 등의 가격 책정, 전 세계 국가들이 외환 보유고로 보유한 달러화 및 달러화 표시 채권, 미국이 포함되지 않은 제3국들 사이에서 무역 거래시 달러화 사용 등으로 사용되어지기 때문에 많은 국가들은 달러화와의 환율을 주의 깊게 관찰해야만 한다. 환율 변동은 자국의 대외 부채, 무역 거래, 자원 수입, 외환 보유고의 변화 등과 밀접하게 연관되어 있기 때문이다. 즉, 미국은 기축 통화를 발행하는 입장에서 그에 따른 책임과 함께, 국제경제 및 정치 무대에서 막강한 실력을 행사할 수 있는 것이다.

1976년 킹스턴 체제를 통해 공식적으로 변동환율제를 도입한 이래에도 미국이 주도하는 국제 금융 및 통화 체제는 유지되었다. 미국은 특히 1980년대 들어 신자유주의 경제정책과 함께 금융 시장의 개방을 주도하였다. 세계 금융시장이 개방되면서 많은 국가들은 더 많은 FDI를 유치하기 위한 경쟁에 뛰어들기 시작했다. 이러한 해외 자본의 유입은 경제성장의 단초를 제공해주기도 하지만, 반면에 많은 국가들을 금융위기에 직면하게 만들기도 하였다. 이는 금융 시장 개방에 따른 투기성 자본의 자유로운 이동에 기인한 바가 크다. 아울러 금융 시장 개방으로 상호 의존이 증가함에 따라 한 국가의 금융 위기는 전 세계적으로 일파만파 퍼져 나가는 현상도 발생하게 되었다. 그러나 금융 시장 개방 또는 보다 일반적인 관점에서 자본의 자유로운 이동은 더 이상 국가의 선택권이 없는 분야로 간주되는 경향이 있다. 국제정치경제학에서 한 국가가 '고정환율제', '자유로운 통화 정책 권한', '자본의 자유로운 이동'을 동시에 취할 수 없다는 논리를 소위 '불가능한 삼위

일체'(impossible trinity)라고 일컫는다. 이 세 가지 원칙 중 '자본의 자유로운 이동'은 더 이상 선택하지 않을 수 없는 현상이라고 보는 견해가 우세하다. 대부분의 국가들의 경우 특히 미국이 변동환율제를 채택한 이후에는 고정환율제의 채택을 포기하고 나머지 두 개의 정책을 채택하고 있는 실정이다. 결론적으로 금융 시장의 개방이 금융 위기 발발의 가능성을 높여주는 역할을 하고 있지만, 자본의 이동을 규제하기 힘든 상황과 자본 유치를 위한 국가들 간의 경쟁으로 인해 금융 시장 개방은 더욱 가속도를 내고 있는 아이러니한 상황을 연출하고 있다.

이에 금융 위기를 방지할 수 있는 국제적인 대응책이 절실히 요구되는 것이 현실이다. 이러한 논의는 미국의 경제위기 이후 다양하게 진행되고 있지만, 많은 국가들의 이해가 상충되고 있어 합의점에 도달하기는 쉽지 않은 것으로 보인다. 금융 위기와 관련해서는 슘페터(Schumpeter)의 '창조적 파괴'(creative destruction)의 논리가 적용되기는 힘들다. 금융 위기에 빠진 정부가 파산(bankruptcy), 즉 파괴를 통해 금융위기가 발생할 때마다 새로운 경제 시스템을 만들어 낸다는 것은 불가능하다. 이는 현재의 국제 금융 시장은 많은 국가들이 서로 상호의존하고 있기 때문이다. 금융 위기가 발생한 국가가 자유롭게 채무 지불 유예(Moratorium)나 채무 불이행(Default)을 선언하는 것도 금융 위기 발생 국가와 채무 관계가 있는 국가들에게도 막대한 부정적인 영향을 줄 수 있다. 막대한 부채를 안고 있으면서 금융 위기에 직면한 국가가 화폐 발행을 통해 채무를 변제하겠다는 논리도 사실상 화폐 발행은 인플레이션을 유발하게 되고 종국에는 자국 통화 가치의 하락으로 인해 금융 위기의 본질을 더욱 악화시킬 수 있다. 결론적으로 상호 의존도가 심화되는 현재의 금융 체제에서 꼭 필요한 부분은 어떻게 금융 위기를 예측하고 방지할 수 있는 가이며, 이에 대한 국제적인 합의가 절실히 필요한 때라는 점이다.

4. 새로운 이슈들의 등장

국제정치경제학에서 다루는 이슈들의 범위를 정하기는 불가능하다. 지금 이 순간에도 세계 어디에선가 새로운 이슈가 등장하고 있기 때문이다. 새롭게 등장하는 이슈는 특정 개체에 대한 인식의 변화에서도 찾을 수 있다. 그 중 대표적인 것이 생산 체제의 변화이다. 다시 말해 생산 활동을 하는 기업의 생산 활동 패턴의 변화라고 요약할 수 있겠다. 과거의 기업이라고 하면 그 기업이 형성된 국가에서 생산 활동을 했고, 생산품은 주로 그 국가 내에서 소비되었다. 이러한 형태는 앞서 중상주의 이론에서 설명하였듯이 국내에서 부족한 천연 자원을 확보하고 잉여 상품 판매처 확보를 위해 해외 국가를 개척하는 형태를 보였다. 이러한 형태는 20세기에 들어오면서 많은 국가들이 자국 산업의 보호를 위한 보호주의 장벽 채택, 자국 내 노동 비용 상승에 따른 수지 악화 등의 이유로 생산시설 자체를 재배치(relocate)하는 형태로 바뀌고 있다. 즉, 보호주의 장벽을 채택한 국가에 생산시설을 배치함으로써 보호주의 장벽을 피해 나가거나, 상대적으로 노동 비용이 저렴한 곳으로 생산시설을 이전시키는 등의 형태를 일컫는다. 경제적 논리에 따르면 당연하다고 볼 수도 있지만, 이러한 생산시설의 재배치는 자국 내 실업률 증가, 경제 성장 둔화 등의 결과를 초래할 수도 있기에 국제정치경제학에서 다루어지고 있다.

아울러 개발도상국 위주로 진행되는 경제 개발(economic development)도 흥미로운 주제 중 하나이다. 이는 한국의 예에서도 볼 수 있는데,

발전국가론에서 주장하는 것과 같이 과연 개발도상국들의 경제 발전에 있어 국가의 역할이 필요한 것인지, 아니면 신자유주의의 주장처럼 자국 시장의 개방과 시장주의적 정책 처방이 더 유용한 것인지에 대한 논란이다. 1997년 아시아 금융 위기의 원인에 대한 분석에 있어서도 발전국가론과 신자유주의는 서로 상반된 주장을 펴고 있다.

마지막으로 본 장에서 언급하고자 하는 부분은 세계화의 조류 속에서 국가의 역할과 관련된 부분이다. 과연 세계화, 개방화의 물결 속에서 국가의 역할은 축소되었고, 더욱 축소될 수밖에 없는 것인지에 대한 의문이며, 지역주의 경향과 맞물려 사실상 축소되고 있다는 주장이 조금 더 설득력을 갖고 있는 듯 보이기도 한다. 그러나 세계화는 - 특히 현실주의자 입장에서 - 결국 국가에 의해서 이루어지는 것이며, 가장 강력한 힘을 가진 국가가 자국의 이익이 최우선시 되는 방향으로 세계화를 주도하고 있다고 주장되기도 한다. 즉, 국가의 역할이 축소되지 않았다는 주장이다. 국가의 역할과 관련한 이슈는 세계화와 더불어 지역통합의 논의 과정에서도 핵심 논쟁 중 하나로 남아 있다.

IV. 국제정치경제학의 미래

지금까지 본 장은 국제정치경제학의 정의, 그 이론들 그리고 국제정치경제학에서 다루어지는 다양한 이슈들을 살펴보았다. 국내와 국제, 정치와 경제가 더 이상 분리되어 이해하기 힘들다는 대 전제 하에 가장 오랜 전통을 가지고 있는 현실주의, 자유주의 그리고 맑시즘을 토대로 국제정치경제학의 이론을 이해하였다. 물론 이 세 이론에 뿌리를 두기도 하고, 이 세 이론을 비판하기도 하면서 다양한 이론들이 논의되어 오고 있다. 이러한 이론적 배경을 토대로 국제정치경제학에서 가장 핵심적인 통상, 금융과 통화, 지역주의 그리고 그 밖의 이슈들에 대해서도 개괄적으로 분석해 보았다.

앞서 각종 이슈들을 설명하면서 언급하였지만, 가장 중요한 점은 지금까지 눈으로 보이는 다양한 이슈 이외에 새로운 이슈들의 등장은 기정사실로 받아들여야 하며, 이러한 다양성 속에서 국가간, 국가와 국제 기구간, 지역간 또는 개인 및 이익 단체간에 서로 얽히어 또 다른 갈등과 협력을 형태를 보일 수도 있다는 것이다. 2001년 9·11 테러는 미국을 중심으로 새로운 안보레짐 형성을 가속화 시켰듯이, 만약 동아시아에 지역 통합이 이루어진다면 이는 국제 교역, 금융, 안보 등 다양한 방면에 새로운 이해를 요구하게 될 것이다. 더욱이 최근에 중요시되는 환경, 특히 기후변화 및 지구 온난화에 따른 각국의 이해관계 상충, 개발도상국 및 최빈국에 대한 특혜 문제, 식량 안보, 새로운 금융체제 등장 등 일일이 나열할 수 없을 정도로 많은 일들이 등장할 수 있다.

그러나 이러한 이슈들을 이해하는 데 있어 핵심은 시장(market) - 보다 일반적인 관점에서 경제는 더 큰 사회정치적인 체제에 속해 있다는 관점에서 정치경제학을 이해해야 한다는 것이다. 이러한 구조적인 틀에서 정치경제학은 시장(market)과 막강한 행위자(powerful actor)의 상호작용을 분석하는 학문이다. 시장과 행위자는 필수적인 요소이고, 만약 시장이 어떻게 작용하는지 그리고 국가와 다른 행위자들이 그들의 이익을 위해 시장을 어떻게 조작하려는 지에 대한 이해가 없다면 국내 또는 국제경제 자체를 이해할 수 없다(Ravenhill 2008). 서두에서 설명한-사실은 정치의 본질에 대한 질문과 동일하지만-희소한 자원을 분배하는데 있어서 힘(power)의 역할, 이러한 관점에서 향후 등장할 새로운 이슈들을 분석하는 것이 국제정치경제학이 가야할 길이다.

참고문헌

- 박경서(2001), 『국제정치경제론: 이론과 실제』, 법문사
- 박성호(2005), 『국제경제관계론: 국제정치경제학』, 도서출판 대명
- 윤성욱(2009), '한국의 자유무역협정(FTA) 협상 파트너 선택의 정치경제학적 분석', 『국제정치논총』, 제49집 4호, pp.107-37.
- 주장환, 윤성욱(2009), '인민폐 국제화의 정치경제: 배경과 전략을 중심으로', 『국가전략』, 제15권 4호, pp.57-80.

- Charles P. Kindleberger(1973) *The World in Depression*: 1929-1939 Berkely: University of California Press.
- Charles P. Kindleberger(2000), *Comparative Political Economy: A Retrospective*, Massachusetts: the MIT Press.
- David N. Balaam and Michael Veseth(1996), *Introduction to International Political Economy*, New Jersey: Prentice-Hall, Inc.
- Hans Morgenthau(1948), *Politics Among Nations*, New York: Knopf.
- John Ravenhill(2008), *Global Political Economy*, Oxford: Oxford University Press.
- Joseph S. Nye JR(2008), *Understanding International Conflicts: an Introduction to Theory and History*, New York: Pearson Longman.
- Robert Gilpin(2001), *Global Political Economy: Understanding International Economic Order*, New Jersey: Princeton University Press.
- Robert O'Brien and Marc Williams(2004), *Global Political Economy: Evolution and Dynamics*, New York: Palgrave Macmillan.

Chapter 09

국제안보

국제정치의 이해

:: 이 승 근

1. 안보의 개념

30년 전쟁 이후 1684년 웨스트팔리아조약이 체결된 이래로 국가들은 국제체제의 주요 행위자로서 자국의 안보 확보를 위해 노력해 왔다. 현실주의자들(realists)의 논지에 따르면 국가들은 무정부적인 국제질서에서 자국의 안보 유지를 최우선에 두고 전쟁뿐만 아니라, 세력균형(balance of power), 동맹(alliance) 등의 방법을 통해 안보를 지켜왔음을 알 수 있다. 현실주의자들의 안보관을 이어받은 신현실주의자들(neorealists)은 냉전이 종식되었음에도 불구하고 강대국들 사이의 경쟁으로 인해 국제체제가 여전히 영구적인 평화가 아닌 끊임없는 안보경쟁의 상태에 놓여 있음을 역설하고 있다(Mearsheimer, 2001).

현실주의자들에 의하면 국가들은 자국의 안보를 위해 노력하는 과정에서 군사력을 증강시키게 되는데, 적대국은 이에 따라 안보위협을 느끼게 됨으로써 군사력을 확장하게 된다. 그런데 이는 또다시 상대국의 군사력 증강으로 이어짐에 따라 국제체제는 항상 불안정한 상태에 놓이게 되는데, 이를 안보딜레마(security dilemma)라고 한다. 이러한 안보딜레마에 따라 국가들은 상호 불신의 동태적 순환 속에서 군비경쟁을 하게 되는 악순환을 겪게 된다. 안보딜레마는 1950년에 헤르츠(John Herz)에 의해서 처음으로 명확하게 정리된 바 있는데, 버터필드(H. Butterfield)는 국가들이 상대방에 대해 지속적인 두려움을 갖고 있음에 따라 국제관계가 어렵게 되는 비극이 초래되고, 인류는 이러한 딜레마를 극복하기가 쉽지 않음을 강조하고 있다(Butterfield, 1950). 한편 국가들은 '절대적 이득'(absolute gains)보다 '상대적 이득'(relative gains)을 취하는데 우선적인 관심을 갖기 때문에 국가 상호간 협력에는 제약이 있고 불확실한 국제질서에서 경쟁관계를 유지하기 때문에 그만큼 국가안보에 민감해진다는 점이다.

안보는 개인, 집단, 더 나아가 국가가 갖고 있는 중요한 가치들에 대해 위협이 결여된 상태라고 정의내릴 수 있다. 그런데 이러한 안보를 이해하는데 있어 베이리스(John Baylis)는 국가수준, 국제수준, 사회적수준 및 글로벌시대에 따른 지구수준인지에 따라 달리해야 한다고 지적한다(Baylis, 2005).

첫째, 냉전기에는 대부분의 연구가 국가수준에서 정의된 '국가안보'를 중심으로 진행되어 왔고, 이 시기에는 학자들과 정치가들이 군사력에 주로 관심을 집중한 점이 특징이다. 이 점에 있어서 모겐소(Hans Morgenthau)는 군사력의 양적 및 질적 수준의 중요성을 강조하고 국가가 적절한 군사력을 갖고 있지 못할 경우 정치적으로 허약해질 수밖에 없음을 역설하고 있다(Morgenthau, 1973). 둘째, 국제수준에서의 안보에 대한 연구도 중요한 부분이라 할 수 있는데, 부잔(Barry Buzan)의 경우 안보의 개념을 정의하면서 군사적 측면뿐 아니라 정치, 경제, 사회, 환경 등의 다양한 요소들을 포함하여 안보를 국제적 맥락에서 보는 '국제안보'를 강조하였다. 또한, 자국만을 생각하는 안보정책이 아니라 이웃 국가들의 안보까지도 고려해야 함을 지적하고 있다(Buzan, 1983). 셋째, 사회적수준에서 바라보는 안보도 중요한 개념으로 자리 잡고 있는데 웨버(Ole Waever), 부잔(Barry Buzan), 켈스트럽(Morton Kelstrup), 르메트르(Pierre Lemaitre) 등의 학자들이 제시한 '사회적안보'(societal security)의 중요성을 들 수 있다. 이들은 유럽연합(EU: European Union)의 출현과 구소련과 유고슬라비아의 해체 등 통합되고 해체되어지는 과정이 공존하는 현 국제질서에서 국가보다는 인종-민족 집단이 안보의 초점이 되어야 함을 강조하고 있다(Waever at al., 1993). 넷째, 20세기말의 세계화시대에 들어와서 지구수준에서의 '지구안보'(global security)의 중요성이 대두되고 있다. 특히, 경제의 글로벌화, 생태계의 상호의존의 심화, 대량살상무기의 위협 증대 등은 일국이 해결할 수 없는 문제이고 지구적 연결이 강화됨에 따라 국가들 간의 협력이 더욱 필요해지고 있기 때문이다(Bretherton and Ponton, 1996). 특히 구딘(Robert E. Goodin)은 심해지고 있는 생태계 파괴문제를 해결하기 위해서 국가들 간에 책임이 서로 공유된 레짐(regime)을 창출하는 것이 필요하다고 역설하고 있다(Goodin, 1990).

이상에서 살펴본 것과 같이 안보개념은 우선적으로 국가안보를 중시하는 현실주의자들의 시각에서 발전하였으나 국제질서의 변화에 따라 국제안보, 사회적안보, 지구안보 등의 다양한 개념이 등장해 왔고 향후 시대 변화에 맞추어 새로운 안보개념의 등장이 예상되고 있다.

2. 안보에 대한 이론적 접근

제1차 세계대전 이전의 국제질서인 동맹체제 하에서 국가들 간의 대립은 미증유의 세계대전으로 귀착되었다. 제1차 세계대전 후 이러한 동맹체제에 반발하면서 국제질서에 대한 연구는 이상주의(idealism)적 시각이 지배하게 되었다. 이에 따라 보편적 선과 도덕에 의한 지배, 전쟁의 근절과 평화유지를 위한 초국가적 기구 설립 등이 주요 연구 테마가 되었다. 제2차 세계대전이 종결되고 1945년 이후 시작된 냉전기간 동안에는 이와는 대조적으로 현실주의가 지배적인 시각으로 자리 잡았고 제2차 세계대전 이전의 제도적, 도덕적, 법률적 분석보다 힘을 중심으로 한 현실주의적 분석이 주가 되었다. 냉전종식 이후에는 이상주의와 현실주의 간의 논쟁이 재연되고 다양한 접근법이 등장하고 있다.

안보 연구를 위한 현실주의적 접근방법의 도입에는 영국의 카(E. H. Carr)가 선구적인 역할을 했으나 결실은 미국의 모겐소, 니버(R. Niebuhr), 스파이크만(N. J. Spykman), 케난(G. Kennan), 키신저(H. Kissinger) 등에 의해 맺어졌다. 현실주의 방법의 기초는 모겐소의 저작 'Politics among Nations: the Struggle for Power and Peace'(1948)에 근거하고 있다. 2차 세계대전 이후 등장한 현실주의적 시각이 1970년대 말부터 1980년대 초에 신현실주의자인 왈츠(Kenneth Waltz), 미어샤이머(John Mearsheimer)와 같은 후대학자로 이어지게 되었는데, 이들은 국제정치가 인간본성에 바탕을 두고 있다는 모겐소의 견해가 아니라 국제체제가 무정부상태이고 국가안보는 국제체제의 구조에 의해 결정된다는 견해에서 출발하고 있다(Waltz, 1988). 왈츠는 첫째, 국제정치를 명확하게 정의된 구조를 지닌 체제로 보고, 구조는 구조에

명하는 원칙, 정식으로 분화된 단위들의 기능, 단위들을 가로 지르는 능력의 배분으로 이루어져 있다고 본다. 둘째, 구조는 체제수준에서 결과를 주로 결정하게 되고, 이 구조가 국가들이 비슷하게 행동하도록 강요하고 있으며, 구조적인 변동 없이는 체제의 변동은 거의 없다고 인식하고 있다(Waltz, 1983). 이러한 측면에서 신현실주의를 구조적현실주의(structural realism)라고도 불린다. 미어사이머는 냉전종식 이후 세계 공동체와 같은 개념이 나타나고 국제질서의 안정과 평화에 대한 기대가 확산됨에도 불구하고 힘의 우위를 추구하고 있는 강대국들 사이의 경쟁에 따라 국제체제는 영구적인 평화가 아니라 끊임없는 경쟁 상태에 놓여있다고 본다(Mearsheimer, 2001).

베일리스에 따르면 신현실주의자들은 국제체제의 속성에 대한 몇 가지 가정을 상정하고 있다. 첫째, 국제체제는 무정부적이다. 이는 혼란을 의미하는 것이 아니라 국가의 행위를 규제할 중심적인 권위가 존재하지 않음을 의미한다. 둘째, 주권국가는 자국을 방어하기 위해 공세적 군사력을 보유하려 하기 때문에 상호 위협적이다. 셋째, 국제체제는 불확실성과 신뢰의 결의가 특징임에 따라 상호 확신할 수 없으며 상호 경계하게 된다. 넷째, 국가들은 독립과 주권을 유지하려 하기 때문에 국가의 생존은 국가의 행위에 영향을 미치는 가장 기본적인 동기이다. 다섯째, 국가는 합리적이지만 항상 오판의 가능성이 있다. 상대방을 혼란시키려는 측면에서 국력을 명확히 밝히지 않으려 하고 국가의 실제 이익에 대한 착오가 발생할 수 있다(Baylis, 2005).

신현실주의학자들에 따르면 결국, 국제체제의 무정부적 구조에 따라 냉전 이후 국제관계가 변화하고 있으나 국가들이 서로 공격적인 경향을 갖고 있음에 따라 국제정치는 여전히 폭력적일 가능성이 크다.

국가안보는 국제체제의 구조에 의해서 결정되고, 이 구조는 특히 강대국들의 상호작용에 의해서 결정된다. 신자유주의자들을 포함한 자유주의자들의 안보관과는 달리 경제적 상호의존이 결코 무정부상태를 극복할 수 없다는 점과 냉전이후 안보의 본질은 크게 변할 가능성이 없다는 점이다.

1980년대와 1990년대 초에 등장한 신자유주의의 한 분파로서 자유제도주의(liberal institutionalism)는 신현실주의의 논지와 대립하고 있다. 코헨(Robert Keohane), 나이(Joseph Nye), 부잔 등 자유제도주의자들은 현실주의 틀을 벗어나지 않지만 국제제도가 협력과 안정을 달성하는데 중요하고, 제도화된 협력이 국제안보를 위해 좋은 기회를 제공할 것으로 보고 있다. 자유제도주의의 핵심 가정들은 다음의 4가지로 요약된다(Lamy, 2005). 첫째, 국가는 국제관계에서 핵심 행위자이나 유일한 행위자는 아니다. 국가는 합리적 행위자인 동시에 도구적인 행위자임에 따라 국가이익을 극대화하기 위해 항상 노력한다. 둘째, 경쟁적인 국제환경에서 국가는 협력을 통해 절대적 이득을 극대화하기 위해 노력한다. 셋째, 협력이 성공적으로 이루어지는데 커다란 장애물로 고려될 수 있는 것은 당사자가 협력에 응하지 않는 것과 속이는 것이다. 넷째, 협력에 문제는 있지만 제도가 국가상호 간에 이로워 보이고, 제도가 국가에게 국제적 이익을 가져다줄 수 있는 기회를 증가시켜 줄 경우 국가는 자국의 특권과 자원을 제도로 이동시킬 수 있다.

이러한 가정에 근거할 때 자유제도주의자들은 국제레짐(international regimes)이나 제도(institutions) 및 규범(norms)을 고안하여 국가간의 협력을 증진시킬 수 있으며 국제체제의 무정부성으로부터 파생하는 부정적 영향을 줄일 수 있다고 본다(Axelord and Keohane, 1986). 또한, 국가들 간의 경제적 상호의존이 심화됨에 따라 국가들이 점차적으로 군사적 이익보다 경제적 이익을 중요하게 여기게 됨으로써 군사적 위협이 감소한다고 주장한다(Keohane and Nye, 1977).

자유제도주의자들은 제도가 현실주의자들이 필연으로 간주하는 국제적 갈등과 전쟁을 줄이는 데 기여할 수 있으리라는 낙관적인 관점을 갖고 있다. 이는 탈냉전기의 유럽연합(EU)과 나토(NATO : North Atlantic Treaty Organization), 유럽안보협력기구(OSCE : Organization for Security and Cooperation in Europe)를 통한 유럽의 협력 신장과 유럽안보체제의 발전을 설명하는데 근거가 될 수 있다. 이점에 있어 부잔은 국가들 간의 상호의존이 심화될 경우 경제적인 부문에서 군사부문으로 상호의존이 확대되어 국가의 안보가 공동으로 지켜질 수 있다는 공동안보(common security)의 인식이 증대된다는 점을 강조하고 있다(Buzan, 1991).

1980년대 후반 이후 웬트(Alexander Wendt)를 중심으로 국제정치학에 도입된 구성주의(constructivism)는 '사회구성주의'(social constructivism)라고도 불리며 국제정치이론에 커다란 지각변동을 일으키고 있다. 1990년대 초까지 신현실주의와 신자유주의 그룹 사이의 논쟁이 국제정치이론을 주도하고 있었으나, 이들에 대한 강력한 대안으로 구성주의가 지위를 굳혀가고 있다. 구성주의자들은 국제정치적 현실은 주어진 것이 아니라 행위자와 구조(system; structure)의 상호작용을 통하여 구성되고, 또 재구성되어질 것으로 파악하고 있다. 웬트에 따르면 국제질서의 무정부성이 구조적으로 국가의 행위를 제약하는 것이 아니고, 역사적으로 특정한 기간 동안 행위자로서의 국가가 무정부성을 설정해 놓고 있기 때문이다(Wendt, 1999). 구성주의자들은 국가안보의 문제를 국제질서의 무정부성에서 찾을 것이 아니라 개별 국가들이

처한 상황에 대해 다양한 인식과 채널을 통해 접근해야 한다고 본다. 또한, 국제정치의 근본구조는 엄격히 '물질적'이라기보다 '사회적'임에 따라 국제관계에 대해 생각하는 방식을 바꿈으로써 국제안보를 증진시키는 근본적인 변화가 가능한 것으로 인식하고 있다(Baylis, 2005).

3. 동맹과 집단안전보장

3-1. 동맹

동맹은 무정부적 국제체제에서 개별국가가 외부의 위협에 대항하기 위한 방법으로 일부 국가를 선택하여 억지, 공격, 방어 등을 지원받기 위한 목적으로 협력관계를 맺으면서 외부 위협에 대해 안보를 증대시키는 방법이다. 이는 세력균형(balance of power)의 한 방안으로 국제사회에서 각국이 안전을 위해 취할 수 있는 가장 효과적인 방법 중의 하나이다.

동맹에 대한 인식에 대해 현실주의자들이나 자유제도주의자들 간에 차이가 나타나고 있다. 현실주의자들은 동맹이 힘과 위협에 의존하여 체결되고, 지속되는 것으로 본다. 이에 따라 동맹을 체결할 경우 국가들은 위협을 견제하는 전략을 선택하지만 위협이 사라지면 동맹이 약화되거나 변화된다고 이해하고 있다. 또한, 현실주의자들은 일국의 안보전략이 타국의 힘을 추종하는지 아니면 견제를 하는지에 따라 동맹의 유형을 '균형형'(balancing type)과 '편승형'(bandwagoning type)으로 분류하고, 일반적으로 국가들은 균형형을 선호하고 편승형은 사례가 드문 것으로 보고 있다(Walt, 1987). 이와는 달리 자유제도주의자들은 동맹의 제도적 요소 및 국내 정치적 요소들이 동맹의 유형에 영향을 미치는 것으로 인식한다. 자유제도주의자들의 견해로 볼 때 북대서양조약기구(NATO)의 경우 냉전종식 이후에도 유지되고 오히려 확장되는 이유는 동맹의 성격이 '포괄적'이라는 제도적 특징 때문이다(최아진, 2008).

동맹의 종류에는 여러 가지 유형이 있을 수 있겠으나 통상적으로 약 5가지 종류로 구분할 수 있다. 첫째, 지리적 범위로 범세계적 동맹과 지역적 동맹으로 나눌 수 있다. 냉전시대에 미국과 구소련이 각각 우방국과 맺은 동맹은 범세계적 동맹에 속하고, 한·미, 미·일동맹은 지역적 동맹에 속한다. 둘째, 동맹 참가자의 수를 기준으로 양자(bilateral)동맹, 3자(trilateral)동맹, 4자(quadrilateral)동맹으로 구분할 수 있다. 셋째, 이익의 성격에 따라 동종이익(identical)동맹, 이종이익(complementary)동맹으로 나눌 수 있다. 제2차 세계대전 전의 영·미동맹은 양국 간의 대 유럽정책의 이익이 동일함에 따라 동종이익동맹이라 할 수 있고, 한·미동맹은 이익의 상호 보완적인 성격에 따라 이종이익동맹이라 할 수 있다. 넷째, 동맹의 형태에 따라 공식(formal or de jure)동맹, 비공식(informal or de facto)동맹으로 나눌 수 있다. 동맹의 대부분이 공식동맹에 속하고 정식조약이 없이 동맹관계가 성립되는 경우 비공식동맹으로 분류되고 유대의 강도에 따라 화해(détente)와 협조(entente)로 구분할 수 있다. 다섯째, 동맹참가자의 국력에 따라서 대등파트너(equal partner)동맹, 비대등파트너(unequal partner)동맹으로 나눌 수 있다. 한편, 동맹의 성격으로 동맹을 파악할 경우 여러 유형으로 구분할 수 있다. 첫째, 동질성의 원칙에 따라 동맹자의 정치적, 경제적, 문화적인 동질성이 있을 경우 동맹이 공고해지고, 이질적이면 오래가지 못하는 경향이 있다. 둘째, 호혜의 원칙에 따라 동맹자가 받는 혜택이 같을 경우 가장 공고한 동맹이 될 수 있고, 그렇지 못하면 동맹이 지속되기가 쉽지 않다는 점이다. 셋째, 대등력의 원칙에서 일반적으로 힘이 대등한 행위주체로 구성된 동맹은 공고하다고 할 수 있는데, 그렇지 못할 경우 공고하지 못하다. 1974년까지 유지된 미국과 남베트남과의 관계에서 양국이 대등한 행위주체가 되지 못한 관계로 동맹관계가 공고하지 못했음을 알 수 있다. 넷째, 동맹국의 원조의무와 관련하여 모든 동맹조약은 원조의 의무 발생조건을 규정하고 있지만 원조의무 이행의 의사가 얼마나 강한지에 따라서 동맹의 성격이 달라질 수 있다(김순규, 2000).

동맹을 맺게 되는 경우 동맹국 간의 자율성 훼손 문제, 비용분담 문제 등 여러 가지 경우의 수에 따라 오래 존속될 수 있거나 쉽게 깨어질 수 있음에 따라 국가들은 동맹을 선택하는데 신중하게 접근하게 된다. 또한, 동맹을 맺은 당사국은 항상 상대국에 대한 동맹의 지속 여부에 신뢰성을 가져야 하는데, 그렇지 못한 경우가 발생할 수 있다. 과거 이탈리아가 1882년에 독일 및 오스트리아-헝가리제국과 3국동맹(Tripple Alliance)을 맺고 난 뒤 비스마르크(Bismark)를 신뢰하지 못하여 독일의 군사적 행보에 많은 주의를 기울인 바 있다. 스나이드(Glen Snyder)에 의하면 동맹국들은 상호간에 '포기'(abandonment)와 '연루'(entanglement) 두 가지의 두려움을 갖고 있음에 따라 동맹을 맺을 경우 이 점을 고려한다는 점이다. 위협이나 공격이 있을 경우 상대국이 지원을 하지 않고 동맹국을 포기하거나, 타 동맹국의 분쟁에 불필요하게 휘말려 연루될 수 있다는 점을 고려하여 동맹관계를 맺게 된다는 것이다(Snyder, 1984). 왈트(Stephen Walt)의 경우 동맹을 형성하는 도구(instruments)로서 원조(aid)와 침투(penetration)에 주목하고 있다. 일부 국가들은 군사적, 경제적 원조를 받기 위해 동맹국을 선택하는 경우도 있다는 점과 강대국들은 동맹관계를 용이하게 하기 위해 제3세계 국가들에 대한 교육적, 문화적, 군사적 교류를 통해 국가 전반에 대한 침투를 하는 경우가 있음을 역설하고 있다(Walt, 1987).

3-2. 집단안전보장

제1차 세계대전 이전의 국제질서는 동맹을 기초로 한 세력균형의 구조 하에 놓여 있었다. 이러한 동맹체제 하에서 국가들은 잠재적, 현시적 적국을 설정함에 따라 동맹간 세력균형이 깨질 경우 전쟁으로 발전할 수 있다는 점이다. 제1차 세계대전 이후 이 같은 동맹체제의 문제점을 수정하기 위해 집단안전보장(collective security)이란 새로운 유형의 제도가 탄생하게 된다. 집단안전보장은 동맹이나 집단방위(collective defense)와는 달리 일국의 안전은 모두의 관심이고, 모든 국가들이 불특정 공격자에 대해 연합을 형성하여 공격을 억지하거나 제재를 가하는 안전보장의 유형을 말한다(Roberts, 1993). 집단안보체제는 제1차 세계대전이 종식된 이후 미국의 윌슨(Woodrow Wilson) 대통령의 제안에 기초하여 국제연맹(League of Nations)이 수립되면서 시작되었고, 제2차 세계대전 이후에는 국제연맹에서 취약했던 부분이 보완된 국제연합(United Nations)이 출범되면서 자리를 잡기 시작하였다.

집단안전보장제도의 특징을 간추려 보면 첫째, 세력균형에 대한 대안으로 힘의 월등한 우위에 기초한 구조 내에서 작동된다. 둘째, 구성원들 간의 일정한 합의 하에 평화를 유지하려는 현상 유지적 성격을 띤다. 셋째, 구성원들은 세계 모든 국가가 됨에 따라 보편성을 지닌다. 넷째, 집단안전보장제도 하에서는 구성원들의 개별적이고 자치적인 성격이 배제되고 공동 선(善)에 기초한 중앙집권적인 성격을 띤다. 다섯째, 평화를 위해 외교적·경제적·군사적 제재 등과 필요한 경우 전쟁까지도 치를 수 있다는 점이다. 한편, 이러한 특징을 기반으로 집단안전보장체제에 참여하기 위해 국가들은 다음 세 가지의 원리에 동의해야 한다. 첫째, 국가들은 집단안보체제에 편입될 경우 무력사용을 포기하고 평화적인 방법으로 분쟁을 해결하는 데 동의하여야 한다. 둘째, 국가들은 국제사회의 이익을 위해 국가이익의 개념을 변화, 확장하여야 한다. 셋째, 국가들은 세계정치 과정에서 나타날 수 있는 두려움을 버리고 국가상호 간에 신뢰하는 법을 익혀야 한다(Baylis, 2005). 결국, 동맹의 모순을 극복하기 위해 수립된 집단안전보장제도는 국가들 상호간의 신뢰를 바탕으로 상호 협력적인 국제질서를 형성할 때 가능할 수 있고, 유지될 수 있다는 특징을 갖고 있다.

굽찬과 굽찬(Charles Kupchan and Clifford Kupchan)은 저작을 통해 집단안보체제를 '이론적 이상형'(ideal type)과 융통적인 유형으로서 '콘서트형'(concert)으로 구분하고 있다(C. Kupchan and C. Kupchan, 1991). 그런데 이론적 이상형의 집단안보체제 수립이 쉽지 않다는 점이다. UN의 국제분쟁해결 과정에서 안보리 상임이사국들 간의 대립으로 인해 집단안보시스템이 제대로 작동하지 못한 경우가 많았다는 점이 이를 반증한다. 이러한 점에서 굽찬과 굽찬은 특히 냉전종식 이후 유럽의 새로운 안보질서 형성을 위해서 유럽안보협력회의(CSCE : Conference on Security and Cooperation in Europe)를 중심으로 하는 콘서트형의 집단안전보장체제가 가장 바람직한 것으로 보았다.

집단안전보장제도의 유용성은 여러 관점에서 제시될 수 있다. 첫째, 집단안보체제 하에서는 국가들이 적어도 과도한 경쟁을 회피할 수 있게 됨으로써 전쟁의 가능성이 그만큼 줄어들 수 있다는 점이다. 둘째, 집단안전보장체제에서는 동맹체제보다 좀 더 효율적인 제도를 운영할 수 있음에 따라 효과적인 안전보장책이 될 수 있다. 셋째, 집단안보체제 하에서 구성국들은 최소한의 군사력을 유지하게 됨에 따라 적대적인 경쟁보다는 좀 더 평화로운 국제체제를 형성하는데 기여한다는 점이다. 넷째, 구성국들이 국가안보에 집중하는 것이 아니라 국내의 복지문제에 신경을 씀으로써 자원의 낭비를 줄일 수 있다.

이와는 반대로 현실주의 학자들의 인식에서 알 수 있는 것과 같이 집단안전보장체제가 여전히 문제가 있음을 직시할 필요가 있다. 과연 국가들이 안보딜레마를 극복하고 정치적으로 결속하여 집단안보제도 하에서 협력을 할 것인지에 대한 의문이 제기된다. 그리고 침략국이 강대국일 경우와 다수의 국가들이 적대적 행위를 할 경우 기술적으로 대응을 잘 할 수 있는지도 의문이다. UN 평화유지활동의 경우 분쟁지역에 대한 개입과정이 매우 복잡하고, UN의 예산문제와 파견국의 국내 동의문제 등으로 인해 개입이 제한적이란 점이다. 로버츠(Adam Roberts)는 UN의 문제점으로 임무가 과중하게 많고, 분쟁성격의 변화에 따른 대응의 어려움, 강대국 간의 제한된 협조, 안보리의 구조상 문제 등을 지적하고 있다(Roberts, 1993). 또한, 현실주의자들이 강조하는 것과 같이 강대국들은 결코 자국의 군사력에 대한 통제력을 쉽게 놓지 않으려 하고, 권력(power)을 더 차지하기 위해 경쟁한다는 점이다(Mearsheimer, 2001). 그러나 이러한 집단안전보장제도의 한계에도 불구하고 냉전종식 이후 UN의 활동범위가 더욱 넓어지고 있다는 사실과 여러 국제분쟁을 해결하는데 중요한 역할을 수행했다는 점에서 집단안보의 중요성이 입증되고 있다. "규제되어지고 제도화된 균형이 무정부 상태 하에서의 규제되지 않은 균형보다 우월하다."(C. Kupchan and C. Kupchan, 1991)는 면에서 집단안전보장의 장점이 주목받고 있다 하겠다.

4. 군비경쟁, 군축, 군비통제
4-1. 군비경쟁

　현실주의자들은 무정부적인 성격의 국제질서에서 국가들은 국가이익(national interests)으로 집약되는 부(wealth)와 권력(power)을 추구하는 가운데 국력을 유지하기 위해서 많은 부분을 군사력에 의존하게 된다고 본다. 이러한 현실에서 국가는 자국의 안보를 위해 군사력을 증강시키게 된다. 그런데 이는 바로 상대국에 대한 위협으로 작용함에 따라 상대국은 군사력을 증강하게 되고 상호 '작용-반작용'의 반복 과정을 거치면서 군비경쟁(arms race)이 일어나게 된다. 헌팅턴(Samuel P. Huntington)은 이런 군비경쟁의 유형을 양적군비경쟁(quantitative arms race)과 질적군비경쟁(qualitative arms race)으로 구분하고 있다(Huntington, 1958). 양적군비경쟁은 모든 유형의 무기의 수적 확장을 놓고 경쟁하는 것을 의미하고, 질적군비경쟁은 특히 무기체계를 중심으로 하여 무기를 신형으로 혹은 성능이 좋은 것으로 교체하는 것을 놓고 경쟁하는 것을 의미한다.

　적대 국가간의 군비경쟁의 원인은 크게 외적요인과 내적요인으로 구분할 수 있다. 첫째, 외적요인으로 국가는 자국의 안보를 유지하기 위해 상대국보다 강한 상태에서 세력균형을 유지하려는 경향이 있고, 안보딜레마에 의해 군비를 지속적으로 확장하려는 심리상태에 빠지게 되는 '불충분의 역설'(irony of insufficiency)을 들 수 있다. 그 다음으로는 '불확실의 역설'(irony of uncertainty)을 들 수 있는데 국가 상호간의 국력 비교가 곤란함에 따라 국가는 상대국에 대해 불안과 공포를 갖게 된다. 이러한 불안과 공포가 가중될수록 상대국보다 강한 국력을 가지려고 노력하게 되는 과정에서 군비경쟁이 초래된다는 것이다. 제1차 세계대전 이전 영국과 독일 간의 해군력 증강과 냉전기간 동안 미국과 구소련 간의 군비경쟁, 냉전종식 이후 동북아에서 중국과 일본의 군비증강 현상은 이러한 측면을 여실히 보여주고 있다. 둘째, 내적요인으로 군비경쟁에서 이익을 갖게 되는 개인이나 집단이 존재하게 되는데, 이러한 이익을 갖는 군부와 독점 대기업간 상호의존체계인 군산복합체(military-industrial complex)가 무기개발을 진행함에 따라 군비경쟁의 주요 원인이 되고 있다. 미국의 아이젠하워(Dwight D. Eisenhower) 대통령이 1961년 1월 퇴임사에서 미국의 군산복합체들의 위험성을 강력하게 경고한 바 있는데 냉전기간 동안 미국의 군산복합체는 미국과 구소련간의 군비경쟁의 한 요인이 되었다.

아트(Robert J. Art)는 군사력의 기능을 방어(defense), 억지(deterrence), 강압(compellence), 허세(swaggering)의 네 가지를 들며, 군사력은 경우에 따라서 국가의 목표를 성취하기 위해 다른 수단보다 더 유용하게 사용된다는 견해를 밝혔다(Art, 1980). 이렇듯 국가들이 자국의 목표달성을 위해 군사력을 유지, 확장하는 과정에서 군비경쟁이 발생하게 되는데, 군비경쟁의 문제점은 지속될 경우 전쟁으로 발전할 가능성이 높다는 데 있다. 이에 따라 국가들 간에 군비경쟁 상태가 일어나지 않도록 하는 점이 매우 중요한데, 이를 위한 적극적인 방법이 군축과 군비통제이다. 군축과 적절한 군비통제를 통해 국가들 간의 무기보유량을 줄임으로써 군비경쟁을 사전에 예방할 수 있고, 전쟁발발의 가능성을 낮출 수 있다는 점이다. 한편, 저비스(Robert Jervis)는 군비경쟁이 반드시 문제점만 내포하지 않고 양면성이 있음을 연구를 통해 보여주고 있다. 첫째, '합리적 확대모델'(rational spiral model)의 경우 군비경쟁으로 인해 안보딜레마가 발생함으로써 국가의 안보가 위협을 받게 됨에 따라 전쟁발발의 가능성이 높아진다는 것이다. 둘째, 반대로 '억지모델'(deterrence model)의 경우에는 군비경쟁이 국가들 간에 공격에 대한 억지(deterrence)를 가능하게 함으로써 국가안보가 증대된다는 것이다 (Jervis, 1976).

4-2. 군축

국가들 간의 군사력이 증대되면 될수록 안보딜레마로 인해 군비경쟁이 치열해지고, 전쟁의 발발 가능성이 높아지게 되는데, 이러한 문제를 회피하기 위한 방법 중의 하나가 부분 혹은 전체적으로 군비를 축소, 제거 또는 폐지하는 것이다. 이를 군축 혹은 군비축소(disarmament)라 한다. 제1차 세계대전 이후 이상주의적 국제질서 하에서 인류는 군축을 위해 여러 차례 시도하였지만[34] 결국 제2차 세계대전을 겪게 되었다. 이후 1960년 초부터 전면적 완전군축이 아니라 군비의 전쟁 억지력을 인정하는 가운데, 군축은 군비통제(arms control)와 함께 국제안보를 유지하기 위한 주요 수단이 되어 왔다.

국가간 분쟁의 억제를 위해 군축이 필요하다는 점은 누구나 공감하지만 군비축소과정이 현실적으로 결코 쉽지 않다. 군축이 어려운 점은 첫째, 군축에 대한 검증(verification) 혹은 사찰(inspection)이 쉽지 않다는 점이다. 군축 결과에 대한 최종 확인이 있어야 하는데 상호 검증에 어려움이 뒤따를 수 있다. 둘째, 군축협정을 체결했을 경우 이

---

[34] 1921년에서부터 1922년까지 미국, 영국, 프랑스, 이탈리아, 일본 간에 워싱턴회의(Washington Conference)를 개최하여 해군군축조약(the Limitation of Naval Armament)을 체결하였고, 1932년에서 1934년 사이에 세계군축회의(the World Disarmament Conference)가 두 차례 개최되었다.

를 위반하는 국가들이 종종 나타날 수 있다는 점이다. 예를 들어 인도는 1968년에 체결된 핵확산금지조약(NPT : Nuclear Non-Proliferation Treaty)에 조인하지 않았고 오히려 핵무기 개발을 단행하여 1974년에 핵실험을 감행한 바 있다(Ziegler, 1987). 군축의 어려움에도 불구하고 국제 평화를 위해 군축의 필요성이 지속적으로 제기되고 있음에 따라 군축을 해야 할 근거를 다음의 6가지로 정리할 수 있다(김순규, 2000). 첫째, 국제적인 안전을 위해서인데 군비의 양과 질이 다 같이 적을수록 국제적 안전에 유리하다. 둘째, 국가간의 안전성을 확보하기 위해서이다. 무기의 보유량을 줄일 경우 국가간의 무력 충돌 예방 기능을 하게 된다. 셋째, 전쟁이 발발할 경우 피해를 줄일 수 있기 때문이다. 군비축소를 함으로써 무기나 병력수준을 줄이는 경우 파괴력을 그만큼 낮출 수 있다. 넷째, 경제적인 이유로 방대한 국방비는 국민의 짐이 되기 때문인데, 군비를 평화적으로 전용할 경우 경제발전에 도움이 될 수 있다. 다섯째, 도덕적인 이유이다. 대량살상무기(WMD : Weapons of Mass Destruction)가 등장함에 따라 점차로 군축이 필요한 도덕적 이유를 증대시키고 있다. 여섯째, 국내외 여론의 흡인력을 높일 수 있다는 점이다. 군축을 먼저 제기하는 쪽에서 정치적 선전효과를 더 누릴 수 있기 때문이다.

역사상 성공한 군축이 여러 차례 있었는데, 이를 분류할 경우 크게 지역적 군축과 일반적 군축으로 크게 대별할 수 있다. 지역적 군축(regional disarmament)은 일반적 군축을 하기 어려울 경우 일정 수의 국가들이 지역별로 군축을 실시하는 경우로서 비교적 쉽게 이루어질 수 있다(Ziegler, 1987). 그 예로 1817년 미국-캐나다간의 Rush-Bagot Agreement를 들 수 있고, 재래식 군축의 대표적이고 아주 성공적인 예로 1990년 11월에 체결된 유럽 재래식무기 감축협정(Treaty on Conventional Forces in Europe : CFE)을 들 수 있다. 일반적 군축(general disarmament)의 경우 모든 관계국이 참가하는 군축을 들 수 있는데, 양적군축과 질적군축으로 나눌 수 있다.[35] 양적군축(quantitative disarmament)은 모든 종류의 군비를 제한, 축소, 철폐하는 경우로 1932-1934년 간 국제연맹 주최로 개최된 세계군축회의(the World Disarmament Conference)를 예로 들 수 있다. 질적군축(qualitative disarmament)은 특정한 종류의 군비만을 제한, 축소, 철폐하는 경우를 말한다. 1921년에서 1922년 사이에 개최된 워싱턴회의(Washington Conference, or Washington Naval Conference) 결과 체결된 해군군축조약(the Limitation of Naval Armament)을 예로 들 수 있다. 이 조약에 따라 미국, 영국, 프랑스, 이탈리아, 일본 등 5개국이 잠수함 및 독가스의 사용 제한, 주력함 건조 중지에 합의하였다(김순규, 2000). 이외에도 1972년 미국과 구소련 간에 체결된 전략무기제한협정(SALT : Strategic Arms Limitation Treaty), 1987년 12월 미국과 구소련 간의 중거리 핵전력 협정(INF : Intermediate-Range Nuclear Forces Treaty), 1991년 7월 미국과 구소련 간에 체결된 전략핵무기 감축협정(START-Ⅰ : Strategic Arms Reduction Treaty-Ⅰ)을 들 수 있다.[36] START는 INF와 함께 역사상 가장 의미있는 군축조약으로 평가되고 있다.

군축은 참여국 간의 긴밀한 협조와 매우 디테일한 작업을 요하는

---

[35] 군축을 위해 중요한 것은 일반적 군축이고, 가장 이상적인 것은 모든 종류의 군비를 축소하는 양적 군축이라 할 수 있다. 핵무기의 등장은 군축이 인류 생존을 위한 절실한 요청임을 재확인시켜 주고 있다.

[36] 1993년에는 START-Ⅲ이 2010년 4월에는 NEW START(START-Ⅰ 대체)가 체결되었다.

만큼 어려운 과정 하에 진행된다. 군축은 방법으로는 '수직적 통제'와 '수평적 통제'를 들 수 있다. '수직적 통제'는 핵무기나 재래식 무기의 양적 및 질적 수량을 제한하는 방법이다. 일반적 군축과 유럽 재래식 무기 감축협정(CFE), SALT, START가 이에 해당한다. '수평적 통제'는 특정의 무기체계를 특정지역이나 공간에 배치 혹은 활용하는 것을 금하는 것을 말하며 예방적 군비통제에 해당한다. 1959년의 남극조약(Antarctic Treaty), 1967년의 우주공간조약(Treaty on the Exploration and Use of Outer Space), 1968년에 체결된 NPT, 1971년 대륙붕에서 무기 배치 및 사용을 금지한 해저조약(the Seabed Treaty)이 이에 해당된다. 이외의 방법으로 유사시 위기를 회피하기 위해 군축을 추진하는 경우가 있는데, 1962년 쿠바 위기 시 구소련은 미국이 쿠바를 침공하지 않는다는 약속을 할 경우 핵탄두미사일을 철거할 것을 미국 측에 전달한 바 있다.

현재 광범위하게 군축문제를 다루고 있는 기관으로 유엔군축위원회(UNDC : Untied Nations Disarmament Commission)와 제네바군축회의(CD : Conference on Disarmament)의 양대 기구를 들 수 있다. 유엔군축위원회는 1952년에 설치되었으나 1966년부터 활동이 중지되다 1978년 제1회 군축총회 결의로 재 발족된 총회 산하 보조기구이다. 유엔 전회원국이 구성국으로 되어 있으며 군축과 관련된 문제를 논의하고 권고안을 작성하여 UN 제1위원회에 보고하는 등의 임무를 띠고 있다(http://www.un.org/disarmament). 제네바군축회의는 UN과 다른 군축교섭기관으로 1962년 '18개국 군축위원회'(ENCD : Eighteen Nation Committee on Disarmament)로 출범하였으나 1984년부터 CD로 개칭되었다. UN 산하기관은 아니지만 UN의 예산으로 활동하고 있다.[37)]

4-3. 군비통제

군비축소가 현실적으로 어려운 경우 군비를 인정하는 가운데 군사력이 사용될 가능성이나 전쟁에 이를 수 있는 위기를 회피하려는 차원에서 군비의 제한과 관리, 군비의 일정한 삭감을 하는 것이 군비통제(arms control)이다. 광의적 의미에서 군비통제는 군비를 제한한다는 측면에서 군축의 한 개념에 넣을 수 있다. 그러나 군비통제는 축소균형이나 최소한 억지의 논리가 남아 있기 때문에 협의의 군축개념과는 다르다. 군비통제는 특히 1960년 초부터 도입되기 시작되어 정치적인 측면에서 발생하는 분쟁에 대해 중점을 두는 것이 아니라 무기를 보유함으로써 일어나는 잠재되어 있는 치명적인 결과를 예방하는 차원에서 활용되고 있다(Ziegler, 1987). 결국, 군비통제는 군사적 대비와 상충되는 것이 아니고 그것을 대체하는 것도 아니며, 더 낮은 위험수준에서 안보를 증진할 수 있도록 함으로써 군사적 대비를 보완하는 것을 말한다.

미국의 군비통제협회(Arms Control Association)[38]에서 제시하고 있는 군비통제의 목적은 다음과 같다(Arms Control Association, 1989). 첫째, 군비통제는 국가 상호 간의 군사적 안정성과 예측성을 제고하는데 있다. 강대국간 혹은 국가들 간의 핵 대결 등의 수준을 양적으로 제한하고 감소시키는 경우 상호 군사관계를 안정시키는데 도움을 줄 수 있고, 미래의 군사위협에 대한 예측성이 크게 증가됨으로써 전쟁의 위험이 감소될 수 있다는 점이다. 1972년의 '대탄도미사일조약'(the

---

[37] 제네바군축회의와 관련하여 http://www.reachingcriticalwill.org/political/cd/cdindex.html을 참조할 것.
[38] 군비통제협회에 대해서 http://www.armscontrol.org/를 참조할 것.

Antiballistic Missile Treaty)에 따라 탄도미사일에 대비한 방어미사일의 실험과 개발을 현재까지도 효과적으로 제한할 수 있게 되었으며, SALT, INF, START 등도 군비통제를 위해 중요한 역할을 하였다. 둘째, 국제질서를 위기상황에 안정적으로 유지할 수 있다. 1962년 쿠바위기에서와 같이 미국과 구소련이 상호 군비통제로 인해 핵무기를 사용할 상황이 적을수록 대규모의 핵전쟁의 발발 가능성이 줄어들게 된다는 점이다. 또한, START에 따라 정교하고 위협적인 구소련 미사일인 SS-18 탄도탄미사일의 수를 반으로 줄일 수 있게 됨으로써 핵전쟁의 위험이 감소된 바 있다. 셋째, 군비통제를 통해 핵확산을 막을 수 있다는 점이다. 미래의 핵전쟁 발발 가능성 중의 하나가 핵무기와 여러 가지의 정밀무기를 확보할 수 있는 국가들의 행동이라 할 수 있는데, 5대 핵강대국 이외의 국가들에 대한 핵무기의 확산을 방지하는 것이 군비통제의 한 목적이라 할 수 있다. 핵확산금지조약(NPT)도 이에 근거한다. 넷째, 국가 상호 간의 정치관계를 개선하기 위해도 군비통제가 필요하다. 군비통제조치가 성공할 경우 국가간의 신뢰구축조치(CBMs : Confidence-Building Measures)를 수립하는데 일조하고 정치적 긴장과 불신을 감소시킬 수 있다는 점이다. 특히, 신뢰구축조치는 군비통제의 한 형태로서 군사능력의 배치보다 적대자 간의 정보유통에 초점을 맞추고 있다(Tulliu and Schmalberger, 2003). 다섯째, 군비통제는 전쟁의 파괴력을 감소시키고, 군비에 대한 경제적 부담을 줄이는 데 도움을 줄 수 있다. 특히, 복지와 교육 등 다른 사회 목적들을 위해 국방자원을 재할당하는 것이 각국의 관심이 되고 있고, 저개발 국가들에게서 무엇보다 필요하다.

이러한 군비통제의 방법은 도거티(James E. Dougherty)와 팔츠그라

프(Robert L. Pfaltzgraff, Jr)에 따르면 다음과 같이 제시될 수 있다(Dougherty and Pfaltzgraff, 1971). 첫째, 군비통제를 위해 국가안전보장체제를 비도발적이고 방어적인 방향으로 유도하는 방법이다. 이에는 군사전략 원칙과 무기체계의 연구 및 개발, 배치 계획이 포함될 수 있다. 둘째, 적대 국가들의 무기 생산의 수량적 비율을 전면적인 군비경쟁 시에 경제적으로나 기술적으로 유지할 수 있는 수준 이하로 통제하는 것이다. 셋째, 긴장완화를 위한 협정을 체결하거나 국가간 상호 타협안을 마련하여 군비통제를 할 수 있다. 예를 들어 상호불가침조약 체결, 비무장 혹은 비핵지대의 설정[39], 중립지역에서의 군사력 약화 혹은 비개입 제의, 불법무기 판매 금지 등이 해당된다.

5. UN의 평화유지활동과 다자안보협력

5-1. UN의 평화유지활동

UN의 평화유지활동(PKO : Peacekeeping Operation)은 UN을 중심으로 중립적이고 평화적으로 조직되고 구성된 다국적의 군인, 경찰 및 민간인을 운용하여 분쟁 당사국들의 적대행위를 예방(prevention), 봉쇄(containment), 종결(termination)시키는 것을 말한다. UN의 평화유지활동은 국제평화와 안전 유지의 일차적 권한을 갖고 있는 안보리가 상임이사국 간의 대립으로 인해 국제분쟁 해결이 어려움에 따라 헌장에는 명시되어 있지는 않지만 중립적인 성격의 평화유지활동을 1948년

---

[39] 1967년에 수립된 '라틴아메리카 비핵지대 협정'(Latin America Nuclear Free Zone Agreement), 1971년에 아세안 회원국들이 발표한 "동남아 평화, 자유, 중립지대"(ZOPFAN : Zone of Peace, Freedom, and Neutrality in Southeast Asia) 선언을 들 수 있다.

에 시작함으로써 탄생하게 되었다.40) 평화유지활동에 참가하는 유엔병력들은 안보리나 총회에 의해 창설되고, 구체적인 조직 및 운영은 유엔사무총장에 의해 이루어진다.41) 초기는 유엔감시단(Observation Group)의 일환인 감시요원(MO : Military Observer)이 비무장으로 파견되었으나 1956년부터(제2차중동전) 유엔긴급군(UNEF : UN Emergency Forces)이 창설됨으로써 유엔평화유지군(PKF : Peace Keeping Forces)의 모태가 되었다.

UN의 평화유지활동으로 분쟁지역 상황 관찰 및 정보 제공, 교전국들 중간에서 긴장 완화, 무력충돌 재발 방지, 정전 및 휴전협정의 준수 감시, 문제 국가 내의 질서유지 등을 위한 비 무력적 유엔군 활동이 중심이 되고 있다.

평화유지와 구별되는 개념으로는 평화조성, 평화구축, 예방외교, 평화강제가 있는데 구체적으로 살펴보면 다음과 같다(김열수, 2000). 첫째, 평화조성(peacemaking)은 유엔헌장 제6장에서 제시하고 있는 평화적인 수단을 통하여 적대적인 정치집단들을 협상으로 이끌어내는 활동이다. 이를 위한 수단으로는 사실조사, 협상, 중재, 조정, 중재재판, 사법적 해결 등 6가지와 '지역적 기관 또는 지역적 협정의 이용', '당사자가 선택하는 평화적 수단' 등이 있다. 둘째, 평화재건 혹은 구축(peace building)은 평화조성과 평화유지활동을 성공적으로 이끌기 위

---

40) 이스라엘과 주변 아랍국(시리아, 레바논, 요르단, 이집트)간 분쟁(제1차중동전)이 일어나자 UN 안보리의 결의에 따라 1948년 6월 유엔정전감시단(UNTSO)을 UN 최초로 파견하였다.
41) 1956년 총회가 안보리를 대신하여 평화유지활동 결의하여 1956년 11월에 유엔긴급군(UNEF-I)을 파견하였고, 1962년에도 결의하여 1962년 10월에 유엔임시행정기구(UNTEA)를 건립하고, 유엔안전군(UNSF)을 파견하였다.

해 평화를 공고히 하고, 사람들 간에 신뢰를 진전시킬 수 있는 구조를 찾아내어 지원하는 포괄적 노력을 말한다. 이러한 노력에는 사회적, 경제적, 인도적 지원이 중심이 된다. 또한, 분쟁당사자의 무장해제, 무기의 회수 및 파기, 난민복귀, 선거 감시, 인권보호활동, 정부기관의 재편 등이 포함된다. 셋째, 예방외교(preventive diplomacy)는 분쟁이 발발하기 전 단계에서 분쟁의 근본원인을 제거하거나 분쟁이 발생했을 경우 무력분쟁화되는 것을 막기 위한 외교적인 방법을 의미한다. 이러한 외교노력이 가시적인 성과를 얻지 못할 경우 UN이 해당지역에 평화유지군을 사전에 배치하여 분쟁이 발생하지 않도록 하는 방법도 포함된다. 넷째, 평화강제(peace enforcement)는 평화조성과 평화유지 등에 의한 활동이 분쟁을 관리하는데 실효성을 거둘 수 없을 때 강제적인 수단과 방법을 동원하여 평화를 획득하는 것을 의미한다. 이는 유엔헌장 제7장에 근거를 두고 행해지는데 한국전과 걸프전에서의 활동이 이에 해당한다.

 UN 평화유지활동이 냉전시기에는 평화조성과 평화유지가 중심이었으나, 냉전종식 이후에는 예방외교, 평화재건, 평화강제로 확대되고 있다. 냉전시기에는 주로 군인 위주의 평화유지활동이 중심이었지만, 냉전종식 이후에는 군인과 경찰, 선거감시요원, 비정부기구(NGO : Non-Governmental Organization) 등 참여 범위가 다양해졌다. 평화유지활동의 유형으로 군사감시단(Military Observer Group)과 평화유지군의 활동 및 혼성 평화유지활동을 들 수 있다. 군사감시단은 대부분 비무장 장교들로 구성되어 정전협정 준수를 감시한다. 혼성 평화유지활동에는 민간전문요원이 군사감시단 및 평화유지군과 더불어 활동하는 경우를 말하는데, 민간전문요원들은 선거를 관장하거나 감독하고

난민 송환, 인권상황 감시 등의 임무를 띠고 있다(박재영, 1999).

UN은 1948년에 최초로 설치된 유엔정전감시단(UNTSO : UN Truce Supervision Organization)을 비롯하여 2010년 7월까지 총 63건의 평화유지활동단을 설치하였다. 63건의 평화유지활동 중 임무가 종료된 평화유지활동은 총 47건이며, 2010년 7월 현재까지 진행 중인 평화유지활동은 16건으로 군인과 경찰, 민간인 등 12만 여명이 참여하고 있다(http://www.un.org/en/peacekeeping).

냉전 이후 각 지역의 분쟁에 UN의 평화유지활동이 소기의 성과를 거두고 있지만 현실적으로 여러 문제점들이 있다. 첫째, UN의 재정문제로 인해 평화유지활동에서 경비조달이 크게 문제가 되고 있다는 점이다. 이에 따라 UN은 평화유지활동에서 비교적 소규모이며 안전하고 경비가 적게 드는 전통적 평화유지활동을 선호하기도 한다. 둘째, 평화유지활동이 UN헌장 등의 명확한 근거 법규에 의하기보다 특정사태에 즉흥적으로 대응하여 활동함에 따라 이론상 및 실행상 문제점들이 야기될 수 있다는 점이다. 셋째, 국제분쟁의 해결과정에서 미국 등 강대국들이 자국 중심으로 영향력을 행사하려함에 따라 UN의 평화유지활동이 타격을 받는 경우가 많다는 점이다. 넷째, 펙(Connie Peck)의 지적처럼 국제분쟁해결 방법에 있어 UN 내에서 남-북(North-South) 간의 인식 차이도 UN의 활동에 제약을 가져온다는 점이다(Peck, 1996). UN이 이러한 문제점을 갖고 있으나 냉전종식 이후 종족·인종분쟁, 영토·국경분쟁 등 다양한 분쟁의 발생에 따라 해결 주체로서 그 중요성이 증대되고 있다는 점에서 NATO, EU, AU(African Union), OSCE 등 지역기구와 함께 중요한 분쟁관리기구로 자리매김하고 있다(Winslow, 2008).

5-2. 다자안보협력

탈냉전시대에 들어와 안보문제를 다루는데 있어 가장 빈번하게 사용되어 온 개념이 다자안보협력이다. 다자안보협력은 한마디로 여러 국가들이 다양한 주제의 안보문제를 해결하기 위해 상호 협력하는 것을 의미한다.

다자안보협력을 구체적으로 다루기 전에 우선 다자주의(multilateralism)의 개념을 살펴볼 필요가 있다. 다자주의는 많은 학자들이 1980년대부터 관심을 갖기 시작하여 개념을 정의한 바 있다. 첫째, 다자주의는 단독주의(unilateralism) 혹은 2개국 간의 협력 구조인 양자주의(bilateralism)와 대조되는 개념으로 제시되었다. 이러한 다자주의는 국제 혹은 지역 기구에 다수의 국가들을 참여시켜 보편적인 다수 의견에 따라 제 문제들을 해결코자 하는 방법이다(Kahler, 1993). 둘째, 다자주의는 참여국 간의 일반적인 행위원칙 등 특정한 원칙 하에서 3개국 이상의 다수 국가간에 형성된 협력구조를 의미한다. 이러한 다자주의의 특징으로 러기(John G. Ruggie)는 '일반화된 행위원칙'(generalized principle of conduct), '관련된 가치들의 불가분성'(indivisibility of values), '포괄적 호혜성'(specific reciprocity) 등을 들고 있다(Ruggie, 1993). 셋째, 다자주의 기구에는 다수의 국가들이 참여하지만 단순히 많다는 측면에서 다자주의가 성립되지 않고, 참여국 간의 협력을 기본으로 해야 한다. 예를 들어 군사동맹 기구에서와 같이 특정 사안에 대해 일치된 다자주의적 행동을 바탕으로 해야 한다. 넷째, 이념으로서 다자주의는 기구 내에서 당면한 목표를 최종적으로 성취하기 위해 참여국을 고무시키는 이데올로기적인 역할을 아울러 수행한다(Caporaso, 1993).

한편, 다자협력(multilateral cooperation)은 다수의 국가들이 정책조정을 통해 보다 나은 결과를 얻도록 협력하는 것을 의미한다. 또한, 안보협력(security cooperation)은 안보 분야에서 국가 상호 간에 협력을 하는 것으로 참여하는 행위자의 수로는 양자(bilateral) 및 다자(multi-lateral)를 모두 포함한다. 안보협력의 형태로는 양자동맹(bilateral alliance), 집단방위동맹(collective defense alliance), 집단안보(collective security), 협력안보(cooperative security) 등을 아우르는 포괄적인 용어로 사용된다. 마지막으로 다자안보협력(multilateral security cooperation)은 셋 이상의 국가가 전략적 차원의 정책 조율을 통해 상호신뢰를 구축하고 전통적 안보위협이 분쟁으로 비화하는 것을 예방하는 동시에 비전통적 안보위협에 공동으로 대처하는 것을 의미한다. 이러한 다자안보협력은 양자 군사동맹(한·미군사동맹, 미·일군사동맹)이나 집단방위체제(NATO), 집단안보체제(UN)보다도 낮은 수준의 안보협력이라 할 수 있다(이대우, 2008).

다자안보협력의 구체적 결정체라 할 수 있는 다자안보협력체제는 특정한 안보위협에 대처한다는 것보다 지역 내의 불안정 요인을 제어하고 평화를 정착시키기 위해 참여국들의 공동 관심사를 논의하고 대화의 축적을 통해 신뢰를 구축하며, 군비축소를 실현시키는 목적으로 수립되었다. 이러한 다자안보협력체제는 공동안보체제(common security system)와 협력안보체제(cooperative security system)로 나눌 수 있다(이대우, 2008). 첫째, 공동안보체제는 제2차 세계대전 이후 냉전시대에 유럽에서 창출되었고 현재까지 유지되고 있는 CSCE/OSCE가 대표적이다.[42] 이 체제에서는 내부화된 위협을 현재의 특정 위협으로 상정하여 공동으로 대처한다. 둘째, 협력안보체제는 탈냉전시대에 아시아

---

[42] 특히 OSCE는 학자들에 따라 협력안보체제(cooperative security system)라고도 한다.

를 중심으로 발전되고 있는데 불특정, 불확실한 잠재적 위협을 상정하여 협력하는 체제이다. 아세안안보포럼(ARF : ASEAN Regional Forum)과 상하이협력기구(SCO : Shanghai Cooperation Organization)가 중심이 되고 있다.

다자안보협력체로는 정부차원(Track-I)의 OSCE와 ARF, SCO를 들 수 있고, 비정부차원(Track-II)의 다자 안보대화인 동북아협력대화(NEACD : Northeast Asia Cooperation Dialogue)와 아·태안보협력이사회(CSCAP : Council for Security Cooperation in Asia-Pacific)를 들 수 있다.

OSCE의 경우 전신인 유럽안보협력회의(CSCE) 회원국들이 1975년 8월 1일 헬싱키 정상회담에서 「최종 의정서」(Final Act)를 채택함으로써 미국 및 캐나다를 포함하여 동·서 유럽국 35개 회원국 간에 공식 출범하게 되었다. 이후 1995년부터는 회의체에서 기구화 되어 CSCE가 OSCE로 명칭이 바뀌었다. CSCE는 냉전기간 동안에도 동·서간의 대화를 존속시킬 수 있는 구심점 역할을 하였고, 결국에는 회원국들이 1990년 12월에 '파리헌장'(Charter of Paris)을 채택함으로써 유럽에서의 냉전을 종식시킬 수 있게 되었다(De Crombrugghe, 2008). 현재, OSCE의 회원국은 56개국이고 그동안 유럽의 분쟁을 사전에 예방할 수 있는 실질적인 활동을 하여 '다자안보협력기구'로서 주요 모델이 되고 있다(이승근, 2010).

ARF는 1992년 제4차 싱가포르 ASEAN 정상회담에서 확대 외무장관회의(PMC : Post Ministerial Conference)의 틀을 이용하여 ASEAN 및 역외국가간의 정치안보대화를 증진할 것에 합의함으로써 1994년 7월에 발족되었다. 회원국은 남·북한 및 유럽연합 의장국을 포함 총 25개국이다. ARF는 CSCE/OSCE를 모형으로 하는 아태지역의 유일한 다자안보협력체라 할 수 있는데, 고위관리회의(ARF-SOM : ARF-Senior Officer Meeting), 각종 회기간 회의에서 역내 안보정세에 관한 의견을 교환하고, 신뢰구축 및 예방외교를 통해 역내 평화와 안정을 추구하고 있다.

SCO는 1996년 4월 중국, 러시아, 카자흐스탄, 키르기스스탄, 타지크스탄 등 5개국 간 신뢰구축협정을 체결한 정상회담에서 시작되었고, 2001년 우즈베키스탄이 가입함으로써 6개국의 회원국으로 이루어져 있다. 초기에는 국경문제와 지역 안정을 위한 전통적 안보문제를 주로 다루었는데 점차 경제 및 비전통 안보문제를 포함하여 점차 포괄적이고 전면적인 주제를 다루는 협의체로 발전하고 있다. SCO는 기본적으로 중국과 러시아 간의 주도권과 영향력 행사 문제를 둘러싼 갈등의 소지를 안고 있고, 영토 및 수자원 분쟁 등 역내 국가간 갈등이 있으나, 진화해가는 실험적 지역협력조직으로 주목할 필요가 있다(이대우, 2008).

비정부차원(Track-II)의 다자 안보대화로 첫째, 동북아협력대화(NEACD)는 미국 캘리포니아 대학 산하에 있는 '세계분쟁협력연구소'(IGCC : Institute on Global Conflict and Cooperation)의 주관으로 1993년 10월에 출범하였다. 출범 이후 비교적 활발히 개최되고 있는데, 남·북한, 미·일·중·러 6개국의 국방·외무 관리와 학자들이 개인 자격으로 참가하여 동북아 안보를 중심으로 논의한다. 북한은 1993년 7월 준비회의에 참가한 이후 줄곧 불참하고 있다. 둘째, 아·태안보협력이사회'(CSCAP)는 1993년 6월 한국, 미국, 일본, ASEAN 국가 학자들이 구성한 비정부간 회의체이다. 본 회의체는 국가간 신뢰 증진, 정부차원의 안보협력 지원 및 이의 강화를 위해 논의를 하는 것을 주목적으로 하고 있다(이승근, 2010). CSCAP에서의 논의 분야는 북한을 포함한 18개국 간의 무기등록·국방백서 발간 등 군사 투명성 문제와 핵 안보와 비확산 관련 문제, 예방외교 개념 및 원칙 설정 등이 있다.

참고문헌

- 이대우. 2008. 『국제안보환경 변화와 한미동맹 재조정』, 서울: 한울.
- 이승근. 2010. "동북아 다자안보체제 구축과 선결조건." 『세계지역연구논총』, 28(1), pp.127-151.
- 최아진. 2008. "안보." in 한국정치학회 편. 『국제정치와 안보』, 서울: 범문사.
- 김순규. 2000. 『현대국제정치학』, 서울: 박영사.
- 김열수. 2000. 『국제기구를 통한 분쟁관리: 국제연합의 평화유지활동(PKO)』, 서울: 오름.
- 박재영. 1999. 『국제기구정치론』, 서울: 범문사.

- Arms Control Association. 1989. *Arms Control and National Security: An Introduction*. Washington, D. C.: Arms Control Association.
- Art, Robert J. 1980. "The Four Functions of Force." *International Security*. 4, pp.4-35.
- Axelord, Robert and Robert Keohane. 1986. "Achieving Cooperation among Anarchy: Stragegies and Institutions." in Kenneth Oye(ed.). *Cooperation Under Anarchy*. Princeton: Princeton University Press, pp.226-254.
- Baylis, John. 2005. "International and global security in the post-cold war era." in John Baylis and Steve Smith(eds.). 2005. *The Globalization of World Politics*. Oxford: Oxford University Press. 하영선 외 옮김. 2007. 『세계정치론』, 서울: 을유문화사, pp.311-337.
- Bretherton, C. and Ponton, G.(eds.). 1996. *Global Politics: An Introduction*. Oxford: Blackwell. 1996.
- Buzan, Berry. 1983. *People, States and Fear: The National Security Problem in International Relations*. London: Harvester Wheatsheaf.
- Buzan, Berry. 1991. *People, States and Fear: an Agenda for International Security Studies in the Post-cold War Era*. Boulder: Lynne Rienner.
- Caporaso, James A. 1993. "International Relations Theory and Multilateralism: The Search for Foundations." in John G. Ruggie (ed.). *Multilateralism Matters*. New York: Columbia University Press, 51-90.

- De Crombrugghe, Bertrand. 2008. "Moving from Mutual Assured Destruction to Cooperative Security." in Jeju Peace Institute. *Peace and Prosperity in Northeast Asia: Exploring the European Experience*. Jeju Peace Institute Research Series 5(1), pp.99-122.
- Dougherty, James E. and Robert L. Pfaltzgraff, Jr. 1971. *Contending Theories of International Relations*. New York: J. B. Lippincott Company. 최창윤 역. 1977. 『국제정치론: 이론과 접근법』, 서울: 박영사.
- Goodin, Robert E. 1990. "International Ethics and the Environmental Crisis." *Ethics and International Affairs*. 4, pp.91-105.
- Huntington, Samuel P. 1958. "Arms Races: Prerequisites and Results." in Carl J. Friedrich and Seymour E. Harris(eds.) *Public Policy: Yearbook of the Graduate School of Public Administration*. Cambridge, Mass: Harvard University Press, pp.41-86.
- Jervis, Robert. 1976. Perception and Misperception. Princeton: Princeton University Press.
- Kahler, Miles. "Multilateralism with Small and Large Numbers." in John G. Ruggie(ed.). *Multilateral Matters*. New York: Columbia University Press, pp.295-326.
- Keohane, Robert and Joseph Nye. 1977. *Power and Interdependence: World Politics in Transition*. New York: Little, Brown and Company.
- Kupchan, Charles and Clifford Kupchan. 1991. "Concert, Collective Security and the Future of Europe." *International Security*. 16(1), pp.114-161.
- Lamy, Steven L. 2005. "Contemporary mainstream approaches: neo-realism and neo-liberalism." in John Baylis and Steve Smith(eds.). *The Globalization of World Politics*. Oxford: Oxford University Press. 하영선 외 옮김. 2007. 『세계정치론』, 서울: 을유문화사, pp.212-236.
- Mearsheimer, John. 2001. *The Tragedy of Great Power Politics*. New York: Norton.
- Merrills, J. G. 1991. International Dispute Settlement. Cambridge: Cambridge University Press. 김재원 역. 1998. 『국제분쟁의 해결방법』, 서울: 교육과학사.

- Morgenthau, Hans. 1973. *Politics among Nations: the Struggle for Power and Peace*. 5th edn. New York: Knopf.
- Peck, Connie. 1996. *The United Nations as a Dispute Settlement System: Improving Mechanisms for the Prevention and Resolution of Conflict*. The Hague: Kluwer Law International.
- Roberts, Adam. 1993. "The United Nations and International Security." *Survival*. 35(2), pp.3-30.
- Ruggie, John Gerard. 1993. "Multilateralism: the Anatomy of an Institution." in John G. Ruggie(ed.). *Multilateral Matters*. New York: Columbia University Press, pp.3-50.
- Snyder, Glenn. 1984. "The Security Dilemma in Alliance Politics." *World Politics*. 36(4), pp.461-495.
- Tulliu, Steve and Thomas Schmalberger. 2003. Coming to Terms with Security: A Lexicon for Arms Control, Disarmament and Confidence-Building. UNIDIR/2003/22. Geneva: UNIDIR.
- Waever, Ole, Barry Buzan, Morton Kelstrup and Pierre Lemaitre. 1993. *Identity, Migration and the New Security Agenda in Europe*. London: Allen & Unwin.
- Walt, Stephen. 1987. *The Origines of Alliances*. Ithaca: Cornell University Press.
- Waltz, Kenneth N. 1983. Theory of International Politics. London: Addison-Wesley Publishing Co.
- Waltz, Kenneth N. 1988. "The Origins of War in Neorealist Theory." *The Journal of Interdisciplinary History*. XVII, pp.615-628.
- Wendt, Alexander. 1999. *Social Theory of International Politics*. Cambridge: Cambridge University Press.
- Winslow, Donna. 2008. "The UN: multinational cooperation in peace operations." in Joseph Soeters and Philippe Manigart(eds.). *Military Cooperation in Multinational Peace Operations*. London: Routledge, 13-27.
- Ziegler, David W. 1987. *War, Peace and International Politics*. Boston: Little, Brown and Company.

- http://www.un.org/en/peacekeeping.
- http://www.un.org/disarmament.
- http://www.reachingcriticalwill.org/political/cd/cdindex.html.

지역통합
국제정치의 이해

:: 유 진 숙

I. 지역통합 현상 개괄

　지역통합은 일반적으로 몇몇 국가집단들의 부분적 또는 전면적 통합 현상을 의미한다. 그러나 보다 심층적으로 들어가 보면 이때 통합이 정치적 통합을 의미하는가, 아니면 경제통합을 의미하는가? 경제통합의 목적은 자유무역지대(free trade area)의 형성인가, 관세동맹(customs union)의 성립인가, 공동시장(common market)의 완성인가, 아니면 완전한 경제화폐동맹(economic monetary union)의 설립인가? 더 나아가 통합은 국가의 소멸을 의미하는가? 등의 복합적인 문제들이 존재한다(김두수 2005, 32). 따라서 지역통합은 아직까지 단일하고 명확한 개념이 설정되지 않을 정도로 다양한 현상을 포괄하고 있다(Thakur 2006, 234).
　지난 60여 년간 지역통합 현상은 빠른 속도로 확산되어 왔으며 이는 자유무역지대와 같은 제한적 경제통합의 낮은 단계부터 심화된 정치적 지역통합의 높은 단계까지 다양한 경우를 포괄한다. 예를 들어 경제통합의 단계는 일반적으로 다음의 여섯 단계로 구분된다.

<표 1> 경제적 지역통합의 여섯 단계

	1단계	2단계	3단계	4단계	5단계	6단계
	회원국가 무역특혜	역내 관세철폐	역외 공동관세 부과	역내 생산 요소 자유 이동 보장	역내 공동경제 정책 수행	초국가적 기구 설치 및 운영
특혜무역 협정						
자유무역협정(FTA) (NAFTA, EFTA 등)						
관세 동맹(Custom Union) (베네룩스 관세동맹)						
공동시장(Common Market) (EEC, CACM, CCM, ANCOM 등)						
완전경제통합(Economic Union) (마스트리히트 조약 이후의 유럽연합)						

출처: 외교통상부 지역무역협정의 종류와 포괄범위 소개.
　　　인용 http://www.fta.go.kr/intro/intro.php

특히 90년대 초반부터 지역통합은 지구적 차원에서 진행되고 있으며 유럽연합(European Union), 동남아국가연합(ASEAN), 북아메리카 자유무역협정(NAFTA), 라틴아메리카 Mercusor 등 대규모 지역통합체 외에도 아메리카자유무역지대(FTAA), 캐나다-미국자유무역협정(CUFTA), 아프리카 3개국 관세동맹 등 다수의 지역통합 조직이 존재한다. WTO의 보고에 의하면 1990년과 1994년 사이 서른 세 개의 지역무역협정(Regional Trade Agreements)이 존재하였던 반면 1995년과 2001년 사이에 100여 개의 기구가 새로 탄생하였다고 한다(Duina 2006, 247).

최근 들어서 급속히 강화되고 있는 위와 같은 지역통합 현상은 흔히 지구화라는 맥락 속의 '새로운 지역주의'(New Regionalism)의 산물로 조명된다. 지역통합의 개념규정이 갖고 있는 어려움은 이 '새로운 지역주의' 현상이 갖고 있는 이중성에서 발생하기도 한다. 지역통합은 한 편으로는 신자유주의적 세계화의 적극적 수용이자 적응으로 해석되기도 하지만 동시에 그에 대한 방어적 기제로서 해석되기도 하기 때문이다. 혹자는 지역주의의 성격, 즉, 개방적인가 폐쇄적인가에 따라서 지역주의는 자유화를 촉진하고 자유무역을 증진하는 세계화의 교두보가 될 수도 있지만 세계화에 대한 저항의 원인이 될 수도 있다고 본다(김두수 2005, 35). 폐쇄적인 지역주의는 외부의 자유화에 대한 하나의 방어블록으로서 지역주의를 통한 국내 권력의 회복 시도를 반영한다는 것이다. 예를 들어 라틴아메리카에는 2000년대 중반 들어 아메리카자유무역지대를 중심으로 하는 미국의 헤게모니에 저항하는 두 개의 지역통합체, 남아메리카국가연합(UNASUR)와 볼리바르대안(ALBA)가 등장하였다(Kellogg 2007, 189). 특히 남아메리카국가연합의 경우 미국의 헤게모니에 저항하는 가운데에도 신자유주의적 원리를 전적으로 수용하고 있는 반면 볼리바르 대안의 경우는 신자유주의를 반대하는 좌파 대중운동에 기반하여 지역통합을 추구하고 있다. 이렇듯 지역주의와 지역통합을 통하여 개별 국가는 세계화의 압력에 대항하여 역내 시장을 보호하는 동시에 역내 시장의 자유화를 통하여 세계화의 요구에 순응하기도 하는 이중적 전략을 실현하는 것이다(Kim 2006, 128).

위와 같은 개념화의 어려움에도 불구하고 지역통합의 핵심적 성격을 요약한다면 일반적으로 지역연합의 목적은 참여국에게 개별 국가의 한계성을 극복하고 집단적 힘과 협상력을 제고함으로써 역외압력을 극복하고 역내적으로는 자유화의 이익을 추구하는데 있다고 할 수 있다(변창구 2008, 6-7).

II. 지역통합의 이론

지역통합에 대한 이론은 크게 기능주의적 시각, 현실주의적 시각, 자유주의적 정부간주의 또는 개별국가 중심주의, 다층적 시각, 구성주의적 시각 등 다양한 방향으로 발전되어 왔다.

기능주의적 시각은 특히 유럽통합의 진전과 더불어 발전되어 왔으며(Henry 2007, 858) 통합이 점진적으로 확산되면서 심화된다는 통합의 메커니즘을 설명한다. 지역은 현실문제에 대한 공통적인 해결을 모색하는 과정에서 지역 개별국가를 초월하는 초국가적 제도의 유용성에 대해 동의하게 된다는 것이다(이두환 2009, 141). 따라서 이 입장은 지역통합의 승패는 일정 수준의 공동의 문제 해결에 대한 요구와 이를 위한 제도 창출에 달렸다고 본다. 예를 들어 유럽법원(European Court of Justice)이 유럽통합을 주도하였다는 점은 기능주의적 설명의 대표적인 실증사례로 여겨지고 있다.

반면 현실주의는 국제관계를 무정부적인 국가간 힘의 경쟁으로 파악하는 고전적인 입장을 지역통합에도 적용한다. 즉, 지역 국가들은 단기적으로는 교류를 증대할 수는 있으나 개별 국가간의 이해의 상충으로 인하여 장기적인 통합의 유지는 어렵다는 것이다. 또한, 현실적인 지역 역학관계의 변동에 따라서 국가간 동맹도 변화하고 국가들은 끊임없이 상호 경쟁하므로 지역통합은 현실화되기 어렵다고 본다. 이 입장에 따르면 지역통합은 단기적으로 이익을 얻기 위한 전략적 행위이며 특히 지역의 세력균형을 유지하기 위한 유용한 도구로 인식될 따름이다.

자유주의적 정부간주의는 국내정치적 측면에 주목하며 정부 간 협상을 통하여 지역통합을 설명하고자 한다. 이 입장에 따르면 지역통합은 개별 국가 차원에서 이루어지는 이익의 결집과 국가간 협상 및 집행과정 등을 통해 이루어진다(이두환 2009, 141). 이 입장은 유럽연합과 같이 높은 수준의 정치적 통합이 이루어진 지역통합체라고 할지라도 궁극적인 결정권은 개별 국가의 이익을 대표·조율하는 조직에 있다고 본다. 따라서 이 입장에 따르면 경제적 통합을 통하여 개별 국가간의 상호의존성이 증가하기는 하지만 진정한 초국가적 기구의 등장은 어느 정도 비현실적인 구상이다. 실제로 유럽이사회나 각료이사회와 같은 기구들 즉, 개별 국가이익의 대변과 조율이 이루어지는 조직들이 유럽연합의 핵심조직이라는 점은 이 이론에 설득력을 부여하기도 한다.

위의 두 가지 이론, 기능주의와 정부간주의의 일면성을 비판하며 등장한 다층적 시각은 유럽연합을 비롯한 지역통합체의 형성을 다양한 정치단위가 중복되어 층을 이루고 있는 다층정치구조(Multi-Level Governance)로 설명한다. 이러한 이론적 접근 안에는 '정책공동체', '쟁점네트워크', '인식공동체' 등의 다양한 거버넌스 구조에 주목하는 경향성과 신제도주의적 접근을 통해 지역연합의 정책결정과정을 설명하는 두 가지 하위 조류가 포함된다.

마지막으로 구성주의적 시각은 '이익'이라는 요소에 초점을 맞추고 있는 모든 기존 이론들에 대한 비판에서 출발하여 '문화', '관념', '관습', '이념', '규범', '담론' 등 간주관적이며 사회적인 요소들을 통하여 지역통합의 현상을 분석하고자 한다(Slocum 2004, 228). 이 이론에 따르면 지역통합의 과정은 지역적 정체성의 형성과 지역 차원의 규범의 제도화 과정에 대한 이해 없이는 설명될 수 없다는 것이다. 더 나아가 이 이론은 '이익'의 역동성과 정체성 형성 과정 간의 상호작용에 주목하기도 한다. 구성주의적 시각은 크게 사회학적 구성주의(Sociological Constructivists)와 비트겐슈타인식 구성주의(Wittgensteinian Constructivists)의 두 가지 조류로 분류된다. 사회학적 구성주의는 사회적 현실의 객관적 존재를 인정하는 가운데 행위자의 정체성, 이익과 행위에 미치는 규범의 영향을 고찰하고자 한다. 반면 비트겐슈타인식 구성주의는 객관적인 실체의 존재 여부에 대해서는 언급하지 않은 채 세계가 어떻게 구성되는가? 라는 문제에 천착한다. 구성주의의 대표적인 학자 웬트(Wendt)는 '상징적 상호작용론'(Symbolic Interactionism)에 근거하여 국제체제를 사회적 구성물로 파악하기도 한다.

Ⅲ. 지역통합 사례들

1. EU(European Union : 유럽연합)

유럽연합은 지역통합 중 가장 대표적이며 가장 심화된 정치통합의 사례이자(Thakur 2006, 234) 지역통합을 세계적 차원으로 확산시킨 본산지이기도 하다. 1951년 유럽석탄철강공동체(ECSC)로서 탄생한 이후 약 반 세기가 지난 현재 유럽연합은 27개국을 포괄하며 인구 5억에 세계 경제의 30%를 차지하는 거대한 지역연합으로 성장하였다.

1-1. 유럽연합의 역사

유럽연합의 역사는 2차 대전 이후 전쟁의 폐허 속에서 시작되었다. 유럽은 2차 세계대전의 경험을 통하여 유럽 내에 존재하는 긴장과 갈등을 해소해야 할 뿐만 아니라 냉전구도 속에서 외부로부터 유럽을 지키기 위해 단결해야 할 필요성을 절감하였다. 유럽 통합의 역사는 크게 약 4가지 시기로 나누어 볼 수 있다. 1. 유럽석탄철강공동체의 시기(1951-1957), 2. 유럽경제공동체의 시기(1957-1967), 3. 유럽공동체의 시기(1967-1991), 4. 유럽연합의 시기(1991-).

전쟁 직후 유럽경제협력기구(OEEC : Organization for European Economic Cooperation)를 위시하여 베네룩스 3국 간의 경제 통합과 1947년 북유럽경제협력공동위원회 등 다양한 국지적 지역통합의 움직임이 시작되었다. 그러나 전 유럽을 포괄하는 통합의 본격적인 출발점은 1951년 프랑스, 독일, 이탈리아 및 베네룩스 3국이 창설한 유럽석탄철강공동체(ECSC)라고 할 수 있다. 유럽석탄철강공동체는 서유럽의 평화와 안보를 위해서는 독일과 프랑스 간의 화해가 절대적이라는 당시 프랑스 외무장관 로베르 슈만의 인식을 바탕으로 창설되었다.

유럽석탄철강공동체를 기반으로 1957년 로마조약에서 등장한 기구는 유럽경제공동체(EEC)와 유럽원자력공동체(Euratom : European Atomic Energy Community)였다. 이 두 기구는 자본과 노동의 자유로운 이동, 공동체 내의 관세 및 수량규제의 철폐, 공동대외관세의 부과 등을 통하여 경제분야에서의 유럽통합의 심화를 가속화하였다. 그 외에도 유럽경제공동체는 공동 농업정책을 통하여 농산물의 가격을 설정하고 생산량과 가격을 조절하는 중앙통제 정책을 도입하였다.

다시금 1967년 7월 기존의 유럽석탄철강공동체, 유럽경제공동체, 유럽원자력공동체는 유럽공동체(EC)로 재편되고 중복된 기구들도 하나로 통합되었다. 유럽통합과정은 1980년대에 잠시 정체되었으나 80년대 중반, 프랑스 미테랑대통령, 독일의 헬무트 콜 총리 등 유럽통합에 호의적인 정부의 등장으로 인하여 유럽통합은 다시금 가속화되었다. 이에 1984년 프랑스 퐁텐블로에서 개최된 유럽이사회에서는 국경 검문폐지, 유럽여권의 신설 등 유럽 정체성의 확립과 정치적 통합의 심화를 위한 정책들이 결정되었다. 그리고 1987년 단일유럽의정서(SEA : Single European Act)를 제정하여 인력, 상품, 자본, 서비스의 자유로운 이동에 기반한 국경 없는 공동체로의 성장을 추진하였다. 이러한 단일 시장의 출범은 심화된 통합의 형태인 통화 동맹의 기반이 되었다.

유럽 통합을 다시 한 번 질적으로 심화시킨 시점은 마스트리히트 조약이라고 불리는 유럽연합 조약(Treaty on European Union)이 체결된 1991년 12월이라고 할 수 있다. 마스트리히트 조약에 근거하여 유럽연합은 이제 경제통화동맹에 근거한 경제적 통합뿐만 아니라 공동외교안보정책과 내무사법분야에서의 협력을 통한 정치적 통합을 추진하기 시작하였다. 마스트리히트 조약에서 저개발지역의 발전을 위한 구조기금 계획이 구체화되었으며 1994년부터 집행되기 시작하였다(이희연 2009). 또한, 사회결속기금(Social Cohesion)이 창설되어 유럽연합 내 지역격차의 해소를 위하여 낙후지역의 경제구조 특성과 쇠퇴양상을 기준으로 지역을 유형화하고 재정 분배수단인 구조기금을 배분하게 되었다. 이는 유럽연합이 명실상부한 지역통합체로 성장하기 시작하였음을 보여준다. 이와 더불어 유럽통합의 범위도 급속히 확대되기 시작하였다. 마스트리히트 조약을 전후한 시점인 1989년부터 1992년까지 오스트리아, 스웨덴, 핀란드, 스위스, 노르웨이 등이 가입을 신청하여 1994년 이들 국가들의 가입협상이 타결됨으로써 15개국으로 확대되었다. 또한, 2004년과 2007년 두 번에 걸쳐 체코, 헝가리, 폴란드 등 동유럽 국가들이 가입함으로써 유럽연합은 27개국으로 확장되었다.

〈표. 2〉 유럽연합의 확대

가입 시기	국 가
창립 국가 6개국 (ECSC 1952년)	독일, 프랑스, 이탈리아, 벨기에, 네덜란드, 룩셈부르크
1차 확대 3개국(1973년)	영국, 덴마크, 아일랜드
2차 확대 남부 유럽국가 3개국(1980년대)	그리스(1981년), 스페인, 포르투갈(1986년)
3차 확대 3개국(1995년)	오스트리아, 스웨덴, 핀란드
4차 확대 동유럽 12개국 (2004년, 2007년)	체코, 헝가리, 폴란드, 에스토니아, 라트비아, 리투아니아, 슬로바키아, 슬로베니아, 몰타, 키프로스(이상 2004년), 불가리아, 루마니아(이상 2007년)
가입후보 3개국	터키, 크로아티아, 마케도니아
잠재적 후보 국가 4개국	알바니아, 세르비아, 보스니아-헤르체고비나, 몬테네그로

참조 : 강원택, 조홍식, 하나의 유럽, 푸른길, 2009, p.106.

1-2. 유럽연합의 구조

유럽연합은 표면적으로는 마치 하나의 국가와 같은 구조를 보유하고 있다(강원택 외 2009, 26). 유럽연합은 즉, 일반 국가의 행정부에 해당한다고 할 수 있는 집행위원회, 입법부에 해당되는 유럽의회, 사법부에 해당하는 유럽법원 그리고 유럽중앙은행 등의 상설기구로 구성되어 있다. 그리고 이들 기구들은 개별 회원국과는 독립적으로 움직이는 초국가적 기구이며 유럽연합의 조약 역시 개별 국가의 법령에 우선한다. 이렇게 볼 때 유럽연합은 점차적으로 연방국가와 같은 수준에 가깝게 발전하고 있으며 최소한 장기적으로 이러한 수준으로의 발전을 지향한다고 볼 수 있다.

국가 수준으로의 통합의 심화 시도는 헌법 제정 과정으로 상징된다. 유럽대표자 회의는 2002년 2월 브뤼셀에서 유럽헌법 제정의 필요성에 대하여 처음으로 논의하였으며 2003년 유럽이사회의장 선출의 문제,

유럽연합 외무장관직의 신설, 집행위원회 개혁과 가중다수결방식 등에 대한 내용을 담은 유럽헌법 초안을 완성하였다. 이 초안은 2003년 10월부터 2004년 6월까지의 긴 논의를 거쳐 합의되었으며 정치적 측면에서의 유럽통합을 한 단계 심화시키는 내용을 담고 있었다. 유럽연합헌법은 민주주의, 법의 지배, 인권존중, 근본적 자유 등을 기본 가치로 선언하였으며 권한의 원칙, 보충성의 원칙, 비례성의 원칙, 유럽연합법의 우위 등을 핵심적인 조직원칙으로 규정하였다. 유럽연합헌법은 결국 프랑스와 네덜란드의 국민투표부결로 인하여 좌절되었지만 유럽연합헌법에 기초하여 2009년 체결된 리스본조약을 통하여 핵심적인 요소들은 유지되었다. 리스본조약은 유럽이사회 의장직과 외무장관에 해당되는 외무담당 고위대표직을 신설하는 등 다양한 측면에서 유럽연합의 초국가성을 강화하였다.

- **유럽연합 집행위원회**(European Commission) : 유럽연합 집행위원회는 각국대표 1인, 즉 현재 총 27명으로 구성되어 있으며 이 대표들은 출신 국가로부터의 철저한 독립 하에 유럽연합의 이해를 대표하는 것으로 규정된다. 유럽연합 집행위원회는 행정부에 해당하지만 실제로 정책집행기능을 수행하기보다는 정책입안과 감시감독, 예산 관리집행 및 대외적 대표기능을 수행한다. 무엇보다도 집행위원회는 유럽연합에 관련된 주요한 정책을 발의하고 입안하는 역할을 수행한다. 또한, 유럽연합에서 제정된 법안이 각국에서 적용되고 있는가를 감시하고 위반의 경우 해당국가에 대한 벌금을 부과함으로써 실질적인 정책실현의 기능을 수행한다. 그 외에도 집행위원회는 예산을 관리집행하고 대외적으로는 외국 및 국제기구와의 교역·교

류 과정에서 유럽연합 회원국을 대표한다. 집행위원회의 권한과 효율성은 리스본 조약을 통하여 상당 부분 강화되었고 집행위원의 수는 기존의 27명에서 2014년까지 순차적으로 18명으로 축소하는 것으로 규정되었다.

- **각료이사회**(Council of Ministers) : 각료이사회는 개별 정책 분야의 회원국 장관 모임이며 이 공간을 통하여 개별 국가들의 상이한 이해관계가 조절·통합된다. 이 기구는 유럽연합의 실질적인 핵심 기관이며 사실상의 입법기구라고 할 수 있다. 이는 유럽연합의 이중적 성격, 즉 한편으로는 초국가적 기구이면서 동시에 정부 간 협상기구라는 점을 반영한다. 각료이사회는 외무, 농업, 환경, 재무 등 총 아홉 개 영역에 존재하며 각 이사회에서 영역 별로 주요한 사안들이 결정된다. 각료이사회의 결정 방식은 현재는 만장일치제나 가중다수결 방식이 일반적이지만 리스본 조약을 통하여 이중 다수결방식을 순차적으로 도입하도록 하였다. 이에 따르면 입법안은 각국 투표의 55% 이상, 유럽연합 전체 인구 규모의 65% 이상을 대표한다는 조건을 충족시킬 때 통과된다. 또한, 최소 15개국이 찬성의사를 표시해야 하며 부결을 위해서는 최소 4개국 이상이 포함되어야 한다. 이는 개별 국가의 거부권 행사 영역이 전반적으로 축소되었음을 의미한다. 기존의 만장일치제는 개별국가의 거부권행사가 너무 강하며 가중다수결방식은 너무 복잡하다는 비판에 의거한 결정이었다.
- **유럽이사회**(European Council) : 유럽이사회는 회원국의 수상 및 대통령으로 구성된 유럽연합 최고의 정책결정기구이다. 유럽이사회는 유럽연합의 장기적 발전방향을 설정하고 통화동맹, 유럽연합확장, 공동외교정책 등, 주요하고 민감한 정치경제적 문제를 결정한다.

유럽이사회는 매년 브뤼셀에서 6월과 12월에 공식회의를 개최하며 대부분 만장일치를 통하여 사안을 결정해 왔다. 유럽이사회 의장은 지금까지 6개월마다 순환하였으나 리스본 조약의 체결을 통하여 기존의 순회의장국 제도를 폐지하고 행정부수장에 해당하는 유럽이사회의장직을 신설하였다. 유럽이사회의장은 2년 반과 한번 연임이 가능한 임기로 이사회에서 선출된다. 유럽이사회의 결정방식도 리스본 조약을 통하여 기존의 만장일치제를 폐지하고 2014년부터 단계적으로 이중 다수결 방식을 도입하여 2017년에 완료하는 것으로 결정되었다.

- **유럽의회**(European Parliament) : 유럽의회는 유럽연합의 회원 각국에서 선거로 선출되는 거대한 의회이며 유럽의회 의원 수는 리스본 조약에 의거하여 751명으로 확정되었다. 이때 개별 국가 당 의원 수는 각국의 인구수를 고려하여 최대 96명에서 최소 6명 사이에 배정된다. 유럽의회는 초기에는 자문기능 이상의 기능을 수행하지 못하는 취약한 기구였으며 각료이사회와 집행위원회에 대한 감독과 통제 기능, 예산권 등에 한정되어 기능을 수행하여 왔다. 그러나 리스본조약을 통하여 유럽의회의 입법 권한 역시 강화되어 이사회와의 공동결정권한을 부여받게 되었다. 유럽이사회나 각료이사회가 독자적으로 결정하는 경우에도 유럽의회의 동의나 자문절차를 밟도록 하였다. 예산감독권 역시 강화되어 집행위원회는 이사회 예비심사 없이 직접 유럽의회에 예산안을 제출해야만 한다.

- **유럽법원**(European Court of Justice) : 유럽법원은 유럽연합의 법률을 해석하고 각국에서 이 법률이 적용되는 과정을 감시 감독하는 사법기구이며 각 회원국에서 한명씩 선출되어 총 27인의 판사로 구성되

어 있다. 유럽법원은 무엇보다도 암스테르담 조약, 니스조약 등 주요한 조약들이 제대로 지켜지고 있는지를 판정하며 조약이나 법규 위반에 대한 결정이나 결정의 적법성에 대한 판단을 내린다. 그리고 유럽법 우위 원칙에 근거하여 국내법이 유럽법과 상충될 때 그를 조절하고 유럽법에 상응하도록 교정하는 기능을 수행한다. 유럽법원은 마스트리히트 조약 이후에 회원국가에 벌금을 부과할 수 있는 권한을 부여받았으나 판결집행의 강제권은 갖고 있지 않은 상태에서 실질적인 집행의 어려움이 존재한다.

- **유럽감사원**(European Court of Auditors) : 유럽감사원은 예산의 집행 내용을 감사하는 기능을 수행한다. 감사원 역시 각국 대표로 총 27인으로 구성되어 있으며 이들의 임기는 연임 가능한 6년이다.

- **유럽경제사회위원회**(European Economic and Social Committee) : 경제사회위원회는 344명으로 구성된 위원회로 유럽 내의 여러 경제사회단체를 유럽공동시장에 참여시키고 이들의 의견을 유럽연합 정책결정에 반영하고자 하는 의도로 창설되었다. 크게 고용주, 고용자, 이익집단의 세 범주로 구성되어 있다.

- **지역위원회**(Committee of Regions) : 지역위원회는 지방자치단체 대표들의 의견을 수렴하고자 하는 자문기구이며 역시 344명의 회원들로 구성되어 있다.

- **유럽중앙은행**(European Central Bank) : 유럽중앙은행은 유럽연합의 통화정책을 담당하며 구체적으로 통화안정, 이자율 설정, 유로화 발행 및 관리 등의 업무를 수행한다.

1-3. 유럽연합 통합의 문제점들

유럽연합의 통합과정은 대단히 성공적인 사례임에도 불구하고 다양한 문제점을 노정해 왔다. 가장 대표적인 것은 유럽연합의 정치적 통합의 심화의 문제일 것이다. 유럽통합은 초기 과정에서 개별 국가들 간의 상이한 이해관계와 갈등으로 인하여 상당한 난항을 겪었다. 특히 유럽연합의 통합과정에 갈등을 야기하였던 국가는 프랑스와 영국이었다. 프랑스는 유럽연합의 통합을 주도하기는 하였으나 유럽연합의 발전 초기에 초국가성이 강화되는 것을 경계하였다. 예를 들어 1966년 유럽경제공동체가 의사결정방식을 만장일치에서 다수결방식으로 개혁함으로써 개별국가의 제어 장치가 약화되었을 때 프랑스는 7개월 동안 참여를 거부함으로써 결국 만장일치제 유지 입장을 관철시키기도 하였다. 이러한 프랑스의 입장은 1969년 드골이 사임하고 서독의 경제성장과 국제무대 진출을 경계하는 국내 논의가 진전됨으로써 변화하였다.

프랑스보다 더 유럽연합의 통합에 소극적이었던 국가는 영국이었다. 영국은 주권을 일부 이양해야 한다는 점에 강한 거부감을 갖고 있었으며 대안으로서 1960년 관세철폐만을 주된 목적으로 하는 제한적인 지역통합체, 유럽자유무역연합(EFTA)을 창설하기도 하였다. 그러나 영국 역시 급진전하는 유럽통합의 구조 안에서만 영국의 영향력을 유지할 수 있다는 판단 하에 1963년부터 유럽경제공동체 가입으로 입장을 선회하였다.

강대국인 프랑스와 영국 외에도 주권의 양도와 초국가성의 강화는 다수 국가 내부에서 심한 정치적 갈등과 충돌을 야기하였다. 1991년 마스트리히트에서 체결된 유럽연합조약은 덴마크의 첫 비준과정에서 50.7%로 부결되고 일부 조항에 대한 타협 후에야 다시 비준되는 등 각국별 비준 과정에서 상당한 저항에 부딪쳤다.

이러한 개별 국가간 입장 차이와 진전하는 초국가성에 대한 저항은 유럽연합헌법제정 과정에서도 반영된 바 있다. 유럽연합의 헌법제정 시도는 2005년 5월 29일 프랑스에서 투표자의 54.7%가 반대하고 동년 6월 1일 네덜란드의 국민투표과정에서 다시금 61.5%의 반대로 비준에 실패함으로써 좌절되었다. 그 간 유럽통합을 주도하였던 두 나라에서의 국민투표 부결은 유럽통합 과정에 대한 일반 국민들의 불만과 소외감 그리고 정책결정과정에서의 문제점을 명확히 보여주는 충격적인 사건이었다. 이후 일곱 국가가 비준절차를 연기하거나 취소함으로써 유럽연합헌법 제정의 목표는 한동안 표류하기도 하였다.

이에 유럽연합은 2007년 다시금 유럽헌법을 대신할 수 있는 조약의 체결을 시도하였다. 새로운 조약은 기존의 유럽헌법 내용을 토대로 하지만 공식적인 국가나 국가는 폐지하고 내용적으로도 헌법을 연상시키는 용어나 상징을 삭제함으로써 대중적 거부감을 약화시키는 데 주력하였다. 이에 유럽헌법에 대한 대안으로 보다 느슨한 조직구조 및 통합 수준을 지향하는 리스본조약이 체결되었으나 2008년 6월 13일 아일랜드 국민투표에서 53.4%의 반대로 제1차 비준에 실패하였다. 리스본 조약은 결국 2009년 10월 3일의 아일랜드 제2차 국민투표에서 비로소 가결됨으로써 2009년 12월 1일 효력을 발휘할 수 있게 되었다.

이 전 과정은 유럽통합 과정이 결코 순탄하기만 한 것은 아님을 보여준다. 그 외에도 유럽연합에서는 유럽의 경계를 어디까지 확대할 것인가? 유럽의 정체성은 무엇인가? 그리고 유럽연합 차원의 민주주의는 어떻게 보장할 것인가? 등의 다양한 문제점들이 치열하게 논의되고 있다.

2. NAFTA(North American Free Trade Agreement : 북미자유무역협상)

역내 관세의 폐지를 넘어서서 공동 관세의 부과와 공동 경제정책의 수립 및 초국가적 경제기구의 설립까지 포함하는 최고도의 지역통합이 진행되고 있는 유럽연합과는 달리 북미자유무역협상은 수출입 관세와 시장점유율 제한 등의 무역 장벽의 제거만을 내용으로 하는 제한된 지역통합을 지향하고 있다. 이는 전체 경제 통합을 무역특혜부터 초국가적 기구 설치까지 여섯 단계로 나누었을 때 두 번째 단계에 속하는 낮은 수준의 경제통합이라고 할 수 있다. 일반적으로 FTA는 체결 국가 간의 자유로운 상품 거래를 가능하게 하는 장점을 갖지만 동시에 자국 취약산업의 붕괴 위험을 갖는다는 점에서 논란이 되기도 한다.

2-1. 북미자유무역협상의 역사

북미자유무역협상은 1988년 일차적으로 캐나다와 미국 사이에 맺어진 캐나다-미국 자유무역협정과 그 직후 미국과 멕시코 사이에 체결된 동종의 자유무역협상을 바탕으로 탄생하였다. 1992년 미국, 캐나다, 멕시코 3국은 텍사스에서 북미자유무역협상을 체결하였고 각국의 비준 절차를 거쳐 1994년 1월 1일 발족하였다. 이 협약에 의거하여 미국과 멕시코 간의 모든 비관세 장벽이 철폐되었으며 5년에서 15년의 유예 기간을 두고 그 외의 모든 (비)관세 장벽이 철폐되었다.

27장으로 구성된 FTA 전문은 농산물 및 제조 상품 등의 상품 교역과 관련된 관세 및 비관세장벽 제거, 원산지 규정 강화, 은행, 증권, 보험 등 서비스 부문 장벽 제거, 외국인 투자제한 규정 철폐, 회원국 상호간 정부 조달제도 개방, 지적재산권 보호 강화, 국경개방, 노동 및 환경분야에서의 협조 등 포괄적인 내용을 담고 있다(이무성 외 2008, 279).

<표. 3> NAFTA의 주요 협정내용

분야	주요 내용
관세 및 비관세 장벽	• 대다수 상품의 관세는 5-10년간의 기간 동안에 단계적 제거, 농산물 등 수입 민감 품목은 15년 이내에 철폐 • 수입 쿼터, 수입허가제, 수입과징금 등의 비관세 장벽 철폐 • 특정 품목에는 관세율 쿼터(Tariff Rate Quata) 적용
원산지 규정	• 세 번 변경기준 채택 • 자동차산업 현지조달비율을 단계적으로 62.5%로 강화하고 기타 차량 및 자동차 부품은 60%의 북미산 부품을 사용해야 특혜 관세 혜택 가능 • 섬유 및 전자 제품에 대한 엄격한 원산지규정 적용
투자제한의 완화와 서비스 시장 개방	• 내·외국인 동등대우 원칙 • 역내구간 투자제한 완화 또는 자유화 • 통신, 은행 및 증권, 보험, 육상운송업 등 서비스시장 개방 • 멕시코의 석유 및 금융업, 캐나다의 문화산업은 예외
환경 및 노동문제	• 환경보호에 관해서는 국제표준을 적용 • 미국과 멕시코 양국은 멕시코 노동문제 개선을 위해 상호노력
지적 재산권 보호	• 특허권, 저작권, 상표권 등 지적재산권 보호강화 • 멕시코의 관련법규 강화와 캐나다의 일부 산업 규제완화에 합의
기타	• 정부 구매 개방 • 분규 해결을 위한 북미무역위원회 설치 • 세관 행정 간소화 조치 • 부칙

참조 : 이무성 외, 국제정치의 신패러다임, 높이깊이 2008, p.280.

미국, 캐나다, 멕시코 3국은 경제교류의 활성화와 무역장벽의 제거를 통한 국가이익의 증대를 추구하였으나 각국의 이해관계는 상이한 형태를 띠었다. 미국의 경우 유럽연합의 강화로 인한 국제적 입지의 약화를 우려하였고 동시에 멕시코의 정치, 경제적 불안정으로 인한 위험요소의 축소 그리고 미국 상품을 위한 새로운 시장의 개척과 국내 고용의 창출이라는 다양한 유인으로 인하여 북미자유무역협상의 체결을 원하였다. 전통적으로는 미국으로부터의 독자노선을 강조하였던 멕시코의 경우 1980년대 들어 경제상황이 악화되고 외채위기에 당면함으로써 수출지향적 경제정책을 통해 활로를 모색하고자 하는 정책의 전환이 이루어졌다. 따라서 1982년 외환위기 후 멕시코는 80년대 중반부터 시장자유화정책을 펴는 동시에 미국시장으로의 접근을 적극적으로 시도하였다. 특히 살리나스대통령은 멕시코의 경제발전을 위해서는 NAFTA 체결을 통하여 교역의 70% 이상을 차지하고 있는 미국시장을 안정적으로 확보하고 장기적인 투자여건을 개선하여 역외국의 투자를 적극적으로 유치해야 한다는 입장을 표방하였다(이무성 외, 2008, 277).

캐나다는 초기의 캐나다-미국 자유무역협상을 멕시코까지 확대하는 문제에 소극적이었다. 그러나 미국과 멕시코 간의 자유무역협정과정에서 배제될 경우 주요 경제 대국으로서의 국제적 입지가 약화되거나 캐나다로 유입되던 무역과 투자가 장기적으로는 멕시코로 이전될 수 있다는 우려 하에 북미자유무역협상 체결에 적극적으로 관여하게 되었다.

위와 같은 3국의 이해관계가 만나 북미자유무역협상이 체결되었으며 이후 체결국 간의 경제교류는 상당히 활성화되었다. 1994년 이전 미국과의 교역부분에서 어느 정도 미미한 역할을 하였던 멕시코는 2004년 두 번째로 규모가 큰 미국 농산물 수입국이 되었다. 인적 교류 역시 상당히 활성화되었으며 2006년 통계에 의하면 64,633명의 캐나다 출신 노동자와 9,247명의 멕시코 출신 노동자가 미국에 입국하였으며 총 17,321명의 가족구성원이 동반 입국한 것으로 기록하고 있다. 캐나다 역시 2006년 총 24,830명의 미국시민과 15,219명의 멕시코 시민이 외국인노동자로서 캐나다에 입국한 것으로 기록되고 있다.

2-2. 북미자유무역협상의 문제점

　북미자유무역협상 역시 개별 국가 차원에서의 지역통합에 대한 저항을 비롯하여 지역통합 과정에서의 다양한 문제점에 당면하였다. 초기 캐나다-미국 자유무역협상이 체결되는 과정에서 이미 캐나다 내부에는 상당한 이견이 존재하였으며 실례로 1988년 캐나다 선거를 주도한 유일한 이슈는 캐나다-미국 자유무역협상의 체결 문제였다고 할 수 있다. 자유주의자들과 신민주주의자들을 중심으로 한 반-FTA 주의자들이 1988년 선거에서 더 많이 득표하였으나 친-FTA 입장을 표방하는 진보보수당(PC)이 더 많은 의석을 점유함으로써 FTA체결을 통과시킬 수 있었다.

　북미자유무역협상에 대한 논쟁은 고용에 대한 문제, 환경에 대한 문제 그리고 불법이민에 대한 문제 등을 중심으로 전개되어 왔다. 고용에 대한 초기의 논쟁은 지역협력의 경제적·사회적 효과에 대한 상이한 평가를 둘러싸고 전개되어 왔다. 캐나다와 미국의 노조와 민주당 등은 북미자유무역협상이 체결될 경우 자국 기업이 보다 저렴한 노동력을 찾아 멕시코로 이동함으로써 자국의 노동시장이 악화될 것으로 판단하여 북미자유무역협상 체결을 반대하였다. 반면 멕시코에서는 NAFTA 체결을 통하여 멕시코 농업이 경쟁력을 잃고 피폐하게 되는 것에 대한 강한 우려가 존재하였다. 실제로 멕시코 농촌 지역의 빈곤문제의 심화와 삶의 질 저하 문제는 자주 자유무역협정의 결과로 제기되기도 한다. 멕시코 농산부 보고에 따르면 멕시코 농촌지역의 빈곤층 비율은 1989년의 54%에서 1998년 64%로 증가, 그리고 다시 2001년 81%로 급속히 확대되고 있다고 한다(Henriques 2004, 2). 그리고 이에 상응하여 농촌지역의 고용률 역시 급속히 하락하고 있는 것으로 나타난다. 혹자는 더 나아가 NAFTA 체결이 3개국 모두에서 빈부격차의 심화와 경제적 불평등을 심화시키고 있다고 비판하기도 한다.

두 번째로 자주 논쟁되고 있는 주제는 환경 파괴에 대한 문제이다. 미국이나 캐나다의 기업이 환경규제가 느슨한 멕시코로 이전함으로써 미국 및 캐나다 경제에 악영향을 미친다는 우려가 상당히 강하게 제기되어 왔다. 이러한 우려는 부분적으로 현실화되기도 했는데 특히 미국의 운송 분야와 멕시코의 페트롤리움 분야 등 몇몇 영역에서는 자유무역협정 체결 이후 환경문제가 심각해지고 있는 것으로 나타난다.

3. ASEAN(Association of Southeast Asian Nations : 동남아국가연합), ASEAN+3

아시아 지역에도 상호 중첩되어 있는 다양한 지역협력체가 존재한다. 동남아시아 10개국으로 구성된 ASEAN, ASEAN과 한국, 중국, 일본을 통합하고 있는 ASEAN+3, 1989년에 탄생한 아·태경제협력체(APEC : Asia Pacific Economic Community)와 ASEM(Asia-Europe Meeting), 동아시아태평양중앙은행기구(EMEAP : Executives Meeting of East Asia and Pacific Central Banks) 등이 존재한다. 그러나 본 글에서는 점차적으로 아시아 지역통합의 핵심 세력으로 등장하고 있는 ASEAN+3을 중심으로 아시아 지역통합을 고찰하고자 한다. ASEAN+3은 기존의 10개 아세안 국가, 즉 미얀마, 라오스, 태국, 캄보디아, 베트남, 필리핀, 말레이시아, 브루나이, 싱가포르, 인도네시아 외에도 중국과 일본, 한국의 동아시아 3개국을 포괄하고 있는 아시아 최대의 지역통합체라고 할 수 있다. 아·태경제협력체의 경우는 미국, 캐나다 등을 포괄하고 있고 ASEM의 경우 한국, 중국, 일본과 아세안(ASEAN) 7개국 외에도 유럽연합 15개 회원국을 포괄하고 있다는 측면에서 순수한 아시아의 지역통합으로 보기에는 어렵다.

아시아의 경우 고도의 지역통합이 전개되고 있는 유럽이나 제한적이나마 경제협력이 이루어지고 있는 북미의 경우에 비교해 상당히 낮은 단계의 지역 통합이 이루어지고 있다.

아시아는 국가규모의 상이함, 강한 정치적 민족주의, 언어와 문화적 이질성 그리고 경제적 격차 등과 같은 구조적 한계를 갖고 있다. 위와 같은 통합의 어려움을 가중시키는 또 다른 중요한 요인은 통합의 주도세력이 부재하다는 사실이다. 지역강대국인 중국과 일본은 패권경쟁으로 인하여 통합을 주도하기에는 어려움이 있다. 그럼에도 불구하고 동아시아 지역 국가들 간의 경제교류는 빠른 속도로 활성화되어 2003년도의 역내 무역의존도는 54.5% 달하고 있으며 이는 NAFTA의 47.2%를 넘어서고 EU의 58.1%에 가까운 높은 수치이다(변창구 2008, 17). 특히 일본의 다국적 기업을 중심으로 하는 분업 네트워크는 동남아시아와 중국을 광범위하게 연계하는 초국가적 네트워크로 확장되어가고 있다.

따라서 90년대 들어 아시아 내에서도 유럽공동체나 북미자유무역협상에 대항하여 동남아와 한·중·일을 포괄하는 경제통합체가 필요하다는 움직임이 가시화되기 시작하였다. 최초의 움직임은 1990년 12월 말레이시아 마하티르 수상이 제안한 동아시아경제그룹(EAEG : East Asia Economic Group)이다. 그러나 이러한 움직임은 초기 단계에 배타적 경제블록화라는 강한 국제적 비판에 당면하여 좌초하였고 대표적으로 미국은 한국과 일본에게 EAEG 불참을 요청하고 공식적으로 EAEG를 무역장벽이라고 비판하기도 하였다(변창구 2008, 13).

국제적 비판에 당면하여 잠시 주춤하였던 지역통합의 움직임은 그러나 1997년의 동아시아전역의 외환위기에 당면하여 ASEAN을 중심으로 다시금 활성화되기 시작하였으며 2000년 치앙마이선언, 2008년 아시아외환공동펀드의 설립 등을 통해 강화되고 있다.

3-1. ASEAN과 ASEAN+3의 역사

ASEAN은 1967년 8월 8일 5개 동남아국가들간의 지역협력체로 탄생하였다. ASEAN은 조약이나 협정 같은 제도적 장치도 없이 단지 5개 동남아국가의 외무부장관이 서명한 '방콕선언'(Bangkok Declaration)이라는 창립선언에 근거하여 창립되었다. 창립 이후 약 20여 년 넘게 ASEAN은 실질적인 의미를 갖고 있지 않는 외교 조약에 불과하였다 ASEAN은 그러나 1992년 ASEAN 자유무역협정(AFTA)의 체결과 더불어 비로소 실질적인 지역통합체로 성장하게 되었다(Henry 2007, 859).

ASEAN 내에서 지역 내 경제협력의 필요성에 대한 의견은 90년대 후반, 특히 1997년도 아시아를 강타한 외환위기에 당면하여 보다 적극적으로 제기되었다(Ahmed 2009, 87). ASEAN은 통화위기 발생 직후인 1997년 쿠알라룸푸르에서 한국, 중국, 일본의 정상을 초청하여 비공식 정상회담을 개최하였으며 이를 시점으로 ASEAN+3의 비공식정상회담이 정례화되기 시작하였다(변창구 2008, 13). 이 시점에 또한 인도차이나 국가와 미얀마, 즉 캄보디아, 미얀마, 라오스, 베트남의 가입을 통하여 ASEAN의 확장이 이루어졌다. 이로써 ASEAN과 중국, 일본, 한국의 3국을 통합한 ASEAN+3의 거대한 지역협력체가 등장하였으며 이 기구가 실질적으로 아시아 지역통합을 주도하기 시작하였다.

이러한 세력 확장과 구조적 강화를 기반으로 ASEAN 내에서는 금융위기에 당면하여 긴급유동성이 필요한 경우 역내 국가들에게 지원을 제공할 수 있는 아시아통화기금(AMF)의 설립이 필요하다는 의견이 제기되었다. 1997년 최초로 제기된 이 제안은 일단 역내 국가들의 미온적인 반응과 IMF의 역할 축소를 우려하는 국제적 입장에 부딪쳐 좌초하였다. 그러나 1999년 필리핀 마닐라에서 개최된 ASEAN+3 정상회담에서 아시아 지역에서의 경제적 지역협력의 필요성이 다시금 제기되었고 각국 정상들은 지역협력을 통하여 외환위기에 공동대처할 필요가 있다는 점에 광범위하게 동의하였다. 이에 기존 6개 회원국은 2010년까지, 그리고 후발가입국은 2015년까지 역내 관세를 완전히 폐지하는 데 합의하였다. 이러한 논의는 결국 2000년 5월 태국 치앙마이의 ASEAN+3 재무장관회의에서 결의된 '치앙마이선언'(Chiang Mai Initiative : CMA)으로 결실을 맺게 되었다. 이 선언은 아세안스왑협정의 확대, 회원국 중앙은행 양자 간 스왑 및 환매조건부거래 네트워크 구축을 통한 국제수지불균형조정, 단기유동성지원 등의 장치를 통해 회원국이 유동성문제에 직면할 경우 상호 통화를 융통하는 것을 내용으로 한다. 이러한 조치들을 통하여 ASEAN은 2003년 기존 6개국의 관세인하 적용품목이 49,445개 설정되고 5% 이하 관세 인하 실행률은 98.9%에 이르는 상당한 역내 관세폐지의 수준에 도달하게 되었다. 역내 평균관세율은 2003년 기준 2.68%이며 이는 1998년의 5.37%에 비교하여 절반 수준으로 낮아진 것이다.

2003년 10월 인도네시아 발리에서 개최된 제9차 ASEAN 정상회담에서는 2020년 ASEAN 공동체(ASEAN Community) 달성을 목표로 하는 'ASEAN 협력선언 II'(Declaration of ASEAN Concord II, 일명 발리협약

Ⅱ)이 체결되었다(이재기 2006, 297). 발리협약 Ⅱ은 정치·안보, 경제·사회 등 3개 분야의 긴밀한 협력을 통하여 ASEAN 공동체를 달성한다는 비전을 제시하고 있다. 또한, 2008년 5월 4일 개최된 제11차 APT 재무장관회의에서는 '아시아외환공동펀드'가 설립되어 아시아의 다자적 금융협력체계가 보다 강화되었다.

3-2. ASEAN과 ASEAN+3의 구조

ASEAN은 유럽연합이나 북미자유무역협상이 비교적 명확한 조직구조와 제도 및 조직목표를 구비하고 있는 것과는 달리 상당히 느슨하고 비공식적으로 운영되는 성격을 보이고 있다. 이러한 느슨한 제도적 정비와 조직체계는 아시아 지역통합의 현실적인 어려움을 반영하는 한계로 지적되기도 하지만 혹자는 나름대로 장점을 지닌 조직운영방식으로 인정하기도 한다.

ASEAN 조직의 가장 큰 특징은 어떤 정치조직도 명확한 권한 영역이나 결정권이 없다는 데 있다(Henry 2007, 861). ASEAN은 1967년도 5개국 외무부장관이 서명한 창립선언문의 엉성한 조직구도를 기본적으로 유지하고 있다고 할 수 있다. 1976년의 조직 개혁 이후 유일하게 존재하는 결정기구는 각국 외무부 장관이 매년 회합하는 각료이사회(Council of Ministers)이다.

ASEAN의 사무총장(Secretariat of ASEAN)은 순수하게 기능적인 기구이며 어떤 정치적 역할도 보유하고 있지 않다. 유럽연합의 각료이사회나 유럽이사회와 같이 각국을 대표하는 기구 그리고 집행위원회와 같이 개별 국가의 이해와 독립적으로 유럽연합을 대표하는 기구들에 상응하는 조직이 ASEAN에는 존재하지 않는다(Henry 2007, 862). 이러한 조직의 창설은 지금까지 개별 국가의 주권을 침해하는 공격으로 받아들여져 왔으며 동시에 역내 국가간에 형성된 평등하고 평화로운 상호 관계를 해치는 시도로 여겨져 왔다. 이러한 무정형의 조직적 특성에 상응하게 ASEAN은 공식적 규칙을 보유하고 있지 않다. ASEAN과 역내 국가들 간의 관계를 규정하는 제 규칙들은 일반적으로 선언문(Declaration), 행동계획(Plans of Action), 합의각서(Memorandums of Agreement) 등 법적 구속력을 갖고 있지 않은 형태를 띤다. 따라서 어떠한 현실적이고 법적인 효력도 발생하지 않는다.

ASEAN+3 역시 위와 같은 ASEAN의 조직 특성을 기반으로 출범하였고 주요하게는 매년 개최되는 정상회담을 중심으로 운영되어 왔다. 1997년 ASEAN+3 정상회의가 처음으로 개최된 이래 2008년 제2차 정상회의(베트남), 1999년 제3차 정상회의(필리핀), 2000년 제4차 정상회의(싱가포르) 등이 개최되어 왔다. 매 회의는 그 시기에 따라 주요 의제를 설정하고 합의결과를 성명서의 형태로 발표해 왔다. 예를 들어 제1차에서 제3차까지의 정상회담에서는 동아시아 금융위기의 극복과 역내 회원국 간 경제협력의 강화가 주요 의제로서 다루어졌으며 제4차 정상회담에서는 동아시아 경제협력체 구상이 논의되었다.

그러나 조직 측면에서의 개혁과 강화 필요성은 2001년 11월 브루나이에서 개최된 제5차 ASEAN+3 정상회의에서 제기되었다. 제5차 정상회의에서는 '긴밀한 동아시아 파트너십 구축'을 주제로 테러근절을 위한 역내 협력의 강화 외에 ASEAN+3 정상회의의 '동아시아 정상회의(EAS)'로의 전환이 결정되었다. ASEAN+3 정상회의는 진정한 동아시아 전체의 정상회의라기보다는 ASEAN 정상회담에 한·중·일 삼국 정상이 초대되는 형태의 분리된 정상회의이며 따라서 '동아시아 정상회의'로의 전환이 필요하다는 논리였다. 그러나 결과적으로는 전환에 대한 전적인 합의가 이루어지지 않음으로써 ASEAN+3은 유지되고 별도로 동아시아 정상회의도 개최되었다. 2005년 12월 14일 말레이시아 쿠알라룸프에서 개최된 제1차 동아시아 정상회의(EAS : East Asia Summit)에는 기존의 ASEAN 10개국, 한국, 중국, 일본 외에도 호주, 뉴질랜드 및 인도가 신규참여국으로 초청되었다.

이러한 중복된 조직구도는 아직도 ASEAN을 중심으로 하는 아시아 지역협력의 단계가 상당한 조직적 난제에 당면하고 있음을 시사한다. 이 문제는 동아시아 정상회의의 실질적인 기구화에 주력하면서 중국을 견제하고자 하는 일본과 기존의 ASEAN+3 정상회의를 중시하는 중국, 말레이시아 간의 패권경쟁을 반영하고 있다.

3-3. ASEAN과 ASEAN+3의 문제점

위와 같은 ASEAN의 조직적 특성은 ASEAN이 당면한 핵심적인 문제점을 보여준다. 즉, ASEAN을 중심으로 하는 아시아지역의 지역통합은 유럽이나 북미와는 달리 조직과 제도를 갖춘 공식적 과정이기 보다는 비공식적이며 점진적 특성을 갖는다. 일반적으로 ASEAN 방식이란 지역통합의 기본원칙으로서 참여국들 간의 자제(Restraint), 존중(Respect), 책임(Responsibility)을 준수하는 것이며 정책결정절차로서는 합의제(Consensus)를 채택하고 있는 점을 지칭한다(변창구 2008, 17). 참여국들은 공식적인 절차와 구속력 있는 다양한 제도적 규칙에 의해 움직이기 보다는 무형적이며 유연한 비공식적 메커니즘을 통해 국가 간 갈등을 조율하고 해소해 왔다는 것이다(Henry 2007, 859). 이는 제도화의 수준이 아직 낮은 단계에 있음을 의미한다. 이러한 ASEAN의 특징은 흔히 '개방적 지역주의'(Open Regionalism) 또는 '연성 지역주의'(Soft Regionalism)라고 통칭되고 있다(변창구 2008, 21).

　이러한 ASEAN의 특징은 나름대로의 유연성과 효율성을 갖는다고 평가되기도 하지만 사실상 아시아 지역통합의 정치, 경제, 사회적 어려움과 문제점을 반영하고 있다. 무엇보다도 ASEAN의 참여국들은 강한 주권의식과 민족주의를 표방하고 있으며 부분적이라도 초국가적 협력체에 대해 주권을 이양하는 것에 대한 거부감을 갖고 있다. 따라서 ASEAN은 각국의 주권에 대한 상호존중과 '수평적 협력전략'을 기본 원칙으로 할 수 밖에 없는 것이다(변창구 2004, 4). 또한, 아시아 지역은 유럽이나 북미지역에 비하여 인종, 종교, 문화적 측면에서 강한 이질성을 갖고 있다는 점 역시 지적될 수 있다. 경제적인 측면에서도 경제통합과 협력이 원활하게 이루어지기에는 경제적 격차가 너무 크다는 점이 통합의 장애로 작용하고 있다. 특히 미얀마, 캄보디아, 라오스 등은 1인당 GDP가 약 200-400달러 수준에 불과한 세계 최빈국일 뿐만 아니라 정치·경제적인 불안정 요소가 상존하고 있다(이재기 2006, 301). 각국의 상이한 법적 규정과 제도적 장치 간의 격차가 너무 크다는 점과 국가발전 전략적 관점에서의 역내 협력에 대한 평가 역시 상이하다는 점 또한 지적된다(Ahmed 2009, 87). 더욱이 지역 강대국인 일본과 중국이 패권경쟁으로 인하여 지역통합을 주도하지 못하고 있다는 점 역시 아시아 지역통합의 중요한 문제점이라고 할 수 있다. EAS(동아시아 정상회의) 구성 당시 중국은 동아시아 지역통합과정에서 자국의 영향력을 강화하기 위하여 순수한 동아시아 국가에 참여를 제한하자고 주장한 반면 일본은 중국의 영향력을 견제하기 위하여 인도, 오스트레일리아 및 뉴질랜드의 가입을 추진한 바 있다.

이러한 낮은 제도화와 통합이 갖고 있는 현실적인 문제는 90년대 후반의 경제위기 시에 명확하게 드러났다. 외환위기에 당면하여 아시아 국가들은 공동 대응할 만한 어떠한 조직적 메커니즘도 보유하지 못하고 있음을 절감하였다. 이에 1997년 12월에 제안된 ASEAN의 '비전 2020'은 통신, 운송과 에너지 분야에서의 새로운 정책 발전에 대한 지향을 담고 있으며 이 제안서는 1998년 하노이선언에 전적으로 반영되었다. 하노이선언은 ASEAN 국가들이 위기에 당면하여 보다 적극적인 경제정책을 수립할 것을 제시하고 있으며 동시에 ASEAN 조직 개혁의 필요성을 강조하고 있다(Henry 2007, 859).

IV. 결 론

위에 고찰한 바와 같이 지역통합은 세계화의 진전과 더불어 빠른 속도로 전 세계적으로 확대되고 있다. 지역통합을 통하여 개별 국가는 세계화의 자유화 압력에 저항하는 동시에 역내 자유화를 통해 세계화의 요구를 수용하기도 하는 것이다.

지역통합의 가장 선진적이고 발전된 형태를 보여주고 있는 유럽연합은 이미 경제통합의 최고 단계인 완전한 경제화폐동맹의 단계에 도달하였을 뿐만 아니라 광범위한 정치·사회적 통합을 통하여 초국가적 기구로서 발전하여 왔다. 최근 각국 비준에 성공하여 효력을 발생하고 있는 리스본조약이 유럽헌법의 내용에 기초하고 있다는 점을 볼 때 실질적인 초국가적 지역통합을 달성한다는 유럽연합의 목표는 이제 완전히 비현실적인 것은 아니다.

북미자유무역협상의 지역통합은 관세장벽 철폐를 핵심으로 경제영역에만 제한되어 있지만 경제영역에서는 상당한 수준의 지역통합이 진전되고 있다고 볼 수 있다. 아시아의 지역통합은 지역 강대국의 패권경쟁, 극심한 경제적 편차, 정치체제의 상이성 및 사회·문화적 편차 등의 장벽으로 인하여 상당히 낙후되어 있다. 그러나 유럽과 북미 지역통합의 빠른 진전 그리고 무엇보다도 1997년의 금융위기를 기점으로 아시아에서도 지역통합의 필요성이 제기되기 시작하였으며 현재 ASEAN과 한국, 중국, 일본을 연계하는 ASEAN+3이 아시아 지역통합을 주도하고 있다. 향후 아시아의 지역통합이 얼마나 성공적으로 진전될 수 있는가는 복합적인 정치·경제적 요인에 달려 있을 것이다. 그러나 특히 경제영역에서의 실질적인 상호의존의 심화와 확대는 지역통합의 제도화와 조직화가 필요할 뿐만 아니라 가능할 수 있음을 시사한다.

참고문헌

- 강원택, 조홍식, 하나의 유럽. 유럽연합의 역사와 정책, 푸른길, 2009.
- 김두수, 지역통합상 지역법원의 중요성: EU의 사법적 통합을 중심으로, 국제지역연구 제9권 제2호, 2005, pp.29-56.
- 변창구, 동남아시아 지역통합전략으로서의 아세안방식: 유용성과 한계, 대한정치학회보 12집 2호 2004, pp.407-430.
- 변창구, 동아시아 지역주의와 지역통합: 평가와 전망, 한국동북아논총 제49집, 2008.
- 이두환, 동북아 지역 경제통합과 경제체제전환의 정책방향: 독일 통일과의 비교를 중심으로, 한독사회과학논총 제19권 제3호, 2009.

- 이재기, APEC·ASEM·ASEAN+3 Focus, 청목출판사, 2006.
- 이희연, 유럽연합의 영역적 협력과 통합을 위한 지역정책의 발달과정과 전략, 한국도시지리학회 제12권 2호 2009, pp.31-48.

- Ahmed, Jaseem and V. Sundarajan, Regional Integration of Capital Markets in ASEAN: Recent Developments, Issues, and Strategies (with Special Reference to Equity Markets), Global Journal of Emerging Market Economies Vol. 1(1), 2009.
- Dunia, Francesco, Varieties of Regional Integration: The EU, NAFTA and Mercosur, European Integration 28(3), July 2006, pp.247-275.
- Henriques, Gisele and Raj Patel, NAFTA, Corn, and Mexico's Agricultural Trade Liberalization, 13, 2004.
- Henry, Laurence, The ASEAN Way and Community Integration: Two Different Models of Regionalism, *European Law Journal* 13(6), November 2007, pp.857-879.
- Kellogg, Paul, Regional Integration in Latin America: Dawn of an Alternative to Neoliberalism? *New Political Science* 29(2), June 2007.
- Kim, Mi-Kyung, A Comparative Study of Regionalism in East Asia and Europe: Developing New Hypotheses, *Korean Political Science Review* Vol. 40, No. 4.
- Slocum, Nikki and Luk Van Langenhove, The Meaning of Regional Integration. *Introducing Positioning Theory in Regional Integration Studies*, European Integration Vol. 26, No. 3, September 2004.
- Thakur, *Ramesh and Lik Van Langenhove*, Global Governance 12(2006), pp.233-240.

인 권
국제정치의 이해

:: 박 채 복

1. 서 론

인권문제가 국제정치에서 본격적으로 관심을 끌기 시작한 것은 제2차 세계대전 이후라 할 수 있다. 세계적 차원의 전쟁을 경험하면서 그동안 주권국가의 영역으로 간주되었던 인권문제가 아닌 보편적인 가치로서 인권을 보호하고 증진하여야 한다는 인식이 확산되기 시작한 것이다. 이로써 인권보호에 대한 국제적인 협력에 기초한 인권증진을 모색하게 되었다. 이 과정에서 국제연합(United Nations)은 국제인권체제의 형성과 발전과정의 명실상부한 구심점인 역할을 수행하고, 국제사회가 글로벌 이슈로서 인권문제를 협력하여 해결할 수 있도록 국제적 규범과 실행절차의 제도화를 주도하고 있다.

냉전의 종식과 함께 국제사회는 인권문제에 대하여 보다 큰 관심을 보이고 있다. 새로이 변화된 국제질서 하에서 국가간의 전쟁이나 분쟁의 가능성은 감소하였지만, 그동안 등한시 되었던 인종, 민족, 종교적 갈등 문제로 인한 국경 내 분쟁은 증가하였다. 구 유고연방, 르완다,

코소보 및 동티모르 등에서 보여주듯이, 냉전 종식 이후 대부분의 분쟁이 국가 내 인종분쟁의 형태를 띠면서 인간의 기본적 권리에 대한 위협과 침해현상은 더욱 심각해지고 있다.

새로운 형태의 인권침해 현상이 발생함에 불구하고 국내문제 불개입이라는 원칙하에 국제사회의 개입은 한계를 가지고 있는 상황이다. 인간의 기본적 권리에 대한 위협이 국가안보에 영향을 미치는 국제적 차원의 이슈라는 인식이 확산되었다. 또한, 국제적 수준의 인권보호 장치를 마련하고 이를 집행하는데 국가 이외의 다른 행위자들의 역할과 권한에 새로운 조망이 이루어졌다. 국가 중심의 전통적인 안보만으로는 개인의 안전과 복지를 보장할 수 없다는 인식 하에 인권문제와 관련 국가안보 대신 개인의 안보가 우선되어야 한다는 소위 인간안보(human security)의 개념이 국제사회의 중요한 쟁점으로 부각되고 있다 (이신화, 2004 : 123).

이 장에서는 인권문제를 평화, 환경, 개발, 여성문제와 같이 한 국가의 차원을 넘어서 글로벌 이슈 중의 하나로 보고, 인권의 개념과 국제사회의 인권보호를 위한 노력을 중심적으로 살펴보고자 한다. 또한, 탈냉전 이후 국제사회의 중요한 과제로 여겨지고 있는 인권의 주요 현안에 대한 논의도 해보고자 한다.

2. 보편적인 가치로서의 인권

모든 인간은 인간답게 살 수 있는 천부적인 기본권을 부여받고 인간의 존엄성을 보장받을 권리를 지닌다. 인권은 어떤 국가나 사회의 귀속에 관계없이 모든 사람이 태어나면서 갖게 되는 존엄한 권리이다. 또한, 인종, 피부색, 성, 언어, 재산, 신분, 나이, 사상과 종교에 관계없이 모든 이가 인간이기 때문에 당연하게 누릴 수 있는 권리이다(Donnelly, 1985 : 1). 이와 같이 자연법에 근거한 인권 개념은 개인의 시민적 권리에 기초하여 생명보존의 권리, 재산소유의 권리, 자유 및 평등의 권리를 포함하고, 개인의 자주성 및 독립성에 근거한 국가권력 역시 국민의 이익을 위하여 존재한다고 인식하게 되었다. 이에 인권 개념에는 정치 참여의 자유, 언론의 자유, 출판의 자유, 종교의 자유, 부당하게 체포되거나 구금 및 고문으로부터 해방될 자유를 포함하여 재산소유의 자유, 합법적 재판을 받을 자유 등을 포함하고 있다(김순규, 2000; 848).

인간의 존엄성과 기본권을 통한 인권 개념은 개인적인 권리 외에 국가간의 관계에서도 매우 중요시 되고 있다. 국제연합은 인권과 기본권에 대하여 폭넓게 규정하고 있다. 국제연합 헌장에는 인종·성·종교에 관계없이 인간의 권리와 기본권을 존중하고 준수할 것을 명시하고 있다. 이를 위하여 모든 회원국들은 국제연합과 협력을 취하도록 규정하고 있다. 인류공동체 구성원 모두에게 인권은 보편적인 가치로서 존엄한 삶을 영위하기 위해 평등한 기회를 가질 권리임과 동시에 서로를 존중해주어야 하는 의무이기도 하다. 인권은 인간 개개인에게 타당하다는 점에서 보편성을 가지며, 모두가 인권의 주체가 되는 것이다. 따라서 국가 중심적인 시각과는 달리 보편적인 가치로서 인권을 보호하고 증진하기 위해서는 국경을 넘는 협력을 도모해야 한다. 따라서 국제연합을 비롯한 국제인권체제를 통하여 규정된 인권규범을 수용하고 준수해야 한다.

인권과 관련된 국제적 규정은

1. 세계인권선언(Universal Declaration of Human Rights),

2. 경제적·사회적·문화적 권리에 관한 국제규약(International Covenant on Economic, Social and Cultural Rights : A규약),
3. 시민적 및 정치적 권리에 관한 국제규약(International Covenant on Civil and Political Rights : B규약)
4. 시민 및 정치적 권리에 관한 국제규약에 대한 선택의정서 (Optional Protocol to the International Covenant on Civil and Political Rights : C규약)

등을 들을 수 있다. 세계인권선언과 두 국제인권규약을 흔히 국제권리장전이라고 부르며, 오늘날 국제인권규범의 핵심을 이루고 있다.

1948년 채택된 세계인권선언은 개인의 자유와 권리를 최초로 기록한 것으로 30개의 기본원칙이다. 이 선언은 생명권, 자유권, 참정권 등을 포함하는 시민적 및 정치적 권리와 일할 권리, 조합을 형성할 권리, 사회보장을 받을 권리 등 경제적·사회적·문화적 권리를 제시하고 있다. 그리고 이 선언은 인권과 기본적인 자유가 모든 사람과 모든 장소에서 적용되는 보편적인 가치임을 명시하고 있다. 또한, 국제사회의 인권에 대한 합의를 확대하는데 기여하였으며, 인권을 국제정치의 중심에 가져다 놓은 계기를 마련하였다(서창록, 2006 : 239). 이중 개인을 국가의 권리남용으로부터 보호하는 것을 규정하고 있는 인권 조항이 제1세대 권리(first-generation rights)이다. 또한 개인의 생존을 위한 기본적인 권리를 규정하고 있는 인권 조항을 제2세대 권리(second-generation rights)라고 한다. 이를 바탕으로 제정된 경제적·사회적·문화적 권리에 관한 국제규약과 시민적 및 정치적 권리에 관한 국제규약이 1966년 국제연합총회의 승인을 거쳐 1976년 실행됨에 따라 인권을 둘러싼 국가간의 입장과 견해 차이에 대한 합의를 이끌어내었다.

식민지 해방과정에서 제3세계 국가들은 경제적 권리와 함께 집단적 권리를 주장하고 있다. 이를 인권관련 제3세대 권리(third-generation rights)라 한다. 인권에 대한 국제적인 관심이 개별국가에서 벌어지는 개인에 대한 권리 침해에 초점을 맞추고 있는 반면, 제3세계 국가들은 인권침해가 발생하는 구조적 원인을 불평등한 경제적 관계에서 찾고자 하였다. 제3세계 관점에서 인권에 접근하려는 시도는 이른바 제3세대 인권이라는 개념으로 발전하였다. 인권 개념에 대한 신진국과 제3세계 간의 대립은 경제 정의문제가 인권문제로 발전되는 것을 원하지 않는 서구의 입장에 대해 새로운 경제 질서의 실현이 효과적인 인권보호와 기본권을 보장할 수 있는 필수적인 요인이라고 보는 비서구권의 도전으로 인권과 문화적 상대주의에 대한 논쟁이라 할 수 있다.

이 개념에 따르면 시민 및 정치적 권리는 제1세대 '자유권'이며, 경제적·사회적·문화적 권리는 제2세대 '평등권'이라 할 수 있다. 제3세대는 집단적인 권리행사에 중점을 두고 있어 '연대권'이라 할 수 있다. 구체적으로는 1) 인간의 환경에 대한 권리, 2) 발전(development)에 관한 권리, 3) 인권으로서 평화에 대한 권리, 4) 인류공동유산(common heritage of mankind)의 혜택에 대한 권리, 5) 개인의 자유로운 커뮤니케이션에 대한 권리 그리고 6) 국제사회로부터 인도주의적 원조를 받을 권리 등이다(Marks, 1985 : 505).

여기에서 특이한 점은 이들 인권의 3세대가 한 세대에서 다음 세대로 순차적으로 발전하여 대체되는 것이 아니라, 서로 다른 시기에 인간들에게 필요로 했던 가치에 대한 인식이 보완되면서 인권의 내용으로 반영되었다는 점이다. 의무보다는 권리를, 집단의 권리보다는 개인의 권리를, 그리고 경제적·사회적·문화적 권리보다는 시민적 및 정치적 권리를 더 강조하는 등 권리 간의 충돌문제가 제기되기도 한다. 그러나 인권에 대한 도덕적 및 정치적 영향력을 확보하는데 많은 국가들이 인권 개념에 대한 정당성을 받아들이고 있다는 사실은 바람직한 일이다. 인권은 사회 질서와 다른 가치와도 조화를 이루어야 한다. 또한, 절대적인 것도 아니다. 그러나 분명한 것은 인권 개념이 국제정치에서 주도적인 역할을 할 수 있는 도덕적 및 인도주의적 근거는 매우 강력하다는 점이다(마이클 프리먼, 2005 : 110).

인권의 보편성에 대한 논쟁에서 국가와 지역별 특수성과 다양한 역사, 문화, 종교적 차이들에 대한 존중은 인권 개념에서 매우 중요한 논쟁거리이다. 인권 개념에 대한 상반된 견해가 존재하였음에도 불구하고 모든 문화에 공통적으로 적용될 수 있는 어떠한 규칙이 있는가, 보편적인 원칙이 존재한다면 다양한 사회적·문화적 맥락 속에서 어떻게 해석되고 적용될 것인가 등의 문제는 인권 개념이 보편적이고 평등주의적이라는 원론적인 부분에 대한 강조와 함께 보편적 인권을 확실하게 보장해야만 문화적 다양성과 상대성을 존중될 수 있다는 점을 더욱 분명하게 한다. 왜냐하면 인권은 '불가분적'이고 '상호의존적'이기 때문이다.

3. 국제인권레짐의 형성

1945년 이후 국제사회는 인권 개념의 보편성에 대한 정당성을 확보하고 인권보호와 증진을 위한 국제적 협력을 구축하는데 커다란 성과를 거두었다. 국제레짐은 이 과정에서 매우 중요한 개념이다. 국제레짐(international regime)은 국가나 다른 국제 행위자들에 의해 특정 이슈에서 구속력을 갖는 것으로 인정되는 일련의 원칙, 규범, 규칙 및 의사결정 절차를 의미한다(Krasner, 1982 : 2). 국제인권레짐은 국가들에 의해 인권 이슈영역에서 구속력 있는 것으로 받아들여지는 일련의 원칙, 규범, 규칙, 의사결정 및 절차를 일컫는다.

인권보호를 위한 국제적 협약이 성실히 이행되고 있는지를 감시하는 국제인권체제는 크게 정부간 기구와 비정부간 기구로 나눌 수 있다. 정부간 기구의 대표적인 예는 국제연합이다. 지역별로는 아시아, 유럽, 미주 그리고 아프리카의 인권체제가 있다. 비정부간 기구는 대부분의 정부 간 기구가 '내정불간섭' 원칙을 중시하여 다른 나라의 인권문제에 적극적으로 개입하지 못하고 있는 국제사회의 현실 속에서도 인권문제를 국제여론과 도덕성에 직접 호소함으로써 국제인권체제의 실행능력을 보완해주고 있다.

이와 같은 국제인권레짐의 형성에도 불구하고 국제적으로 공인된 인권기준에 대한 준수와 실행에 대하여는 '내정불간섭'이 원칙이다. 주권국가의 국내 관할권에 해당하는 문제에 개입할 수 없다는 원칙을 통하여 인권문제에서 국내정치의 특수성을 인정하고 있다. 그러나 오늘날 국제인권은 보다 많은 국가에서 일상적인 부분으로 간주되어 논의되고 있다. 물론 주권의 우선성을 내세우는 국가들이 존재하지만, 대부분의 국가들은 인권문제가 외국정부나 국제기구의 간섭사항이 못 된다는 주장을 받아들이지 않게 되었다. 이와 같은 인식이 실질적으로 어떻게 변화되었는지, 국제인권체제의 발전과정을 살펴보고자 한다.

냉전이라는 상황에서도 세계인권선언의 채택으로 국제연합에서는 인권문제를 계속해서 논의할 수 있었고, 인권과 관련된 다양한 종류의 협약이 체결되었다. 1946년 창설된 국제연합인권위원회(UN Commission on Human Rights)는 여러 국제협약(International convention)의 초안을 작성하였다. 1960년대 중반 아시아·아프리카 국가들의 국제연합 가입으로 인권문제에 대한 논의가 진전을 거두게 되면서, 1965년에는 인종차별협약(International Convention on the Elimination of All Forms of Racial Discriminations, 1969년 3월 13일 발효)을 채택하였다. 인권이 국제연합에서 강조됨에 따라 마침내 1966년 12월 6일 UN 총회에서는 경제적·사회적·문화적 권리에 관한 국제규약과 시민적 및 정치적 권리에 관한 국제규약을 채택하여 세계인권선언과 더불어 모든 국가들이 옹호해야 하는 인권기준을 마련하게 되었다.

1970년대에 국제연합은 인권기준의 마련과 감시체제를 형성하는데 주력하였다. 1967년 국제연합 경제이사회 결의안 1235호는 인권위원회가 개별 국가의 인권침해에 대하여 공개적으로 조사할 수 있게 되었다. 한 예로 1968년에 국제연합은 특별조사위원회를 구성하여 이스라엘 점령지역 내에서의 인권상황에 대해 조사를 하였다. 더 나아가 국제연합은 1970년 경제사회이사회 결의안 1503호를 통해 인권위원회가 인권 및 기본적 자유에 대한 중대한 침해를 비밀리에 조사할 수 있는 권한을 부여하였다. 1976년에는 국제인권규약이 발효됨에 따라 개별 국가가 제대로 인권기준을 준수하고 있는지 감시하는 시스템이 출범하게 되었다. 이와 동시에 인권이사회(Human Rights Commitee)가 출범하여 시민적·정치적 권리에 관한 국제협약의 준수 여부를 감시하였다(Donelly, 2002 : 35).

데탕트라는 국제안보환경의 변화는 국제인권규범에 지대한 영향을 미치게 된다. 1975년 체결된 헬싱키 최종의정서(Helsinki Final Act)는 유럽에서의 긴장완화 및 평화증진, 경제 교류와 협력관계를 증진시키고자 했다. 따라서 '인적, 지적 그리고 문화적 교류의 자유'와 '국내문제에 대한 불간섭' 원칙을 통하여 인권문제를 함께 다룰 수 있는 틀을 제시하였다는 점에서 유럽인권레짐 형성에 중요한 의미를 지닌다. 또한, 헬싱키 체제의 제도화 과정에서 주요 쟁점들의 변화가 있었다. 그럼에도 불구하고, 헬싱키 의정서의 인권규정은 UN의 국제인권규약, 유럽인권협약(Convention for the Protection of Human Rights and Fundamental Freedoms) 그리고 유럽사회헌장(European Social Charter)과 함께 유럽인권레짐으로서 국제사회에서 인권문제에 관련 중요한 규범으로 자신의 역할을 지속적으로 수행하고 있다.

이밖에도 헬싱키 최종의정서는 소련이 최초로 서명한 국제적 인권규범이라는 의미를 갖는다. 인권과 관련하여 좀 더 구체적으로 살펴보면, 헬싱키 최종의정서에는 Basket III에 인권에 대하여 규정하고 있다. 인권규정은 인적교류, 정보, 문화, 교육 등 네 가지 분야로 구성된다. 이는 유럽의 안전보장을 위한 국가간 관계 규율의 10대 원칙의 하나로 사상, 양심 그리고 종교의 자유를 포함하는 인권 및 기본적 자유의 존중을 포함하고 있다. 인권과 인도주의문제를 다룰 인권규정은 인권 개념에 대한 상반된 견해가 존재하였다. 그럼에도 불구하고, 동유럽 국가들의 인권문제를 소련과 함께 논의하고 이에 대한 개선을 요구할 수 있는 중요한 틀을 확보하는데 충분하였다.

이와 같이 헬싱키 최종의정서의 인권규정은 회원국들 간의 이데올로기 대립에도 불구하고 인권문제를 포괄적으로 논의하고 인권증진에 기여하는 제도적 노력을 경주하여 인권문제를 향상시키는데 크게 기여하였다. 또한, 동유럽 사회주의국가 정부의 인권침해 사항에 대해 중지를 촉구할 수 있었고, 이를 바탕으로 냉전 종식과 동유럽 국가들의 민주화에 큰 기여를 하는데 중요한 역할을 수행하였다고 볼 수 있다.

1980년대에도 인권문제에 대한 국제규범들이 만들어졌다. 1979년

12월 여성차별철폐협약(Convention on the Elimination of Discrimination Against Women)이 채택되어 1981년 발효되었다. 이어 1984년에는 고문 및 그 밖에 잔혹하고 비인도적이거나 굴욕적인 대우나 처벌에 관한 협약(Convention Against Torture and Other Cruel, Inhuman, or Degrading Treatment or Punishment)이, 1989년에는 아동의 권리에 관한 협약(Convention of the Rights of the Child)이 채택되었다.

1990년대에는 구소련의 와해와 베를린 장벽의 붕괴로 냉전시대의 국제질서에 커다란 변화를 가져오면서 국제인권과 관련된 여러 변화가 일어나는 시기다. 아르메니아, 이라크, 구유고, 르완다 등 여러 나라에서 민족, 종족 간의 갈등으로 인해 이른바 '인종 청소'로 불리는 대학살극이 벌어짐으로 인권보호에 대한 국제적 공동 대처의 필요성이 증대되었다. 1993년 비엔나 인권선언(Vienna Declaration and Program for Human Rights)은 탈냉전 시대에 새롭게 부각되고 있는 인권문제에 대한 국제사회의 대응이라고 할 수 있다. 1993년 말에는 유엔인권고등판무관(UN High Commissioner for Human Rights)직이 신설되어 외교적으로 인권을 증진·보호하는 책임을 가진 국제연합인권기구가 창설되었다. 이를 통해, 각국에 자문과 기술적 지원을 제공하고, 국제연합 교육과 공공 정보 프로그램 등을 조정하는 역할을 수행하고 있다(서창록, 2006 : 246).

탈냉전 시대 인권과 관련된 주요 관심사는 평화유지활동과 인도주의적 개입에 관한 사항이라고 할 수 있다. 이에 국제평화와 안전을 인권과 연계시키는 작업을 하였다. 예를 들어, 국제연합의 평화유지군은 경찰과 군대의 활동을 감시하고, 내전 종식 협상에서 밝힌 인권보호 의무를 검증하며, 선거를 감시하고 책임 있는 정권의 국제인권조약을 준수하도록 촉구하는 임무를 수행하였다. 따라서 나미비아, 엘살바도르, 캄보디아, 소말리아, 북부 이라크, 모잠비크, 보스니아, 크로아티아, 과테말라 등지에서 국제연합 평화유지 활동은 인권을 보호하는 책임을 수행하였다. 또한, 아이티와 르완다에서의 평화유지 활동 역시 인권보장 자체가 주 임무였다(Donelly, 2002 : 44).

 탈냉전이라는 국제환경의 변화와 국제연합의 역할 변화에서 대량학살과 인도주의적 위기에 대한 국제적인 개입과 제재의 필요성이 증대되었다. 그래서 국제연합과 같은 국제적으로 공인된 기구에 의해 인권이 집행되어야 한다는 주장들이 제기되었다. 아직까지 국제사회는 인도주의적 개입에 대한 정확한 법적 근거를 마련하고 있지 못한 상황에서, 이에 대한 논쟁은 계속되고 있다.

4. 인권에 대한 국제적 협력체제

4-1. 유엔인권체제

 국제연합은 국제 평화와 안전유지와 함께 인권의 국제적 보호와 신장을 UN의 기본적인 목적 중의 하나임을 명시하고 있으며, 창설 이래 인권문제의 공식적이고 보편적인 다자기구로써 인권신장에 커다란 기여를 하여왔다. 국제연합은 세계 인권선언, 국제 인권규약 등 인권관련 규범과 인권관련 장치 및 절차 등을 통하여 국제사회의 인권개념의 변화뿐만 아니라 인권과 관련된 인식의 변화를 이끌어온 가장 포괄적이고 중요한 국제기구이다.

 유엔인권체제는 국제연합 및 국제연합 산하기구들에 의해 행해지는 각종 국제 인권과 관련된 규칙과 규범, 의사결정 및 절차를 말한다. 유엔인권체제는 국제연합 헌장과 국제권리장전이라고 불리는 세계인권선언, 국제인권규약을 중심으로 인권의 보편성에 기초한 국제적인 인권 보호 활동을 수행하고 있다. 인권조약들의 실행을 위해 국제연합 헌장에는 다양한 제도와 절차들이 명시되어 있는데, 국제연합 산하의 다양한 인권 관련 정치기구들은 포괄적인 인권문제를 다루고 있다(Alston, 1995; Forsythe, 2003).

국제연합의 주요 인권기구를 보면, 인권에 관한 주요 책임은 총회(General Assembly)와 그 산하의 경제사회이사회와 안전보장이사회에 있다. 총회는 '모두를 위한 인권과 기본적 자유를 구현'한다는 일반적 목표에 근거하여 국제연합의 모든 회원국들이 관여하여 인권과 관련된 전반적인 토론과 논의를 하는 장으로서 역할을 수행한다. 총회에서는 특정 국가의 인권침해 상황에 대한 결의문을 채택할 수 있으며, 이를 근거로 경제적, 외교적 제재조치를 취할 수 있다. 이러한 제재조치는 인권개선을 효과적으로 가져올 수 있는 실제적 수단임과 동시에 전체 국제연합 회원국의 결정이라는 점에서 총회의 영향력은 크다고 할 수 있다.

안전보장이사회(Security Council)는 국제연합 회원국들이 국제평화와 안전 유지를 위한 일차적인 책임을 가진 조직이다. 따라서 인권과 관련된 침해 행위가 '평화에 대한 위협'이라고 판단되는 경우 안전보장이사회의 개입을 허용하고 있다. 안전보장이사회는 헌장 제7장의 집행권을 확대하고 과거와는 달리 인권 침해는 국제 평화와 안보에 연계되어 있다고 밝히고 있다. 이에 따라 제7장의 발동을 허용하고 때때로 집행권을 행사하고 있다(Forsythe, 2003 : 72). 대량학살이나 인종청소와 같은 비인도주의적 인권침해 행위는 평화에 대한 위협으로 간주하고 있다. 그러나 헌장 제7장에 규정된 평화에 대한 위협, 평화의 파괴 및 침략행위에 대한 조치 적용에 대해서는 객관적인 기준이 모호하여 논란이 많다.

경제사회이사회에는 인권위원회가 인권분야의 중심적 역할을 수행하였다. 인권위원회는 54개 위원국이 참여하는 국제연합경제사회이사회 산하 기구이다. 그러나 2006년 3월에 인권이사회가 신설되어 47개 이사국이 참여하는 총회 산하 기구로 위상이 높아졌고 참여국의 자격도 강화되었다. 또 기존 인권위원회는 1년에 1번 소집되어 6주일간 회의를 열었으나 인권이사회는 1년에 최소한 3차례 소집되어 10주 이상 활동한다. 필요하면 특별회의도 소집할 수 있다. 이밖에도 차별방지 및 소수민 보호를 위한 인권소위원회와 유엔인권고등판무관 등이 있다. 또한, 국제노동기구(ILO), 국제교육과학문화기구(UNESCO), 국제식량농업기구(FAO), 세계보건기구(WHO), 국제연합개발기구(UNDP), 국제사법재판소(ICJ) 등 주요 전문기구 및 관련기구들 역시 인권과 관련된 활동을 수행하고 있다.

국제연합에는 세계적으로 선언되어 있는 90여 개의 주제별 인권 규약(예 : 인종차별철폐협약(1965), 여성차별철폐협약(1979), 아동권리협약(1989) 등)이 구속력 있게 지켜질 수 있도록 심의위원회를 설치함으로써 인권보호를 제도화하고 있다. 이들 감시기구는 각종 국제인권규약의 이행여부를 감시·심의하는 제도로 조약 가입국에 한정한다. 조약에 명시된 제한적인 인권규정을 준수하도록 함으로써 건설적인 대화와 타협으로 인권을 보호한다.

4-2. 지역인권체제

인권보호를 위한 정부간 기구의 협력은 국제연합뿐만 아니라 지역인권체제에서도 중요하게 다뤄지고 있다. 지역인권체제는 유럽과 미주, 아프리카 등에서 형성되어 있고, 아시아와 중동지역에서는 활발하지 못한 상황이다. 지역인권체제 중 가장 광범위하며 포괄적인 인권체제는 유럽인권체제라 할 수 있다. 유럽은 UN을 위시한 국제인권레짐과 유럽평의회와 유럽안보협력기구 등 유럽인권레짐과의 긴밀한 협력을 강화하고자 한다. 또한, 이를 통해 인권문제를 포괄적으로 다루고 있으며, 국제사회에서 인권문제에 관련한 글로벌한 현안에 주도적인 역할도 취하고 있다.

유럽인권체제의 근간은 유럽평의회(Council of Europe)[43]에 의해 1950년 11월 제정하여 1953년 9월 발효된 유럽인권협약(The Convention for the Protection of Human Rights and Fundamental Freedoms)과 1961년 유럽사회헌장(European Social Charter)[44]에 기초하고 있다. 이를 통해 인권 관련 국제기구에서의 적극적인 활동과 참여를 통하여 다른 관련기관들과 인권분야에서의 협력을 한층 발전시키며 인권문제에 적극적으로 대처하였다. 뿐만 아니라, 인권에 대한 국제적인 관심과 협조도 강조하고 있다. 한편 유럽인권체제는 유럽안보협력회의(Conference on Security and Cooperation in Europe)에서 서방국가와 사회주의국가간에

---

[43] 유럽평의회(Council of Europe)는 1949년 5월 제2차 세계대전 이후 세계적 차원의 전쟁을 방지하고 유럽지역 내 인권보호를 제도화하고자 당시 10개국의 유럽국가에 의해 설립되었고, 냉전 종식 이후 동유럽 국가들의 가입으로 현재 46개 국가들을 아우르는 범유럽적인 기구로 유럽연합과는 별도로 인권체제를 설립하여 역내 인권문제에 대처하여 왔다. 유럽인권협약은 고전적인 시민적 및 정치적 권리를 그 대상으로 하고 있으나, 11차례의 추가의정서에 의하여 경제적·사회적·문화적 권리가 일부 추가되어 인권조항의 선택항목이 확대되었다.
[44] 유럽사회헌장은 유럽인권협약을 보완하고자 한 것으로 유럽에서의 경제적·사회적 권리에 대한 명시를 통해서 지역 내 인권보장을 공고하는 근간이 되고 있다. 유럽사회헌장은 1965년 2월 26일 발효되어 이후 3차에 걸쳐 추가 혹은 수정의정서가 채택되어 현재에 이르고 있다. 즉, 1988년의 제1의정서(추가의정서), 1991년의 제2의정서(수정의정서) 및 1995년의 제3의정서(제2차 수정의정서)가 있다.

합의 도출되었던 헬싱키 최종의정서(Helsinki Final Act)의 인권관련 규정에 근간한 개인의 시민적·정치적 권리에 대한 요구와 인권과 기본적 자유들을 기반하고 있다.

또한, 유럽연합은 개인의 인권과 인간의 기본권 그리고 보편적인 민주주의가 존중되는 가치공동체이다. 유럽연합은 인간 존엄성과 자유, 민주주의, 평등, 법치와 인권 존중, 국제법의 준수의무 등을 기반해 건설되었음을 재차 강조하고, 표현과 종교의 자유를 비롯하여, 생명과 보호, 교육, 노사 단체교섭, 공정한 노동 조건 등에 이르기까지 50개 항의 기본권을 천명하고 있다. 유럽연합에 가입을 원하는 모든 국가는 민주주의와 법의 지배를 확립하고, 인권 및 기본적 자유의 존중을 규정하고 있다.

더 나아가 유럽연합조약에서는 인류의 최고의 보편적인 가치인 인권을 모든 회원국의 공통적인 법적 토대로 삼아야 하며, 유럽연합의 가치와 법적 체계를 존중하고 수용해야 한다는 원칙을 천명하고 있다. 또한, 유럽연합 차원의 인권에 대한 관심은 1997년 암스테르담조약과 2000년 니스조약을 통해 구체화되어 국적뿐만 아니라 성별, 인종, 종교, 연령, 신체적 장애 및 성적 취향 등 EU 시민의 기본권의 침해를 방지하는 모든 차별의 철폐를 명시하였다. 이런 취지에 따라, 유럽연합의 기본권헌장(Charter of Fundamental Rights) 채택을 통해 '인간의 존엄'과 '자유·평등·정의·연대'의 정신을 새삼 강조하고 있다.

유럽인권협약, 유럽사회헌장, 헬싱키의정서 그리고 유럽연합조약을 근간으로 한 유럽인권체제는 인권문제를 국가주권이라는 차원을 초월하는 인류의 보편적 가치로서 보고 있다. 또한, 모든 인간은 태어날 때부터 자유롭고 평등하며 인간으로서의 행복을 추구할 자유와 권리가 있음을 명확히 하고 있다. 그래서 인권과 민주주의의 가장 기본적인 목표로써 인간에 대한 존중과 기본적 자유의 보장을 유럽연합의 목표이자 가치로써 규정하고 있다. 유럽연합 회원국들은 국내적 및 국제적인 적절한 수단을 통해서 이러한 인권과 민주주의의 원칙과 규범들을 효과적으로 실현될 수 있는 조건을 마련하고 이를 준수할 의무를 갖게 된다(박채복, 2007).

미주인권체제는 미주인권선언(American Declaration on Rights and Duties of Man), 미주기구헌장(Charter of Organization of American States), 미주인권협약(American Convention on Human Rights)을 근간으로 하고 있으며, 1948년 설립된 미주기구(Organization of American States)에 통합되어 있다. 1959년에 설립된 미주인권위원회(Inter-American Commission of Human Rights)와 미주인권재판소(Inter-American Court of Human Rights)가 핵심적인 역할을 수행하고 있다.

미주기구의 모든 회원국은 원칙상 기구의 감독을 받게 되고, 미주기구는 인권보호를 위한 실행절차 및 조직적인 인권침해 사항에 대한 조사를 실시하며, 구체적인 운영에 대하여 최종적인 결정을 내린다 (Donelly, 2002 : 140). 유럽인권체제와는 달리 미주인권체제는 주권이 압도적 규범으로 작용하고 있어 인권과 관련된 규칙과 결정을 국가로 하여금 수용하도록 강요할 수 없다. 또한, 인권침해 사항에 대해 인권관행을 개선하도록 설득하는 기구이어서 한계성을 지니고 있다.

아프리카지역에서는 아프리카연합(Organization of Africa Unity)을 중심으로 지역인권체제를 형성하고 있다. 1981년 채택된 아프리카인권헌장(Africa Charter on Human and Peoples Rights)에 기초하여 1986년 10월에 아프리카인권위원회가 40개국의 비준받아 출범하였다. 국제

인권규약은 사람들의 자결에 대한 권리를 인정하고 있고, 아파르헤이트협약도 자결과 평등에 대한 인민의 권리를 언급하고 있다. 아프리카헌장은 집단권(collective rights) 혹은 인민권(peoples rights)과 개인의 의무를 함께 강조하였다. 여기에 개발권과 평화권까지 포함하고 있어, 이러한 권리는 논쟁의 대상이 되고 있다(Donelly, 2002 : 146). 유럽이나 미주지역에 비해 태동된 지 오래되지 않았기 때문에 여러 가지 미비한 요소가 내재되어 있으나, 아프리카지역의 인권보호를 위한 지역체제를 만들 수 있다는 가능성을 보여주고 있다는 점에서 의미가 크다.

4-3. 국제 비정부기구의 인권보호 활동

세계화와 전 지구적으로 통합되고 있는 세계시장과 세계시민사회에서 경제적 불평등과 빈곤, 질병, 노동, 인권, 환경 등의 문제를 해결하기 위해서는 세계시민사회에서 보다 적극적인 국제적 연대가 이루어져야 할 것이다. 이런 면에서 국제인권관련 NGO들의 활동이 무엇보다 중요한 희망이라고 할 수 있다.

인권과 관련 비정부기구의 활동은 인권침해사례를 여론화하고 국제기구의 인권규범에 대한 정당성을 부여하는 과정에서 국제적인 압력을 행사하는 주요 행위자이다. 또한, 국제NGO들은 인권 관련 의제 설정 및 결정과정에서 초국가적인 네트워크를 형성하여 글로벌 이슈로서 인권의 보편성과 정당성을 확보하고 이를 통해 인권과 관련된 인식을 변화시켜 실질적인 변화를 주도하고 있다. 국제인권관련 NGO 중 널리 알려진 것은 국제사면위원회(Amnesty International), 인권감시위원회(Human Rights Watch), 국제인권연맹(ILHR), 국제민주법률가협회(IADL), 프리덤 하우스(Freedom House), 헤리티지재단, 국제적십자연맹

(IFRC) 등이 있다.

국제적 비정부인권기구는 다양한 행위자들과 협력하여 특정 인권 관련 상황과 문제를 함께 다루고 있다. 이 가운데 중요한 점은 국제연합과의 협력관계이다. 국제연합은 국제 비정부기구와의 협력관계를 구축하고 있는데, 국제연합 헌장 제71조는 NGO에게 경제사회이사회의 협의자격(consultative Status)을 인정하고 있다. 경제사회이사회 결의 제1296호에 의거하여 NGO에게 일반적 협의자격(Category I), 특정분야 협의자격(Category II), 명부상 협의자격(Roster)이 부여된다. 일반적 협의자격은 유엔회의, 경제사회이사회 회의에서 표결권은 없다. 그러나 자신의 입장을 표명할 수 있으며, 의제 채택, 토론과정, 결의채택에 있어 결정적인 역할을 수행한다. 특정분야 협의자격은 특정분야의 이슈와 관련된 협의지위를 얻는 경우로, 간단한 성명서를 작성할 수는 있다. 그럼에도 불구하고, 의제를 제안하거나 직접 발언을 하는 권한은 부여되지 않는다. 명목상 협의자격은 구두 혹은 문서화된 자문을 통하여 자신의 의견을 개진할 수 있다.

오늘날 글로벌 NGO들이 양적으로 늘어나면서 글로벌 NGO들과 국제연합을 비롯한 정부간 기구들 간의 관계가 비적대적이고 우호적인 방향으로 나아가고 있는 것도 사실이다. 신자유주의적 세계시장경제, 핵문제, 지구환경문제, 인권문제 등 중요한 국제문제들에 있어서 양자 간의 관계는 여전히 대립적이고 갈등적인 면이 발견되기 때문이다. 그러므로 글로벌 민주주의의 실현은 매우 중요한 의제라 할 수 있다. 글로벌 민주주의 실현을 위해서는 약소국들과 사회적 약자에 대한 이익을 대변할 수 있는 틀이 필수적이다. 현실적으로 이러한 방안을 실현할 수 있게 하는 것은 무엇보다도 글로벌 NGO들이라고 할 수 있다.

현실적으로 글로벌 NGO들의 활동은 여전히 주권국가들의 경계 내에서 법적인 통제를 받으며 국경을 자유롭게 넘나들 수 없다는 점에서 NGO의 활동은 제한적이라 할 수 있다. 그럼에도 불구하고 인권문제와 글로벌 거버넌스를 연계하고 글로벌 민주주의의 발전을 위해서는 정부간 기구들에 대해 비판하고 견제하고 감시하기 위한 시민단체들의 초국적 네트워크로서 글로벌 NGO의 역할은 더욱 중요해지고 있는 상황임에 분명하다.

5. 탈냉전 시대의 인권과 국제정치

냉전의 종식 이후 국제평화에 대한 새로운 기대감의 증대와 함께 직면한 지구적 문제에 대한 해결과정에서 국가들 간의 협력이 불가피하게 되었다. 평화에 대한 위협은 인권침해로부터 발생할 수 있다. 전통적인 국경을 넘는 군사적 폭력만을 지칭하는 것이 아니라 인권에 기초하여 국가 내의 개인에 대한 안보에 대하여 보다 큰 관심을 갖게 된 것이다. 인권의 국제화가 가속화되면서 인권은 더 이상 국내문제가 아니라 국제문제로 간주되고 있다. 인권과 국제 평화와 안보와의 연계과정에서 여러 다양한 문제들이 발생할 수 있다. 그러나 탈냉전 시대 인권과 국제정치의 상관관계를 밝히는 과정에서 발생하는 문제를 인도주의적 개입과 주권과의 충돌문제, 인간안보와 국가안보와의 상충문제, 발전과 인권과의 상관관계 등을 중심으로 다음과 같이 살펴볼 수 있다.

1) **인도주의적 개입**(Humanitarian Intervention) **문제** : 국가 주권보다는 공동 또는 집단의 주권에 기초하여 인권에 대한 집단적인 행동을 취할 수 있는 가능성이 커지고 있다. 이에 따라 인권에 기초

한 국제사회의 개입문제에서 국내 문제에 대한 불개입이라는 원칙과의 충돌이 발생하였다. 소위 인도주의적 개입으로 지칭되는 새로운 개입의 문제는 1990년대에 유엔의 국제평화와 안전을 위한 주요 업무가 되었다. 국가의 배타적 영토와 주권을 넘어서는 인도주의적 개입은 어떤 정부의 대규모 인권침해를 종식시키기 위해서 종종 군사적인 강제수단을 이용하여 해당 국가의 동의 없이 그 국가에 개입하는 것을 의미한다(Ero & Long, 1995 : 141). 냉전 종식 이후 대부분의 분쟁이 국가 내부의 분쟁이나 국가에 의한 개인의 안보에 대한 위협이라는 성격을 가진다. 따라서 주권국가 내부에서 발생하는 인도주의적 위기 상황이 국제 평화와 안보를 위협한다면 이에 대한 국제사회의 개입의 정당성을 확보하게 된 것이다. 그러나 인도주의적 위기 상황과 인도주의적 개입을 실제적으로 집행하는 과정에서 적절한 틀에 대한 합의가 매우 어렵다는 것이다. 과거보다 더 많은 인도주의적인 사건들에 대한 개입의 적절한 근거와 수단을 찾아내는 데 있어서 인권이 중요한 국제적인 기준이 되고 있다. 하지만, 과연 어떠한 개입이 국제평화와 안보의 유지를 위해 정당한 것인지, 또한 대규모 인권유린과 인권침해를 방지하기 위해 취해지는 개입의 정확한 근거는 무엇인지 불투명하게 만드는 문제들도 발생할 수가 있다. 국제 평화와 안전에 일차적인 책임을 가지고 있는 국제연합 안전보장이사회의 인권을 지지하는 결의안은 인도주의적 개입의 최소한의 전제로 여겨지고 있다. 또한, 민주적이고 인도적인 통치로써 내재적으로 인권문제를 다루는데 있어 국제적 개입을 정당화하고 있다. 그러나 문제는 국제연합의 국제평화와 안전보장에 대한 개입의 증대에도 불구하고 인권문제에 대한 국제연합의 역할은 해결책이 되지 못하고 있다는 점이다.

국제연합이 정부간 국제기구라는 구조적인 한계 외에 강대국의 이해관계가 적은 제3세계의 국내문제의 개입의 경우 인권의 정치화 과정이 분명해지고 있다. 따라서 국제연합은 이들 강대국을 움직일 수 있는 권한과 능력이 부족한 상황이다. 또한, 강대국과 국제연합 간 이해관계의 충돌이 일어날 경우 국제연합의 역할은 한계에 봉착하게 되는 경우도 발생하고 있다. 국제연합이라는 국제적으로 공인된 기구의 동의 없이 무력 개입이 단행되는 경우 국제연합에 의해 수행되는 평화유지활동과는 달리 국가에 의해 독자적으로 사용되는 무력의 정당성 문제는 인도주의적 개입에 대한 국제적 대응의 문제점으로 지적될 수 있다.

따라서 인권문제에 관한 국제연합과 국제사회의 역할은 국제연합 인권기구의 강화 및 독립성 확보를 통하여 평화유지능력을 강화해야 할 것이며, 인도주의적 개입을 위해서 억지력을 보유하고 파견할 수 있는 시스템을 정비해야 할 것이다. 외교적, 경제적 압력 등의 조치 이후에 최후의 대안으로 취해져야 한다는 점에서 인권문제에 대한 조기경보체제의 구축과 사전 또는 조기에 문제를 해결하는 예방외교에 주력하여야 할 것이다. 또한, 미국과 지역 국가를 비롯한 지역안보체제와의 긴밀한 협조체제를 구축하여야 할 것이다(Forsythe, 2003; 60-61).

2) **인간안보**(Human Security) **문제** : 인간안보라는 개념은 1994년 국제연합개발계획(UNDP)의 「인간개발보고서」를 통해 국제사회

에 널리 알려진 개념으로, 개인차원에서 안보문제를 보면 종래의 군사적 차원을 넘어서 인권, 개발, 환경 등 인간 삶의 포괄적 질을 척도로 안보의 정보를 가늠해야 한다는 것이다. 이 보고서에 의하면 인간안보 개념은 크게 7가지 영역으로 나눌 수 있다. 즉 경제안보, 식량안보, 건강안보, 환경안보, 개인안보, 공동체안보 그리고 정치안보 등 새롭게 대두되고 있는 안보개념들을 포괄할 수 있는 개념이다. 따라서 그동안 국가안보에 강조점을 둔 국제관계에서 인간안보가 새로운 추세임을 반영한다.

이와 같이 인간안보는 전통적인 안보이슈뿐만 아니라 비전통적·비군사적 이슈영역을 포함하고 있어 군사안보 중심적 국가안보개념에 대한 대체적 효과가 높은 개념이다. 그래서 안보환경의 변화와 인권과의 상관관계에서 고려되어야 할 가치 있는 개념임에 틀림없다. 또한, 인간안보개념이 국가안보개념에 의해 자행되는 인도주의적 위기상황을 막기 위한 새로운 대안으로 제시되고 있다는 점은 새로운 안보패러다임을 정립하는 과정에서 매우 중요한 점일 것이다. 그러나 인간안보 개념이 발전되고 적용되고 있는 틀과 논리를 엄밀히 검토해보면 몇 가지 문제점들이 발견된다. 안보의 주체로서 인간 개개인이 과연 각자의 안보를 책임질 수 있는가 하는 문제이다. 인간 스스로 자신의 안보에 대해 책임질 수 없기 때문에 인간안보는 결국 국가를 매개로 하는 국가안보의 틀을 뛰어넘을 수 없다는 점이다. 다음으로 제기되는 문제는 인간안보개념에 대한 모호성 문제이다. 인권이 주권을 우선한다고 입장에서 인권을 위해 주권을 넘어 이루어지는 군사적 개입을 정당화시켜주고 있다는 점은 군사적 개입이 인간안보의 이름으로 자의적으로 발생하는 상황에 대한 우려와 이에 대한 합리적인 근거 마련의 필요성을 제기한다. 또한, 인간안보가 국가안보라는 개념에 비해 경제안보, 안보경제안보, 식량안보, 건강안보, 환경안보, 개인안보, 공동체안보 그리고 정치안보와 같은 비군사적 측면의 안보쟁점을 더 잘 포괄한다고 볼 수 있는가 하는 문제에 대한 명확한 답을 내리기 어렵다는 점이다.

인간안보가 국제적 보편적인 관심사로 모든 인간의 안전하고 자유롭게 인간의 선택을 보장하고 공포와 빈곤으로부터의 자유를 강조하고 있다. 그럼에도 불구하고, 국제사회의 노력은 아직까지 커다란 진전이 없었다. 또한, 인구폭발, 경제적 빈부격차의 증대, 국제이민의 증가, 환경문제의 대두, 국제테러와 같은 인간안보에 도전이 되고 있는 새로운 위협은 증대되고 있다. 이에 인간안보가 21세기의 주요 현안이라는 전제 하에 국제사회의 협력과 노력이 절실하다고 본다.

3) 발전과 인권의 문제 : 인권은 국제관계에서 제도화되었으나, 이에 대한 담론은 논란으로 남아있다. 그 중 하나 발전과 개발 그리고 인권과의 상관관계이다. 인권의 기준을 설정하고 실행하는 과정에서 국제사회의 지속적인 노력과 협력이 전개되었다. 그러나 현실 국제정치에서는 국가주권의 개념이 여전히 견고하게 남아 있고, 인권의 기준은 군사, 안보, 경제적 이해를 위해서 편파적으로 이용되기도 하고 무력화되기도 한다. 인권에 대한 이중성 혹은 정치성은 인권개선과 보장이 우선순위를 차지하지 못하고 부차화되고 다른 국익과 상충하는 경우에 인권문제는 언제든지

포기될 수 있다. 이런 점에서 본다면, 인권을 둘러싼 현실정치의 모순된 상황을 잘 변영하고 있다.

개발과 인권을 둘러싼 논쟁은 한편으로는 국내정치 차원에서 다른 한편으로는 국제정치 차원에서 설명할 수 있다. 우선 국내정치 차원에서 보자면, 개발과 발전을 위해 기본적인 요구와 인권은 희생되고 보다 많은 평등을 위한 경제발전이 불평등을 조장한다. 또한, 경제성장을 앞당기기 위해 시민적 및 정치적 권리가 제한될 수 있다는 점이다(Donnelly, 1985). 국제정치 차원에서 보자면, 국제인권 개념의 보편성에도 불구하고 비서구의 인권 개념은 서구에서와는 달리 '자기 결정권'이나 '개발'에 더 가치를 부여하고 있다. 인권은 지구적 차원의 불평등이라는 구조적 문제에 관한 것으로, 경제적·사회적 권리를 시민적 및 정치적 권리와 연계를 강조하고 있다. 최근 들어 인권과 평화 그리고 개발이 상호 의존적이라는 점에서 제3세계에서 경제적 및 사회적 권리를 보호하는 것은 시민적 및 정치적 권리를 보호하기 위해 필수적인 것이라는 점이 더욱 강조되고 있다. 경제의 지구화과정에서 지구적 차원에서 경제적 자원이 공평하게 분배되지 않는다면 국가간의 평등은 별로 의미가 없다는 주장으로, 모든 인간에게 발전권(rights to development), 즉 '더 잘 살 권리'가 있다는 것이다. 이와 같은 발전권에 대하여 국제연합은 1986년 발전권에 관한 선언(Declaration on the Right to Development)을 채택한 바 있다.

발전권은 처음에는 개인의 인권으로 제안되었다. 그러나 이후 개인뿐만 아니라 집단의 권리로 확대되어 해석되었다. 국제연합은 유엔개발계획(UN Development Programme)을 통해 국제적 개발정책과 인권정책을 통합하려고 시도하였다. 빈곤한 국가에 대한 경제적 지원을 하고, 국내총생산 중 공적개발원조(ODA)의 비중을 늘려가는 정책이 시도되고 있다. 이렇듯 발전권에는 빈곤한 국가가 발전할 수 있도록 부유한 국가는 도와주어야 할 의무가 있다. 그러나 이 같은 의무가 정확히 어떠한 속성을 지니는지는 여전히 불분명하며 논란의 여지가 남아 있다(마이클 프리먼, 2005 : 203-205).

개발과 인권문제에서 글로벌 거버넌스는 더욱 더 강조되는 경향이 있다. 지구화가 진행되면서 주권국가가 더 이상 유일한 행위자가 아니라 다국적기업, 국제기구, 국제 비정부기구 등과 공존해야 하는 상황이다. 국경을 넘어 벌어지는 상호 의존적인 관계의 증대는 인권, 초국가적 환경문제, 국제범죄, 테러와의 전쟁, 국제이주문제 등에서 협력을 가져오게 되었다. 그 결과 이와 같은 글로벌 이슈를 다루는 하나의 권위 있는 초국가적 기구로서 국제연합의 미래에 대하여 더 많은 관심을 갖게 되었다. 물론 전 지구적 차원에서 보편적인 인권기준을 실현하는데 국제연합의 활동과 기능에 있어서 상당한 한계가 존재한다.

그럼에도 불구하고 국제연합은 인권과 같은 글로벌 이슈를 다루는데 가장 적합하고 합리적인 행위자임에 분명하다. 글로벌 거버넌스로서 국제연합은 많은 한계를 가지고 있다. 그러나 국제인권체제를 발전시켜 왔고, 인권보호 및 증진은 물론 인권문제에 대한 전 지구적 차원에서의 인식 변화에 있어서 중요한 역할을 수행해왔다. 따라서 글로벌 거버넌스로서의 문제점과 한계를 극복해나간다면 보편적 가치로서 인권을 실현하기 위한 국제사회의 노력은 더욱 실효성을 거둘 수 있을 것이라고 본다.

참고문헌

- 김순규 (2000). 『현대국제정치학』, 서울 : 박영사.
- 마이클 프리먼 (2005). 『인권 : 이론과 실천』, 서울 : 아르케.
- David P. Forsythe. 최의철 역 (2003). 『인권과 국제정치』, 서울 : 백산자료원.
- 박채복 (2007). "EU의 대북 인권외교 : 북핵문제의 평화적 해결과 인권문제의 연계." 『동북아 논총』, 제12권. 1호.
- 서창록 (2006). 『국제기구 : 글로벌 거버넌스의 정치학』, 서울 : 다산출판사, 2006.
- 오영달 (2002). "라우터파흐트의 피치자 중심 주권론과 유럽인권협약의 초국가적 제도화." 『국제정치논총』, Vol. 42. No. 1.
- 이신화 (2004). "인간안보와 여성 : 인도적 위기상황 및 개발문제를 중심으로." 『국가전략』, 제10권. 2호.
- Jack Donelly. 박정원 옮김 (2002). 『인권과 국제정치 : 국제인권의 현실과 가능성 및 한계』, 서울 : 오름.

- Alston, Phipip (1995). *The United Nations and Human Rights : A Critical Appraisal* (Oxford : Claredon Press).
- Donnelly, Jack (1985). *The Concept of Human Rights* (London : Croom Helm).
- Ero, Comfort & Long, Suzanne (1995). "Humanitarian Intervention : A New Role for the United Nations?" *International Peacekeeping*, Vol. 2, No. 2 (Summer).
- Krasner, Stephen D. (1982). "Structural Causes and Regime Consequences : Regimes as Intervening Variables." Krasner, Stephen D. (ed.). *International Regimes* (Ithaca : Cornell University Press).
- Marks, Stephen P. (1985). "Emerging Human Rights : A New Generation for the 1980s?" Falk, Richard A. (eds.). *International Law a contemporary Perspectives* (Boulder, Colorado : Westview Press, 1985).

테러리즘과 국제정치
국제정치의 이해

:: 이만종

I. 서론

테러리즘(terrorism)의 위협은 오늘날 국제사회가 직면하고 있는 가장 심각한 안보문제 중의 하나이다. 미국의 미시간주립대학 지리학과 교수 하름 데 블레이(Harm de Blij)는 그가 쓴 『왜 지리학이 중요한가 : 미국이 직면한 세 가지 도전 : 기후변화, 중국의 도전, 그리고 글로벌 테러리즘』이라는 책 속에서 미국의 관점에서 '기후변화, 중국의 부상, 국제 테러리즘'이라는 세 가지 도전을 21세기를 이해하는 키워드로 삼고 있다. 이와 관련해서 "미국의 힘, 중국의 도전, 테러리즘 세 가지를 알면 21세기가 보인다."는 말도 나오고 있다(de Blij, 2005).

오늘날 세계 안보환경의 두드러진 특징은 국가간 전면전의 가능성은 줄었으나 테러, 대량살상무기 확산 등 초국가적·비군사적 위협이 증대되었고, 과거 잠재되었던 갈등요인들이 표면화되면서 국가안보에 대한 위협의 성격이 다양하고 복잡하게 되었다는 점이다(국방부, 2009: 3). 지난 2001년 미국에서 발생한 9·11테러는 일개 테러조직에 의해 미국과 같은 초강대국도 전쟁에 버금가는 재산 및 인명의 손실을 입을 수 있고 정신적 공황에 가까운 충격과 위기감에 휩싸일 수 있음을 보여 주었다. 이를 통해 국가 이외의 조직이나 세력에 의한 예측 불가능한 테러의 위협이 국가안보의 중요한 영역으로 인식되었다.

새로운 형태의 테러리즘은 그 세력이 영토나 국경을 초월하여 범세계적으로 네트워크로 연결되어 있어 실체를 찾기 어렵고 시기와 장소를 예측할 수 없다는 특징을 보여주고 있다. 세계 도처에 산재해 있는 초국가적 테러 위협은 전통적인 적과 위협의 개념 그리고 위협에 대한 대비개념을 근본적으로 바꾸어 놓았다(국방부, 2005 : 18).

9·11테러로 미국 주도하에서 테러와의 전쟁이 시작되었고 지난 2002년에는 아프가니스탄 전쟁에 의해 탈레반 정권이 무너지고, 2003년에는 이라크 전쟁에서 사담 후세인이 축출됨으로써, 조지 W. 부시 당시 미국 대통령은 2003년 5월 1일 이라크 전쟁에서 승리했다고 선언한 바 있다. 그러나 미국은 사담 후세인과 전쟁에서 승리했지만 이슬람테러리스트들과 새로운 전쟁을 하지 않을 수 없게 되었고, 지금도 세계 도처에서 테러사건들이 발생하고 있다(조영갑, 2005 : 106).

더욱이 9·11테러를 자행한 '알 카에다(Al-Qaeda)'가 국제적 네트워크를 가진 테러집단이라고 알려지면서, 테러와 대량살상무기 확산방지문제는 일부국가에 국한된 것이 아니라 전 세계 차원의 문제이므로 국가간 공조가 필수적이라는 인식이 대두되지 않을 수 없게 되었다(국방부, 2006 : 29). 따라서 9·11테러 이후 국제사회의 안정과 평화에 심각한 위협으로 인식되고 있는 테러와 대량살상무기의 확산 및 연계를 예방하기 위해 유엔을 중심으로 테러와 비확산 노력이 강구되고 있다.

오늘날 테러리즘은 더 이상 중동과 유럽의 몇몇 국가에 국한된 문제가 아니고, 테러리즘의 안전지대는 존재하지 않을 정도로 전 세계의 모든 국가들이 직면하고 있는 심각한 문제이다. 9·11테러 참사로 세계 안전의 상징이었던 미국, 그것도 심장부를 테러함으로써 더 이상 테러의 안전지대는 사라졌다(조순구, 2008 : 83). 이제 세계 어느 나라도 국제적으로 테러의 위협으로부터 자유로운 국가는 존재하지 않으며 한국의 경우도 예외는 아니다. 지난 2007년 아프가니스탄 선교봉사단 피랍과 소말리아 해상 '마부노'호 피랍사건 등의 사례에서 보듯이 최근 국내외에서 테러발생 가능성이 상존하고 있다(국방부, 2009 : 52).

더욱이 테러리즘과 관련해서는 한국은 특수한 상황에 처해 있다. 전략·전술적인 측면에서 세계 최고 수준의 다양한 테러리즘 능력을 갖추고 있는 북한과 상시 대처하고 있기 때문이다. 북한은 그동안 청와대 기습사건, 미얀마 랑구운사건, 대한항공 858기사건 등 여러 차례에 걸쳐 대남 테러리즘을 자행한 바 있어 향후 북한에 의한 테러리즘의 가능성도 전혀 배제할 수는 없는 상황이다. 따라서 국제테러리즘 및 북한의 테러리즘과 관련해서 우리의 철저한 대비책이 요구된다고 할 수 있다.

이 글은 테러리즘과 국제정치를 분석하기 위한 것이다. 이를 위해 테러리즘의 개념과 유형, 테러리즘의 전개과정, 뉴테러리즘과 대테러전쟁을 살펴본 후 결론에서 전망과 대응을 도출해보기로 한다.

II. 테러리즘의 개념과 유형

테러리즘은 특정 목적 달성을 위해 행해진 테러행위를 총칭하는 말로써 테러보다 이념성·포괄성을 함축하고 있는 개념이다. 우리나라에서는 테러리즘과 테러를 구분하지 않고 같은 의미로 혼용하고 있다. 또한, 외국의 경우 주로 공식문서에는 테러리즘을, 비공식 문서에는 테러를 사용하는 경향이 있고, 미국이나 영국의 대테러 관련법, 조직명칭, 보고서 등에는 반드시 테러리즘이란 표현을 사용하고 있지만, 시사잡지나 신문 등에서는 테러리즘과 테러를 혼용하고 있다(국가정보원, 2010).

사실 전혀 상반된 입장을 취하는 이해 당사자 모두가 동의할 수 있는 테러의 정의를 내린다는 것은 결코 쉬운 일이 아니다. 테러리즘이 포괄성과 이념성을 지닌 용어이다 보니 정의를 내리는 것조차도 간단하지 않다. 동일한 사건을 관점에 따라 테러리즘으로 규정하기도 하고, 어떤 경우에는 단순한 일반범죄로 취급하기도 하며, 다른 시각에서는 애국적인 행위로 평가하기도 한다.

한 예로 영국정부는 아일랜드공화국군(IRA : Irish Republican Army)의 모든 공격을 테러리즘으로, 그리고 IRA요원들을 테러리스트로 규정하고 있다. 반면에 IRA를 추종하는 사람들이나 리비아 등 IRA를 직접 혹은 간접적인 방법으로 지원하고 있는 국가들은 IRA의 행위를 민족주의해방운동으로 그리고 IRA요원들을 자유투사로 규정하고 있는 실정이다. 심지어는 미국의 경우 중앙정보국, 연방수사국, 국무부, 법무부 그리고 국방부가 각각 다른 테러리즘 정의를 채택하고 있는 실정이다(Schmid and Jongaman, 1988 : 32-33).

분명한 것은 테러는 사회 전체를 공포상태에 몰아넣는 행위로서 민간정부에게 정치적 요구를 관철하기 위해 비무장 민간대중을 공격하는 행위이다. 테러인가 아닌가를 결정하는 데 있어서 사용된 무기의 종류는 묻지 않는다. 테러의 표적이 누구인가, 그 동기는 무엇인가가 테러를 정의하는 결정요소라 할 수 있다. 테러의 표적은 무고한 시민이고 그 동기는 정치적이어서 해당 정권의 특정 행동을 요구한다. 개인적 목적을 위해 무차별 대중을 공격하는 행위는 테러가 아니라 범죄일 따름이고 군사시설에 대한 공격은 테러가 아니라 전쟁인 것이다.

테러리즘은 오늘날 국제사회가 당면한 가장 심각한 문제 중의 하나임에도 불구하고 지금까지 '테러리즘이 무엇인가'에 대한 보편적인 정의가 존재하지 않는다. 이는 테러리즘 개념 자체가 난제임을 반증하는 것이다. 테러리즘의 동기, 대상, 범위, 주체, 이념 등의 포함여부 그리고 학자들과 테러리즘 전문가들의 시각에 따라 테러리즘이 달리 정의됨으로써 테러리즘의 정의와 성격규정에 대한 연구와 논쟁은 끊임없이 계속되어지고 있다.

원래 테러란 '커다란 공포', '떠는 상태', '겁주다'를 의미하는 라틴어 'terrere'에서 나왔다. 테러나 테러리즘이라는 용어가 처음으로 등장한 것은 프랑스 혁명 이후의 공포정치 시대였다. 테러 및 테러리즘이라는 용어가 유럽에서 널리 사용되게 된 것은 1789년 프랑스 혁명 당시 혁명정부의 주역들이 집권정부의 혁명을 순조롭게 진행시키기 위해 왕권복귀를 꾀하던 왕당파들을 무자비하게 암살·고문·처형하는 등 공포정치를 자행하였던 것에서 유래한다.

굳이 테러와 구별된 테러리즘의 의미를 본다면 테러리즘이란 "폭력으로 반대파를 눌러 자기들의 주장을 관철하려는 정치상의 주의(主義, ism), 즉 폭력주의"라 할 수 있다(윤평어문연구소, 1994 : 1421). 그리고 테러리스트란 테러리즘을 신봉하는 사람 즉 폭력주의자라고 할 수 있다. 그런데 전술한 테러라는 말은 테러리즘의 약어 또는 동의어로 그리고 테러리스트의 약어로도 사용됨으로써 사실상 테러는 테러리즘 및 테러리스트와 사실상 혼용되고 있기 때문에 여기서 테러와 테러리즘의 엄밀한 구별은 특별한 경우를 제외하고는 무의미하다고 할 수 있다.

물론 테러리즘은 학자나 연구기관은 물론 국가기관에 따라서도 다양하게 정의되고 있다. 테러리즘과 관련해서 보편적 정의를 찾아보기 어렵다. 심지어는 미국의 경우 중앙정보국, 연방수사국, 국무부, 법무부 그리고 국방부가 각각 다른 테러리즘 정의를 채택하고 있는 실정이다(Schmid and Jongaman, 1988 : 32-33).

미국 연방수사국은 테러리즘을 '정치·사회적 목적에서 정부나 시민들을 협박 및 강요하기 위해 사람이나 재산에 가하는 불법적인 폭력의 사용'으로 규정하고 있다. 미 중앙정보국은 "테러리즘은 개인 혹은 단체가 기존의 정부에 대항하거나 혹은 대항하기 위해서든 직접적인 희생자들보다 더욱 광범위한 대중들에게 심리적 충격 혹은 위협을 가함으로써 정치적 목적을 달성하기 위해 폭력을 사용하거나 폭력 사용에 대한 협박을 하는 것이다."라고 정의하고 있다(US CIA, 1980 : 2).

한편 미국의 국방부는 1983년과 1986년에 각기 다른 테러리즘에 관한 정의를 내린 바도 있다. 1983년 정의에 의하면 "테러리즘은 혁명기구가 정치적 혹은 이데올로기적 목표달성을 위해 정부 혹은 사회를 위압하거나 협박하는 수단으로 개인과 재산에 대한 비합법적인 폭력을 사용하거나 폭력사용에 대한 협박을 하는 것이다."라고 정의하고 있고, 1986년 정의에 의하면 "테러리즘은 정치, 종교, 이데올로기적 목적 달성을 위해 정부 혹은 사회에 대한 위압 혹은 협박의 수단으로 개인 혹은 재산에 대해 비합법적인 힘 혹은 폭력을 사용하거나 비합법적인 힘 혹은 폭력사용에 대한 협박을 하는 것이다."라고 규정하고 있다(최진태, 2001 : 102).

미국무부가 2008년 4월에 낸 연례보고서인 『2008 테러리즘 국가

보고서』(Country Report on Terrorism 2008)는 국제테러리즘, 테러리즘, 테러리스트집단과 관련해서 다음과 같이 정의하고 있다. 먼저 국제테러리즘이란 용어는 "2개국 이상의 시민 또는 영토를 포함하는 테러리즘"을 의미한다고 규정하고, 다음으로 테러리즘(terrorism)이란 "준국가단체 혹은 국가의 비밀요원이 다수의 대중에게 영향력을 행사하기 위해 비전투원을 공격대상으로 하는 사전에 치밀하게 준비된 정치적 폭력"을 의미한다고 규정하며, 끝으로 테러리스트집단은 "국제테러리즘을 실행하거나 실행하는 주요 하위집단을 가진 모든 집단을 의미한다고 규정해놓고 있다(US Department of State, 2008).

이처럼 테러리즘은 학자나 연구기관에 따라서 다양하게 정의하고 있으나, 그 내용을 종합하여 보면 테러리즘은 주권국가 혹은 특정 단체가 정치, 사회, 종교, 민족주의적인 목표달성을 위해 조직적이고 지속적인 폭력의 사용 혹은 폭력의 사용에 대한 협박으로 광범위한 공포분위기를 조성함으로써 특정 개인, 단체, 공동체 사회 그리고 정부의 인식변화와 정책의 변화를 유도하는 상징적·심리적 폭력행위의 총칭이다(최진태, 1997 : 29-30).

테러리즘의 유형은 참으로 다양하다. 고전적 테러리즘에 대비하여 뉴테러리즘이라는 용어도 널리 사용되고 있고, 최대한 많은 인명을 살해함으로써 사회를 공포와 충격으로 몰아넣은 최근의 테러리즘의 경향을 의미하는 메가테러리즘(megaterrorism)이나 특정 인물이나 계층을 상대로 벌이는 테러와는 달리 불특정 다수를 향한 테러리즘을 일컫는 슈퍼테러리즘(superterrorism)[45)이란 용어도 널리 사용되고 있다.

---

45) 일본의 지하철 사린(Sarin) 독가스살포사건, 미국의 오클라호마 연방청사 폭파사건 등이 슈퍼테러리즘의 대표적인 사례라고 할 수 있다. "슈퍼테러리즘," http://www.

테러리즘의 역사적·사회적·경제적 배경과 테러조직의 형태 및 그 구성원들의 특성, 테러활동의 다양한 양상으로 인해 어려움이 더욱 가중되고 있는 까닭에 테러리즘에 대한 유형분류가 쉽지 않기 때문이다. 단순한 기준으로 분류하는 것보다는 다양한 시각 또는 관점을 포함하는 복합적 기준으로 분류하는 것이 보다 더 적절할 것으로 생각된다. 따라서 여기서는 정치적 성향, 국가개입여부, 사용주체, 테러동기 등에 따른 유형을 각각 살펴보기로 한다.

정치적 성향에 따른 테러리즘은 ① 적색테러리즘, ② 백색테러리즘, ③ 흑색테러리즘으로 분류가 가능하다. 이것은 특정국가가 테러에 개입되었는지 여부 그리고 1개국 이상의 국민이나 영토가 테러에 관련되었는지 여부에 따른 분류로서 크게 ① 국내테러리즘(domestic terrorism), ② 국가테러리즘(state terrorism), ③ 국가간 테러리즘(interstate terrorism), ④ 초국가적 테러리즘(transnational terrorism) 등 4가지로 구분된다(김두현, 2006 : 58). 테러리즘의 시대로도 불리는 현대에 있어서 테러는 위로부터의 테러와 아래로부터의 테러는 물론 좌·우익 가릴 것 없이 테러가 자행되고 있다(홍증조, 2001). 사용주체에 따른 분류란 테러행위의 주체가 지배계층이냐 아니면 피지배계층이냐에 따른 분류로서 위로부터의 테러리즘과 아래로부터의 테러리즘이 바로 그것이다. 이 분류는 해커(Frederich J. Hacker) 등이 제시한 것으로 지배계층에 의한 테러가 위로부터의 테러이고 피지배계층에 의한 테러가 아래로부터의 테러이다. 그에 따르면 위로부터의 테러는 언제나 조직적이고, 아래로부터의 테러는 단독적으로 이루어질 수도 있고 다양한 집단의 협조하에 이루

---

x-file21.com/ref/new_data_view.asp?branch=51 &m_num=282&page=3 (검색일 : 2010.2.15).

어지기도 한다는 것이다(월간중앙, 1977 : 18-38). 해커(Frederich J. Hacker)는 전술한 바와 같이, 먼저 테러리즘이 권력자에 의한 테러리즘이나 피지배층에 의한 테러리즘이냐 따른 위로부터의 테러리즘과 아래로부터의 테러리즘이라는 분류 이어서 테러동기에 따라 광인형·범죄형·순교형으로 분류한 후 두 분류를 연결지어 설명해주고 있다.

테러의 공격유형은 테러의 수단과 방법을 기준으로 하여 구분해 볼 때, ① 요인암살테러, ② 인질 납치테러, ③ 자살폭탄 및 폭파테러, ④ 항공기납치 및 폭파테러, ⑤ 해상선박납치 및 폭파테러, ⑥ 사이버테러, ⑦ 대량살상무기테러 등이 있다(조영갑, 2005 : 105).

Ⅲ. 테러리즘의 전개과정

학문적인 견지에서 테러리즘이 널리 사용되게 된 유래는 1793년부터 1794년까지의 프랑스 혁명기간에서 찾을 수 있고 테러리즘은 '조직적인 폭력의 사용' 또는 공포정치와 동의어로 사용되었음을 알 수 있다. 프랑스 혁명시기의 테러리즘은 국가가 정치적 억압과 사회의 통제를 위해 사용한 수단으로 합법적인 권력을 가진 지배층에 의해 자행되는 관제테러리즘의 성격을 지니고 있었다. 많은 전문가들은 테러리즘의 기원도 프랑스 혁명에서 찾기도 하지만 '조직적인 폭력의 사용'으로 정의되는 고전적 의미의 테러리즘은 기원전 전부터 있어왔다고 할 수 있다.

테러리즘은 역사적으로 인류의 기원까지 거슬러 올라가기도 한다. 구약성서 '창세기' 제4장에 나오는 아벨을 죽인 카인을 최초의 살인자이며 테러리스트로 보는 견해도 있다. 테러리즘은 전 세계에서 역사 전체를 통해 줄곧 행해져왔다고 볼 수 있다. BC 8~7세기 중앙아시아에서 러시아 남부지방으로 이주했던 유목민족인 고대 스키타이인들은 저항하는 부족들의 피를 마시고 뼈를 갈아 바름으로써 공포를 조장했다고 한다(조순구, 2007 : 273).

하지만 전술한 바와 같이, 인류가 테러리즘이라는 용어를 보편적으로 사용하기 시작한 것은 1789년에 일어난 프랑스 혁명 직후부터이며, 로베스피에르는 프랑스 혁명기 동안 왕정복고를 꾀하는 왕당파에 대한 자코뱅당의 테러사용을 공공연히 지지하여 수많은 사람들을 단두대에서 처형한바 그의 통치기간은 공포정치시대(1793~94)라고 불린다.

19세기말 러시아의 무정부주의자들은 '테러'란 국가가 선발한 당국자들이 사람들을 칼로 찌르거나 목을 조르거나 총으로 쏴죽이는 것이라고 득의양양하게 진술하였다(이광수, 2007 : 23). 당시 19세기에는 무정부주의자들의 폭파와 아르메니아인이나 터키인들과 같은 민족주의 집단에 의한 살인·방화 등이 대표적인 테러활동이었다. 19세기 이후에는 '블랙 사이언스' 등 기독교 이단세력을 포함하여 다양한 테러단체들이 생겨났다. 무정부주의자들의 테러는 19세기 후반에는 중동과 같은 특정지역에서 서유럽과 러시아, 미국 등으로 확산되어 여러 나라에서 정치변화를 이끌어내기 위해 권력의 핵심에 있는 요인들을 암살하는 일이 빈번하게 발생하기도 했다.

20세기에 들어 테러리즘은 이념대립이 심화되면서 극우에서 극좌에 이르는 수많은 정치운동에서 공통으로 나타나는 하나의 특징으로서, 1917년 러시아 혁명 때도 혁명수행을 위해 적색테러리즘과 반동파의 백색테러리즘이 난무했다. 또한, 전 세계적인 민족해방운동의 전개에 따라 민족주의를 배경으로 하는 테러조직도 무수히 결성되었으며, 이념과 민족 문제가 다양한 관계로 얽혀 테러문제는 점점 더 복합적인 양상을 띠게 되었다. 히틀러 치하의 나치독일이나 스탈린 치하의 소련과 같은 전체주의 국가에서는 테러를 국가정책 수단으로 채택하여 적법한 절차를 거치지 않은 체포·구금·고문·처형 등을 당연시하기도 하였다(조순구, 2008 : 223-224).

하지만 현대적 의미의 테러리즘(특히 국제테러리즘)의 태동기는 1960년대라고 할 수 있다. 1964년 팔레스타인 해방기구(PLO : Palestine Liberation Organization)의 등장은 국제사회에 현대적 테러리즘의 발생을 가져왔다(조영갑, 2004 : 19). 1967년 6일 전쟁에서 이스라엘에게 패하자, 아랍인들은 물리적인 군사력으로 팔레스타인의 정치적 목적달성이 불가능하다고 인식하기 시작했고, 전면적인 무력투쟁으로는 이스라엘에 대항할 수 없으며, 세계에 팔레스타인 문제를 알리고 정치적 목적을 달성하는 유일한 방법은 테러리즘이라는 결론에 도달했던 것이다. 이에 따라 팔레스타인 사람들을 주축으로 테러리스트단체들이 조직되기 시작했고, 테러리즘을 통해 이스라엘에 대항하기 시작했다.

팔레스타인 테러리스트단체들은 가장 효과적이고도 극적인 방법의 테러리즘 유형인 항공기 납치를 자행하기 시작했다. 1968년 7월 조지 하바시(George Habasi)가 이끄는 팔레스타인 해방인민전선(PFLP) 소속의 테러리스트들이 이스라엘 항공기(El Al)를 공중 납치한 이래 1968년 한 해 동안 무려 35건의 항공기 납치를 단행했다(조영갑, 2004 : 19). 이로써 팔레스타인 해방기구의 새로운 항공테러리즘이 등장하였고, 비무장 무고한 민간인들이 주로 희생되는 참극이 연출되었다.

1970년대는 테러리즘이 전 세계적으로 확산된 시기였다. 팔레스타인 테러리스트 단체들에 의한 테러리즘이 중동지역을 중심으로 확산되면서 이들의 투쟁에 동조하는 테러리스트 단체 간에 상호 지원이 이루어지기 시작하면서 테러리즘이 전 세계적으로 확대되기 시작한 시기였기 때문이다. 1972년 5월 로드공항 학살사건, 1973년 7월 싱가포르 셀 석유저장고 습격사건, 1975년 12월 빈에서의 석유수출국기구(OPEC) 회의장 점거사건 등은 PFLF와 일본적군(Red Army), 서독의 바더 마인호프(Baader-Meinhof) 조직 등 국제테러리스트 체체들 간의 유기적인 합동작전에 의해 자행된 대표적인 사건들이다.

테러리즘이 점차 전 세계적으로 확대되자, 공격목표가 되었던 서독, 이스라엘, 미국 등은 1976년을 고비로 대응책을 강화하고, 테러리즘 관련 정보교환 등 노력을 강화하기 시작했다. 미국의 델타포스(Delta Force), 서독의 GSG-9 등 대테러리스트 특공대가 창설되어 테러리즘에 대응하기 시작한 것도 이때부터이다. 또한, 미국에서는 국제테러리즘 사건의 특징과 속성에 대한 분석을 통해 테러리즘에 체계적으로 대응하기 위해 컴퓨터를 이용한 분석프로그램을 개발하여 활용하기 시작했다(Jin-Tae Choi, 1994 : 34-35).

1980년대 테러리즘의 가장 큰 특징은 테러리즘의 발생건수가 증가하면서 규모도 보다 대형화되기 시작했다는 점이다. 동시에 1980년대에는 국가지원 테러리즘이 두드러지게 나타났다. 먼저 중동지역 회교 지하드는 이란 회교정부의 지원을 받는 시아파 과격단체로서 1983년 4월 18일 베이루트 주재 미국 대사관을 폭탄트럭으로 공격하여 미국인을 포함한 63명을 살해하면서 알려지기 시작했다. 이들은 1983년 10월 23일 레바논에 주둔하고 있는 미해병대 사령부와 프랑스군사령부를 자살폭탄트럭으로 각각 동시에 공격하여 299명의 사상자가 나게

한 다음, 1984년 9월 19일 새로 옮긴 동베이루트의 미대사관에 자살폭탄트럭으로 돌진하여, 12명이 사망하고 60명이 부상하는 등 72명의 사상자를 발생시켜 위협적인 테러그룹이 되었다(채재병, 2006 : 263).

1990년대에 들어서면서 테러리즘의 발생건수는 점진적으로 줄어들었다. 그러나 그 규모에 있어서 더욱 대형화되고, 무차별적인 양상을 보이기 시작했다. 아울러 불특정다수를 공격대상으로 하여 대량살상의 결과를 초래하는 새로운 유형의 테러리즘이 등장하기 시작했다. 그 대표적인 사례가 1995년 도쿄에서 발생한 옴진리교의 사린가스 공격사건이다. 이 사건으로 13명이 사망하고 5,000명이 부상을 당했다.

2000년대 들어서도 미국에 대한 테러 공격은 그치지 않았다. 2000년대로 들어가면서 대이라크전의 여파로 테러리즘의 발생건수가 폭발적으로 증가하기 시작했다. 2000년 수단의 예멘 항에 정박해 있던 미국 군함 USS 콜(Cole)이 자살폭탄 테러를 당해 17명의 승무원이 사망했다. 2001년에는 지금껏 유례가 없던 사상 최악의 테러가 발생했다.

2001년 9월 11일 4대의 민간 항공기가 테러리스트에 의해 납치되어 이중 2대가 뉴욕 시에 있는 세계무역센터 쌍둥이 빌딩을 각각 들이받으며 폭발해 건물이 붕괴되었고, 1대는 워싱턴에 있는 미국 국방부 건물로 돌진, 건물 남서쪽 부분이 크게 파손되었다. 나머지 1대는 펜실베이니아주 피츠버그시 인근에 추락했다. 이 테러로 항공기에 타고 있던 승객 266명을 포함해 건물과 그 인근에 있던 사람 3,025명이 사망했다. 진주만 기습공격의 피해 2,400명의 사망자를 능가한 전쟁급의 엄청난 테러사건이었다.

전대미문의 2001년 9·11테러사건은 전쟁으로 인한 희생자보다 더 많은 희생자가 발생하여 테러가 전쟁의 대체수단으로 진화하고 있다는 평가를 받기도 하고 있다. 2001년 미국에서 있었던 오사마 빈 라덴에 의한 알카에다(Al-Qaeda) 조직에 의해 자행된 9·11테러는 21세기의 새로운 전쟁형태로서 등장했고, 현대의 테러리즘은 테러의 성격과 규모면에서 국제화·대형화되어 국가에까지 새로운 위협과 위기로 다가서고 있다(채재병, 2006 : 264). 오늘날 테러는 동기, 대상, 범위, 주체, 이념 등에 따라 매우 다양하게 자행되고 있다. 이제 테러리즘은 더 이상 중동과 유럽의 몇몇 국가에 국한된 문제가 아니고 테러리즘의 안전지대는 존재하지 않을 정도로 전 세계 모든 국가들이 직면하고 있는 심각한 문제이다.

2001년 9·11테러 이후 미국이 벌이고 있는 테러와의 전쟁에도 불구하고 2004년 4월 28일 일본공안조사청이 발표한 2003년도 세계테러현황에 따르면 총 3,213건 테러가 발생했고, 이 과정에서 7,476명이 숨졌다. 이런 발생건수는 1991년 공안조사청이 테러통계를 내기 시작한 이래 최대규모이다(조영갑, 2005 : 105). 이후 우리의 국가정보원 테러정보통합센터의 자료에 의하면 2008년 8월 현재 전 세계에서 총 2,238건의 테러가 발생했고, 총 7,975명이 사망하였고, 14,648명이 부상을 입었다. 사건 수는 다소 줄었지만 사망자 수는 증가했음을 알 수 있다.

IV. 뉴테러리즘과 대테러전쟁

테러리즘은 시대에 따라 끊임없이 변화하고 있다. 1990년대 탈냉전 이후의 테러리즘은 형태에 있어서 그 이전의 테러리즘과는 다른 면을 보여주고 있다. 즉 테러리즘의 주체가 좌파단체에서 이슬람 원리주의자들의 단체로 바뀌었고 테러의 목적이 이데올로기에서 종교적·민족적 갈등에 의한 맹목적이고 잔인한 파괴주의로 변화된 것이 바로 그것이다. 특히 2001년 9·11테러는 자살폭탄공격의 변형된 형태로서 대량살상을 시도했고 대형화·국제화되었고 생물학 테러까지 병행하여 발생한 새로운 형태의 테러리즘의 공포를 전 세계에 확산시켰다(송재형, 2003 : 123).

미국은 역사상 하와이 진주만 기습에 이어 두 번째로 2001년 9월 11일 번영의 상징인 세계무역센터 빌딩과 힘의 중심인 국방부 건물이 테러에 의해 참담한 피해를 입었다(서원식, 2001 : 12). 미국의 시각에서 볼 때, 대테러전은 사실상 단순한 테러응징이나 보복전쟁이 아닌 미국역사상 또 하나의 새로운 '명백한 운명'으로 인식되고 있다(길병옥, 2003 6). 전술한 바와 같이, 미국은 2001년 9·11테러 직후 '테러와의 전쟁'을 선포하고 먼저 테러사태의 배후세력의 조직의 거점인 아프가니스탄 전쟁을 수행했고, 다음으로 대테러전의 연장선상에서 국제테러조직과의 연계와 대량살상무기의 개발의혹을 받고 있는 사담 후세인을 제거하기 위해 이라크 전쟁을 승리를 선언했지만 아직도 전쟁은 마무리되지 않고 있다(김강녕, 2004 : 32-33).

9·11테러 이후에도 이라크 전쟁의 참전국인 스페인의 수도 마드리드에서의 지난 2004년 3월 11일 열차 연쇄 폭탄사건, 이듬해인 2005년 7월 7일 런던에서의 지하철 연쇄 폭탄폭발에 의한 자살테러 등 알카에다 조직은 파병국가들을 주로 상대로 한 전략적인 테러공격을 자행한 바 있다. 그런데 이러한 사건들은 과거의 전통적인 테러리즘의 성격과는 다른 뉴테러리즘(new terrorism)의 양상을 보이고 있다(다음

표 참조). 뉴테러리즘의 특성은 다음과 같이 요약·정리해볼 수 있을 것이다.

〈표〉 전통적 테러리즘과 뉴테러리즘의 비교

구분	전통적 테러리즘	뉴테러리즘
주체	테러주체 명확	테러주체 불명확
테러목표	상징성을 구체적으로 공격	불특정 다수를 추상적 공격
테러조직	수직적 조직체계	그물망 조직체계
대응시간	협상시간 등 대처시간 충분	대처시간 절대부족
사용무기	총기, 폭발물 등	대량살상무기
공포확산 정도	보통 확산	빠르게 확산
정치적 부담 여부	테러의 소형화로 부담 약함	테러의 대형화로 부담 증대
테러리스트 교육수준	보통교육 수준	중산층 지식층 수준
조직와해 가능여부	최고지도자 제거시 가능	최고지도자 제거해도 다른 조직·인물이 그 기능대체
피해정도	피해범위가 소규모	피해범위가 대규모

참조 : 이선기, "뉴테러리즘 위협에 대한 정책적 대응방안", 『한국스포츠리서치』, 제18권 4호, 통권 제103호, p.126.

첫째, 전통적 테러는 테러목적이 정치적 이유[46]에 주로 바탕을 두었지만, 탈냉전이후에는 탈이데올로기 현상이 나오면서 테러목적이 이념적·민족적·인종적·환경적 이유 등으로 다양화되어 가고 있다. 특히 이슬람 과격단체로 대비되는 종교적 극단주의에 근거한 테러가 빈번히 발생하고 있다.

---

[46] 정치적 테러는 정치적 현상(political status quo)을 타파하고 어떠한 선거에 영향을 미친다거나 정책의 변경을 목표로 자행된다. 예를 들면 신나치그룹(Neo-Nazi Group), 일본의 적군(Red Army), 이탈리아의 붉은 여단(Red Brigades) 등을 들 수 있다. 이대우, "한반도 테러위협의 특성과 현실적 대응방안," 국무총리비상기획위원회, 『비상기획보』, 2005년 1월호, 통권 제71호, p.23.

둘째, 뉴테러리즘에 있어서는 테러의 목적이나 테러의 주체가 불분명한 양상을 보이기도 한다. 마치 대량살상 그 자체가 목적인 것으로 판단될 정도이다. 뉴테러리즘은 극단주의자들이 서방이나 미국에 대한 적대감 등 추상적인 이유를 내세워 테러를 감행하고, 공격주체를 보호하고 공포효과를 극대화하기 위해 아무것도 밝히지 않는 경우가 많다. 이는 과거의 테러리즘 주체들이 자신들의 행동임을 천명하던 것과는 큰 차이가 있다.

셋째, 테러대상도 전통적 테러리즘에서는 주로 특정 인물, 특정 건물 또는 항공기 등이었으나, 뉴테러리즘에서는 모든 민간인 혹은 기간산업으로 그 대상이 확대되어 가고 있다. 전통적 테러리즘에서 테러리스트들은 어떤 윤리적 제한범위 내에서 정교하지 않은 무기를 제한된 방법으로 비교적 적은 피해를 주기 위해 사용하였기 때문에 테러리즘은 단순한 살인사건이 아니라 적은 수의 사람을 죽임으로써 나머지 살아있는 사람들에게 어떤 믿음을 주기 위한 심리전의 한 형태라고 할 수 있었다. 즉 폭력의 사용을 통해 평판이나 선전을 획득하려는 욕구가 가장 컸다고 할 수 있다. 그러나 이러한 패턴에 큰 변화가 생겼다.

넷째, 테러수단에 있어서 전통적 테러리즘은 인질, 납치 암살, 폭탄테러 등 소규모 폭력성을 보여주었지만, 뉴테러리즘은 이러한 테러대상에 대한 무차별적인 대량살상 및 대량파괴를 자행함으로써 과거에 지니고 있던 최소한의 도덕적 정당성마저도 포기하고 있다. 뉴테러리즘은 규모면에서 과거 테러리즘과는 비교가 안 될 정도로 거대해졌다. 그리고 전술한 바와 같이, 대상에 있어서도 주로 불특정 다수의 일반대중을 목표로 하고 있으며 대량살상을 기도하고 있다. 무차별적인 인명살상을 통해 최대한의 타격을 가하려고 하기 때문에 그 피해는 엄청나다. 실제 최근에 발생한 테러사건의 양상을 보더라도 국제테러리즘은 그 대상이나 규모에 있어서 불특정 다수에 대한 무차별적인 테러가 급증하고 있다. 그리고 1970-80년대의 테러리즘은 건물이나 항공기를 폭파시켜 주로 수백 명씩 살해하는 형태였음에 비해, 그 수법도 더욱 과격하고 다양하게 발전하고 있다. 물론 민간인에 대한 무차별적인 공격은 이미 이전부터 존재했지만, 뉴테러리즘에 있어서 무차별성은 테러대상에 대한 손쉬운 확보와 파괴기술의 급격한 발달로부터 기인한다. 슈퍼테러리즘은 규모면에서 이전과 비교가 안 될 정도로 거대해졌고, 그 목적이나 주체가 불분명한 상태에서 대상에 있어서도 불특정 다수의 일반대중을 목표로 대량살상을 기도하고 있다 (조성권, 2000 : 339-346).

오늘날 이라크에 많은 테러사건이 집중되어 있어 전체적인 테러사건의 숫자가 증가한 것을 감안할 때 이 지역을 제외한다면 테러사건의 숫자는 감소했다고 볼 수도 있다. 하지만 살상 잠재력은 크게 증가하는 현상을 보여주고 있는 것이 사실이다. 이러한 테러의 수단 및 규모에 있어서 변화는 기술적 진보에 의한 결과이다. 기술의 발달이 테러의 파괴성을 더욱 강화시킨 것이다. 이것이 테러리즘의 본질을 변화시키고 있다.

다섯째, 뉴테러리즘은 사이버 공간을 이용한 사이버 테러리즘과 극단적 자살테러라는 새로운 유형을 보여주고 있으며, 대량살상무기를 포함한 가능한 모든 테러수단을 활용하려 하고 있다. 사이버 테러는 첨단통신기술을 이용해 물리적 세계가 가상의 세계로 전환되어 있는 공간을 무차별적으로 공격하는 행위를 뜻한다. 군사·항공기·철도 등 국가 기간산업의 통제시스템들을 동시다발적으로 공격하여 국가 전반을 일시에 혼란에 빠뜨릴 수 있다는 점에서 21세기형 테러리즘의 전형이라 할 수 있다. 현재 테러리즘에 있어서 변하지 않은 것은 테러리스트나 테러집단의 테러에 대한 실행의지라 할 수 있는데 테러리스트들은 이러한 의지로 극단적 자살테러를 자행하고 있다. 무릇 현대의 고도로 발달된 교통·통신수단은 국제테러리즘 발전에 큰 힘이 되었고, 무기체계의 구조적 변화는 테러분자들에 의한 협박의 효과를 높여주는 매체로서 작용하고 있다(채재병, 2006 : 267-268). 향후 과학기술의 발달과 급속한 확산으로 인해 화생무기·핵무기·방사능물질들의 테러와의 결합이 우려되고 있다. 많은 학자들은 대량살상무기가 테러의 수단으로 이용되는 슈퍼테러리즘의 가능성을 가장 우려하면서 과거보다는 훨씬 쉽게 대량살상무기를 확보할 수 있는 현대의 테러집단들이 국가안보에 큰 위협으로 다가오고 있음을 강조하고 있다.[47]

물론 그렇다고 핵무기와 같은 대량살상무기를 갖춘 테러조직들이 갑자기 대거 등장할 것으로는 보이지 않는다. 그동안 미국을 위시한 국제사회는 테러리스트들의 수중에 대량살상무기가 들어가게 될 위험성에 대해 경고하고 대비해왔으며, 아직까지 핵무기와 같은 대량살상무기를 획득한 테러조직은 확인되지 않고 있다. 하지만 그렇게 될 위험성이 여전히 남아 있다. 더욱이 최근 테러조직의 특징인 무정형적 조직에서는 정확한 정보의 수집이 어렵고 그들의 목표나 목적이 명확히 드러나지 않는 어려움이 있다. 과거 전통적 테러리즘과 마찬가지로 오늘날의 테러집단들이 살상만을 목적으로 하지 않는다는 가정도 점차 의

---

[47] 국제원자력기구에 의하면 구소련 붕괴 후인 1993년 이래 핵 밀매사건이 175건이 발생했으며, 그 중에서도 고성능의 우라늄이 포함된 사건은 8건이나 발생했다. Council on Foreign Relations, "Loose Nukes," in http://cfrterrorism.org/weapons/loosenukes.html(검색일 : 2004.12.1); 이대우(2005.1), p.24.

문시되고 있는 실정이다(채재병, 2006 : 269-270).

요컨대 뉴테러리즘은, 2001년 9·11테러에서 볼 수 있는 바와 같이, 전통적 테러리즘과는 달리 요구조건과 공격 주체를 밝히지 않고, 전쟁수준의 무차별 공격으로 피해가 상상을 초월하며, 테러조직이 그물망 조직으로 운영되고, 지능화되어 무력화가 곤란한데다 생물무기(탄저균) 등 인명피해 극대화를 위한 신종 대량 살상무기가 테러에 이용되는 등의 특징을 보여주는 테러리즘이라 할 수 있다(윤우주, 2002 : 78-79). 따라서 오늘날 한국은 물론 국제사회는 전통적 테러리즘에 더하여 뉴테러리즘으로 인한 심각한 안보위협에 대한 슬기로운 대응책이 요구된다고 할 수 있다.

V. 결론 : 전망과 대응

테러리즘은 실로 오랜 역사를 통해 자행되어 왔다. 하지만 오늘날 국제테러리즘은 이전과는 여러 가지 면에서 다른 새로운 양상을 보이고 있다. 전통적 테러리즘은 소규모의 폭력성을 가지고 자신들의 정치적 목적을 달성하려는 시도였다. 그러나 최근의 뉴테러리즘은 대규모의 폭력성을 갖고, 무차별의 대량살상을 시도하는 비이성적 행태를 보여주고 있다.

오늘날 테러리즘은 국제분쟁의 한 형태로 취급되고 있으며, 테러리즘의 성격은 그 대상이 한 개인이나 사회가 아니라 국가적 대상까지 포함하여 다양한 형태로 나타나고 있다는 데에 문제의 심각성이 있다. 이러한 현상은 테러리즘이 개인이나 사회의 범주를 넘어 국가간의 분쟁과 대리전쟁의 형태로 나타나고 있다.

이제 테러리즘에서 자유로울 수 있는 국가는 지구촌에는 존재하지 않으며, 한국의 경우도 예외가 아니다. 1990년대까지만 해도 한국에 대한 테러는 주로 북한에 의해 가해졌으며, 테러는 북한의 대남도발의 한 형태로서 간주되었다. 그러나 이른바 탈냉전의 움직임이 가시화되기 시작한 1990년대 중반 이후 한국은 북한 이외의 행위자로부터 가해지는 테러로부터도 더 이상 자유롭지 못한 입장에 놓이게 되었다. 한국 사회의 발전과 세계화(globalization)의 진행, 그리고 2000년대에 들어 가시화된 국제적 대(對)테러 연대의 출현 속에서 한국 역시 국제테러리즘의 현재적·잠재적 피해자가 되었기 때문이다. 한국은 1983년 아웅산 테러, 1987년 KAL 858기 폭파사건 등과 같은 전통적인 테러를 거쳐, 2004년 고(故) 김선일씨 피랍·살해사건, 2007년 8월 한민족복지재단 소속 선교단원 집단피랍사건 등을 거치면서 국제테러리즘이 주는 피해를 여실히 절감해왔다.

오늘날 세계 각국은 테러리즘정책의 일환으로 외교 및 국제협력, 건설적인 경제제재와 보안·정보기능의 강화와 함께 국내외적으로 테러방지를 위한 제도적 대비책 마련에 부심하고 있다. 하지만 테러리즘은 비정규전으로서 적도, 전선도, 전장도 없는바 해결책도 제도적·군사적인 것만으로는 한계가 있을 수밖에 없다. 중·장기적인 견지에서는 무엇이 테러리스트에게 분노와 좌절을 안겨주는지를 진단하여 근원적인 해법도 함께 모색해 나가야 할 것이다.

뉴테러리즘 또는 슈퍼테러리즘이라 불리는 오늘날의 국제테러리즘의 성격과 내용으로 볼 때 국제협조를 통한 공동대응은 불가피하며, 대량살상무기에 의한 전쟁 수준의 무차별 공격에 대응하기 위해서는 국가적·지역적·범세계적 공동대응이 효과적인 것이 아닐 수 없다.

과거와 비교할 수 없을 만큼 다양화된 테러위협에 대처해 나가기 위해서는 한국의 테러대응체제 역시 견고성과 융통성을 동시에 구비해 나가야 할 것이다. 「국가테러방지법」과 국가급 대테러센터의 창설과 같은 법적 제도적 장치 이외에도 각 부처 간의 원활한 역할분담을 보장할 수 있는 운용의 묘가 필요하며, 국내 및 국제적 차원의 정보공유 역시 향후 지속적인 관심을 기울여 나가야 할 것이다. 테러리즘의 예방이나 피해의 최소화, 신속한 사후처리 등을 위한 대내외적인 철저한 대응책의 강구 및 이행 그리고 이를 주도해 나갈 전문가 양성에 최선의 노력을 다해야 할 것이다.

진정한 평화는 언제나 용기 있게 준비하는 자의 몫이다. 일찍이 로마의 전략가 베게티우스(Flavius Vegetius Renatus)는 "평화를 원하거든 전쟁에 대비하라."라는 명언을 남긴 바 있다. 이제는 평화를 원하거든 테러에 대비하라는 새로운 세부준칙도 만들어 철저히 실천해야 할 때가 되었다고 할 수 있다. 테러리즘에 대한 적절한 원인진단·해법모색·대응노력이 부족할 경우, 테러분자들은 보이지 않기 때문에 근절되기 어려울 것이고, 테러와의 전쟁도 영원히 끝나지 않을 것이기 때문이다.

참고문헌

- 길병옥, "미국의 한반도전략과 북핵위기 대응책", 한국동북아학회, 『한국동북아논총』, 제27집, 2003.6.
- 김강녕, 『한반도 통일안보론』, (부산: 신지서원, 2004.8).
- 대한민국 국방부, 『2008 국방백서』, 2009.1.19.
- 대한민국 국방부, 『2006 국방백서』, 2006.12.29.
- 대한민국 국방부, 『2004 국방백서』, 2005.1.26, p.18.
- 서원식, "테러리즘과 북한의 테러전력." 21세기군사연구소, 『월간 군사세계』, 2001년 12월호.
- 송재형, "고전적 테러리즘과 비교분석을 통한 뉴테러리즘 양상에 관한 연구", 대전대학교.
- 운평어문연구소, 『국어사전』, (서울: 금성교과서, 1994.1).
- 윤우주, "한국의 대테러 대비태세와 발전방향." 「테러리즘과 문명공존」 (한국국방연구테러관련 학술회의 보고서, 2002).
- 이광수 역, Jonathan Barker 저, 『테러리즘 폭력인가 저항인가』, (서울: 이후, 2007).
- 이대우, "한반도 테러위협의 특성과 현실적 대응방안." 국무총리비상기획위원회, 『비상기획보』, 2005년 1월호, 통권 제71호.
- 이선기, "뉴테러리즘 위협에 대한 정책적 대응방안." 『한국스포츠리서치』, 제18권 4호, 통권 제103호.
- 조성권, "불법 NGO의 변화하는 속성: 국제테러 및 국제범죄를 중심으로." 한국정치학회 편, 『21세기 국제관계연구 쟁점과 과제』, (서울: 박영사, 2000).
- 조순구, 『국제관계론』, (서울: 법문사, 2009.3).
- 조순구, 『국제문제의 이해: 지구촌의 쟁점들』, (서울: 법문사, 2007.3).
- 조순구, 『국제관계와 한국』, (서울: 법문사, 2002.8).
- 조영갑, "테러가 군사전략에 미친 영향." 합동참모본부, 『합참』, 제24호, 2005.1.1.
- 조영갑, 『테러와 전쟁』, (서울: 북코리아, 2004).
- 채재병, "국제테러리즘의 변화와 지속성: 역사적 분석." 한국정치외교사학회, 『한국정치외교사논총』, 제28집 2호,, 2006.

- 최진태, "국제테러리즘의 발생현황과 한국의 대응전략," 한국군사학회, 『군사논단』, 통권 제29호, 2001년 겨울호.
- 최진태, 『테러, 테러리스트 & 테러리즘』, (서울: 대영문화사, 1997).
- 월간중앙, 프리드리히 J. 해커(Friedrich T. Hacker), 『우리시대의 테러리즘』 (『월간 중앙』, 1977년 6월호, 별책부록, 1977).
- 홍중조, "테러의 양면성," 『경남도민일보』, 2001년 11월 10일자.

- Blij, Harm de, *Why Geography Matters: Three Challenges Facing America: Climate Change, The Rise of China, and Global Terrorism* (Oxford: Oxford University Press, 2005).
- Choi, Jin Tai, *Aviation Terrorism* (London: Macmillan, 1994).
- Schmid, Allex P. and Albert J. Jongaman, *Political Terrorism: A New Guide to Actors, Authors, Concepts, Data Bases, Theories and Literature* (Amsterdam: AWIDOC, 1988).
- United States Department of State(Office of the Coordinator for Counterterrorism), *Country Reports on Terrorism 2008*, April 2008.
- U.S. Central Intelligence Agency, *Patterns of International Terrorism*, 1980.

- 국가정보원 대테러종합정보센터, "테러상식: 테러리즘," http://service3.nis.go.kr/service/data/etc.do(검색일: 2010.2.12).

디지털 시대와 국제정치
국제정치의 이해

:: 김 운 회

I. 디지털 시대의 도래

1. 창조와 파괴

디지털 사회, 사이버 정치, 사이버 민주주의, 디지털 디바이드(Digital Divide : 정보격차), 인터넷 보안 등의 말은 우리들에게 이미 익숙해진 단어들이다. 그러나 돌이켜 보면, 인터넷을 기반으로 하는 디지털 사회의 등장은 불과 10여 년 정도 밖에 되지 않았음에 우리는 놀라게 된다. 디지털 혁명으로 표현되는 현대는 모든 이에게 난해한 상황이다. 사회의 모든 분야에 걸쳐 기술 압박 요인은 점차 심화되고 있는데 우리는 이에 대한 마땅한 대책이나 나아갈 방향을 분명히 알고 있지 못한 것이 현실이다.

인터넷은 그 시작부터 보다 군사 정치적인 목적으로 구현된 네트워크에서 비롯되었다. 1990년대 초반 사회주의권이 붕괴됨에 따라서 인터넷을 포함한 많은 정보통신 기술(IT)들이 상업적으로 크게 이용되게 됨에 따라서 인류는 이전에 한 번도 경험해보지 못한 새로운 국면을 맞이하게 되었다. 즉 컴퓨터 공학(데이터 처리 공학)과 통신공학이 인터넷이라는 가상공간을 매개로 하여 결합됨으로써 전 학문 분야에 걸쳐서 패러다임의 위기상황이 도래하고 있지만 이에 대해서 학문적 대응이 거의 제대로 되고 있지 못하다.

지금까지 수많은 사람들이 인터넷의 정치와 경제에 미치는 영향에 대해 논하여 왔지만 인터넷 정치, 사이버 민주주의에 대한 학문적 체계성을 가지지는 못하고 있다. 이것은 무엇보다도 인터넷이 가진 간학문적(interdisciplinary) 특성에 비롯된 것이다. 인터넷의 도래 이후 그 어떤 지적 체계도 파편화되어서는 현실을 바로 보기 힘들다. 수백 년을 안정적으로 유지해 온 자본주의 패러다임의 구조는 아마 수 십 년을 버티지 못할 것이다. 인터넷과 정보통신 기술은 웬만한 것을 모두 파괴하고 있기 때문이다. 자본주의를 이끌어 가는 시장(market)의 하드코어(hard core)인 수요(demand) - 공급(supply) - 가격(price)의 체계도 디지털 재화(digital goods)의 등장으로 붕괴되고 있다. 이제 머지않아 기존의 경제학 이론들도 버티어 내기는 역부족일 것이다.

디지털 시대의 화두는 '퓨전'(fusion)과 '창조적 파괴'(creative destruction)이다. 여기서 말하는 이 퓨전은 하나의 수사(修辭)나 단순한 패러다임의 현상이 아니라 진리를 보다 실존적으로 접근하기 위한 학문적 태도로 전환되어야할 중요한 인식론적 토대이다. 따라서 경제학, 정치학을 포함한 그 어떤 인문·사회과학도 개별적인 학문적 영역의 시각만으로 봐서는 그 실존적인 의미를 파악하기가 어렵다. 결국 어떤 학문이든지 이용할 수 있는 모든 자원(every resource available)을 동원해야 할 시점이 도래한 것이다.

학문을 선도해야할 대학 사회에서는 디지털 혁명이 가진 난해성을 비학제적인 묵수적(墨守的) 방법론으로 수동적으로 대응하는 데 반하여, 전반적인 사회 구조나 신세대들의 의식구조는 신속하게 디지털 사회에 적응하고 있어서 향후에 파생될 급격한 사회변동을 무리 없이 소화하기에는 역부족인 상황이다. 이제 디지털 혁명의 여명(黎明)에 서서 아주 작은 부분이라도 미래에 지속적으로 전개될 디지털 사회에 대한 전체적인 체계성을 구축하고 그 영역을 파악해보려는 시도가 더 이상 늦출 수 없는 과제가 되었다.

2. 디지털 사회의 도래와 그 특성

디지털 사회에 대한 정의를 한마디로 내리기는 어렵지만 정보화 사회 혹은 지식기반사회라고 정의할 수 있다. 정보화 사회란 컴퓨터 네트워크가 완비된 사회라는 개념에서 한 발 나아가 지식 기반구조를 갖춘 사회라고 할 수 있다. 역사적으로 정보화 사회란 산업화 다음에 나타난 정보를 중심으로 운영되는 것으로 탈산업사회라는 말로도 불리어 진다. 전통적인 농업과 공업이 중심이 되는 사회에서는 가치 생산에 있어서 물질과 에너지가 가장 중요한 자원이었으나 정보화 사회에서는 정보나 지식이 가장 중요한 자원이 되고 산업구조도 제조업 중심에서 지식산업으로 변화되어간다. 정보화 사회를 가장 먼저 언급한 사람은 벨(Bell)이다.[48] 미국의 문명비평가 앨빈 토플러도 『제3의

---

[48] 벨은 자신의 저서 『The Coming of the Post Industrial Society』에서 산업사회와 탈산업사회를 비교하였는데, ① 산업사회에서는 제조업 중심의 기계공학인 반면, 탈산업사회(脫産業社會)에서는 지식공학이고 ② 생산요소의 측면에서도 산업사회는 자본과 노동이라면 탈산업사회는 정보와 지식이 되며, ③ 산업사회에서는 노동가치에 의해 경제원칙이 지배되는 반면, 탈산업사회에서는 정보가치에 의해 경제원칙이 지배된다고 주장하였다.

물결(The Third Wave)』에서 정보혁명을 역사적으로 조망하여 두 개의 대변혁 즉 농업혁명과 산업혁명을 대비시키고, 이 제 3의 물결이 고도의 과학기술에 의해 반산업주의(反産業主義)의 특성을 가지면서 인류 역사상 처음으로 인간성이 넘치는 문명을 만들어내는 파도가 될 가능성이 크다고 긍정적으로 21세기를 전망하였다.

디지털 사회의 가장 큰 변화 가운데 하나는 사이버공간(Cyber Space)의 등장이다. 사이버공간의 발견은 무한한 신대륙의 발견에 비유될 수 있다. 사이버공간은 시간과 공간의 제한을 받지 않으며, 사이버공간 위에 건설되는 사회가 인터넷 사회이며 21세기에는 인터넷 사회를 선점하는 국가가 선진국이 될 것이다.

디지털 사회는 연구자의 입장이나 전공분야에 따라서 논의하는 사람의 수만큼이나 다양할 것이다. 어느 시기에도 변혁의 시기에는 같은 현상이 나타나겠지만, 디지털 사회는 이전과는 달리 사회구성원들에게 그 변화에 신속하게 적응하도록 강요하는 성격을 띠고 있다. 즉 디지털 사회의 도래 이후 인간은 단순히 언어적 문맹(文盲)을 넘어서 인터넷 또는 디지털 문맹을 극복해야 하는 과제를 안게 되었다. 그동안 인간의 미래 모습들은 여러 학자들에 의해 논의되어 왔지만 그 가운데서 비교적 현실성이 강한 논의로 프랜시스 케언크로스(Frances Cairncross)의 견해를 들 수 있다. 프랜시스 케언크로스는 디지털 사회의 도래에 따른 거리의 소멸(Death Of Distance)로 인하여 위치나 규모가 문제되지 않으며, 활동범위도 글로벌화 되면서도 공급은 지역화되는 현상을 바탕으로 디지털 사회의 특징이 다음과 같이 나타난다고 지적하였다(Frances Cairncross, 1998).

즉 프랜시스 케언크로스는 디지털 사회가 가지는 특성을 큰 범주에서 ① 집과 사무실의 변화, ② 정부역할의 변화(단속에서 자기통제로), ③ 도시의 새로운 탄생(고용 중심지에서 오락 및 문화 중심지로), ④ 영어(English)의 발흥, ⑤ 직업의 불안정성, ⑥ 문화공동체 등의 6가지를 논의하였다. 그러나 이 견해는 비교적 낙관적인 견해이기 때문에 향후 많은 검토와 관찰이 필요하다.

3. 디지털 시대의 국가

디지털 사회는 프랜시스 케언크로스의 지적과 같은 주요한 특성을 가지면서도 그 내부에는 보다 본질적인 요소를 감추고 있다.

무엇보다도 디지털 사회는 지식기반 경제를 가진 사회라는 점이다. 디지털 시대에 나타나는 가장 큰 특징은 '지식'(knowledge)의 생산요소화 현상이다. 예를 들면, 지식 노동자인 빌게이츠가 최대 재벌로 부상한 것은 이 같은 특성을 그대로 반영한 것이다. 생산요소로서의 지식이 가지는 특성으로는 ① 눈덩이 효과(Snowball effect), ② 수확체증의 효과, ③ 공공재적 성격(비경합성, 비배제성)에 따른 외부경제효과 등을 지적할 수 있다. 따라서 현대 디지털 사회의 국가는 지식에 대한 관리 기능을 가지지 않으면 안 되게 되었다.

다음으로 디지털 사회는 정보통신기술(IT)의 국가발전 기여도가 증가하는 구조를 가지고 있다. 디지털 혁명의 본질은 기술발전이고 그 기술발전은 실은 광대한 공학영역과 인문·사회과학 영역의 통합현상이 인터넷을 중심으로 나타난 결과이다. 국가의 입장에서 본다면, 정보통신기술은 이제 선택의 문제가 아닌 필수가 된 시점이다. 여기서 말하는 정보통신(IT) 산업이란 PC, 프린터, 광저장장치, 패키지 소프트웨어, 시스템 통합사업 등으로 대변되는 컴퓨터 및 정보통신산업을 말한다.

디지털 시대의 국가에 대해서는 많은 논의가 있지만 디지털 혁명이 진행되고 있는 상황에서 국가의 의미를 제대로 파악하기에는 역부족으로 보인다. 무엇보다도 먼저 '디지털 국가의 패러독스'(Paradox Of Digital State)가 존재한다. 즉 디지털 사회에서는 정보통신산업의 고도화로 인하여 국가는 국민들에 대한 통제가 쉽기 때문에 국민에 대한 통제가 강화될 수도 있지만, 정보통신망의 정비로 인하여 국가 개입의 명분은 지속적으로 약화된다.

앞으로 '디지털 국가의 패러독스'는 장기적으로 정치 현안의 핵심 화두(mantra)가 될 것이다. 디지털 시대의 국가는 극단적인 자유방임형의 야경국가나 철저한 정보통제사회의 두 극단사이에서 적절한 조합의 형태로 나아갈 가능성이 있다. 즉 디지털 사회에서는 대부분의 정부기능이 정보화되므로 정부의 고용 인력이 축소될 수밖에 없기 때문에 세금을 많이 거둬들이기가 어려워진다. 따라서 디지털 사회에서도 산업시대의 정부와 같은 행태로 운영이 될 경우, 국민의 조세저항도 심해질 것이고, 조세는 지속적으로 줄어들 것이기 때문에 정부는 '작은 정부'(small government)로 나아가야 하지만 국가는 최고 권위를 유지하기 위한 방안들을 새로이 모색할 가능성이 크다.

이 과정에서 두 가지의 행태가 나타날 수 있다. 하나는 국가의 권위를 축소하여 권력을 개인으로 하향 이동시켜 민주주의를 강화시키는 경우, 다른 하나는 익명성과 세계성의 강화로 인한 '디지털 아나키즘'을 방지하기 위해 국가 기능이 더욱 강화되는 경우이다. 여기에는 현실적으로 세계적인 기술 전쟁에서 우위를 점해야 하는 국민적 목표도 같이 고려될 수 있을 것이다.

클린턴 행정부 당시 부통령이었던 앨 고어는 통신기술의 이용에 대해 '민주주의의 새로운 아테네 시대를 구축하는 것'이라고 하여 디지털 시대의 정치에 대하여 긍정론을 펴기도 했지만, 현실적으로 전혀 그렇지가 않다. 산업시대에서 나타난 각종 격차에 더하여 디지털 시대에는 도시-농어촌(산촌), 남자-여자, 청년-장년, 빈국(貧國)-부국(富國) 등에 있어서 심각한 정보 격차 즉 디지털 격차(Digital Divide)가 나타나고 있기 때문이다.

디지털 사회의 특성이 비교적 빨리 나타나고 있는 한국의 경우와 같이, 디지털 시대의 정치에서는 디지털 아나키즘의 역작용이 심각하게 나타날 가능성도 있다. 즉 인터넷을 중심으로 한 신종 도편 추방제(오스트라시즘)의 출현 가능성이라든가, 성의 상품화에 따른 문제점, 정보독점화 현상, IT 기술의 특성에 따른 극심한 빈부격차의 발생, 해커들의 사회 지배현상, 일부 국가(현재로서는 미국)의 세계적 헤게모니의 장악 등이 나타날 수도 있다.

동서고금을 막론하고 세계는 치열한 국가적인 경쟁과 협력을 모색한다. 특히 디지털 혁명의 본질은 기술 발전이기 때문에 각국은 신기술의 개발과 표준화에 총력을 기울이고 있다. 왜냐하면 디지털 시대에서는 신기술이 바로 기술표준이 될 수 있기 때문에 기술표준의 획득은 바로 국제 시장의 독점으로 이어지게 된다. 이 과정에서 국내 네트워크가 약화되기 때문에 보안문제가 심각하게 대두될 수가 있다. 궁극적으로 디지털 시대에서 나타나는 극심한 기술경쟁은 이전의 강력한 근대 민족국가(民族國家)적인 환경을 약화시킬 것이다. 뿐만 아니라 이전의 이데올로기적인 대립의 우위를 지키기 위해 존재하던 많은 국가적인 정보망이 기술지향성을 가지게 된다. 이것은 또 다른 형태의 정보전쟁을 초래할 가능성이 있다.

미국은 우루과이라운드(UR) 이후 본격적으로 디지털 정부의 방향을 잡았으며, 1990년대 중반부터 디지털 혁명기에 들어섰고 적어도 2008년 경제위기 이전까지는 디지털 경제(Digital Economy)를 바탕으로 고도성장을 구가하였다. 일본과 유럽은 1990년대 후반에야 디지털을 21세기의 성장원동력으로 인식하고 미국 따라잡기에 착수하였다. 결국 현재 나타나는 디지털 경쟁은 선두주자인 미국을 일본과 유럽이 뒤쫓는 양상을 띠고 있다. EU는「eEurope」프로젝트를 1999년 12월 발표하였고, 주요 추진과제로 유럽인들을 모두 인터넷으로 연결하고 이를 위한 전면적인 정보화 정책을 시행한다는 것이다. 1998년 12월 영국 정부는『국가경쟁력백서』에 디지털 시대 국가경쟁력을 강화하기 위한 정부와 민간의 역할을 명시하였다. 독일 정부는 인터넷 확대 등을 통해 2005년까지 유럽 최고의 디지털국가로 부상한다는 국가비전을 수립하였다. 민간 주도의 미국과는 달리, 일본은 통산성, 우정성, 대장성 및 법무성 등 정부가 중심이 되어 추진하고 있다.

미국은 디지털 혁명을 통해 약화되어가는 세계국가로서의 지위를 회복하려고 하였고, 이는 상당한 성과를 거둔 것으로 평가된다. 미국이 디지털 혁명을 선도한 이유는 ① 군사적 목적에서 개발된 풍부한 첨단기술[49], ② 우수한 인적자원의 확보(「두뇌의 용광로」)[50], ③ 우수한 사회적 인프라 등을 지적할 수 있다.

---

[49] 예를 들면, 1969년 미 국방성은 핵공격에 대비해 알파넷(ARPA-NET)을 개발하였는데 이것이 바로 인터넷의 전신이었다.
[50] 미국을 주요 무대로 탁월한 외국인들이 디지털기술 발전에 결정적으로 기여하였다. (어떤 의미에서 원자탄 개발과 인터넷 개발은 서로 유사하다) 예들 들면, 유럽 미립자 물리연구소(CERN)의 영국인 과학자(팀 버너스 리)가 월드와이드웹(WWW)을 미국에서 개발하였다.

Ⅱ. 패러다임의 위기

1. 패러다임의 위기 대두

　디지털 사회의 경제적 기반에 대하여 '신경제'(New Economy) 혹은 '메타-자본주의'(Meta-Capitalism), '디지털경제'(Digital Economy) 등 다양한 용어가 사용되고 있지만, 아직도 하나의 패러다임으로 수렴되지는 않고 있다. 디지털 시대의 정치경제는 기술압박요인이 워낙 강하기 때문에 학문적 접근이 어려워 개념적으로 접근하기가 현재로는 매우 어려운 상태이다. 현재 디지털 사회의 정치경제에 대한 학문적 접근 수준은 매우 일천하여 지금까지 나타나고 있는 현상을 다만 묘사(描寫)하는 수준에 그치고 있다.

　지금부터 3백여 년 전 서유럽에서부터 공업혁명·동력혁명·교통혁명·농업혁명·통신혁명 등이 동시에 광범위하게 일어났는데 그 복잡한 현상들이 산업혁명과 자본주의로 요약되었다. '자본'(Capital)은 '상품화된 화폐'(Money as Commodity)를 말하는데 이 용어가 그 시대 전반을 포괄하는 패러다임을 구성하는 키워드(key word)가 되었다.

　많은 사회적 저항 속에서 발흥한 서유럽의 자본주의는 금융 자본주의로 나아가더니 금융공학(financial engineering)의 발전으로 더욱 극단으로 치달아 패러다임의 심각한 위기를 초래하였다. 2009년 미국의 금융위기는 기존의 패러다임이 도달할 수밖에 없는 당연한 귀결이었다. 문제는 자본주의의 '안티테제'(Anti-thesis) 또는 '진테제'(Syn-thesis)는 '디지털주의'(Digitalism)인가하는 문제로 요약될 수 있다.

　다만 디지털(Digital)이라는 개념보다는 아날로그(Analog)가 보다 실존적(實存的)이고 '물자체'(物自體 : thing itself)에 가까운 개념인데도 오히려 디지털 개념이 존재를 보다 명쾌히 설명하고 이해하는 개념으로 널리 인식되고 있다. 이 같은 현상은 인간의 인식(recognition)과 인식 도구의 한계에서 비롯되었지만, 이 한계 또한 영원한 미해결의 과제로 남을 것이다. 인간이 사물을 이해하고 인식하는 방법은 결국 인간의 인식 방식과 인식 도구에 종속적(dependent)이기 때문이다.

기존 패러다임들은 '본질적'(essential) 한계 상황을 더욱 철저히 반영하고 있다. 실제로 '표현양식'(expression mode)은 '존재양식'(existence mode)의 반영(reflection)에 불과한데도 '표현양식'을 '존재양식'으로 착각하는 것이 오랜 학문적인 관행(慣行)이었는데 이 과정에서 별 다른 지적(知的) 대비(對備)도 없이, 이전과는 비교할 수도 없는 파괴적인 특성을 가진 디지털 시대가 도래한 것이다.

즉 이전의 패러다임들은 어노멀리(Anomaly)가 편린(片鱗)으로 나타나는 형태였다면, 디지털 시대는 보다 구조화되고 강력한 어노멀리(Anomaly)가 태풍처럼 밀려오고 있다. 1990년 중반 본격적으로 도래한 디지털 사회에서는 패러다임의 위기 국면에서 일반적으로 편린처럼 나타나던 기존 패러다임에 대한 어노멀리(Anomaly)가 아니라 패러다임 전체가 전환되는 현상이 나타난 것이다.

그럼에도 불구하고 인류 앞에 펼쳐질 디지털 사회는 이제 겨우 시작에 불과하다. 각 나라들은 치열한 기술경쟁 속에서 ① 디지털 인프라의 구축 → ② 정보고속도로 → ③ 디지털 애플리케이션 → ④ 디지털 패러다임의 구축 등의 과정을 비교적 빨리 달성하지 않으면 안 되는 부담을 안게 되었다. 이와 같이 디지털 시대가 도래함으로써 사회과학적 방법론의 근본적 변혁이 불가피하게 되었다. 디지털 시대는 시장이 새로이 형성되고 매우 유동적인 상태로 존재하기 때문에 사회적 기반이 되는 정치경제 패러다임의 수렴(Convergence)이 난해하게 된다. 다양한 예측 기법들의 존재에도 불구하고 경험적으로 축적된 사례들이 아직은 빈약하다.

　디지털 혁명도 일정한 기간이 지나면 예측 가능한 수준에 도달하면서 다시 새로운 정상 패러다임이 구축되고 사회 과학자들의 충성을 확보할 수도 있다. 그러나 함수적으로 분석되는 기존의 계량적 기법들은 현재까지의 정보를 바탕으로 하는 것이고 미래의 기술적 변화를 변수로 투입할 수가 없기 때문에 당분간은 상당한 한계 속에서 진행될 것이다. 함수적으로 분석하려는 시도가 현실적 유용성이 없다는 것은 디지털 혁명에 대한 지나친 기대감이 팽배해 있는 상황에서 사회심리적인 요소를 모두 분석도구에 포함시키는 것은 현재의 방법론은 불가능하기 때문이기도 하다. 결국 디지털 시대에 대한 분석과 예측에 있어서 완전히 새로운 분석의 방법론이 도입되거나 그렇지 않으면 과거에 무시되었던 방법론(가령 '갈통의 문제'로 대변되는 확산이론 등)이 새로이 연구되어야 할 시점이다.

　나아가 기존의 과학개념이 가진 본질적인 요소들이 과연 디지털 시대에서도 적용될 수 있는지를 검토하는 작업들도 있어야 한다. 이러한 관점에서 디지털 패러다임의 구축 가능성에 대한 연구는 시급한 사회과학적 과제가 되고 있다. 문제는 디지털 사회가 이미 상당한 부분에서 착근(着根)하고 있는데, 그것을 분석할 범주나 패러다임을 구축할 방법론이 없다는 것이다. 다시 말해서 상식적인 범주에서 인터넷이나 각종 정보시스템들이 난무하는 상황에서 그 많은 활용도에 비하여 그것이 가진 과학적인 정합성의 탐구나 과학적인 모델 구축이 제대로 되고 있지 못하다. 어떤 의미에서 현대의 사회과학은 현상에 대한 순

서적 나열과 묘사(描寫)에 그치는 형편이다.

과학적 지식이란 연구와 실험을 거쳐 그 타당성을 인정받아야하고 또 연구와 실험이 반복 가능함과 동시에 반박의 가능성도 증대해야하는 것이며 결과적으로 기존의 지식을 확대할 수 있는 에너지와 과거의 이론을 대체하는 새로운 사고나 패러다임(paradigm)을 바탕으로 발전 방향을 모색·제시한다는 점에서 비과학(非科學)과는 '차별성'을 가지고 있다. 그런데 디지털 사회의 정치경제나 국제정치경제는 관련 기술이 아직은 유동적이어서 일반화하거나 공식화시키기에는 매우 어려운 상태라는 점, 새로운 신개념들이 검정도 없이 만들어지고 있으므로 일관된 분석을 매우 어렵게 하고 있다는 점, 디지털 사회는 여러 가지의 분야가 복합적으로 통합되어 있기 때문에 학제적인 분석이 불가피한데도 불구하고 영역 간의 상이성(相異性)이 매우 크기 때문에 과학적 진술로서의 고도로 추상적인 개념의 형성이 매우 어려운 난점을 가지고 있다는 점 등으로 인하여 디지털 사회의 분석에는 상당한 기간 동안 상식(common sense)의 범주에 머무를 위험성이 있다.

패러다임(paradigm)은 여러 가지 다양하고 무관한 듯이 보이는 관념 속에 내재한 일정한 법칙성 혹은 규칙성을 이루는 하나의 질서체계(시스템 체계) 혹은 그 구조적인 틀 또는 연쇄계열(連鎖系列) 등을 말한다. 나아가 패러다임은 어떤 과학자 사회(scientific community)의 구성원들이 함께 갖는 믿음 가치 기법도 포함한다. 간단히 요약하면, 패러다임은 이론적인 테두리로서 어떤 과학학파에 정합성을 주는 모델이다.51) 따

---

51) 대저(大著) 『과학혁명의 구조』(1962)에서 토마스 쿤(Thomas Kuhn : 1922~1996)은 가치중립성이나 중립적 관찰을 표방하는 논리경험주의의 입장을 반박하고 과학적 탐구도 공동체적인 활동에 지나지 않으며, 소위 과학활동도 '정상과학'과 '과학혁명'으로 구분하였다. 쿤은 '정상과학'이란 동일한 패러다임을 공유하는 과학자들의 공동체

라서 과학적 탐구활동은 일정한 패러다임의 통제 하에서만 이루어질 수밖에 없는 것이다. 마르크스나 토마스쿤은 패러다임의 교체가 단절적이고 불연속적으로 진행되어 혁명적이고 드라마틱하게 진행된다고 지적하였다는 점에서 의견의 일치를 보고 있다.

현재의 디지털 혁명은 마르크스나 쿤의 지적과 같이 불연속적으로 진행되기 때문에 기존의 분석방식을 뛰어 넘는 방법론을 추구할 필요가 있다.

2. 패러다임의 역사적 전개과정

근세 이후 패러다임의 포괄적 변화에 대한 연구는 마르크스(Marx)와 그의 계승자들에 의하여 주로 행하여져 왔다. 그러나 1990년대 사회주의가 몰락하자 마르크스주의자들에 의한 패러다임에 대한 연구는 퇴조하기 시작하였다. 이와는 대조적으로 非마르크스주의자들이나 미래학자들에 의해 기술의 변화와 패러다임의 변화와의 연관성(聯關性)을 탐구하는 노력은 부단히 이루어졌다.

계급투쟁을 사회변혁의 동인으로만 이해하는 일반적인 인식과는 달리 실제로 마르크스는 기술력의 변화가 전체 산업뿐만 아니라 상부구조 전체에 변화를 가하게 된다는 점을 강조하였다. 따라서 그는 자신의 분석을 과학적이라고 한 것이다.

이런 관점에서 본다면, 마르크스의 패러다임의 계승자는 레닌을 중심으로 한 공산주의 이론가나 네오마르크스주의자들(Neo-Marxists)만이 아니다. 토마스 쿤은 물론이고 테일러(Taylor), 포드(Fordism), 포스

가 수행하는 과학적 탐구활동이며, 여기서 패러다임은 기호적 일반화, 모형가치, 범례화(examplar)라고 부르는 이질적 요소의 복합체라는 것이다.

트포디즘(Post Fordism)의 이론가들 등도 마르크스의 계승자라고도 할 수 있다. 다만 이들은 임상적인 결과물(empirical data)의 변화에 따른 현실분석과 그 대응방안에 대한 논의가 주된 과제였을 뿐이다.

기술적인 변화가 전사회적인 변화('사회적 실존이나 존재')를 촉매한다는 것을 가장 먼저 지적한 사람은 마르크스이다. 헤겔의 변증법을 토대로 하여 성립된 마르크스의 패러다임은 사적 유물론(유물사관, 역사의 경제적 해석)을 기반으로 한다. 마르크스는 자신의 패러다임의 요소로서, 생산력(production force), 생산관계(production relationship) 및 생산양식(production mode) 등의 개념들을 도입하였다. 마르크스에 따르면, 사회관념, 사회개념, 태도 등은 느리게 변화하는데 반해서 생산력은 끊임없이 발전한다. 여기에서 '새로운 생산력과 낡은 생산관계' 사이의 모순을 낳아서 낡은 생산관계는 새로운 생산력의 요구에 적응함으로써, 생산력과 생산관계는 필연적으로 일치한다. 나아가 새로운 생산관계는 필연적으로 낡은 상부구조와의 모순을 낳아서 상부구조가 최종적으로 경제적 하부구조와 일치하게 된다.

디지털 시대의 패러다임 분석과 관련하여 마르크스의 논리와 그 이후의 많은 네오 마르크스주의자들의 견해는 매우 유용하지만 그들의 패러다임의 변화 과정이 동학적이기는 하나 지나치게 과정적(過程的)이어서 디지털 패러다임이 가진 실존성을 반영하기는 어렵다. 즉 디지털 패러다임의 해명은 마르크스주의나 네오 마르크스주의가 가진 패러다임의 주요 동력인 변증법을 넘어서, 고도의 입체적이고 다차원적, 실존적 개념의 변화의 논리가 필요하다. 무엇보다도 디지털 시대의 사회과학은 전체 사회과학적 통합은 물론 전자공학-컴퓨터공학-통신공학의 접점에서 형성되어진 인터넷을 그 인프라로 하고 있으며, 인터넷은 인문 사회과학을 매우 포괄적으로 통합해가고 있기 때문이다. 디지털 패러다임의 복잡성은 기존의 최고 수준의 마르크스적인 통합성, 복합성, 정치성(精緻性)도 극복하기 힘든 요소를 가지고 있다.

아이러니하지만 디지털 시대는 그 기술적 기반은 정보통신기술인 듯이 보이지만 그 실질적인 내용을 보면, 1980년대 미국을 중심으로 대두한 신자유주의(新自由主義)가 선도 이데올로기(leading ideology)였다. 디지털 시대의 인프라스트럭처인 개방형 프로토콜에 기반한 인터넷은 궁극적으로 세계시장을 겨냥한 것이며, 이것은 헤게모니의 회복을 염원하는 미국의 입장을 반영하고 있었다.

1970년대 이후 이중적자(twin deficits)에 시달리던 미국이 현상타파를 위해 한편으로는 무역질서에 있어서 '일방주의적 접근'을 표방하고, 신자유주의를 강화하는 과정에서 인터넷은 미국의 강력한 무기가 되는 것은 당연하였다. 미국은 실질적으로 세계경찰의 역할을 수행하면서 많은 회수하기 힘든 투자비용을 가지고 있었다. 그런데 1990년대 초 사회주의권의 몰락은 미국으로 하여금 이 같은 비용부담을 덜어주었고, 기존의 많은 투자비용이 소요되었던 국방산업이 산업적 이익 발생이라는 큰 기회를 제공한 것이다. 따라서 디지털 시대의 대두는 미국의 헤게모니 회복과도 밀접한 관련을 가지고 있으며, 미국을 떠나서 디지털 시대의 구체적인 모습을 파악하는 것은 불가능하다. 미국은 간전기(inter-war period) 이후 자본주의의 선도국 역할을 수행해왔고, 마르크스주의의 패러다임을 분쇄하는 대항적 패러다임의 산실이었고, 이것은 미국을 중심으로 한 세계 자본주의 경제를 굳건히 수호하려는 의지의 표현이기도 하였다.

세계대전과 같이 국제경제질서가 무질서하게 된 원인에 대하여 프레드블락(Fred Block)은 '국민자본주의(national capitalism)의 대두'를 들었다. 과도하게 '국민적인 범주에 천착(穿鑿)하는 자본주의가 세계대전의 원인이었으므로 미국이 냉전체제를 구성한 것은 사회주의의 위협을 막으려는 것보다는 오히려 '세계자본주의'를 견고하게 지키기 위해서 '국민자본주의'의 발생을 사전에 차단하기 위한 것이라고 지적하였다(Block, 1977 : 10). 이 같은 맥락에서 보면 전후 미국은 끊임없이 세계화와 '신자유주의'의 논리를 전개해왔음을 알 수가 있는데, 1970년대 중반까지도 미국은 이데올로기적으로 미성숙했으며, 세계를 경륜할 만한 국가적 덕성을 가질 수가 없었던 것이다. 미국이 개입한 수많은 전쟁은 세계적인 반발을 초래하였으며 그 근본적인 이유는 자본의 논리뿐만 아니라 세계사적인 인식이 부족했기 때문이었다. 전후 미국이 어느 곳에서든 군사전(military war)에서는 승리할 수가 있었겠지만 정치전(political war)에서 제대로 승리한 경우는 거의 없었다. 베트남전쟁은 정치전의 패배가 군사전의 패배까지 몰고 간 대표적인 경우였다. 오일쇼크, 베트남전쟁의 패전, 금-달러체제의 붕괴, 무역적자, 재정적자, 도덕성 붕괴, 1970~80년대 초반까지 미국을 최악으로 몰고 간 여러 상황들을 극복하는 방편으로 80년대의 미국은 다소 어설픈 방식이지만 람보 스타일 자유주의(自由主義)의 전파에 적극 나서게 된 것이다. 미국은 더 이상 기다릴만한 여유가 없었던 것이다.

그러나 미국은 이미 테일러주의(Taylorism)와 포디즘(Fordism)으로 세계경제를 미국화(Americanization)했던 값진 경험들을 가지고 있었고, 케인즈 경제정책의 모범적인 전형이기도 하였다. 레닌(Lenin) 조차도 테일러주의(Taylorism)를 소비에트(Soviet)를 강화하는 수단으로 간주하였다. 테일러주의(Taylorism)의 주요 체제가 '경영의 과학화'라면,

포디즘(Fordism)은 '동시관리' 및 '생산 표준화'에 의한 대량생산(mass production)을 추구하는 것이다. 포드는 대량생산을 통해 생산단가를 떨어뜨리고 그 수익을 통해 고임금을 보장함으로서 모두에 이익이 되는 사회를 추구한 것이었다. 포디즘(Fordism)은 일종의 '경영 유토피아 건설'로 자본주의의 문제를 그 특성을 최대로 살려서 자본주의의 최대 문제인 계급 갈등의 문제를 해결하려 하였다. 마르크스식으로 말하면, 포디즘은 '적대적 성격'의 자본주의의 모순을 '비적대화'(非敵對化)하여 '실현'을 통해 해결하려는 중요한 시도였다. 독일의 히틀러가 헨리 포드를 숭배하여 실물크기의 초상화를 자신의 집무실에 걸어둔 것도 같은 맥락으로 이해될 수 있다. 사회주의 패러다임이 자본주의의 패러다임을 극복하기가 힘들었다는 사실이 1990년대에 이르러 증명되었다.

포디즘의 황금기를 거치면서 세계는 다시 유효수요 관리에 허점이 드러나기 시작했고, 그 정점은 미국의 베트남전쟁과 '위대한 사회'(Great Society)' 건설 프로젝트였다. 포디즘의 쇠퇴 이면에는 대량 생산체제가 보다 지양(止揚)된 형태의 '수공업(Craft method) 생산체제'의 부활이 있었다는 세이블과 피오레의 지적(Sable & Piore, 1994)은 고려해 볼만하다. 어느 시대나 불확실성(uncertainty)이라는 정치·경제의 위기는 있기 마련이지만, 현대의 사회의 위기나 불확실성이 새로운 형태로 진입하고 있다는 데에 주목한 세이블과 피오레는 기술의 변화와 발전을 이론적 '패러다임'으로 구성하고 대량생산체제의 확립을 제1차 산업분화로 부르고 다시 이 대량생산체제의 붕괴이후에 나타나는 보다 유연(flexible)하고 특성화(specialized)된 '수공업적 생산체제'(Craft system)의 등장을 제2차 산업분화(Second Industrial Divide)로 명명하였다. 그들은 대량생산 체제하에서도 견고하게 유지되는 수공업(Craft) 생산체제를 보면서 이것이 대량생산체제를 보완하는 기능을 하기도 하는 '보완구조'로서 파악하여 산업적 이원구조(Industrial Dualism)의 이론적 타당성을 검정하고(Sable & Piore, 1994 : 49), 그것이 후기 포디즘(Post Fordism) 하에서 선진국들을 중심으로 부활하고 있음을 지적하였던 것이다.

따라서 '노동의 세계적인 분업화'나 소비행태의 변화, 국민 자본주의의 약화 등으로 인하여 새로운 형태의 패러다임이 일시적으로 대두하여 세계는 소위 '포스트포디즘(Post Fordism) 시대'에 접어들었다. 포스트포디즘(Post Fordism) 시대의 특징은 고급기술자에 의한 생산의 유연성(Flexibility), 새로운 노동관계, 생산성 추구의 지양(止揚), 대량생산자들의 쇠퇴 및 구조조정(Restructuring), 세계화(Globalization), 소비행태의 변화에 따른 시장의 단편화(fragmentation) 등을 들 수가 있다(Ash Amin e.d., 1994 : 251~312).

이후 세계는 다시 신자유주의나 포스트모더니즘과 같은 이데올로기의 등장을 목격하게 된다. 그러나 이 또한 미국의 세계체제 수호자로서의 역할을 재정립하기 위한 하나의 방법론적 모색의 과정의 하나로 볼 수도 있다. 즉 전후 20년간 절대 우위의 국력을 바탕으로 한 미국 중심의 세계 질서가 흔들리고 미국의 헤게모니가 상대적 우위상태에 돌입하면서 '상대적 우위'가 최고조로 발현될 수 있는 체제가 바로 '신자유주의의 논리'였던 것이다. 미국은 이러한 논리를 바탕으로 유럽에 비해 허약했던 이데올로기에 현실적으로 나타나는 사회 경제적인 변화를 적절히 조합함으로서 미국의 이데올로기를 '불확실성 시대'의 새로운 사회사상으로 탈바꿈시킬 수가 있었던 것이다. 미국은 산업적인 변화의 측면을 강조함으로써 미국식 자유주의('신자유주의') 전파는 불가피한 시대적인 추세임을 보이는데 총력을 기울였다.

세계는 한편으로는 신자유주의의 논리와 다른 한편에서는 포스트모더니즘(Post Modernism)의 이데올로기에 일시적인 은둔하는 경향을 보이기도 했다. 포스트모더니즘은 절대적인 이데올로기나 패러다임을 거부하면서 보다 '실존적'이며 집단보다는 개인에 관심을 가지고 '논리의 다양성'을 요구하였다. 포스트모더니즘은 깨질 수 있는 법칙이나 이론으로 '존재'에 접근하려는 일체의 시도를 배격하고, 자연법칙조차 '불확정성의 원리'에 의해 부정되어지면서 나타나는 '허무주의'를 벗어나 새로운 방법론을 모색하는 중요한 시도이다. 포스트모더니즘은 혼돈을 오히려 '도구'로 인식하면서 시·공간조차 부정할 수 있는 '과감성'을 가지고 있다. 덧붙여 중추 산업이 중화학공업으로부터 서비스산업과 정보산업으로 전이되는 과정에서 이전의 모든 계급이론들이 적용되지 못하는 사회가 대두하게 되었다는 '포스트 인더스트리즘'(Post Industrism)의 등장도 주목할 필요가 있다.

1970년대에서 1990년대까지 미국의 몰락과 그 과정에서 나타난 여러 형태의 패러다임의 모색은 기존의 자본주의를 기반으로 하는 패러다임이 지속적으로 변화를 거듭할 뿐만 아니라 보다 근본적인 패러다임의 변형이 불가피함을 보여주고 있다. 따라서 자본주의의 존재양식이 전혀 다르게 성장·변화하는데도 불구하고 패러다임의 변화는 이에 대응하지 못하고 있음이 지속적으로 지적되고 있었던 것인데 이 점을 래쉬와 우라이(Lash & Urry, 1987)는 명쾌히 지적하였다. 즉 이전의 잘 '조직화된 자본주의'(Organized Capitalism)가 더 이상 생존하기 곤란한 상태가 되었다는 것이다. 래쉬와 우라이는 이러한 현대의 특징을 ① 자본의 효과적인 분산 ② 화이트칼라(White-collar) 및 서비스 계층(Service class)의 증가로 더 이상 계급 정치학(class politics)이 적용될 수 없고 정당의 계급적 성격이 쇠퇴하고, ③ 고정된 문화의 틀에서부터 새로운 문화의 형태의 등장으로 다양성의 증가, ④ 인구와 산업의 분산화(De-centralization) 및 대규모 조직화(Mass organization)의 쇠퇴 등을 들었고, 이것은 주어진 구조적 틀(structural pattern) 하에서 잘 조직되고 정비된 형태의 자본주의(Organized capitalism)는 종언(終焉)을 고하는 것이라고 지적하였다(Lash & Urry, 1987). 그리하여 래쉬와 우라이는 "사회란 위에서, 아래에서 또 내부에서 변형되고 있다. 조직화된 자본주의, 계급, 산업, 도시들, 국가, 민족, 모든 견고한 것들이, 국가조차도 공중으로 분해되고 있다."라고 결론지었다(Lash & Urry, 1987 : 313).

극심한 패러다임의 위기는 사회주의 하에서는 더욱 심각하게 전개되었다. 서방의 이른바 '별들의 전쟁' 프로젝트52) 이후 소비에트러시아는 사실상 '미사일을 가진 제3세계'임을 증명하고 말았다. 결국 소비에트러시아는 붕괴되고 그를 지탱해온 사회주의 패러다임도 붕괴하였다. 이 과정에서 미국은 국가안보와 관련된 많은 정보기술들을 민간으로 이전시킴으로서 새로운 미국의 시대를 열 수 있는 교두보를 확보한 것이다.

이제 마르크스주의의 패러다임의 몰락과 더불어 디지털 시대가 개막되면서 포디즘(Fordism)의 위기 이후 나타난 수많은 논의들을 두고서 정상과학의 회귀 및 새로운 패러다임의 형성을 위한 시도라고 하기

---

52) 원래는 전략방위구상(Strategic Defense Initiative, SDI)이라는 말로 미국과 우방들의 기술과 자본으로 소련의 핵미사일을 요격하고자 하는 계획이다. 이 계획은 미국의 레이건 대통령에 의해 1983년에 처음 계획이 수립되었는데 당시 이를 두고 스타워즈(Star Wars) 계획, 스타워즈 전략방위구상이라고도 불렸다. 물론 실제 내용은 핵무기를 대기 밖에서 요격하는 것이었지만 아마도 당시 유명했던 영화 스타워즈와 관련하여 언론에서 그런 식으로 불렸던 것 같다.

에는 이르다. 그 동안 非마르크스주의자들의 분석들은 기존의 패러다임을 근본적으로 변혁시킨다기보다는 지속적인 변화들의 축적과정을 패러다임에 첨가하는데 총력을 기울여 왔다고 보는 편이 더욱 타당할 것이다. 그럼에도 불구하고 디지털 시대는 매우 빠른 속도로 바뀌고 있어서 기존의 패러다임의 수정·보완으로만 해결하기에는 한계에 다다르고 있다. 패러다임이 기술력의 발전의 결정적 변수인 것은 분명하지만, 현재에 나타나고 있는 정보 통신 기술 혁신에 의한 지식의 생성 분배 활용 구조의 변화는 기존의 패러다임을 적당히 손질하여 적용하기에는 상당한 무리가 따를 것으로 보이기 때문이다.

그러므로 디지털 시대의 패러다임의 구성에 있어서 기존의 패러다임은 유용한 것일지라도 그것이 가진 한계성을 인정하고 굳이 기존의 패러다임에 집착하는 묵수성(墨守性)을 극복할 필요가 있다. 디지털 패러다임의 구성에 있어서는 보다 동태적이고 학제적인 형태의 퓨전 패러다임(fusion paradigm)의 구성을 모색하는 것이 보다 바람직한 시점이며, 그것을 통하여 기존의 함수적이며 선형적인 패러다임을 넘어서는 것이야말로 디지털 미래를 열어 가는 새로운 희망이 될 수 있을 것이다.

III. 디지털 시대의 국제정치

1. 디지털 정부의 출현

디지털 시대의 개막과 더불어 디지털 정부(e-Government, e-gov, Digital government)가 등장하고 있다. 디지털 정부는 '온라인 정부'라고도 하며 정보 기술을 이용하여 공공의 서비스를 제공하거나 전자로 민원을 처리하고 국민과 정보를 교환하는 정부의 기능을 말한다.

디지털 정부의 기술적인 기반은 인터넷 인프라스트럭처를 포함하여 PDA, SMS 텍스트 메시징, MMS, 무선 네트워크 및 서비스, 블루투스, CCTV, 추적 시스템, RFID, 생체 인식, 도로 교통 관리, 스마트 카드 등 다양하고 많은 기술들을 바탕으로 하고 있다. 한국의 대표적 전자정부서비스는 통합전자민원창구인 전자민원 G4C(www.egov.go.kr)를 비롯해 홈택스(hometax.go.kr), 기업민원단일창구(g4b.go.kr), 조달청의 국가종합전자조달(www.g2b.go.kr) 등이 있다.

디지털 정부는 지식 경영(Knowledge management)을 바탕으로 하고 있다. 지식경영이란 조직 내의 개인들이 축적하고 있는 개별적인 지식을 체계화하고 공식화하는 것을 말한다. 지식이란 단순히 개인이 가진 지식만을 의미하는 것이 아니라 조직 전체의 지적 자산을 포괄하는 광범위한 개념으로 지적자산 전체를 시스템적으로 관리하는 것을 의미한다.[53] 미래의 지식경영은 한 발 더 나아가 마치 생명체와 같이 상황 변화를 감지하고 이에 대응할 수 있는 유연한 시스템을 추구하고 있다.

디지털 시대는 지식기반 사회로 지식과 정보의 원활한 창출과 활용이 부가가치 창출과 생활의 핵심이 되는 사회라고 요약할 수 있으며 인터넷은 지식기반사회를 앞당기는 핵심적인 요소이다. 〈표. 1〉은 지식기반사회의 출현에 따른 패러다임의 변화를 보여주고 있다.

---

[53] 어떤 조직이든지 구성원들이 가진 지식은 명확한 지식(explicit knowledge : 외형적으로 공식화할 수 있는 명확한 지식)과 암묵적 지식(tacit knowledge)으로 나눌 수 있는데, 지식경영이란 조직 내에서 축적하고 있는 개별적인 지식을 체계화하여 공식화함으로써 조직의 경쟁력을 강화시키기 위한 경영을 말한다.

〈표. 1〉 지식기반사회의 출현에 따른 패러다임의 변화

	20세기 산업사회	21세기 지식기반사회
핵심생산요소	산업자본(산업기술)	지식자본(정보통신기술)
경쟁내용	선·후발경쟁(가격, 산업조직)	선점효과 중요, 승자독식
경제영역	국민경제중심(개별국가단위)	세계경제중심(가상공간으로 확대)
경제운영체제	국가-기업-개인	국가역할 약화(디지털 야경국가)

지식기반사회에서는 개인은 정보활용 능력을 극대화하고 적극적이며 창조적인 사고를 할 수 있어야 하면서도 도덕적 자율성을 함양하여야 한다. 기업은 승자독식(winner-take-all) 특성을 가진 지식사회에서 기업 경쟁력을 강화해야 한다. 국가는 지식기반사회 구축을 위한 기반구조, 법·제도 등을 정비하여야 하고, 효율성과 투명성을 제고할 수 있는 조치를 취해야 하며, 정보격차(digital divide)의 해소와 정보보안 문제 해결에 정책적 노력을 할 필요가 있다.

국가지식경영(National KM : National Knowledge Management)이란 지식경영이 국가적인 범위로 확대된 것을 말한다. 회사나 행정 및 각 사회조직이 지식정보의 축적이나 지적 자원의 관리 등을 효율적으로 실행할 수 있고 국가는 이를 네트워크화 및 데이터베이스화함으로써 유기성을 고도화한 상태가 국가지식경영이다.

결국 국가수준의 지식경영은 지식국가의 달성을 목표로 하는데, 지식국가란 국민이 지식의 보유활용을 통해 지식을 배양하는 국가, 지식기반 경제시스템과 문제해결능력을 가진 나라, 국민 모두(정부, 산업, 기업)가 능동적으로 지식을 창조·활용하는 국가, 국민들의 지식활동이 유기적으로 연계되어 지식학습과 축적이 공유되는 국가, 축적된 지식이 풍부하고 지식활동을 지원하는 기반구조가 정비된 국가를 말한다.

기술적인 측면에서 본다면, 디지털 정부는 정부의 기능을 사이버공간상으로 옮길 수 있는 정보통신환경을 제안한 것으로 볼 수 있다. 일반적으로 제시될 수 있는 원칙은 ① 민간중심의 통신망 구축, ② 정부 내부의 지식공유 환경 구축, ③ 적절한 관리 운영체계의 구축, ④ 정보보안체계의 도입 등을 들 수 있을 것이다.[54]

디지털 정부는 디지털 인프라스트럭처를 기반으로 하여 전자민주주의(電子民主主義, Electronic Democracy, Cyber Democracy)를 구현하는 것을 목표로 한다. 전자민주주의 또는 사이버민주주의는 인터넷을 통해 시민이 직접 정치과정에 참여함으로써 이루어지는 민주주의를 말하는데 대의민주주의의 비용과 한계를 극복하는 대안으로 대두하고 있다.

2. 사이버 민주주의의 본질을 위한 시론(試論)

인터넷은 민주주의의 새로운 전자 요람(the new electronic cradle of democracy)이라고 한다. 이제 인류는 인터넷이 없는 세상을 상상하기도 어렵게 되었다. 인터넷은 일종의 서버들의 집합체로 가상공간을 형성하는데 철저히 무정부성을 바탕으로 하고 있다. 이 무정부성은 한편으로는 위험한 혼란을 초래할 뿐만 아니라 세계화(Globalization)와 지역성(Localization)을 동시에 만족하고 있기 때문에 국내에서 일어나는 정치적 사건은 즉각 국제문제화될 수 있는 속성을 지닌다.

사이버 민주주의(CD : Cyber Democracy)는 새로운 개념의 정치행위로 정보기술을 통한 직접 민주주의의 형태를 띠고 있는데 시민들에게 보다 적극적이고 큰 참여를 요구하고 있다. 문제는 사이버 정치 행위에

---

[54] 이 부분의 주요 참고자료는 강홍렬 외『국가지식경영을 위한 전략수립과 정보화정책의 재조명』(정보통신연구원 정책보고서, 2000. 2. 9)이다.

의 접근(Access)이 원활하도록 흥미를 유발할 수 있어야 한다는 점이다. 인터넷을 통한 투표에 있어서 미국의 경우에는 절반 정도가, 영국의 경우에는 69% 정도가 참여한 바 있다(Mercurio, 2003 : 23~65). 이것은 일반 시민들이 상당히 소외되었음을 의미하는 것이기도 하다.

인터넷은 정치적 홍보에 있어서 가장 탁월한 대안이 되고 있다. 인터넷은 다른 공중파에 비하여 저렴하고 1대1 접촉이나 전화홍보보다도 훨씬 경제적이며 효과적이기 때문이다. 뿐만 아니라 홈페이지나 블로그를 이용함으로써 시민들에게 훨씬 더 가까이 다가갈 수 있다는 장점이 있다. 인터넷은 기존의 정치적 무관심 그룹 즉 20대의 젊은 층들의 정치 참여를 높일 수 있는 큰 계기를 제공하고 있다. 실제로 인터넷 최강국의 하나인 한국의 대통령 선거에서 이 점은 확연히 나타나기도 했다. 경우에 따라서 20대의 젊은 층이 선거전 전체를 좌우할 수 있는 세력으로 나타날 가능성도 있다. 왜냐하면 이들은 디지털 시대에 대한 적응 속도가 빠를 뿐만 아니라 디지털 커뮤니케이션 역량(Digital Communication Capability)도 매우 강력하기 때문이다.

사이버 민주주의와 관련하여 큰 관심사 가운데 하나는 전자 직접민주주의(EDD : Electronic direct democracy)라고 할 수 있다. 이것은 사이버 민주주의 구현의 대표적인 상징이기도 하다. 그러나 최근까지도 전자 직접민주주의를 기술적으로 문제없이 구현하기에는 여러 가지 문제들이 많이 있다.

그러면 사이버 민주주의(CD)는 어떤 요소들을 토대로 구성되고 운영될 수 있는가 하는 점들을 살펴볼 필요가 있다.

첫째, 무엇보다도 사이버 민주주의의 실현은 사회적 네트워크(n : Social networking)의 확충이 매우 중요하다. 개별 국민이 가진 정보 환경이 사회적 네트워크와 쉽게 연결이 될 경우 큰 효과를 발휘할 수 있기 때문이다. 그리고 사회적 네트워크는 정보통신기술(it)의 함수로 정보통신기술의 발전과 사회적 네트워크는 정(+)의 관계를 가지게 된다. 이것을 간단히 나타내면 다음과 같다.

$$CD = f(n) \; \frac{dCD}{dn} > 0, \; 단 \; n = f(it) \; \frac{dn}{dit} > 0$$

둘째, 사이버 민주주의(CD)는 인터넷이 가진 무정부적인 속성(α : Anarchy)과 익명성(A : 匿名性 – anonymity) 때문에 시민의 자율적인 규제능력(Sp)의 함수가 될 수 있다. 다시 말해서 사이버 민주주의는 시민들의 자율적인 규제능력에 따라서 그 승패가 결정된다는 말이다. 사이버 민주주의는 인터넷의 무정부적인 속성과는 부(–)의 관계가 있고 시민의 자율적인 규제능력(Sp)과는 정(+)의 관계가 있다고 가정한다면, 우리는 다음과 같은 식을 얻을 수 있다.

$$CD = f(\alpha) \; \frac{dCD}{da} < 0, \; CD = f(A) \; \frac{dCD}{dA} < 0, \; CD = f(Sp) \; \frac{dCD}{dSp} > 0$$

특히 인터넷은 국제성을 가지고 있기 때문에 그것은 국가적인 경계나 공중파가 가진 정보통신의 영역에 대한 한계를 쉽게 극복하여 정보 공유능력이 무한대에 이르고 있다. 문제는 이 자율규제 능력을 측정할 수 있는 도구가 없다는 것이다. 시민들의 도덕성이나 자율성을 판단할 수 있는 변수를 파악해내기가 매우 어렵다.

나아가, 상식적인 범주에서, 자율적인 규제 능력(Sp)은 GDP(y)가 높거나 국가적 또는 민족적 정체성(NI)이 강할 경우에 증가할 수 있고 또 다언어를 사용하는 경우보다는 단일 언어를 사용하는 국가의 경우가 자율적인 규제 능력(Sp)이 증가하며, 커뮤니티(C : community)의 수가 적을수록 자율적인 규제 능력(Sp)이 증가한다고 가정한다면, 우리는 다음과 같은 식을 얻을 수 있다.

$$Sp = f(y)\frac{dSp}{dy} > 0, \ Sp = f(NI)\frac{dSp}{dNI} > 0,$$
$$Sp = f(L)\frac{dSp}{dL} < 0, \ Sp = f(C)\frac{dSp}{dC} < 0$$

(단, L은 공용어의 수, C는 Community의 수)

GDP(y)를 자율적인 규제 능력(Sp)의 정(+)의 관계로 보는 것은 사이버 민주주의가 결정과정에 있어서 투표의 평등(voting equality)을 보장할 수 있는 효과적인 정치적 참여가 가능해야하는데 이것은 어느 정도의 정치경제적인 선진성을 내포하여야 하기 때문이다. 다만 일부 천연자원에 의존하여 GDP(y)가 높아진 경우는 예외로 할 수도 있을 것이다.

사이버 상에서 존재하는 비정부기구(NGO), 이익단체(Interest group), 커뮤니티(Community) 또는 단체(Associations)는 개인의 정치적 참여에서 매우 중요한 영향을 미친다. 시민들은 이 같은 조직체들을 통하여 정치에 대한 많은 지식들을 얻을 수 있기 때문이다. 사이버 상의 커뮤니티(Community)들은 오프라인의 많은 시민 정치단체들을 소멸시키는 결과를 가져올 수 있고, 그렇지 않다 하더라도 오프라인 상의 시민단체들을 사이버로 불러오게 하는 역할을 수행해갈 것이다.

셋째, 사이버 민주주의에서는 시민들의 정치적 참여(P)가 중요하다. 시민들의 정치적 참여는 정치적 지식(political knowledge : pk), 정치적 신뢰(political trust : 정치적 과정과 그 절차에 대한 신뢰할만한 시스템의 존재 : pt), 정치적 참여 시스템(participation system : ps)의 존재 등의 요소에 따라서 영향을 받게 된다.55)

$$CD = f(P), \ P = f(pk, \ pt, \ ps)$$

이상의 논의들을 종합적으로 수식화하면 다음과 같이 될 것이다.

$$CD = f(n, \ \alpha, \ A, \ Sp, \ P)$$

단, $n = f(it) \ \dfrac{dn}{dit} > 0$

$Sp = f(y, \ NI, \ L, \ C) \ \dfrac{\partial Sp}{\partial y} > 0, \ \dfrac{\partial Sp}{\partial NI} > 0, \ \dfrac{\partial Sp}{\partial L} < 0, \ \dfrac{\partial Sp}{\partial C} < 0$

$P = f(pk, \ pt, \ ps) \ \dfrac{\partial P}{\partial pk} > 0, \ \dfrac{\partial P}{\partial pt} > 0, \ \dfrac{\partial P}{\partial ps} > 0, \ \dfrac{\partial CD}{\partial n} > 0,$

$\dfrac{\partial CD}{\partial Sp} > 0, \ \dfrac{\partial CD}{\partial P} > 0, \ \dfrac{\partial CD}{\partial \alpha} < 0, \ \dfrac{\partial CD}{\partial A} < 0,$

* n - Social networking, Sp - Spontaneous Regulation,
P - 사이버 정치참여, α - Anarchy, A - anonymity,
it - information technology, y - national income,
NI - National Identity, L - number of language,
C - number of community, pk - political knowledge,
pt - political trust, ps - participation system

따라서 현재로서는 시론(試論)의 수준이지만, 사이버 민주주의(CD)는 사회적 네트워크(Social networking)의 확충이 중요하고, 사회적 네트워크는 정보통신기술(it)의 함수라는 것을 지적할 수 있다. 그리고

---

55) Center for Digital Government "ENGAGE: Creating e-Government that Supports Commerce, Collaboration, Community and Common Wealth" 2008 http://www. nicusa.com/pdf/ CDG07_NIC_Engage.pdf.

사이버 민주주의는 무정부적인 속성(a : Anarchy)과 익명성(A : 匿名性 – anonymity) 때문에 시민의 자율적인 규제 능력(Sp)의 함수가 될 수 있다. 가설적인 차원에서 본다면, 자율적인 규제 능력(Sp)은 GDP(y)가 높거나 국가적 또는 민족적 정체성(NI)이 강할 경우에 증가할 수 있고 또 단일 언어를 사용하는 경우보다는 다언어를 사용하는 국가의 경우가 자율적인 규제 능력(Sp)이 감소하며, 커뮤니티(C : community)의 수가 많을수록 자율적인 규제 능력(Sp)이 감소한다고 추정할 수 있다. 나아가 사이버 상에서 존재하는 비정부기구(NGO), 이익단체(Interest group), 커뮤니티(Community) 또는 각종 단체(Associations)는 개인의 정치적 참여에서 매우 중요한 영향을 미칠 것이다.

3. 디지털 시대의 국제정치경제

디지털 시대의 국제정치의 주요 의제들은 사이버 민주주의의 문제, 사이버 전쟁, 사이버 테러리즘, 정보규제 및 감시, 사생활 침해, 보안 문제, 지적재산권 문제, 메타상품의 등장에 따른 경제권력의 정치권력화 문제, 디지털 재화의 국제이동에 따른 문제, 인터넷 커뮤니티와 그에 따른 문화적 요소들, 사이버 망명, 디지털 디바이드(정보 불평등 문제) 등을 지적할 수 있다. 여기서 제시된 이슈들을 중요한 부분을 중심으로 살펴보자.

3-1. 사이버 테러리즘

사회주의의 붕괴 이후 미국은 이른 바 네오콘(NEOCON) 세력이 득세함에 따라서 새로운 갈등 국면에 접어들게 되었다. 이 과정에서 9·11 테러와 같은 오프라인 테러가 나타나기도 하고 다른 한편으로는 온라인을 통한 사이버테러리즘(cyber-terrorism, 약칭 사이버테러)이 국제적인 이슈가 되고 있다. 사이버테러는 크게 보면, 다음과 같은 두 가지 행태를 띠고 있다.

첫째, 국가의 기간 정보망을 해킹하여 관리자 모드로 침입하여 주요 파일을 삭제하거나 자료를 유출함으로써 시스템 전체를 마비 또는 무력화시키거나 악성프로그램을 의도적으로 설치함으로써 주요 정보를 가로채어 특정한 정치적인 목적을 달성하려는 행위이다. 둘째, 특정한 정치적 목적을 달성하기 위해 포털(Portal) 또는 서틀(Sortal : Vertical Portal)의 게시판, 유튜브, 전자메일, 쪽지, 휴대폰 문자메시지 등을 통하여 악의적인 메시지를 지속적·반복적으로 전파시키는 경우를 말한다. 여기에는 일반적인 해킹기법들과 서비스 거부 공격, 사용자 모드 도용, 메일 폭탄, 악성 프로그램, 스파이웨어 등의 기법이나 도구들이 사용되고 있다. 따라서 각 국가는 이에 대해 여러 가지 조치를 취하고 있다.

2009년 7월 한국에서는 심각한 사이버 테러가 행하여졌는데 이를 두고 '7·7 사이버 테러'라고 부른다. 초기에 이 사건은 해커들에 의한 단순한 사이버 테러로 생각되었으나 민간 보안업체의 분석결과, 이것은 국가의 기간망을 흔들어 사회적 혼란을 노린 북조선인민공화국(DPRK : 북한)의 공작으로 드러나 충격을 주었다. 즉 이 사이버 테러는 지난 20여 년 동안 한국에서 개발된 각종 소프트웨어 프로그램에 대해 정통한 인물이 해커일 가능성이 큰 것으로 나타났고 이것은 한국 정부가 북한에 지원한 IT 기술과 무관하지 않으며 한국 내에서도 이를 지원하는 일부 세력이 있는 것으로 파악되면서 충격을 주었다.[56] 디지털 시대에 사이버 테러가 국가전복을 위한 도구가 될 수도 있음을 극명하게 보여주는 사건이라 각 국가들은 장기적으로 이에 대비해야만 하는 상황이 온 것이다.

3-2. 사이버 정보 감시와 저작권 문제

사이버 정보 규제 및 감시와 관련해서 본다면, 세계적 포털인 '야후 사태'와 '『대기원시보(大紀元時報 : The Epoch Times)』 테러 사건' 등을 들 수 있다. 이 두 가지 사건은 사이버 정보의 규제와 감시 또는 이에 대한 물리적 통제의 대표적인 사례로 향후 국제정치의 주요한 변수가 될 수 있다.

먼저, 야후(Yahoo)는 2005년 해외 민주화운동 단체에 야후 계정으로 이메일(e-mail)을 보낸 중국 기자 스타오(師濤)의 개인정보를 중국 공안에 제공, 스타오 기자의 체포를 도왔다.[57] 스타오의 체포로 중국 정부의 인권문제와 야후의 개인 정보의 누설이라는 두 가지의 중요한 이슈가 대두하였다. 이에 대해 타이완 출신의 중국계인 야후의 제리 양(楊致遠)은 "사업을 하려면 그 나라 법을 따라야 한다."는 궁색한 변명을 했지만 이로 인하여 야후는 국제적으로 심각한 비난의 대상이 되었다. 중국은 1억 4천만 명의 인터넷 인구로 미국에 이어 세계 2위의

---

[56] 안철수연구소 등 민간보안업체 분석에 따르면, PC 파괴 악성코드는 37개 종류의 파일을 삭제하도록 되어 있다. 삭제 대상인 37개 파일 중에는 1980년대 후반 개발된 문서작성 프로그램 '하나워드'와 '훈민정음(삼성)'이 포함되어 있다. '하나워드'는 단종된 지 10년이 넘었다. 훈민정음 역시 일반인은 거의 사용하지 않는 삼성 내부의 문서작성용 프로그램이다. 이것은 해커가 한국의 사정을 정통하게 알고 있는 인물임을 의미한다. 『조선일보』 2009.07.13 참고.

[57] 야후가 중국 기자 스타오(師濤)의 신분을 노출시켜 스타오는 중공으로부터 10년 형을 언도 받았다. 이 사건으로 야후는 인권 단체들의 타도 대상이 되었다. 야후 대표로 나온 마이클 캘러헌(Michael Callahan)은 청문회에서 중국에서 사업을 하려면 중국 법률을 준수해야만 한다고 밝혔다.(『미국의 소리』 2007.8.2)

인터넷 대국이지만 전 세계에서 인터넷 통제가 가장 엄격한 국가 가운데 하나로 평가된다. 구글(Google)과 야후, MS 등 해외 인터넷 포털들도 중국시장 진입을 명분으로 정치적으로 민감한 용어를 걸러내고 문제되는 글을 삭제하는 등 중국 정부의 검열 요구에 굴복해야 했다.

다음으로 『대기원시보』 테러 사건이 있다. 2006년 2월 8일, 중공 당국의 검열을 받지 않는 것으로 유명한 인기 중문신문 『대기원시보』[58]의 사이트 관리자 리위안(李淵)이 애틀랜타 자택에서 중국 공산당 스파이들에게 폭행당한 사건이 발생했다.[59] 2월 15일, 미국 상하양원은 공동 청문회를 열었다. 미국의 4대 인터넷 회사인 구글, 야후, 마이크로소프트, 시스코가 청문회에서 의원들의 호된 심문을 받았다. 미국 캘리포니아 주 민주당 의원인 대너 로우바처(Dana Rohrabacher)가 청문회에서 리위안을 '미국의 자유 영웅'이라고 칭했다.[60]

위의 사건들은 이전에 나타났던 양상들과는 많이 다른 형태를 띠고 있다. 전자우편(e-mail)과 같은 인터넷 관련 통신수단들이 사생활의 침해나 통신의 자유, 인권 등의 문제로 비화되고 있는 것이다.

나아가 인터넷 포털에 대한 검열은 국제무역 분쟁으로 나타날 수 있다. 예를 들면, 2010년 3월 구글(Google)과 중국 간의 갈등이 결국은

---

[58] 『대기원시보(大紀元時報 : The Epoch Times)』는 2000년 8월 미국 뉴욕에서 해외 화교들이 설립한 신문으로 인성, 인권, 자유를 지향하며 전 세계 31개국에 지사를 두고 있다. 한국어, 중국어(간체, 번체), 영어, 프랑스어, 독일어, 스페인어, 러시아어, 우크라이나어, 히브리어, 루마니아어, 불가리아어, 슬로바키아어, 스웨덴어, 일본어 등의 웹사이트를 운영하고 있다. 중국에서 검열되어 발표가 안 되는 뉴스가 다른 신문과 비교하여 현저히 많아서 국내 및 해외에서 대기원시보가 중국인들에게 최고 인기가 있는 주류신문으로 되었다.
[59] 『데일리 차이나』 (2006.2.9) - http://dailychina.net
[60] 『대기원시보(大紀元時報 : The Epoch Times)』. 한글판 2006.3.19.

'무역 분쟁'으로 비화되는 양상을 띠고 있다. 즉 미국 정부가 중국 정부의 구글 검색 결과 검열 등을 문제 삼아 세계무역기구(WTO)에 정식으로 제소하는 것을 검토하였다. 중국의 인터넷 검열 문제는 2010년 1월 중국 구글 e메일 해킹 사건이 벌어진 직후, 구글이 철수를 언급한 뒤 본격적으로 불거졌고, 오바마 대통령, 힐러리 클린턴 국무장관, USTR 대표 발언과 함께 미 정부는 인터넷 검열이 불공정한 무역 장벽의 일부로 판단해 적극 대응하려는 움직임을 보이고 있다. 미 상원의원들까지 나서 법안 제정 등 강력한 입장을 표명하고 있다.[61]

여기에 인터넷을 매개로 한 각 콘텐츠(contents)들의 저작권 분쟁도 국제문제화되고 있다. 이에 따라 2009년 인터넷 선진국인 한국의 경우 개정 저작권법을 시행(2009.7.23)하여 대처하고 있지만, 많은 나라들에 있어서 저작권에 대한 규제는 요원한 일이고 이것은 장기적으로 국제문제의 가장 중요한 이슈 가운데 하나가 될 것이다. 한국의 문화체육관광부는 이른바 '저작권 경찰'과 검찰이 공조해 업체 단속을 강화하고, 불법 복제물 유통으로 올린 수익을 몰수한다는 방침까지 세웠다.[62]

3-3. 메타상품의 등장에 따른 경제권력의 정치권력화 문제

디지털 시대의 중요 특징 가운데 하나는 메타상품의 등장이다.[63]

---

61) "구글-중국 다툼, '무역 분쟁' 비화 조짐" http://www.etnews.co.kr/ (2010.3.4)
62) http://news.kbs.co.kr/article/society/200907/20090722/1814869.html
63) '사실상 표준'이라는 개념은 디지털 시대의 이해를 위해 필수적인 분야의 하나이다. 디지털 시대에는 메타상품(meta-product)이 등장하는데 이들 가운데 '사실상 표준'인 재화의 개념이 있다. 메타상품의 등장은 상품이라는 개념이 정지된 것이 아니라 진화되고 있음을 보여 주고 있다. 인터넷의 등장으로 정보장벽이 붕괴되고 가격비교 사이트가 활성화됨에 따라 상품은 가격 및 기능, 서비스 내용 등이 급속히 동질화되는 현상이 나타나 상품이 '단독상품'으로서 차별화할 수 있는 영역이 줄어들기 때문에

이 메타상품의 하나로 세계적인 규모의 '표준화된 재화'가 등장한다는 점이고 이것은 국가 권력이 통제 불가능한 상황이 되거나 또는 국가권력이 이와 결탁하여 정치적인 목적을 달성하려는 시도가 나타날 수 있다는 점에서 우려된다. 대표적인 경우가 MS의 반독점법 위반관련 재판에서 '사실상' 승소한 사건이다.

MS의 윈도우(Window), 인터넷 익스플로러(Internet Explorer) 등과 같이 외부의 기술력으로는 도저히 극복하기 힘든 신제품으로 세계적으로 표준화를 '사실상 인정을 받은' 제품(De Facto-standard product)은 그 자체로 상당한 정치적인 의미가 강하다.

미국을 무대로 발생한 이 같은 제품들은 심각한 독점을 유발할 수 있는 문제점들을 안고 있음에도 불구하고 적극적인 국가적인 통제를 받지는 않고 있다. 미국은 자체적으로 MS를 분할하여 독점의 악영향을 해소하려 하였지만 사실상 MS와 정부가 공존하기로 결정한 것으로 사료된다. 이것은 MS의 제품들이 미국의 대외적 영향력의 확대와 관련하여 순기능적인 측면을 먼저 고려한 것으로 풀이된다. MS는 과거 홈페이지 제작 도구인 프론트페이지에 악성 해킹 프로그램을 탑재하여 세계적으로 상당한 물의를 일으킨 바 있었으나, 그 또한 철저히 제재를 받지 않았다.

상품은 자체적으로 가치를 극대화시키는 방법을 모색하는 과정에서 고도로 복잡하면서도 전문화되고 기능적으로 확대되는 상품이 나타나게 된다. 예를 들면, 포켓몬 만화영화가 상업적으로 성공을 거둔 후 포켓몬 노트, 가방 등 여러 제품에서 브랜드화되는 것과 같이 기업이나 기존의 성공한 상품의 유명도나 가치 또는 미래가치 등을 상품 가치에 포함시키는 형태의 브랜드 상품(brand product), 윈도우미(Window-me), 인터넷 익스플로러(Internet Explorer) 등과 같이 외부의 기술력으로는 도저히 극복하기 힘든 신제품으로 세계적으로 표준화를 '사실상 인정을 받은' 제품인 사실상 표준상품(De Facto-standard product) 등이 있다. 이러한 상품을 '메타상품'이라고 한다. 김운회외 『인터넷비즈니스 원론』. (선학사 : 2002) p.29.

1994년 7월, 4년에 걸친 반독점 조사 끝에 MS는 윈도우 라이선스와 다른 MS 소프트웨어의 라이선스를 분리한다는 법무부 동의서에 서명하였고, 1997년 10월 MS가 인터넷 익스플로러를 윈도우 95에 포함시키고 컴퓨터 제조업체가 이를 제거할 수 없도록 하자, 미국 법무부는 청원서를 제출하였다. 1998년 유럽의 EC는 MS가 윈도우 NT에 대한 기술적 인터페이스를 경쟁사에게 공개하지 않으려 한다는 썬마이크로시스템즈의 항의를 접수하고 MS에 대한 조사를 확대하였다. 1998년 5월 미국의 주 법무장관들과 연방 법무부가 MS에 대한 역사적인 반독점 소송을 제기하였고, 동년 10월 MS의 역사적인 재판이 시작되었다.

　2000년 4월 미국지방법원 토마스 펜필드 잭슨 판사는 "MS가 반(反)경쟁적인 수단으로 독점력을 유지했으며 웹브라우저 시장을 독점화하려 시도했다."고 결정하였다. 동년 6월 잭슨 판사는 MS에게 운영체제 기업과 애플리케이션 기업으로 나누라고 분할 명령을 내렸지만 MS의 항소로 시행이 연기되었고, 2001년 6월 미국 항소법원은 MS에 대한 분리 명령을 기각하고 말았다. 2001년 9월 6일 부시 행정부하의 법무부는 MS를 두개 기업으로 분리하려 하지 않을 것이며, MS가 윈도우 95와 98에 불법으로 브라우저를 탑재하려고 했는지에 대한 조사를 중단한다고 발표하였다. 이후 2002년 11월 미국 지방법원 판사는 제안된 화의안(和議案)을 승인하였지만 2003년 8월 유럽은 이에 반발하였다. 2004년 3월 EC와 MS간의 화의협상은 결렬되었지만 이에 MS가 항소하여 실행이 연기되었다. 동년 7월 미국 항소법원이 MS와 법무부/9개주 정부가 맺은 반(反)독점 화의에 대해 지지 입장을 표명했다. 이로써 MS는 반독점 소송에서 "사실상 승리"한 것이다.[64]

이 사건은 표준화된 제품에 대한 국가적 제재도 문제지만 전 세계적으로 거의 유일하게 존재하는 컴퓨터 운영체제(OS)에 대해 미국 정부가 무리하게 나서서 무력화(無力化)할 수만은 없다고 하는 정치적 현실주의의 입장을 반영한 것이다. 쉽게 말해서 미국의 정치권력과 경제권력의 연합을 통해서 세계 체제에 있어서 미국의 위상을 강화하는 수단이 되는 것이 반독점 금지보다 더 효용성이 있다는 것을 인식한 것이기도 하다. 어떤 의미에서 미국은 윈도우(MS Windows)를 통해서 세계 정치경제질서에서 미국의 위상을 강화할 수 있는 토대를 마련할 수도 있는 것이다.

MS 사태는 디지털 시대에서 나타날 수 있는 정치경제 연합의 새로운 국면을 보여주고 있을 뿐만 아니라 미국의 네오콘 세력의 강화와 미국의 대외 정책의 변화와 궤를 같이 하고 있음을 반영하고 있다. 디지털 재화가 금융자본 지배를 대신할 수 있는 가능성을 보여주는 부분이기도 하다.

3-4. 디지털 재화의 국제이동에 따른 문제

디지털 경제적 관점에서 상품은 디지털 재화(DG : Digital Goods), 중립재화(NG : Neutral Goods), 비디지털 재화(non-DG) 등으로 나눌 수가 있다. 순수한 의미에서 디지털 재화는 인터넷 상 또는 네트워크상에서 존재하는 재화를 말하고, 비디지털 재화는 인터넷 상 또는 네트워크상에서 존재할 수 없는 재화를 말한다. 중립재화란 디지털 재화 또는 비디지털 재화로의 전환이 모두 가능한 경우이다. 예를 들면, 영화의

---

64) CNET News.com 및 MS, "반독점 소송 「사실상 승리」" IT-News 2004/07/02 22:34

경우 비디오테이프나 디스크의 형태로 제작되어 공급할 수도 있지만, 인터넷 상에서 파일(file) 형태로 전자적으로 공급될 수도 있다.

인터넷 시대에서 디지털 재화들의 국제적인 이동은 많은 문제들을 야기하고 있다. 즉 디지털 재화가 인터넷 상으로 이동함에 따라 한계비용(MC)이나 운송비용이 0에 가까워 한계생산비가 급격히 소멸되어 이윤 극대화가 손쉽게 이루어질 수 있다. 이에 반하여, 디지털 재화는 P2P 등을 통하여 손쉽게 복사되어 배포되는 특성을 가지고 있어 지적재산권 문제가 발생하는 한편, 관세 부과 문제도 심각한 경제적 변수가 될 수 있다. 예를 들면 포르노그라피(Pornography)와 같은 성인용 콘텐츠(contents)들은 신용카드를 이용하여 인터넷상에서 손쉽게 구매할 수 있지만 이에 따른 관세를 부과하기는 현실적으로는 불가능하다. 이것은 신용카드와 연계된 은행들의 협조에 의해서만 관세의 부과가 가능한데 현실적으로 고객의 신용정보를 보호해야하는 은행이 고객의 개인적인 거래 정보를 정부 측에 제공하기는 어렵기 때문이다.

뿐만 아니라 중립재화(NG)도 국제경제를 교란할 위험성이 있다. 즉 중립재화들은 거래 대상국의 형편에 따라 때로는 디지털 재화로 때로는 비디지털 재화로 쉽게 변환되어 공급될 수 있기 때문이다.

특히 성인을 대상으로 하는 영상물들은 일부 선진 국가에서는 합법적인 서버(server)들에 의해 공급이 되지만 대부분의 아시아 국가들이나 이슬람 국가에서는 자국 내의 공급 자체가 불법이므로 경제적 형평성과 문화적 충돌과 갈등이 나타날 수밖에 없다. 이 부분에 대한 무역 불균형 현상은 심화될 수밖에 없을 것이다.

이와 같이 디지털 재화의 국제이동은 새로운 형태의 무역 분쟁과 문화적 갈등의 양상으로 나타나 정치적 문제로 비화할 수 있고, 인터넷상에서의 P2P 등을 통한 음성적 거래는 지적재산권 문제로 비화되고 있다. 예를 들면, 최근 일부 국가의 포르노그라피 동영상들이 P2P 또는 옥션(Auction)의 형태를 띤 다운로드(Download) 사이트 등을 통해 무분별하게 배포되자 이에 대해 항의하고 규제를 요구하는 공급자(Contents provider)들에 대해 해당국 정부는 원천 무효로 대응하여 국제적 문제로 나타나고 있기도 하다.

다만, 현재까지는 디지털 재화의 구매는 인터넷 인프라스트럭처(infrastructure)의 수준에 영향을 받기 때문에 구미의 선진국이나 한국과 같은 인터넷 인프라스트럭처가 앞선 일부의 나라나 지역에서 나타나고 있는 수준이지만 장기적으로는 전 세계적인 정치경제적 문제가 될 소지가 있다.

3-5. 사이버 망명 문제

디지털 시대의 또 다른 국제적 이슈로 지적할 수 있는 것은 이른바 '사이버 망명'이라고 할 수 있다. 일반적으로 사이버 망명은 정치적인 사유 등으로 인해 자국 내 서버에서의 자유로운 인터넷 이용에 제한을 받는 사용자가 이메일, 블로그 등 인터넷 서비스의 주 사용무대를 국내법의 효력이 미치지 못하는 해외 서버로 옮기는 행위를 말한다. 사이버 망명은 크게 두 가지의 양태를 띨 수 있다.

하나는 정치적 목적으로 이루어지는 것으로 중국이나 북한 등의 일부 독재국가들에 의한 인터넷 통제 때문에 나타나는 것이다. 다른 하나는 경제적 이익을 목적으로 상대적으로 규제가 느슨한 외국으로 서버를 옮기는 것인데, 특히 성인용 음란물의 경우 이 같은 현상이 심각하게 나타난다.

앞서 지적한대로 인터넷을 통한 성인용 음란물의 판매는 국제수지 문제를 야기할 수 있지만 구조적으로 인터넷을 통한 음란물의 매매와 유통은 규제하기가 매우 어렵다. 대개의 경우 성인용 음란물 산업은 미국을 중심으로 하여 유럽 지역의 국가들에서 많이 발전해 있는 반면, 이슬람, 아시아권 국가들은 산업적 기반이 매우 허약하여 산업적 불균형을 초래할 것이다. 그럴 경우 인터넷의 역기능이 더욱 사회적 문제가 될 수밖에 없다. 성인용 음란물의 세계적인 범람현상을 막아낼 수가 없기 때문이다. 이것은 전 세계적인 성범죄의 증가를 초래할 수 있다. 인터넷은 국경이 없기 때문에 인터넷 인프라스트럭처만 구축이 되면 성인물에 접근하는 것은 매우 용이하기 때문이다.

이 문제는 장기적으로 문화적인 충돌과 갈등 양상으로 비화될 소지가 있기 때문에 많은 주의와 관찰이 요구되고 있다.

3-6. 디지털 디바이드 문제

디지털 디바이드(digital divide) 즉 정보격차(情報隔差)란 새로운 정보 인프라나 기술에 접근할 수 있는 능력을 보유한 계층과 그렇지 못한 계층 사이의 격차가 심화되는 현상을 말한다. 이 용어는 1990년대 중반 미국에서 처음 사용한 용어로, 디지털 시대의 불균형 측면을 강조한 개념이다.

디지털 디바이드는 경제적, 사회적, 교육적, 정치적, 연령적인 원인으로 발생하는 것으로 빈부 및 교육 격차와 궤를 같이 하고 지역적으로는 농어촌과 도시에서, 연령별로는 노인과 청장년층에서 많은 격차가 발생한다. 디지털 디바이드는 국내적 뿐만 아니라 국제적으로 극심한 격차가 발생하고 있다. 따라서 선진국과 후진국, 도시와 농촌 또는 소득계층 간의 격차로 인한 디지털 디바이드 문제는 정부 차원에서 다각도로 해결해 나가야 할 것이다.

　디지털 디바이드를 해소하기 위해서는 기본적으로 국민들이 인터넷에 보다 쉽게 접근해야 한다. 이를 위해서는 국가차원의 정보고속도로(Information uperhighway)와 같은 대규모의 정보 인프라의 구축을 통해 가능해진다. 선진국은 정보 인프라의 구축에 필요한 투자재원을 쉽게 조달하는데 반하여 개발도상국이나 후진국들은 매우 어렵다.

　결국 선진국과 개발도상국 간의 국제적인 디지털 디바이드(Global Digital Divide) 현상은 더욱 심화될 수밖에 없다. 이제 후진국이나 개발도상국들은 정치경제적 선진화라는 부담에서 디지털 디바이드의 극복이라는 새로운 짐을 안게 되어 장기적으로 선후진국의 격차는 더욱 심화될 것이고, 이것이 국제사회의 장래를 더욱 어둡게 하고 있다.

참고문헌

- 김운회외 『인터넷비즈니스 원론』, (선학사 : 2002).
- 윤영민(2000), 『사이버공간의 정치』, (한양대학교 출판부).
- 『데일리 차이나』, (2006.2.9) - http://dailychina.net
- 『대기원시보(大紀元時報 : The Epoch Times)』, 한글판 2006.3.19.
- 『미국의 소리(VOA)』, (2007.8.2).
- 『조선일보』, 2009.7.13.
- Amin, Ash., ed(1994), Post-Fordism, A Reader, Blackwell.
- Bellamy C., T. J. (1998), *Governing in the Information Age* (Great Britain: Biddles Ltd.).
- Block, Fred.(1977), *The Origin of International Economic Disorder* (Univ. of California).
- Blodget, H. (1999), The Epicenter: ≪convergence≫ is the key concept, Merrill Lynch. URL : http://e-commerce.research.ml.com/30209832.PDF.
- Brian Kahin and James H. Keller, eds.(1997), *Coordinating the Internet* (Cambridge: MIT Press).
- Cairncross, Frances(1998), *The Death Of Distance*. Harvard Business School Press.
- Center for Digital Government(2008), "Digital States Survey open-access online resource 2008 http://www.centerdigitalgov.com/survey/61.
- Chalmers(1982), *What is this thing called Science?* : *An assessment of the nature and status of science and its method*, (st. Lucia, Queensland : University of Queensland Press) 신일철·신중섭 譯, 『현대의 과학철학』, (서울 : 서광사, 1985).
- Collis & Montgomery(1999), Corporate Strategy, Irwin.
- Copeland, D., & Mckenny, J. (1998), Airline reservation systems: Lessons from history. MIS Quarterly, September, pp.362-364.
- CNET News.com 및 MS, "반독점 소송 「사실상 승리」" IT-News 2004/07/

02 22:34.
- Dan Schiller(1999), *Digital Capitalism: Networking the Global Market System* (Cambridge: MIT Press).
- Dethloff, Henry C.(1997), *The United States and the Global Economy since 1945*, Harcourt Brace College Pub.
- Ecommerce.Org(1999), "The Emerging digital Economy" 1999.
- Franke-Ruta, G. (2003), "Virtual Politics: How the Internet is Transforming Democracy." The American Prospect-Online, 14 (No. 9), A6-A8.
- Gore, A.(1993, December 21), *Vice President of the United States*, Remarks to the National Press Club.
- Gilpin, Robert(1987), *The Political Economy of International Relation*, Princeton University Press.
- Gordon Graham(1999), *The Internet: A Philosophical Inquiry* (New York: Routledge).
- Hoekman & Kostecki(1996), *The Political Economy of the World Trading System*.
- Jensen, M., Danziger, J., & Venkatesh, A. (2007, Jan). "Civil society and cyber society: The role of the internet in community associations and democratic politics." *Information Society*, 23(1), pp.39-50.
- Kalakota & Robinson(1999), *e-Business : Roadmap for success*, Addison-Wesley.
- Kattamuri etal(2005), "Supporting Debates Over Citizen Initiatives", Digital Government Conference, pp.279-280, 2005.
- Klein, Hans (January 1999), "Tocqueville in Cyberspace: Using the Internet for Citizens Associations". The Information Society (15): pp.213-220.
- Kuhn(1988), The Structure of Scientific Revolution (1970) 『과학혁명의 구조』, (서울 : 정음사).
- Lakatos(1972), "Falsification and the Methodology of Scientific Research Programmes.", in Criticism and the Growth of Knowledge, ed. Lakatos and Musgrave (Cambridge : Cambridge University Press).

- Lusoli, W. (2006). "Of Windows, Triangles and Circles: the Political Economy in the Discourse of Electronic Democracy." Comunicazione Politica, 7(1), pp.27-48.
- Mercurio, B.(2003), *Overhauling Australian Democracy: The Benefits and Burdens of Internet Voting*. University of Tasmania Law Review, 21 (No. 2), pp.23-65.
- Mosco, V.(2005), *The Digital Sublime: Myth, Power, and Cyberspace*. The MIT Press.
- Nicholas Negroponte, *Being Digital* (New York: Alfred A. Knopf, 1995)/백욱인 譯, 『디지털이다』, (서울: 커뮤니케이션북스, 1996).
- Means & Schneider(2000), *Meta Capitalism : e-business Revolution and the Design of 21- Century and Markets*, John Wiley & Sons ISBN : 0471393355.
- Michael Heim, *The Metaphysics of Virtual Reality* (Oxford: Oxford University Press, 1993)/여명숙 역 『가상현실의 철학적 의미』, (서울: 책세상, 1997).
- Norris, P.(2001), *Digital divide: Civic engagement, information poverty, and the Internet worldwide*. (Cambridge: University Press)
- Novak, T., & Hoffman, D.(1998), *Bridging the Digital Divide: The Impact of Race on Computer Access and Internet Use*. (Nashville: Vanderbilt University).
- Popper(1972), *Objective Knowledge*, (Oxford Univ. press).
- _____(1968), *The Logic of Scientific Discovery*, (London : Hutchinson)
- Porter, Michael. E.(1980), *Competitive Strategy*, Macmillan Pub.Co.
- _____(1990), The Competitive Advantage of Nations (New York: Free Press)
- Salvatore, Dominick(1992), *A National Trade Policies*, Chap. 1. Greenwood Press.
- Stockwell, S. (2001), "Hacking Democracy: the work of the Global Citizen." *The Southern Review-Online Journal*, 34 (no. 3), pp.87-103.
- The road to e-democracy. (2008, Feb), *The Economist*, 386(8567), 15.

- Tim Jordan(1999), *Cyberpower: The Culture and Politics of Cyberspace and the Internet* (New York: Routledge), chs. 3, 4, and 5.
- William Gibson, *Neuromancer* (New York: Ace Books, 1984)/노혜경 역, 『뉴로맨서』, (열음사, 1996).

| 색인 |

(ㄱ)

가중 다수결 159
각료이사회 247
강화회의 34
개방적 지역주의 263
공동안보체제 229
공석의 위기 99, 100
공적개발원조(ODA) 291
공화적 자유주의 91
관념론(idealism) 137
교토의정서 163
구성주의 242
구성주의자 152
국가지식경영 339
국경없는의사회 151
국민자본주의 332
국제권리장전 270
국제기구 149
국제노동기구(ILO) 279
국제사면위원회 283
국제사법재판소 160, 279
국제사법재판소(ICJ) 160, 279
국제연맹 35, 87, 153
국제연합(United Nations) 158, 267
국제연합개발기구(UNDP) 279
국제연합인권위원회 273
국제인권규약 270
국제인권레짐 272

국제인권연맹(ILHR) 283
국제정치 293
국제정치경제 345
국제정치경제학 175
국제테러리즘 299
국제통화기금(International Monetary Fund, IMF) 150, 164, 166, 175
군비경쟁 216
군비통제 216, 222
군축 218
굽찬과 굽찬 214
균형자(balancer) 66
균형형 210
그리코(Grieco) 69
글라스노스트 53
기대효용이론 73

(ㄴ)

나이(Joseph Nye Jr.) 97
난센페스포트 158
남아메리카국가연합(UNASUR) 239
네오맑시즘 111
뉴테러리즘 306
니스조약 281
니콜라스 오느프(Onuf) 136
닉슨독트린 47

(ㄷ)

다국적 기업 172, 179
다극체제 20

다자안보 87
다자안보협력 228
대기원시보 348
대량살상무기(WMD) 219
대서양동맹 43
대테러전쟁 306
데리다(Derrida) 147
데이빗 흄(David Hume) 181
데탕트 47
델타포스(Delta Force) 304
도이취 100
도하개발의제(DDA) 188
독·러재보장조약 27
동남아국가연합 256
동맹 210
동맹협상체제 23
동방문제 23
동아시아경제그룹(EAEG) 257
드골(Charles de Gaulle) 99, 250
디지털 디바이드(digital divide) 355
디지털 정부 337

(ㄹ)

러그만(Rugman) 172
러시아혁명 33
레닌(V. Lenin) 112, 117, 128, 185
로마조약(the Treaty of Rome) 243
로스토우(W. Rostow) 120
로카르노조약 36, 37
리스본조약 248, 251

(ㅁ)

마샬플랜 45
마스트리히트조약 100
마키아벨리(Machiavelli) 63, 183
만주사변 39
맑시즘 185
메가테러리즘(megaterrorism) 299
모겐소 64
모로코사건 29
모스크바공동성명 159
뮌헨협정 40
미어샤이머(Mearsheimer) 152
미트라니(David Mitrany) 97
민주평화론 92

(ㅂ)

바르샤바조약기구 44
발전권에 관한 선언 290
발칸전쟁 29
백색테러리즘 302
베네트(Bernett) 136
베네트와 올리브 155
베르사이유체제 17, 31
보어전쟁 119
볼리바르대안 239
부카레스트조약 30
북대서양조약기구(NATO) 18, 44
북미자유무역협상 252
브레턴우즈협정 167
브레튼우즈(Bretton Woods) 186

블랙 사이언스 302
비스마르크 25
비스마르크체제 23
비엔나 인권선언 276
비정부기구(NGO) 226
비판이론(critical theory) 141, 185
비판주의 185
빌리 브란트(Willy Brant) 49

(ㅅ)

사이버 민주주의 341
사이버 테러리즘 345
사이버공간(Cyber Space) 320
사회구성주의 209
사회학적 자유주의 93
삼제동맹 25
상대적 이익 68
상업적 자유주의 89, 90
상하이협력기구(SCO) 230
상호의존론 100
세계경제공황 38
세계무역기구 150, 167
세계보건기구(WHO) 279
세계은행 166
세계인권선언 269, 270
세계체제론(World-System Theory)
    113, 123, 186
세계화(Globalization) 334
세력균형정책 21
세력전이론 72

쉔브룬 협정 25
쉴레펜계획 32
슈미터(Joseph Schmitter) 97
슈퍼테러리즘(superterrorism) 299
슘페터(Schumpeter) 197
스파게티볼 효과 193
신기능주의 95, 100
신성동맹 20
신자유제도주의 93
신자유주의 12
신현실주의 12, 67, 208

(ㅇ)

아·태경제협력체 256
아가딜 사건 29
아세안안보포럼(ARF) 230
아시아외환공동펀드 260
아시아통화기금(AMF) 259
아일랜드공화국군(IRA) 296
아프리카연합 282
안보딜레마 68, 138, 204
안전보장이사회 160, 278
안티테제(Anti-thesis) 325
알 카에다(Al-Qaeda) 294
알파넷(ARPA-NET) 324
암스테르담조약 281
얄타회담 43
억지모델 218
여성차별철폐협약 276
연성 지역주의 263

예방외교(preventive diplomacy)　226
옥스팜(Oxfarm)　151
왈츠　68
우주공간조약　221
웨스트팔리아조약　19, 203
웨스트펠리아　12
웬트(Wend)　136
유럽감사원　249
유럽경제공동체　99
유럽경제사회위원회　249
유럽경제협력기구(OEEC)　45
유럽단일의정서　100
유럽법원　249
유럽사회헌장　280
유럽석탄철강공동체(ECSC)　99, 242
유럽안보방위정책　56
유럽안보협력기구(OSCE)　54, 209
유럽안보협력회의　50, 280
유럽연합　150
유럽의회　248
유럽이사회　247
유럽자유무역연합(EFTA)　250
유럽정치협력　48
유럽철강공동체　97
유럽평의회(Council of Europe)　280
유럽협조체제　16, 20
유엔　150, 158
유엔개발계획　290
유엔인권고등판무관　276
유엔평화유지군(PKF)　225

이론적 접근　151
이상주의　63, 86
이성적 자아　146
이중적 독해(double reading)　147
인간안보(Human Security)　287
인권감시위원회　283
인권이사회　274
인도주의적 개입　285
인식사회　140
인종차별협약　274

(ㅈ)

자동적 정치화　99
자본론　110
자유무역지대(FTA)　237
자유주의　12, 181
적색테러리즘　302
적십자　170
전략무기제한협정(SALT)　220
전략방위구상(SDI)　336
전망이론　77
전자민원 G4C　338
전체론(holism)　137
절대적 이익　68
정보격차　355
정보통신(IT)　321
정부간기구　150
정통주의　22
제1세대 권리　270
제2세대 권리　270

제2차 세계대전 43
제3세대 권리 271
제국주의론 113
제로섬(zero sum) 111, 124
종속이론 113, 186
중립재화(NG) 353
중상주의(mercantilism) 113, 178
지역위원회 249
지역인권체제 279
지역주의(regionalism) 179, 191
지역통합 237
지중해협정 24
진테제(Syn-thesis) 325
집단안보체제 87
집단안전보장 31, 210, 213
집행위원회 246

(ㅊ)

차코전쟁 119
착취이론 110
치앙마이선언 259

(ㅋ)

카(E.H. Carr) 63
카우츠키(Kautsky) 116
카이로회담 43
카젠스타인(Kazenstein) 136
칼도이치(Karl W. Deutsch) 97
코헤인 95
크리미아 전쟁 22

(ㅌ)

타넨바움 64
탈근대주의 145
테러리스트집단 299
테러리즘(terrorism) 293, 299
테일러주의(Taylorism) 332
테헤란회담 43
통치과정 102

(ㅍ)

파리평화회의 153
파리헌장(Charter of Paris) 230
팍스 로마나 16
팔레스타인 해방기구(PLO) 303
패권안정론 72
패러다임(paradigm) 325. 328
페레스트로이카 53
페미니즘(feminism) 143, 186
편승형 210
평화유지활동(PKO) 224
포드(Fordism) 329
포디즘(Fordism) 332
포스트 인더스트리즘 335
포스트모더니즘 145, 335
포스트포디즘(Post Fordism) 330
포츠담회담 43
푸코(Foucault) 147
퓨전 패러다임(fusion paradigm) 337
프랑크푸르트학파 141
프리드만 94

(ㅎ)

하노이선언 264
하스(Ernst Hass) 97
하이에크 94
합리적 확대모델 217
해외직접투자 179
해체(deconstruction) 147
핵확산금지조약(NPT) 219
헤겔 141, 330
헬싱키 최종의정서 274
현실주의 12, 63, 183
협력안보체제 229
홈택스 338
홉스(Thomas Hobbes) 63, 183
후기 포디즘(Post Fordism) 334
후세인 307
힐퍼딩(Hilferding) 116

(영문)

ASEAN+3 256
ASEM 256
CUFTA 238
e-Government 337
G2 194
GSG-9 304
INF 223
NAFTA 257
NATO 18, 44, 227
NGO 285
PKF 225
PLO 303
Post Fordism 334
P2P 353
SALT 223
SALT I 100
START 223

About AUTHOR 저/자/약/력

■ 김 운 회
- 한국외국어대학교 경제학박사
- 동양대학교 경영학부 교수
- 교육인적자원 및 문화관광부 정책자문위원 역임

■ 박 상 현
- 미국 테네시주립대대학교 정치학박사
- (재)극동문제연구소 책임연구위원
- 인하대 국제관계연구소 연구교수

■ 박 채 복
- 독일 마르부르크 대학교 정치학박사
- 숙명여대 강사

■ 윤 성 욱
- 영국 브리스톨 대학교 정치학박사
- 동아대학교 국제학부 교수
- 지식경제부 자문위원

■ 유 진 숙
- 독일 브레멘대학교 정치학박사
- 배재대학교 정치외교학과 교수
- 슬라브학회 편집이사

About AUTHOR 저/자/약/력

■ 이 만 종
- 조선대학교 법학박사
- 호원대학교 법경찰행정학부 교수
- 한국테러학회 회장

■ 이 무 성
- 영국 버밍험대학교 국제정치학 박사
- 명지대학교 정치외교학과 교수
- 한국유럽학회 총무이사

■ 이 승 근
- 프랑스 Paris-1 대학교 국제정치학박사
- 계명대학교 정치외교학과 교수
- 한국유럽학회 부회장

■ 이 종 서
- 성균관대학교 정치학 박사
- 한국외국어대학교 EU 연구소 연구원

■ 하 상 섭
- 영국 리버플 대학교 중남미 지역학 박사
- 한국외대 중정사업단 한중남미 녹색융합센터 연구교수
- 세계지역학회 이사